守望者

——

到灯塔去

同济大学"欧洲研究"一流学科建设项目

"欧洲思想文化与中欧文明交流互鉴"子项目资助课题

人类世
与平台城市

陆兴华 著

城市哲学 1

南京大学出版社

谁掌握着解决城市问题的终极方案？是联合国、科学家们、企业家们、民族国家，还是"普通"人——人民？也许是城市本身，这一权力、行动位置、观念和进步的聚合？城市也许就只是咱们，你、我、他和它，是一种将重新萌芽的政治—经济—社会力量，它将比各国政府更灵活、更坚决地去改变和被改变。也许它们已汇成同一个城市了：全球城市社会，或者至少先已成了人类世城市。

——本书作者

　　空间，我的空间，不是构成我的文本性的那一上下文，而首先是我的整个身体的上下文。然后，它也是我的身体的对应物，或它的他者，它的镜像或阴影：它是那一摸、插、威胁，或有利于我的身体和其他身体之间的种种漂移和交叉。说空间时，我们说的是缺口、紧张、接触和分隔。而正是通过各种意义的效应，并在它们之外，空间才被实际地经验，带着深度，作为复制、回音、震颤、累赘和备份。后者引起和被引起奇怪的对比：脸和屁股、眼和肉、内脏和排泄物、唇和齿、孔和阴茎、握的拳和摊开的掌——还有穿衣和裸体、打开与封闭、晦暗与明亮，等等。

——列斐伏尔，《空间生产》

空气、海洋、冰川、气候、土壤，所有已被我们人类弄得流离失所的东西，也都将与我们共命运了。我们已被葬入地质历史之中。这就是人类世。我们将遭受一切人与一切人之间战斗的风险。

——拉图尔，《降临地球》

还是让我们走！让我们离开，望向那个敞开的空间，

让我们去那里寻找我们自己的东西，哪怕很远、很隔！

——荷尔德林，《面包与酒》

序

本书的结构是一排垂柳,每一挂柳枝都是对一个问题的垂直钻探,并不遵守通常由目录中向后递进然后走向总结这一格式,因此没有标出章节数字。所以,从哪一部分读起,读者自行决定就行。作者认为,从哪里开始,都不会影响您的阅读效果。

比如,您问:城市哲学由哪些始源作者带来?对此,作者要建议您从每一节的标题开始,搜到与"柏拉图""黑格尔""马克思""尼采""海德格尔""列斐伏尔""波德里亚""内格里和哈特""斯蒂格勒""布拉顿"等相关的条目,然后有针对性地展开阅读。

那么,您又问:城市哲学论及了哪些重要主题?那就请您随便搜一搜各小节的标题,就能找到"工业化""城市化""城市中心化""城市全球化""平台化""商品化""国家化""世界化"等条目。在搜索的过程中,相信您就在形成自己关于城市哲学的某一条思路,等到阅读正文时,您已是在与本书作者争论短长。

那么,城市哲学有哪些被批判的反面角色呢?您看一看"资本空间""抽象空间""设计空间""现代主义空间艺术""毕加索""库哈斯""柯布西埃""建筑师""城市规划师""国家之人""人道主义",等等。放进这些反面角色,是要将书中的叙述进一步戏剧化,但最终得看您在自己的剧场中如何来导演这个剧本,如何来调用这些角色。

本书就是送到您手中用来制作您自己的城市哲学的临时脚本。等到讨论很热烈时，您也就可将本书丢到一边，去守卫您自己的那种城市哲学了。城市哲学就在您自己的语言使用能力（linguistic competence）之中，稍作排练，您就能自己将它发挥出来。本书是给您提供陪练的。

希望本书能成为这种关于城市、城市哲学、城市空间、城市社会、人类世市社会和全球城市社会的公共讨论的导火索。因为，我国当前关于城市、城市化、城市空间、城市社会和人类世全球城市社会的讨论的质量仍亟待提高。本书的目标，是要成为这一提高过程中的一种催化剂。

真的不是谦虚，本书只是要向您提供讨论城市和城市问题的一个话语辅助装置。怎么来使用这个装置，是要您自己去定夺。作者写得太软的地方，就需要读者们老练地补上。到最后，读者应该将这本书所建立的这种城市哲学话语装置当作一架管风琴来演奏，不应局限在作者的那些论述框架之内。

感谢 2018—2019 第一学期参与我在同济大学的讨论班"策展城市、策展建筑"的同学们对于本书的启发和激励。这一讨论班的内容大量地被用到了本书之中。感谢南京大学哲学系刘怀玉教授、香港理工大学海阿朗博士在 2017 年的中国美术学院、上海师范大学的列斐伏尔国际研讨会和 2019 年的南京大学列斐伏尔会议的筹备过程中提供的帮助和指导，由衷感谢他们之前对本人的列斐伏尔城市思想研究的支持和鼓励！

感谢《城市中国》的专访，尤其是编辑宋代伦老师组织的《未来将只有平台，没有城市》访谈对本书主题的宣传。

南京大学出版社沈卫娟老师对于本书的诸多方面做出了贴心的指导，感谢她的热心关照！

城市化在中国还是一个正在被不断引申的话题，书中的讨论想必是引起的问题反而会比说清的还多，所以，在吁求读者原谅作者的浅陋的同时，也希望你们将自己的见识反馈给作者，使他在《城市哲学2》的写作中有更好的成长。

本书作者
2020 年 3 月 15 日

目　录

前言 ………… 001

人类世城市平台 ………… 022

最后的生态 ………… 040

堆栈 ………… 046

是智慧城市还是智能城市？………… 055

堆栈的运行 ………… 069

城市平台 ………… 074

城市超级巨构 ………… 081

城市用户权利 ………… 094

堆栈上的主权冲突 ………… 099

城市之写 ………… 102

云平台上的建筑 ………… 110

城市平台的主权问题 ………… 118

人类世的大地制作 ………… 134

人类世公众的自我排练 ………… 141

带药性的人类世城市平台 ………… 151

城市作为生态系统 ………… 163

大都会属于诸众还是建筑师? ·········· 174

用建筑策展城市 ·········· 189

城市规划与日常生活 ·········· 201

身体空间与视觉空间 ·········· 215

空间的视觉化暴力 ·········· 221

从工业化走向城市化 ·········· 226

城市肌理是野蛮语法 ·········· 234

设计剥削着欲望空间 ·········· 243

对城市的文化革命 ·········· 252

城市生活是化疗 ·········· 256

反对城市货币化 ·········· 262

现代主义先锋派的城市主义遗产 ·········· 271

从建筑批评走向建筑—小说 ·········· 284

在家园和国家之外 ·········· 298

城市的知识与工作 ·········· 306

巴黎圣母院的"哥特性" ·········· 321

逃脱建筑的囚禁 ·········· 333

商品空间抽象着我们 ·········· 338

被世界化的当代城市 ·········· 357

城市斗争的最终方向 ·········· 369

建筑与未来 ·········· 376

结语:城市哲学何为? ·········· 383

后记一　一个人类世城市奔突者的哲学告白 ·········· 399

后记二　用城市的说压倒它的写 ·········· 407

前　言

本书不光讨论城市和城市哲学，而且也要由此去讨论中国城市化和全球城市化的未来。可是，它的作者也已致命地被卷入后者之中，是在这一被卷入的过程之中写这本书的。对于他，这就像在沉船上呼救，已不是一般地紧急了。这本城市哲学也正在经历城市化。

中国当前的城市化已成为全球城市化或城市全球化的箭头，已将全球或者说我们身处的生物圈夹裹，同时将使全行星所有地方、所有的物和物种也都被城市化。① 城市被这样全球化的同时，全球也都将被城市化，哪怕南极，哪怕马斯克（Elon Musk）要带我们去的火星表面，也都已被城市化，而且被城市化到了一个全球城市之中。这事实上正在导致一个全球城市社会或人类世全球城市社会

---

① "城市不再等游客的到来，而是它们自己也开始加入全球循环，正在再生产自己，朝各个方向扩展。这样做的同时，它们的运动和繁殖的速度比单个浪漫主义式游客还更快。于是，普天下都在惊呼：所有的城市越来越相似、同一化，以至于游客在所有的城市里都只看到了同样的东西。"（Boris Groys, *Art Power*, MIT Press, p. 104.）所有的城市都混到一起了，到处都是上海或纽约或巴黎了，南极也有上海了。（参见 Italo Calvino, *The Invisible City*, trans. by William Weaver, Harcourt Brace & Company，1974, p. 151.）

的到来。①

当然，我们现在还说不清这一城市全球化或全球城市化过程正
在把中国引向何方，更不知道中国的城市化正引领全球走向何种行
星化之中的何种城市社会形式。② 但是，它已使整个社会都具有城
市性，使每一个社会系统都成了一个独立的幸存单位，向无数风险
敞开，但同时一定也已悄然带来一些我们从未展望过的未来，我们
眼下却还说不出后者的模样。③ 让我们权且称它为正在到来的全球

---

① 同时也使这一人类世全球城市社会中的每一个"我"也都有了全球影响。"我
也是一个行动的后果，可被某种物理科学之仪器捕捉的行动者了。但是集体
地，我们却具有了很严重地影响整个自然科学世界的力量和份量了。脆弱颠
倒了位置。"(Michel Serres, *The Natural Contract*, trans. by Elizabeth Mac-
Arthur and William Paulson, The University of Michigan Press, 1992, p. 20.)

② 在《无法形成作品的共同体》中，哲学家南希向我们描述了这样的一个无法形
成作品的未来共同体的景象：在共同体里，我们无法形成自己的作品，只能够
在其中展现我们各自的有限性，只有死时，才能形成自己的作品。爱是我们失
去共同体时的庇护所，但在爱中也不能够形成作品。爱，是两个人想要一起实
行共产主义。在爱中，我们看到了共同体不断地无法形成自己的作品。我们
在共同体里能够分享的，只是我们自己的作品的无法成为作品这一点。我们
是死于一种文学史之中。只有神话才是共同的。最后，南希认为，只有一种每
一个人自己的不带共同体的共产主义，才是我们真正的命运了。(Jean-Luc
Nancy, *La Communité désœuvrée*, Galilée, 1986, 1990 et 1999, p.79, p.98,
pp. 101 - 102.)这是生活在一种不断开放的共同体中的经验。在人类世，在全
球命运共同体里，我们将更加强烈地感受到这种共同体经验：不带共同体的共
产主义命运。我们就这样不带共同体、无法形成作品地走向了人类世城市这
一让我们不安的前景。

③ 德国社会学家卢曼的"世界社会"是从社会系统和现代性的角度来考虑社会系
统的全球化的。社会分层、阶级固化、统计学对于社会系统的引导、系统的功
能区分化，已越来越被导入一个更大的系统框架全球系统之中，出现了"大中
华文化区"这样的新兴区域。"国家"越来越成为全球系统内的自我指称的说
法，不具有全球性地位。全球经济、全球金融系统等也都在推动人们对于世界
社会或全球社会的认同。(Niklas Luhmann, *Theory of Society*, Vol. 2,
trans. by Rodes Barret, Stanford University Press, 2013, pp. 83 - 99.)

城市社会或人类世全球城市。①

　　所以,研究中国的城市化,追问的就不只是当前的中国将变成何种城市社会,如何在其中达到城市性,如何去达到更好的城市性,②而更是要探索:中国的城市化正在使全球转变成什么样的城市社会,而它自己也将如何连带地变成什么,并且还须进一步斟酌如

---

①　人类世全球城市是从两个方面来聚合成的一个概念。一是进一步的全球化和世界化之下的城市,在更深入的一体化后集体遭遇的气候危机下的普遍命运;这是从气候和地质两个要素来考虑的全球城市化所牵动的地质和气候后果。德国哲学家史罗德戴克考虑到了第一种情况。他认为,考虑到现在仍只有四分之一人类处在这个全球的资本的玻璃罩内,十四亿人口的中国却也要挤进这个购买力公社之中,那么,这将剧烈地改变里面的二氧化碳浓度,破坏这个由哥伦布和蒸汽机开创的全球大舒适区内的秩序。其实,原来的玻璃宫殿的想象,都已经不够用了。而在这个水晶宫或消费社会中,每个人和所有人的行动疆域,都是落实到每人头上的购买力和整个群体的购买力上的。(Sloterdijk, *In the World Interior of Capital*, trans. By Wieland Hoba, Polity, 2013,p.194.)这是非常阴暗的人类世城市前景。

　　在第二种情形里,城市平台化的过程中,数码力量将人的器官界面化的后果是,我们将如莎士比亚的《暴风雨》中那样,被刮到陌生的小岛上,被无产阶级化和废人化,其技术和伦理后果要求我们做出全新的编程式发明,去建立新的力比多经济重新在这个陌生的技术境遇中生活。(Chriatian Faure, "Les Interfaces digitales", *in Digital Studies*, fyp, Collection du Nouveau Monde Industriel, 2014, pp. 166-168.)而城市的界面化和平台化将是本书的重要内容。详见下文。

②　城市性是指城市的逻各斯状态,像一个句子的背后的语法和句法。列斐伏尔在《对城市的权利》(Henri Lefebvre, *Le droit à la ville*, Economica/Anthropos, 2009, p.79.)中指出,城市,是城,不是市。城,是一种情感和社会形式,由同时性、集合、汇合和偶遇构成。比如,为什么必须在市中心工作,到郊区去睡觉,而不是倒过来? 这么问,是城的逻辑,而不是市的逻辑。国家意志、官僚主义、商品经济决定论的逻辑恶习,才造成市中心与郊区之间的错乱,这是执行"市"的逻辑的必然结果。所以,现在我们只住在市城,而不是城市里。

何走出那个人类世全球城市。① 而且,我们所要研究的对象,也就是中国城市社会和之后的全球城市社会,还只是一个虚拟和潜在的对象,本身仍将不断演化,我们的研究也应不断地一步步跟上。本书对人类世城市社会的研究,因此只是对于全球城市社会的诸多可能方向的探测。它将从下面这一点来展开论述:人类世全球城市社会已经是全球城市社会的当前发展阶段,我们必须在这一新的平台上来理解人类的城市实践。②

而与此同时,我们已在遭遇由中国城市化引起的全球生态社会的同时的内爆和外爆。我们被带进这样一种双重偶然之中:在城市化正轰轰烈烈地进行着的当今中国,面对生态和气候变化,我们此刻做什么和不做什么,一样会带来巨大的影响。每做一点什么,又都会使后果进一步不可测、不可控。③ 而我们此时活着的三代人,正

---

① 社会的彻底的城市化,使得社会不断地重新创造出城市性。城市从它作为一个虚拟物的角度说,是无所不在了。其中的任何一点都可以成为中心,成为一个谈判、差异和创造的地方。在可以想象的任何地方,都将可能出现新的城市情境。我们必须用新的眼光去识别出城市性在那些想象不到的地方呈现出的不同形式和表现。(Henri Lefebvre ,"Dissolving City, Planetary Metamorphosis", in Neil Brenner (ed.), *Implosion/Explosion*, jovis, 2014, pp. 566 - 570.)

② 斯蒂格勒对人类世作了两个方向上的概括。一是工业化和全球资本主义的发展导向人体体外化(exosomatization)的新阶段,造成了极速的熵增。二是数码技术系统对于人类社会系统的冲扰,超人类主义作为意识形态和营销手段操控我们的日常(消费)生活,隔断我们的象征系统,造成与本地的脱节和人人的无产阶级化(废人化)。(Bernard Stiegler, *Nanjing Lectures*, trans. by Daniel Ross, Open Humanities, 2020, p. 5.)

③ 柏林墙倒了,市场资本主义胜利了,结果却是第三种政权来统治我们了:气候政权。我们将开始在担忧和否认气候变化或危机的双方之间的那种政治。老布什在1992年里约峰会上论及减排时说:我们(美国人)的生活方式是不许谈判的!英国的退欧是想要退出它所开始的全球化游戏,要回到那个已消失了100多年的帝国那里去做一个不知在哪里的梦。西方正在崩溃。(Bruno Latour, *Down to the Earth*, Polity, 2018, p. 1.)

是当事人,而如果不是肇事者的话,估计多半也已自认为是它的受害者了。① 要说清这种同时是肇事者和受害者的处境,我们需要一门城市哲学话语的辅助,而要说清自己当前所处的状况,从来不会是一件容易的事儿。

要来写这两卷城市哲学,还因为,今天,刚出现不久的中国城市研究话语,仍处于发展初期,我们需要先在汉语世界捆扎出一个关于城市社会的研究方法论的大框架,明确场地上的坐标,对这一领域的话语装置做一些总体的谋划、部署和升级。要知道,城市历史研究、城市社会学、城市人类学和城市文化研究的话语,在中国至今仍很碎化,且自身深陷各学科的教条主义泥淖,理论话语、方法论、实践上的反思性等方面,都须被进一步打通和升级。还不能指望近期会有很大的改变。权宜之下,我们必须先主动对这一话语域框架化,重置而后升级,从外部补救它。

而且,各"城市科学"的研究者,由于普遍不肯全面、自觉地以欧洲式社会科学式的研究方法论来要求自己,整个文献库的学术客观性还很低,因此也就暂时不能指望这个领域的研究能产生正面的集群效应。而既然这一学科群内部还像刚建好的城市小区那样空荡荡,我们就需要先通过总体规划,来扩展、丰富、拔高其内容配置,甚至先开始本书所实践的这种研究话语的放养,以半设计、半装修和半提炼的方式尝试。城市哲学至少应该为现存关于城市的学科式

---

① 拉图尔问我们:当我们必须将中子、电子、选举者、转基因食品和各种 NGO(非政府组织)和其他物种甚至这一盖亚式星球考虑到我们的共同体之中时,我们将如何来做政治?（Bruno Latour, *Reassembling the Social*, Oxford University Press, 2005, p.260.）

研究话语奠基。[①]

可是,本书所说的"哲学"也正在人类世中走向终结,自身也早已是泥菩萨过河,无法成为城市研究者们的救生艇。本书作者也深知城市哲学不可再被当成哲学工具直接塞给读者,而须被当成一种更具综合性的装着各种城市研究话语的临时观念工具箱,仅供读者在操作中择机使用,却不是研究的目标了。所以,在本书中,哲学将只被用来综合已有的关于中国城市化和城市研究的话语,去汇合关于全球城市社会的各种研究话语和行动策略,粘合破碎的城市研究话语后面煞有介事的种种"分析",来辅助每一个城市住民做出自己的"先验综合"(康德),居高临下地统揽城市研究话语域,去写出自己的城市—小说,做出关于城市的哲学式个人总体编目,帮助每一个城市个体理直气壮地讨论城市问题,不让这种讨论被专家们的术语和套路凌驾。要知道,正因为城市空间研究者在这方面的缺位,《流浪地球》《攻壳机动队》和《银翼杀手2049》这样的电影才乘虚而入,竟然用我们的城市社会的某种可能的未来吓唬我们,仿佛我们是僵尸,正等着外星人来激活我们的未来,仿佛我们什么都不能做也不会做似的,想想都可悲至极。

---

① 在今天,哲学对于城市研究到底能提供什么?提供一种激进的批判?批判什么?不只是批判城市或城市建筑或城规本身,而是激烈地批判城市研究所动用的那些破碎的"科学"或方法论。哲学应该帮助我们反对在城市研究中的所有的总体、整体、清晰和客观。哲学须有助于我们反对目前的总是太规规矩矩又语重心长的城市研究。它应该帮助我们摧毁所有关于城市的终末论。我们必须保持这样一种城市哲学眼光:在城市研究中,没有原初和最终的目标。也没有任何一种目标可成为我们的追求对象。这也就意味着,城市研究中,与既定目标关联的预先存在,是不可能的。城市现象无法被我们放到显微镜下。对于城市研究而言,城市不"存在",而是城市中的住民的人人的创造,是人人的作品。城市是城市[广大住民心里、眼里、脑里、手里、感应器里、平台装置(如手机)里]里的城市。

　　关于城市的言说，本就该由康德所说的那种理性的哲学来担当，早应该是会读、会写的现代个人的自我"启蒙"的一部分；城市毕竟是会说会写的城市住民的作品。可是，今天的专家口里、手中的城规、建筑话语和城市实践策略，往往都是反启蒙的，都是先将自己打扮成科学话语，也常常以田野研究和项目研究为名，想用数据和图形来威慑大众，事先就不让他们对城市问题置喙，总是在那里自说自话，指鹿为马，用设计来引导理论，却又企图在自己的螺丝壳里捣鼓他们那一点点猥琐的小哲学，来唬人，来使甲方就范。而且，明明只是偷偷地在搞一种小哲学，他们却又要摆出专家、学者的现场设计、田野考察或社会关怀的姿态，不肯承认自己也只是在做理论研究和草图规划，并且也不敢在公共空间将自己的话题公开化、公共化、共同化，硬要假装专家和明星到底。今天建筑、城规界的理论式愚蠢、野蛮和疯狂，可以说已到令人发指的地步。考虑到我们当前面临的中国城市化的巨大未知空间，也就更骇人听闻：那将要吞下地表所有资源的中国式城市化，正如火如荼，而城规专家们仍手捏图纸，信心爆棚，要来大展宏图。

　　所以，必须一再强调，本书动用的这种哲学话语，自身也只可被当作助剂，必须用后即扔，边用边扔，边扔边焚，决不能让它本身又成为违章建筑，来阻碍大家的城市实践和城市斗争。应该说，像本书这样，要搬出哲学来对付当前流行的大量的分析性的城市研究话语，理由也是不充分的。但要对付这些装着学术和科学样子的理论、案例、样板、图纸分析，又没有别的办法。在电影研究界，研究者也往往先被每一部电影的情节、场景设计迷惑，研究电影也常常就成了如何更好地讲出电影故事，和导演如何在其内心中处理细节、如何去制作蒙太奇这样的具体问题了，于是研究者永远只能跟在拍好的电影后面打转。德勒兹的《电影1、2》却用"哲学"去研究电影，用"时间"这一康德所说的"先天直觉"，也就是人人都先天具有的先验想象中的最重要的处理图像的手段，去设身处地地研究每一个导演、观众在拍、剪、放自己的电影的当儿，是如何拿某个观念当滑板，挣扎、搏斗于自己的哲学式思想冲突之中，并从各种观念的矩阵中冲出来的。我们研究电影，是要进入正陷于自己的哲学式观念搏斗中的不堪重负的导演和观众的处境，看他们每一个人是如何在那里像《白鲸》中的伟大船长阿哈伯那样，去与由他自己掀起的那些观念的巨浪搏斗的。在城市研究中，我们也应该这样展开我们的工作。而城市就是一部拍不完、放不完的电影，研究它，我们是要从中捕捞出一张我们自己的关于城市的时间图像，使之成为我们的平滑面，然后栖居现存城市，将城市当成我们自己的溜冰场，而决不是为了抱住一种城市哲学目标，去建立另一种纪念碑。①

对城市的哲学式研究也应被并入德勒兹所示范的这一人人都有权利开展的生产出自己的时间图像的实践之中：城市哲学研究本就是为了赋权于每一个城市住民，使他们都能综合地去思考城市、城市化和未来的全球城市社会和人类的文明的未来。我们必须像电影导演、艺术策展人和伟大的梦想家那样，来"想象"每一个城市个体眼中、心中的城市，②并帮助他们将自己的构想、活过的经验和各种新实践，做进自己的作品之中，帮助他们成为自己的城市的导

---

① 卡尔维诺在《看不见的城市》里说：人将把城市复杂化，到最后必须放弃它为止。我们将城市内的关系编织得太复杂后，自己都受不了，就弃城，远望着它来另建，再弃，再另建。然后呢？再开始。要是没土地另建了呢？就原地重建。我们总在离开一个不满意的城市而重建的途中。城市只有未来，没有过去。读到这篇之前，本书作者就是这么设想和规划极其复杂的城市（如上海）的未来的。这表示，卡尔维诺的想法来自集体本能。（Italo Calvino, *The Invisible City*, Harcourt Brace& Company, 1974, p. 76.）

② 在《看不见的城市》中，马可波罗对忽必烈说，每次向陛下说及一个城市，我都是又一次评论了威尼斯。我评论别的城市时都是用威尼斯在打底。记忆一附着在词语上，就会被抹除，所以我不敢明说威尼斯。说不定，说其他城市时，我也在一点一点地失去威尼斯呢。（Italo Calvino, *The Invisible City*, op. cit., p. 86.）

演、策展人和梦想家。①

　　而相反，建筑师和城市规划者都喜欢封闭地来建立自己的哲学和理论模型，尽管他们总在说自己"不懂哲学"。他们总是为自己的局部本体论眼光下的设计和规划辩护，而自说自话地来做种种准哲学式分析：局部之中往往很清晰，但放在全局之中看，就成了蛮不讲理的独断或教条式推演。库哈斯就因为把他自己的那点一直隐藏的小哲学也搞得很烦琐，反而弄得自己越来越像孤家寡人，还以为自己心怀伟大的乌托邦，哀叹自己到处被误解，于是就只好郁郁寡欢。比如，他指挥OMA研究全球乡村问题，牵头做那些推到全球各地的诊疗、处方式讨论，却总自暴自弃，最后奔向武断的结论，与他在PPT中提供的大量证据之间，形成巨大反差。比如，在最近的几次访谈中，他一再强调中国政府正在倡导的用"一公里农业带"分隔城市中各个小区的城镇化，将是全球未来城市化的最好出路；这并不是他的研究结果，他只是教条地用一种现实版本来规定未来实践。但他并没有描述中国地方政府到底是如何实现这条一公里农业间隔带的，完全是臆想式地类比，然后心不在焉地把它放到了一边。他陷入了用现实来为自己的乌托邦辩护还不自知的倒错境地。②

────────────

① "作品占领空间，然后成为词语。词语和概念现在必须重新回到空间"。最终，根据列斐伏尔，所有社会的所有作品，过去的和现在的，都能被聚集到一起，被语言和知识重新编目。(Henri Lefebvre, *Toward an Architecture of Enjoyment*, trans. By Robert Bononno, University of Minnesota Press，2014，p. 153.)

② 比如，他说："在中国，你会见到的是稻田包围着由工厂、住宅群和社会服务机构构成的高楼所组成的不可思议地高密度的楼群。从某种意义上说，中国的这种新做法让我想到毛泽东时代，那时，只有在费兹·朗的电影中才能看到的巨型的工业综合体，纷纷在乡村中拔地而起。"(In Koolhaas, "How China Plans To Inhabit Its Future", see：https://www.huffpost.com/entry/china-future_n_4782170.)

可以说,库哈斯对全球化中乡村问题的关怀本来是很高尚的,但他最后竟如此潦草,走向用某一设计、作品和事实版本来说话,也就是说,走向用强大的概念—图形设计来证明自己的理论是正确的这一教条主义姿态。库哈斯缺的,正是上面说的这种哲学式综合,所以他才反而总是迷失在其想要劈开头发丝般的分析之中。他未能用自己的先天综合能力去粘合他自己打散的这一大片琐碎的细节,未能在回收它们之后去讲出自己的一个总的故事,然后再将它融入那个更大的故事中,却用一些项目和作品,用铺天盖地的PPT,来证明他的观念、理论和设计是对的,比别人好,最后却又这样胡乱地了结现场,得出几条莫名其妙的结论。

要是能哲学式地综合他的实践,库哈斯就能够一方面使他的项目和作品成为他个人的总体故事,另一方面也能使他的项目和作品更公开、更公共、更共同,也就是使其个人的乌托邦计划、作品集和观念集合更可被公共地讨论,更可进入公共领域,更具有向未来的公众做出教学示范的可能。① 正如康德所说,公共地使用理性,是像会计那样,主动地在公共政治空间里让公众来监督自己的账目。哲学就是人人身上的一种言语能力(是乔姆斯基说的语言能力的一部分)。城市哲学旨在使每一个城市住民都能发挥出他们身上的这种哲学能力,来讨论城市问题,来发明他们自己的城市的未来。它是一种公共政治的翻译器,要将关于城市和城市研究的话语尽量公共地转换到公共空间之中,使相关的专业和非专业的讨论,能更加公

---

① 实际上,我们可以将城市的当前面貌也看作以前时代的人们对于自己的建城使命的乌托邦式想象。每一种城市现实,每一种纪念碑性,每一种城市计划和每一张建筑的图纸,都带着一个乌托邦,往往是有点大而无当,想要控制时间和空间,想要流传,想要永恒,想要将自己时代尤其是主导阶级的生活强加到后面的时代。建筑、纪念碑和城市都曾有过这些野心和意义,都想要从尼采说的"更高的秩序"来被看待。

共化,使每一个城市住民都能平等地在这一平台上言说、阐释自己的那一城市。

一个伟大建筑师的关怀竟不能比普通人更有眼光、更前瞻、更有技术觉悟?这太让人意外了。库哈斯在全球搞了这么多的乡村设计推广,本来应该已积累很多经验了,可最后也只不过是将这一堆他自己指出的问题封闭起来,在一个很小的局部之内去建立一种小气的局部本体论,来做他自己的实践平台,来向全球人民指点江山。而且最后,他还将自己搞得这么忧郁。这本身就说明了他的方法论的自闭,他的看上去堂而皇之的分析的有害。他的关怀仍很带专家意气,不够公共,或就是借着公共项目的名义,来包装他的私人品牌和私人哲学。

我们实际上应该批评他把自己的建筑哲学和城市哲学搞得太小气。这么多年来,他只字未提城市社会、城市的全球化和全球城市化这样一些对于我们这个文明至关重要的问题,也不知道乡村是越来越受到城市化和城市逻辑统治的,也居然不知道这一点在城市社会学和其他城市研究领域已被默认五十年以上了。他只是像每一个怀旧的乡村研究者那样,要来重起炉灶,以为他是这个话题的第一个发现者,想对一切都指指点点,要大家重视乡村。最后不出我们所料,还是回去闭门造他的车去了。

这样的全球乡村项目如果被当作当代艺术项目来做,倒也符合套路,但对他这样的想要对城市和乡村未来做深远关怀的有全球眼光的建筑师,这种项目就显得太不着调儿了。每天皱着眉头,仿佛深为人类的未来担忧似的,可他又把这些巨大的关涉到人类未来的项目做得如此小气。是什么在他身上造成了这些症状?一个如此有野心的建筑师,竟会将他自己的乌托邦打这么多的折扣,最后却要在一个做得很自以为是的全球乡村项目上去找他的小安慰,实在也太让人同情。为什么连普利策建筑奖获得者们也会第一时间就掉进这种怀旧的、乡愁的最后忧郁的格式？这种集体症状对我们意味着什么？

总之，建筑师和城规师们做的方案和技术分析，总是一不小心就滑向教条主义式自欺。他们围绕着方案来建立的数据群往往淤积在有毒的闭合场境。也许，那种分析本来就是用来忽悠甲方的，或只在公共空间里炫耀，来迷惑公众，包装自己的个人品牌，来捕获客户，搪塞公共舆论，是他们自己先当了真。回避了堂堂正正的城市哲学之后，他们要去自己偷偷搞一种见不得人的城市哲学。①

从康德开始，哲学式先验综合就被认为是分析者对自己的研究对象的汇合，是要用个人理性中的先天综合能力来统领既存的分析性话语，在个人独立的反思性判断之后，为研究对象，比如说城市或人类世城市社会，去负责到底，而不应该像社会学家、历史学家、人口学家和人类学家那样，只提供关于城市的进一步的、总是"且待下回分解"的碎片知识。相反，哲学式综合与技术式分析最后是要将研究话语当成个人自己的剧本，用个人自己的总体叙述去克服技术

---

① 像库哈斯这样的大师也生活在一种社会决定论里，满足于这架全球资本主义重复机器的自我生产，想用过去完成时式的设计作品，来教训我们，这着实令人哀伤。在普文内里对晚期自由主义的批判中，她号召我们要从他者、非人和非生命的时态里，去找到突破我们生活于其中的那一架文化重复机器的武器，打破晚期自由主义的地质本体权力（geontopower）：从澳大利亚的铁矿到刚果河谷的钶钽铁到深圳龙岗的雾霾，通过华为手机，而共同构成一个总体的人类世全球城市社会。（Elizabeth A. Povinelli, *Geontologies: A Requiem to Late Liberalism*, Duke University Press, 2016, pp. 173 - 177.）但是，库哈斯至今未收到这一消息！在人类世和气候世，我们已经能够想象人类消失后的像火星那样的地球的未来了，地质学和气像学将要混合（每天的气象变化至少已经成了我们控制论式地训练云计算平台的大数据处理能力的工具了），我们不是居住在没有器官的机器般的城市，而是居住在所有乌托邦都不可能、不顶用、连库哈斯那种乖巧投机的 1968 年所勾兑出来的乌托邦也都不顶用的人类世全球城市幸存基地上了。库哈斯你该醒了。

分析造成的破碎。这就是城市哲学在当前不可推诿的任务。

同时，城市哲学必须充分利用艺术、技术两方面，使城市走向哲学式的实现。如黑格尔所说，哲学的世界化和世界的哲学化，是同时完成的。哲学的世界化表现在城市生活和城市研究时，具体地反映到了城市住民身上：他们以某一种哲学眼光将城市当艺术作品来塑造。①

因此，我们必须使艺术为城市服务，而这决不只是要用艺术物来活跃城市空间，更是要使城市中的时间和空间也成为艺术作品，使过去的作品继续成为我们今天居有时间和空间的模型。而正是艺术给我们带来了所要居有的时间和空间的榜样：像做艺术那样将时间之品质铭写到空间之中，留到后代。比如，音乐就在向我们演示：时间，不论是悲伤的还是快乐的，最终都能够计算吸收和耗散。艺术正是这样地在社会层面成为实践术和诗术的：生之艺术、活之艺术在城市之中成为艺术作品。从回到风格、回到作品，也就是回到纪念碑，并回到在节日中被居有的空间这几点上说，艺术能够为我们准备一个可以让城市空间一次次复魅的结构。

也可以说，艺术的未来不是艺术性的，而是城市性的。② 因为，人的未来将不是在宇宙之中，也不是在人民之中，也不是在生产之

---

① 对于列斐伏尔，城市个体在某种哲学眼光下创造出来的个人自己的城市，是一个艺术作品，不光因为城市中的纪念碑是其作品式结晶，而且还因为城市集体对时间的使用，是后者生产出使用价值，也使每一个住民生产出了新的使用价值。(Henri Lefebvre, *Espace et politique*: *Le droit à la ville* II, Anthropos, 2000, p. 74.)

② 列斐伏尔认为，为个人单立的艺术已没有意义。建筑必须立足于过去的艺术的模型上，去为各物种创造出集体(通适)的作品，为人类创造出新空间，才能算是艺术。作为设计建筑物和为个人服务的建筑，在今天是不能够算作艺术的。(Henri Lefebvre, *The Production of Space*, trans. by Donald Nicholson-Smith, Blackwell, 1991, p. 422.)

中,而是在城市社会内的跨个人化、超个人化、集体体外化之中,才能找到。艺术和哲学都应该从这个角度来思考自己在城市中的使命。这么看,城市更新问题,是一个哲学问题,更是一个艺术问题。这种更新最终是如何保证每一个城市住民对于自己的城市的策展权利的问题。

而最终,这是保证个人通过艺术在自己的城市实践之中形成和居有自己的作品的问题。列斐伏尔说,对城市的权利,是个人权利的最高形式。那是对自由的权利、对社会化中的个人化的权利、对栖息地和居住的权利,压倒了其他的所有权利。对作品(对参与式活动)的权利,和对居有的权利(与对财产的权利截然不同),是夹带在对城市的权利之中的。① 这是要保证个人在自己的城市哲学眼光下,把自己想要生活于其中的城市做成一个艺术品的权利。

从城市技术方面说,本书也将城市看作源于最新技术,也就是一种最新的"写"的方式,看作哲学家斯蒂格勒说的集体体外化的过程。城市是被"写"出来的;城市也自写。比如,对手机屏幕的使用会重新塑造城市的外壳,后者将会规定我们未来的生活。通过技术哲学眼光来理解城市和城市的未来,是本书在城市研究中打开的一个很大的面向。

那么,本书将在哪几个方向综合现存的城市研究话语呢?

首先,它将通过描述城市全球化或全球城市化的前景,来估测今天的中国城市化的全行星命程。这就要将现存的城市研究话语拉入这一全球进程中来考察。

第二,本书也将要用斯蒂格勒的逆熵思想,来升级当代中国的城市研究话语,走到城市本身、其生态及其全球化之外,来思考城市化过程正在把中国和其余的世界甚至当前的这个文明带往何方,并

① Henri Lefebvre, *Le droit à la ville*, op.cit., pp. 95–108.

由此探讨我们应该如何应对这一人类世新处境。

第三，它将从列斐伏尔对马克思主义空间理论的发展，来分析今天的城市空间生产中的政治性经济，为未来的空间斗争和城市革命寻找新方向，由此理顺当代中国城市研究的基本方向，并将已有的城市研究话语政治化。

第四，追溯到德波（Guy Debord）为止现代主义艺术先锋派的城市主义姿态，到维利里奥的速度政治眼光下的城市变形论，直到今天的布拉顿的关于全球云计算平台上的城市的存在模式等多种城市研究路径，从几个时代的激进的城市主义思潮出发，来思考城市的未来，或者说，探索人类世城市社会这一出路。

近三十年中国所经历的这一当代城市的新奥斯曼化，也就是驱赶市中心的居民到城市边缘来开发市中心，用中心化逻辑生产出来的空间，来衍生、积聚城市资本，这正在被全球各地普遍模仿，已成为通过空间生产来进行破坏式创新的最高版本。奥斯曼的几何大道曾为城市扩张，也就是为以市为中心向外发展，将城市空间像卖肉那样地切割（根据与中心的距离来定价），①将劳动力常备军，也就是城市劳动力，不断推到更远的城外这一商品开发策略，立下了汗马功劳。原来的奥斯曼式的规划，是通过破坏市中心的老街坊，将穷人驱赶到郊外，来投资、开发市场的中心，这在今天的全球各地已被升级为将"建成的城市形式同时当成一架房产开发机器，当作对城市分而治之的手段。今天，相似的过程里还被整合进了金融、股份制企业和国家利益，渗透到了全球，时时通过拆迁贫民窟和显要

---

① 我们通过与中心保持多大的距离这一点来判断如何去买房：是与城市中心的距离使某一空间可欲和不可欲的。买房，是买到了某种距离，买到了某种时间使用，和买到了某种舒适。空间包裹时间。通过空间，社会时间被生产和再生产了出来。（Henri Lefebvre, *Espace et politique*, op. cit., p. 122.）

的地盘来抢夺土地,通过将其中的穷人驱赶到后工业病灶之中,来使土地增值。"①何时才能终结这一毁灭性过程?反正我们至今未看到任何迹象。说不定,这就是人类的自我毁灭,或汤因比所说的"文明的自杀"的无可挽回的脱缰之路,也未可知。

但是,我们却能在列斐伏尔的最后文本里看到一丝希望。在其生命的最后三年中唯一发表的也许算是他的最后一篇文章中,列斐伏尔还在向我们乐观地指出:全球城市化和全球城市社会虽然正在将我们拖进一种不妙的未来,但这同时也向我们打开了人民民主地居有城市空间,伸张自己对于这个全球城市社会的权利,获得对这个全球城市社会的革命式公民权的难得的机会。②这一认识是城市研究和城市哲学至今达到的最高峰,为我们从今天的全球城市化或城市全球化进程中远眺未来,提供了极其重要的指引,甚至可以算是我们研究城市的未来,思考人类未来的城市文明时的一颗定心丸。③

斯蒂格勒最近升级了列斐伏尔的关于城市社会的思想,用其技术哲学的眼光,来拔高列斐伏尔的马克思主义空间思想,从城市是一个集体体外化器官这一理论角度,强调了城市的未来将不光是列斐伏尔所说的我们集体地去居有城市空间,去获得人人对城市的权利这件事,而且也将是我们如何能从今天的人类世毒地上分枝,去找到我们的文明的另一种未来的问题,是我们如何建立一种新的逆

① Andy Merrifield, "The Right to the City and Beyond", in Neil Brenner (ed.), *Implosion/Explosion*, op.cit., p. 526.
② Henri Lefebvre, "Dissolving City, Plannetary Metamorphosis", in *Implosion/Explosion*, op. cit., p.570.
③ 在列斐伏尔的思考中,亚里士多德的逻各斯,笛卡尔的《沉思录》,康德的范畴,黑格尔对于风景和自然的思考,马克思的阶级斗争论,尼采的快乐科学,等等,也都是建筑或城市的"作品",是与建筑图纸一样重要的。(Henri Lefebvre, *The Production of Space*, op. cit., pp. 113-115.)

熵经济,去集体地过一种新的生活的问题,而这问题比列斐伏尔当初看到的还要大得多、严重得多。

在斯蒂格勒看来,不是城市社会,而是集体体外化过程本身的逆熵未来,才应是我们的城市关怀的真正目标。城市的形态只是一个表象,在生物—技术圈中的全体住民的集体体外化过程,才是我们应该关注的重点。如何使我们的个人和集体的体外化走向逆熵,如何去与包围我们的那已不堪重负的生物圈、技术圈、体外化圈共生,才是未来的全球城市社会或人类世城市面临的最大问题。[①] 因此,他向我们指出,我们必须从作品,而不仅仅是从权利的角度来思考,从作品、节日、全球城市社会中的“我”自己的作品这些角度,去思考城市的未来。因为,最终每一个人都参与的力比多经济能否成为一种逆熵经济和贡献式经济,才是人类世城市里最值得我们去关怀,甚至应该就此重新立法的大问题。

当前,作为市场的资本和市场之外的资本,正通过必然使一切不能再继续发生的霸权式计算,用信息技术来将一切置入被管制的大流动之中,智慧城市是其最新的加速手段。这一使全球云计算平台得以运转的体外圈包围下的信息身体化装置,也就是海德格尔所说的 Gestell(技术座驾、摆置),将使人类再也没有未来。生物圈正被卫星和海底电缆弄成一个技术圈,成为被控制论式操纵的体外

---

① 根据哲学家南希的观点,福岛以后的全球城市社会进入了一个可怕的普遍对等过程:灾难过程也被普遍对等,一个地方的灾难,全球必然也同时分享。“如果我们为明天要求平等,这首先就是要在今天肯定并以同一姿态谴责这种全球的灾难对等。让我们肯定共同的、共同地不可公度的平等:一种不对等的共产主义”。(Jean-Luc Nancy, *L'Équivalence des catastrophes*, Galilée, 2012, p.69.)这是一种黑格尔式的辩证思路:既然有太多的对等,那就让我们用不对等去对冲它。这是目前关于人类世的讨论中比较独特的一条思路:人类世全球城市社会的共产主义方向是走向一种普遍的不对等,与资本和商品的流通逻辑相反。

圈:在这个体外圈里将不可能出现全球城市社会。① 如果不能先走向逆熵经济,这样一个全球城市社会的到来,反而是灾难性的。在这一未来状态中,列斐伏尔想象的全球城市社会即使出现,也将更危如累卵。因此重点不在于能否走向这个目标,而在于人类能否发明出一种逆熵经济,使自己能够走向另外一个未来。人类世城市只是我们目前能够想象的这一新经济的向量空间而已。

正如不能使城市生活更丰富的工业是没意义的,同样,不能使城市生活更活跃的云计算平台,也将毫无意义。当前的大数据经济背后的统计热力学式的概率计算,同样也会使我们的心理个人化过程短路。以中值为基准的情况下,我们的体外化也会被另构。② 热力学的世界一定通向人的自杀,我们必须在中途想想办法。而这个态度,海德格尔称作向死而生,是在死的过程中,将生当作艺术作品来创作。这种情况下,尼采的永恒回归必须被理解为:在重复中分枝,从而在本地逆熵。尼采生前已知道热力学第二定律,已知道一切的成为最终都将自我抹除,已知道所有的现实都是流动的,最终什么都不会真正发生。他已知道,这就是我们正在经历的"统计式波动"的意思。而海德格尔却不懂这一点。尼采的永恒回归之说因此是哲学对当时热力学的发现的反应。穆齐尔(Robert Musil)的小说《没有个性的人》在同一时段也对热力学发现做出了回应。而我们今天的哲学对此还没有反应过来,可以说,学院主义正在害死人。

作为尼采的认真读者,穆齐尔读出,熵正是社会的"中人化"的

---

① 从地球学到盖娅理论:我们终于摸清了地球生理学,将地球当作一个控制论系统来认识。实际上,从德国唯心论时代开始,地球就已人工化。从麦克卢汉到拉图尔,我们终于认识到了那一与自然相关的生态。(Yuk Hui, *Curcivity and Contingency*, Rowman & Littlefield Publishers, 2019, p. 81.)在这个人工地球上,生物圈变成技术圈,我们必须主动利用控制论,打开技术多样性之门。(Ibid., pp. 26 - 27.)

② Bernard, Stiegler, *Qu'appelle-t-on panser?* LLL, 2018, p. 276.

真正原因。而思考生命，就是要忧心于熵之殇地包扎它，如受伤的波依斯包扎的是刀，而不是他自己的手指。要知道，当前的大数据经济必然导向算法虚无主义：对中值、中位数的连续选择，将把一切搅混，使一切无法在它们的位置上，使现实里的一切流动，将一切张冠李戴，你要咖啡，它就推荐你小龙虾，生生将爱丽丝的花园变成了淘宝推荐列表。新认知资本主义将选择新体外化的最新标准不顾一切地强加到我们头上，将这种"中人形而上学"具体化为一桩桩的生意，窃取了智慧资本主义之名。后一真相是这种被递归函数捕捉的中值知识。谷歌式快进或微缩千倍地看现实，更使现实的层级之间互相挤压，又造成了大量的无处不在的现实之后一真相。所以，后一真相是绝对的非知识的症状，背后是那一反一知识体（anti-episteme，不让我们生产"个人的活"、做"思的知识"，而要以"头条"知识做我们的知识生产的依据和标准，要我们为它而活），被抽掉了理性的机器学习和深度学习，将会更进一步架空人的理性活动，就像纺织机吸走了织工的手艺，将后者变成废人。我们遭遇的状况不是像阿多诺认为的那样，是辩证的，而是悲剧式的。我们自己就是悲剧主人公，已上舞台，不得不睁眼看着自己掉陷阱里地往下演了。

　　用于机器学习中的笛卡尔式计算式技术要不得，但是，回到海德格尔的沉思式思想也是死路。斯蒂格勒指出的道路是走向药式数码思想。海德格尔的技术问题之转向曾被误认为是终结，导向今天很流行的后一人类主义，将现状看成元危机，使认知主义成了超人类主义（埃隆·马斯克的那种）。斯蒂格勒认为，后人类主义和超人类主义是今天我们应对人类和文明的存亡危机的两个最容易掉进去的错误方向，都不是我们走向全球城市社会的正确道路。①

　　那么，如何避开后一人类主义和超一人类主义，一边体外化，一

---

① 超人类主义不光是意识形态，也是一种营销方式。马斯克（Elon Musk）知道去火星是不可能的，但还是要一再地来声称这事儿，因为这是营销广告。(Bernard, Stiegler, *Qu'appelle-t-on panser*? LLL, 2018, p. 300.)

边包扎人类世？这首先是要对那些与我们时代最相关的问题趁热打铁，这才是做哲学，才是做城市哲学。因此，斯蒂格勒认为，我们必须克服马斯克这样的超人类主义者和扰乱式创新者的市场营销之意识形态，才能找到我们的未来。而本来，也是因为不能在这个星球的生成过程中找到未来之芽，我们才这般疯狂的。[①] 今天，正是在新技术带来的旋涡中，我们才都疯狂了，我们必须从自己落入的这种疯狂里真正学到对付它的能力。

总之，本书在向读者展现今天的全行星的社会—城市—生态风景的同时，也将向读者报道一个多世纪以来的城市研究中的概念发展、方法论实验过程、历史谱系学、地理政治式经济和地志辩证之间的交互掠夺等等，并对于继承而来的和产生于当代的关于城市的意识形态做出内在批判。同时，本书也将人类世城市当作人类在最近的未来必然会挣扎其中的药—毒之地，当作人类在当前的生物圈—技术圈—体外圈中的学习—练习的领地。[②] 本书想要传达这样一个消息：人类世城市既是我们的渊薮，也是我们必须从中醒来的另外一个明天。

---

① Bernard Stiegler, *Dans la disruption*, Babel, 2016, pp. 412-415.

② 在斯蒂格勒看来，城市生活就是一种药式经验。在古希腊，普罗泰戈拉就曾为城市生活辩护，因为这是悲剧思想的核心。城市民主是一种积极的药术，是对政治的治疗，因为在字母的统治下，人类的体外化既被文字毒害，也被文字治疗。(Bernard Stiegler, *Dans la disruption*, Babel, 2016, p. 387.)

卡尔维诺的《看不见的城市》向我们描述了这种人类世全球城市的两面："活人的地狱并不是将要到来的。早就有一个了。它早就在了，就是我们一直住在其中、由我们集体形成的那一个。要想不在其中受苦，有两个办法。第一种大多数人轻易就做到了：接受这一地狱，只当作一点都没看见，成为这一地狱的一部分就好了。第二种办法是有风险的，要求我们专注、学习、耐久：寻找和弄清什么是什么，在地狱中仍不承认地狱地去活、去行动；使我们这种活、这种行动能够持久和生根"。(Italo Calvino, *Les Villes invisibles*, Points, 2013, p. 189.)

　　在事关人类文明前途的当前中国城市化过程中,我们必须补课般地发展出有当代中国特色的城市研究理论、分析方法、地志图谱,来认清今天的全球空间实践中的那些主导的操作风景、管治形式、生态影响、快速变化的社会肌理,来拨高我们对于当代城市状况的理解,以便去反抗漫溢全球的新奥斯曼化、全行星的圈地运动、"空间市场原教旨主义"和全球空间资源掠夺与生态掠夺,同时开始对于作为人类物种自己的作品的行星空间的集体居有,和全行星空间内的民主式自我管理。① 我们中国的十四亿生民必须集体地另走出一条道路,以自己的方式到达全球城市社会这一目标地,为世界的其余部分做出示范。

---

① Henri Lefebvre, *State*, *Space*, *World*, trans. by Gerald Moore, Neil Brenner and Stuart Elden, University ofMinnesota Press, 2009, p. 206. 最近,拉图尔对于人类世的生态作了新的定位:政治生态与军事式生态,以区别于原来的关于生态的哲学。它建立在政治式经济这一话语模型上。这是一种不将生态危机看作自然的失去平衡的眼光,替换掉了我们原来的错误的"要搞生态就不要搞现代化"这一僵硬的立场。(Bruno Latour, *Politics of Nature*, trans. by Catherine Porter, Oxford University Press, 2004, p. 248.)

人类世城市平台

    人类世城市不是我们按计划建成的结果,而是我们一不小心,甚至是颇为三心二意,只能算是不当一回事儿地自己踏入的。[①] 它

---

① 海上游轮才是 21 世纪初的总体艺术作品,比斯托克豪森连演一星期的《光》,更说出了什么叫全球化。我们在宇宙皮肤下的平等的在家感,只是胎儿在羊水里的舒适感。世界室内(the world interior),根据里尔克,是鸟儿穿过我的身体,建筑搭在我的身体中。根据史罗德戴克,我们都在金鱼缸里,呼吸、吞食、排泄、代谢、进化、绝望和希望都在其中。"存在"是太形而上学的说法了。远程和社交平台通讯增加了合作,但合作是互相压抑。创业就是要使自己发疯般不断失禁,一次次打破底线,并努力不要任何底线。在资本的水晶宫里,我们比的是谁更没有甚至更主动不要底线。(Peter Sloterdijk, *In the World Interior of Capital*, trans. by Wieland Hoban, Polity, 2013, pp. 174 – 175.)

    本雅明的拱廊计划不能说清资本主义的内在性,陀思妥耶夫斯基《地下室手记》里的"我们被商品的篱笆隔离在一个水晶宫殿里"的说法比本雅明的那个好得多。资本和商品的宇宙,是金鱼缸,我们是里面可怜的金鱼。我们的劳动的生命、欲望的生命和表达的生命都被浸泡其中,被浸泡在你我不同的购买力中。金鱼缸中的水,就是我能掌握的那一购买力的内在性。购买力只有买得起一艘游艇和付得起房租之间的差异。全球化将全球所有生民拉进了这个水晶宫之中(p. 153)。当前,是个人主动在抛弃政治公社,做各种免疫设计:买各种保险、养老金计划、养身和食疗和生物抗衰老。我们既勤奋又颓废,又忙又懒。我们用普遍价值观来思考,就是要横向去寻找帮助:救生圈(p. 264)。启蒙者如今都掉入一种叫作反思的职业病里了。那些总以为自己有什么可教给别人的人,其实是学习上的残疾人。他们迟早会知道尽早参加训练的必要性。人类世里,成为宇航员,才能幸存。全球化后这最后的球面上,谁都将无法栖居,它将不支持任何中心(p. 148)。

是种种际会下混合和搅拌的结果，在今天看来，首先是地质和气候
互拌的结果。正如人类学家普文耐利（Elizabeth Povinelli）所说，人
类世和气候世里，地质学和气象学正在侵吞生物学。① 我们也许不
得不搅拌生物学和地质学，才能说得清我们面前的石头是怎么来
的，石头为什么也会死，以及为什么从游牧、农耕、航海到航天的人
类历史，在人类世也会像一缕烟儿那样地飘走。在资本世加气候
世里，人类正是这样被逼进一种集体处境，也就是人类世全球城市
之中。

　　人类总会变得人性，太人性，会中自己的毒而病倒，尼采早就这
样警告过我们，那之后又过去了一百多年，病情正在加剧。在这个
技术—生物圈—座架—人类世里，我们也许只能逆人类式地克服
人，克服那个既丢垃圾又会为自己把垃圾丢得心安而编造各种借口
的人，才能幸存。我们须主动承认：人的生物性体外化式的真实现
实，是既带着物理和生物上的人类性，也带着逆人类的潜力，我们既
能用梦去实现它，但也仅仅是通过虚构来那么做罢了，也就是说，好
梦也很容易成为噩梦的。我们只能试着往前。② 这是我们正在踏上
的人类世城市的目前可见的前程。

　　这种新的人类处境，这种我们将要集体地进入的人类化的新过
程，德国哲学家史罗德戴克（Peter Sloterdijk）是放进他的球面学眼
光里来加以描述的。这种眼光要将人类世放到过去 500 年以上的

---

① Povinelli, *Geotologies*, *op. cit.*, p.176.
② 史罗德戴克说，你越想搞宗教，就越证明上帝是真的死了，奥运会成了营
　销，Scientology 成了明星的宗教外卖。因为，宗教只是人类的自我锻炼术，是
　一种人类性技术，anthropotechnics。人类世里，每一个人都需自己搞一种宗教
　了，它叫"锻炼教"或健身学或免疫术。必须降临。你是天使，是来认领这块垃
　圾和污染之地当祖国的。锁链，还是拐杖，你搞得清？不能自己救，必须练习
　着，锻炼着，以便被一些跨个人的形式所救。（Peter Sloterdijk, *You Must
　Change your Life*, trans. by Wieland Hoban, 2014, p. 53.）

历史跑道上来分析。他的分析的结果是:资本主义全球化过程,或工业化到城市化再走入人类世,是一个不断失禁(disinhibition)的过程,没有刹车,还将像糖尿病那样,不可逆地发展,我们只能延缓它的进程,无法根治它。哥伦布和阿姆斯特朗(Louis Armstrong)所看到的,不光马斯克看到了,这星球上所有人也都将不得不以此作为今后的出发点。正如死于菲律宾的麦哲伦和他的侥幸归来的船员们的看法,从他们登岸那时起,也成就了全欧洲人向地球重新降临的眼光。[1] 只有绕到太空,我们才能真正降落在地球上。人类世里,我们须第二次降落到地球上。史罗德戴克的这一看法令我们的心情一下子沉重了起来。

整个人类在过去的 500 年的全球化中学会的,根据史罗德戴克,只是一种失禁学:全球资本主义要求我们不断地无底线创新式破坏,不断颠覆自己的生境,以便使人在其自身之上也不断变得过时。[2] 从亚当·斯密到芝加哥学派的新自由主义,是我们一路上为这种失禁过程所找到的种种借口。晚期自由主义本身在美国成了一种无法无天的思想实验,扰乱了全球秩序,最近用手机芯片和各

---

[1] Peter Sloterdijk, *The World Interior of Capital*, op. cit., pp. 21 - 26.

[2] 史罗德戴克这样总结他的球面学:只有在日常生活中加持我们的共同幸存中所必需的好习惯,我们才会有救。今天,上帝再怎么警告,我们也都听不进,只有全球危机才是我们的神。我们只得进入全球性的交互免疫设计之中。这种相互的免疫设计兴起于哥伦布的 1492 年的航行和 1502 至 1504 年他的另外四次横渡大西洋。他之后仍认为自己发现的是印度,而且他要的就是印度,想证明东方没那么伟大,想要除掉东方。倒是 1519 至 1522 年的麦哲伦航行,和 1577 至 1580 年的德雷克(Francis Drake)的航行,才证实那是美洲。正是哥伦布的这一行动把西方人变成了欧洲人。(Peter Sloterdijk, *The World Interior of Capital*, op. cit., p.451.)回航的麦哲伦的水手上了圣路卡港之后,人类的幸存将永远都只是如何努力回到地球,以及在风雨飘摇中抱住大地上的任何一块东西这件事了:必须重新降临,通过不断的相互和交互免疫设计,才能继续活在这个球面上。

种 App 为进一步的失禁开道的硅谷和华尔街，正是这一癫狂过程的末路先锋。当初，也正是阿波罗 8 号使地球成了盖娅（疯地球）。20世纪 70 年代的石油危机搞乱了中东，激怒了全球的原住民，使全球人民的营养和心理都受这一乌黑的液体的价格波动摆布。到今天，连人们的社交欲望都要被手机后面的大平台公司盘剥。人们在 Instagram 和 Facebook 中失禁，而沉沦，而疯狂，而抑郁，同时为平台公司生产信息，来推动数码工业的发展。

这正是来自新自由主义所最终归依的生物—地质本体权力对于生命和非生命的管治的露骨体现。但它也正在被重组或已进入危机，将被打散，成为被利用的地质材料。在我们的时代，以华尔街、硅谷和北美常青藤私立教育系统为代表的晚期自由主义机构里，荤素已不分，月经已不调，黑白颠倒，不三不四。也许正要感谢留给我们这样一个生猛的残局，我们才可以进一步大胆地实验，开始新的大地政治？我们能从史罗德戴克的思想中推演出一种对新的世界形式的思考吗？

史罗德戴克还考虑到，在消费资本主义系统中，心理权力和心理技术终于走到了前台，并与资本主义式创新勾结在一起，将社会变成了一个控制论系统，因而又激烈地重塑了统治我们的生物权力，而后者又被心理分析和脑（神经）科学所利用。于是在今天构成了一个超人类主义式景观—资本装置，帮助社会中 1% 的富人，用物质—数码式固定资产既管治又剥削我们，并从这种数码管治中通过信息装置这一固定资本来获利。

史罗德戴克认为，这种通过心理技术来使我们不断失禁，从而使我们适应今天的计算式资本主义的市场要求，从来都是资本主义自身发展的逻辑的一部分。我们除了积极地改变自己的生命，主动像超人那样去适应新环境，没有别的办法可找。这是一个令人绝望的结论，是将人类推向了一只屁眼里被塞了电子感应器的实验室小鼠一样的控制论式处境，真需要我们好好地来反思了。

说到这种反思，史罗德戴克认为，陀思妥耶夫斯基是第一个反思现代人的失禁的思想家，最早认为人是不可避免地要走向疯狂的，想要不疯，就是想要对疯狂本身掩耳盗铃，本身证明当事人已疯了。所以，要疯得多一些，才能不疯，而这已成了一条做当代人的铁律。时代疯狂了，时代缺席了，要疯一点，日常生活才能过得下去。全球资本主义系统内的创新和创业，向自己的日常生活开战，向自己的亲情和爱情开战，对自己更狠一点，每次都先主动敲掉自己的底线。更疯狂一点，也就是走向新的失禁，也就是通过不断的创新，才能过好我们的生活。这种一次次创新也只发生在将我们摔向更疯狂的社会生活和逼我们更疯狂的个人日常之中。史罗德戴克认为福柯没有看到的是，我们生活其中的由营销和新媒体推动的这个控制型社会里，其实也生产着福柯所说的这种古典时代的疯狂。福柯的这一古典时代的疯狂与当代的疯狂之间的区分，因而是错误的。

与这一新的疯狂平行的是一种新的怨恨。陀斯妥耶夫斯基1864年出版的《地下室手记》记下了他1862年访问伦敦水晶宫世博会的观感。书中已表达出他对于那时代的象征—审美苦难下的怨恨心理的思考：世界正在成为商品世界，西方文明已成为一个水晶宫。① 他想以过人的隐喻之力告诉我们：资本主义的全球化，是这一

---

① 在这个资本的水晶球内，远程和社交平台的通信增进了合作。但合作是互相压抑的。在这样的人工温室里，创业就是要使自己发疯般地不断失禁，一次次打破底线，并努力不要任何底线。在资本的水晶宫里，我们比赛的是谁更没有甚至更主动不要底线。史罗德戴克认为，本雅明的拱廊计划不能说清资本主义的内在性，陀斯妥耶夫斯基在《地下室手记》中的关于我们被商品的篱笆隔离在一个水晶宫殿里的说法，相比要好得多（Peter Sloterdijk, *The World Interior of Capital*, op. cit., pp. 174 - 175）。

不断破除怨恨的失禁过程。史罗德戴克和陀斯妥耶夫斯一样,认为哥伦布就是这一愿意拥抱幻觉的泛欧洲主义冲动的疯狂的出手者,为后人做了示范。而这一冲动只有在 20 世纪的美国才最终被完美实现。这一愿意拥抱幻觉的冲动,后来又被贩卖到了亚洲和其余的世界,以技术创新和管理咨询的名义大行其道。这种成为普遍规范而为各大公司所需的咨询公司套路,可以说是今天的算法专政下的绝对计算资本主义的最大推动力量,风投资本就是由它在驱动,当代文化工业和大数据经济也都是它的必然产品。而今天的日常生活中的健身、心理辅导、培训,都是由这一"失禁"文化所滋生出来的分支。

比如说那个美国梦,就是保险业和咨询业的必然产物:买好保险,就失禁,在咨询公司的建议下无底限地去创新。为了继续做美国梦,保持其好莱坞—硅谷式的存在之轻,继续冲浪于后历史之中,美国的精英领袖们是什么手段都使得出来的。美国梦就是失禁学。美国是当代水晶宫,是温室,是大棚,美国人民是里面疯长的蔬菜。史罗德戴克说,美国梦有三种。第一种,是对西部的权利,也就是,喜欢上了什么,就可恣意烧杀、抢掠它,尽管到手后,仍只不过是为了好好爱它。第二种,是要使物可触摸。盎格鲁—撒克逊人不喜欢德、法的哲学,拼命要使物可以到手,弄无数中国小商品堆在他们郊区的家里,像家家在做展览一样。第三种,是美国人时时想要着魔,因为要不这样,他们就会抑郁。[1]正是商品、技术和媒体把中国、美国和其余的世界一起带进了那个叫作世界市场的失乐园之中。[2] 史罗德戴克认为,在这个将由杂技演员或宇航员构成的星球上,我们都

---

[1] Peter Sloterdijk, *The World Interior of Capital*, op. cit., p. 233.

[2] Ibid., p. 367.

将是艺术人，垂直地活，时时为拔高自己的生命而学和爱。① 尼采在《查拉图斯特拉如是说》开头说，上帝死了，现代人只能在掉在地上的两头都没地方固定的绳子上走钢丝了。仍几乎像在空中行走，人的每一步都须被训练上千次之后，才走得稳，因为每一步都像是新的。从此，没有一个习惯是牢靠的了。

由此，史罗德戴克将《地下室手记》看作第一本现代实践哲学手册，是真正的健身宝典，认为它要教现代人为了生存得更好而主动去犯一点小罪，故意不要底线，以便勇敢创新。② 正是这一不断鼓励我们失禁的人类性技术，在全球化末端，生生地将我们拖入人类世。从此，人人都知道，创新者将不可避免地犯罪，只有积极地犯罪，才能继续生存。而熊彼特（Joseph Schumpeter）所说的资本主义的创新式破坏，却始终受到现代保险业的支持，签单后，怎么毁灭都没事儿了。最终，保险代替了祷告，成为在那一不可能性的海洋中去敲定一个可靠的未来的具体手段。③ 从此，人类欲望中的不可能性，完全被概率代替。保险业的历史正是人类一系列疯狂行动的历史，是在人类历史之外去展开各种各样的海盗行动的历史，硅谷是其近年的例子。现代技术终于使人类疯狂得像达德勒斯（Daedalus）那样。

达德勒斯是伊卡路斯（Icarus）的父亲，为了满足米诺斯（Minos）之妻子帕西菲（Pasiphaë）的淫欲而建造木牛，而她却爱上了这头木牛，与之交配，生下米诺托（Minotaur）。于是，达德勒斯又不得不制造出迷宫来关押他；而达德勒斯之后又被米诺斯关押到伊卡路斯，一起亲眼看着了儿子失去一切尺度，然后消失，父亲能做的，只是在一旁不断给儿子一些如何进一步失禁的建议，来使其减少痛苦。这

---

① Peter Sloterdijk, *You Must Change Your Life*, op. cit., p. 200.
② Peter Sloterdijk, *The World Interior of Capital*, op. cit., p. 72.
③ Ibid., p. 108.

也可以说就是今天的人类的困境:处理大数据时,我们被它淹没,如何转而控制它,而不是被它永远控制,再控制论式地通过被它控制而去控制它?

斯蒂格勒认为,这一古希腊神话也证明了史罗德戴克的这种失禁学的危险性。[①] 这种陀斯妥耶夫斯基最早观察到的疯狂的失禁,我们必须想办法加以制止,这是我们走出人类世的先决条件。但是,我们如何在人类世里不像达德勒斯那样地走入疯狂呢?尼采的超人装置应该如何被改装,才能帮我们完成这一使命?尼采说,人是一根绳,这一头是野兽,另一头是超人。当代干细胞理论家们将这一句改成:人是一根橡皮筋,松时是末人,紧时就是超人。或:人在滑板上,能往回飙,能够自信地向爬行动物借干细胞用的,才是超人。只会硬着头皮,要将人做到底(超人类主义意识形态),就是末人。超人的第一项任务,就是要克服怨恨:用超人精神,去克服当代资本主义对我们的生物性侵犯。

尼采说的正面的超人,是主动面对巨大的危险,挣扎着幸存的人。想用药和疫苗来侥幸避开危险的人,是末人。做国王和伟人都还不够,我们中间的那些行止像非—人和后—人类的,是艺术家。更确切地说,他们是杂技演员,走钢丝那样地活着,或是宇航员,把自我训练当工作,天天重新降临。超人的"超"是指之上、高过和朝上。[②] 朝圣者从此将不活在他们生于其中的风景中,而必须自己给自己扯一片抽象的风景。麦哲伦和阿姆斯特朗之后,我们不能从家乡出发,而总是从太空回到自己的小镇了。[③] 因此,我们是不得不做超人,必须天天练习,为新目标而每天重新开始练习,像宇航员那

① Bernard Stiegler, *Dans la disruption*, Babel, 2016, p. 196.

② Peter Sloterdijk, *The World Interior of Capital*, op. cit., p.144.

③ Ibid., p.25, p.27.

样,将日常训练当作每天的工作。做超人成了必须对我们自己狠一点,每天重复同样的游戏,争取在下次还有上场的机会。练,在人类世,将是一种个人为自己定制的宗教。必须重新练习从远古留下来的所有的练习项目。真正的健身房里的器材,必须比当前所用的多十倍以上。

而且,史罗德戴克还强调,在这个人类世城市平台上,也必须对所有的锻炼加以再锻炼![①]尼采已不信优生学,要我们相信训练、纪律、教育和自我设计。他认为,超人不是生物意义上的,而是艺术上的,甚至也是杂技意义上的。我们健身,是想要艺术式地使自己成为超人。[②] 想成为超人,就需用古今的一切器械来练我们的身体。真正的贵族能肩扛不可能性的大山,精致的身体姿势里仍透着平静。[③]

这训练的就是史罗德戴克说的"人类性技术(anthropotechnics)"。它将造成一个尼采之城:为超人留下地盘,而那些不会健身、升华(自我升级)和自我克隆者,都将被淘汰。史罗德戴克将这些对人类存在的免疫性起作用的技术,称作人类性技术。"经过好多个世纪的对于新的生命形式的实验,人类终于认识到,不论其种族、经济和政治情境如何辖治其生命,人类不光存在于其物质条件之中,而且也存在于其象征的免疫系统和仪式之壳里。……正是后面这些编织出了我们可以很酷地说的'人类性技术'"。[④] 在细胞、气泡、球和水晶宫里,人类无论使用什么技术,哪怕到了火星,也仍都只是要将火星夹入这个叫作地球的水晶宫里,哪怕在火星上也仍将使用地球式技术。人类只会在全球资本的水晶宫里使用这种人类性技术,无

---

① Peter Sloterdijk, *You Must Change Your Life*, op.cit., p. 409.

② Ibid., p. 112.

③ Ibid., p. 272.

④ Ibid., p. 3.

论到哪里。

史罗德戴克的这一分析带着很重的尼采式超人类主义成分。尼采认为,英雄主义者会走向疯狂和崩溃,积极的虚无主义者却是要创造和发明新价值。剩下的其余人呢?难道就只能做一个看透世事者,以犬儒主义行世,怨恨地来证明自己的清白、纯洁和冷漠,总认为世界和社会是别人弄坏的?于是就形成了这样一个三角:好人、超人和怨恨者。尼采给我们的指示:做好人是走向道德主义,肯定不对。因为,做好人是为了让我们自己不去做看透世事者和犬儒主义者,所以总是被动的,肯定不对。但是超人也不是给我们人类方便地去待着的一个位置。超人是那个自我肯定、自我发明的人类的矢量,是我们在好人和怨恨者之间摇晃时能够做出对照,以便重新找到方向的那一颗北斗星而已。查拉图斯特拉是教我们做超人的教练,要我们去赢得各种世界杯,但我们此时还正在训练之中。史罗德戴克想说的是不是"只有积极地、创造性地使用人类性技术的人,才是超人,才能自己创造未来"?

史罗德戴克似乎将人类世中人类身上剩下的领地描述成一个奥林匹斯山了,只有像奥运冠军那样伟大的半神们,才能活在其上。这是一种听上去很残酷的人类世城市的前景,但他认为,从哥伦布发现新大陆以来,全球化过程之中,人类就一直被卷入这一过程,阿姆斯特朗在月球上的行走,就给了我们很好的示范,从此也将成为人类世城市幸存的一条铁律。

史罗德戴克想告诉我们过去五百年的地球上发生了什么,来预想人类今后将必须怎么样。而法国哲学家南希(Jean-Luc Nancy)想象了一种与史罗德戴克完全不同的人类世前景。他认为,过去五百年里,已有某种比我们想象的更大、更不妙、更难说清的东西,潜入、布局到我们的世界,掺入这个五百年的全球化过程之中。我们被它入侵,但还说不清自己到底遭遇了什么,当前还没法做出反应。当前的全球城邦,实际已被那种未被命名的力量统治,虽然我们仍在继续执行老规矩。人类世中,世界化之中的世界,已成了一个恶蛋:我们也被孕育其中,但已说不出自己在其中的未来。也就可以说,人类世城市是从这一比基督教还大得多的陌生的全球力量那里受孕而诞生,且仍活在其羊水之中。

南希认为,今天我们已无法进一步形成世界,而只能"不被限制地、生态技术式地拼凑(arraisonnement écotechnique illimité)它,拼凑出生活形式和共同基础的各种可能性(消失后再去回忆它或怀旧)"。[1] 今天的技术带上了生态性:其使用也受它所造成的生态限制。"技术不只是一组操作方式的集合,而且也是我们人类存在的模式(本身)了"。[2] 所有的技术都是生态性的,哪怕克服生态问题的技术,也是生态性的:因为对技术使用,用技术去克服技术的后果,我们的社会因此已处于被双重偶然统治的状态。

南希认为,福岛事件已给了我们一个明确的警告:在人类世,"所有东西都成了所有东西的目的和手段",不再有自然灾难,而只有文明的灾难或技术的灾难了。[3] 生态性技术能救我们于一时,但它也会进一步造成技术性带来的生态性的灾难:灾难也将被一次次地全球一般化,转而使人类的每一个行动也都带上灾难的可能性。福岛事件也许已正式宣告了人类世城市的到来:连每一次灾难,也都在全球范围内达到普遍对等,加速人类走到一起,而并不是人类主动地在经济、政治和技术上走向联合。

南希认为,福岛事件之后,我们必须认识到,我们既然已彻底改

---

① Jean-Luc Nancy, *The Creation of the World or Globalization*, trans. by Fram-cois Raffoul and David Pettigrew, The SUNNY Press, 2007, p. 143.

② Jean-Luc Nancy, *L'Équivalence des catastrophes*, Galilée, 2012, p.60.

③ Ibid., p. 57.

造了自然，就不再能够谈论自然；自然只是我们自己的作品了。而今天的灾难也必然同时是哲学的灾难了，因为康德以来的哲学，对于福岛核辐射这样的灾难，也只能目瞪口呆，没法真正面对。对于这种"世界也只是世界对它自己的创造"[①]和"投资只是为了进一步有可投资的东西去投资"的正在拉平一切的世界，[②]哲学家们除了呆若木鸡，还能做什么？

与此同时，我们却被人类性技术的最有毒的那一部分捕捉住了：电子—金融式技术或货币技术，是人类性技术或生态性技术的极端。要知道，货币技术才是全球资本主义的核心，是对人类生命的最残酷的捕捉手段。电子支付比纸币更能够将所有产品、所有劳动力的转换、交换都拉平，然后将它们重新投资到这个地表，只是为抽出新的利润，哪怕为了极微薄的利润，为此而无情地重复。这就是我们今天的世界的最高成就：将不可计算的东西、不可拉平的东西，也变成可计算、可拉平：彻底亚马逊化或淘宝化。人类的财富、健康、生产率、知识、权威、想象，都被云计算平台搅拌到同一只碗里。[③] 机器与机器之间的金融交换，实际上在决定我们的未来命运，美国却还在一边喊着要让它自己重新变得伟大。实际上，这时连人类的集体

---

① Jean-Luc Nancy, *The Creation of the World or Globalization*, op. cit., p. 174.

② Jean-Luc Nancy, *L'Équivalence des catastrophes*, op.cit., p. 16.

③ 正是云计算平台支持着淘宝和美团们在抽取利润时的那种剔骨刮油般的执着。在许煜看来，我们对于云计算平台的经验，越来越支持莱布尼茨的窗户说，而不是笛卡尔的镜子说。是递归和偶然的共戏和互戏(interplay)，构成了每一个存在者的奇性(singularity)。共戏和互戏在这一步上，我们可看到，阿尔法狗的创造性，在于它在第 37 步上做出这一决定后，在第 148 步上仍能递归回来。它固执地先已想到一百多步之后了。这种递归能用函数勾连，说明阿尔法狗的这一递归能力，仍是人类数学给它的。递归函数被执行到算法中，机器就不受时间和记忆的限制了，这是它可怕的地方，而人是受时间和记忆之对冲的制约的。(Yuk Hui, *Recurrcivity and Contingency*, op. cit., p.6.)

决断可能也没有用了。末日并不是将要到来的那一状态，而是指人类的技术掌握已使末日变得完全可能（人类具备制造出末日的技术能力了）。可以说，全球云计算平台很有可能就是我们人类的最终的落局，将必然成为人类世城市社会后面的深层语法。那么，如何在城市云平台之上继续我们的城市实践？

正是过去 500 年的全球化把这个世界变成了云计算平台，将人类拖上了人类世城市平台，拖入一个人类性技术、生态性技术治理下的体外化技术圈。南希像史罗德戴克那样历史地回顾了这一过程。他认为，这世界在过去的 500 年，也就是西方资本主义的突飞猛进过程中，同时也引入了一个比基督教精神空间还大的、现在还无法描述的精神空间，我们现在全然被它蒙在鼓里。哪怕是 20 世纪中国对西方一步步开放这么一个大事件，也属于这一更大的过程，其后果是什么，我们在今天也还说不清。

> 在中国发生的那些事件，也带有这种西方性。所以，到来的所有事件，在我看起来，好像都被烙上了这种西方性……事件不光被录制或被记忆，而且它们还变得无法分离，不能分前后，也不能分开其所处的多重序列，也就泛滥。我们的重新阐释就充满这种泛滥，无法刹车，花样百出，直至自相矛盾。可以说，靠近我们这个时代的事件，都会变成这样。1789 年的法国革命肯定是这样的，1912 年中华民国的创立亦然，都在它们的时代里打开了多重区块链，我们后来就都掉进里面，不能自拔。①

而这一更大的事件的到来，是一个不断被叠加的过程，仿佛我

---

① 南希在 2017 年 12 月 2 日中国美术学院"世纪风眠·回到斯特拉斯堡"展上的讲话。

们这个世界正被不断搅拌,越来越被稀释,对我们越来越陌生,越来越怪异,越来越排斥了:

> 但是,刚过去的大约五十年里,看上去,这一伴随所有事件的地震的阴云,这一效应的滋生,更有这些枝蔓或这一事件性,这一事件本身的网架化,从那些仍不停地到来的事件中直接带来的降临,就全都压在了我们身上。……事件性总会先入为主,或给我们一种已终结的感觉。它打开希望或绝望。但是,从此处开始,我要说,事件将表现为焦虑或谨慎,或被设想为风险或偶然,反而不再成为历史的记号。事件对我们而言更多只是一个信号,每一次的发出,都暧昧或混乱了。我们现在可以说是落进了一种事件的喷涌之中,就像人们说的水杯打翻、弄湿了裤子的膝盖部分,而不是处于人们所说的爱的喷涌之中。①

事件涌出,我们一直相信的那一历史框架被推翻。南希在提醒我们,我们过去所熟悉的历史,那只是历史学家们和帝王将相们的历史,是处于连续过程中的历史,由进步与计划,或者说由衰退和命运的结合而形成。但在今天,分明有一种更深刻的历史在我们面前涌出:

> 它不是一种形而上学或意识形态式的历史,其语域不再由黑格尔和康德零碎地拣拾拼凑,不再通过马克思和海德格尔来

---

① 南希在 2017 年 12 月 2 日中国美术学院"世纪风眠·回到斯特拉斯堡"展上的讲话。

追认,不再被尼采诊断为历史的病的那些时代洗礼。①

　　我们时代的事件,我们时代的事件性,正发生在我们面前的我们时代的历史,是根本地处于一种历史的变形/变异/变体之中了,是我们从未见过的:

> 这一历史的变形、变异、变体,首先源于我们不再相信历史给出的意义,甚至也不再相信我们自己的努力要让历史给出一点意义的那种努力了。②

　　事件在历史中是一种无法被预料、被改道的涌出,是一种深层的连续性的过程的当前决堤。面对这 500 年中一直膨胀到今天且已大到无法直视的大事件,南希认为,这世界或这个资本主义世界市场或西方哲学,也到了决堤前的时刻。"危机"这个词和胡塞尔的《欧洲科学的危机》标记出我们今天所处的历史场地,标记出了那个也属于理性目的论的历史目的论的场地。因此,我们今天终于也意识到:

> 原则上讲一种危机正在(像发条那样)打开,或正在自我发动,照着这个字的医学语源的那种意思来说,就是这样。在医疗中可诊断为一次危机,能治疗和预报。但从我们的证明和实验来看,我相信我们也都已在这么说。……今天我们正在遭遇的危机是另外一种东西。弗洛伊德已研究过我们的文明中的

---

① 南希在 2017 年 12 月 2 日中国美术学院"世纪风眠·回到斯特拉斯堡"展上的讲话。
② 同上。

病灶,并宣布他看不到可能的治疗办法。我们当能理解,从他的《文明及其不满》这一题目的真正的意思来看,这不是一种从外部进入的病,而是从这个已经世界化的文明之中继承而来的病。①

因此,南希认为,1968年以来世界历史的各种大、小事件的意义其实还未确定,只不过是后面的那一个正在到来的更大的东西的预兆和症状:

> 事件总是那些强有力的也就是说暴力的冲动的效应、症状,或证据、延续。已发生的那些革命确定是属于这一类型的,因而,1968年的那些起义痉挛,我们今天还身处其中……在1968年,如果你愿意这么说……在越南、性、社会阵痛之间,正是我们今天的处所。1989年柏林墙的倒塌,在墙两侧的共同压力和一塌糊涂之间,也仍是我们今天的坐落。
> 还有技术—经济的急骤冲刺,危机和对能源本身的需要的指数式、算法式在广义上的增加,后者隐含了来自速度和控制等的欲望的压力,因而引发了一场场石油战争。我就直说吧:这就是那已到达我们身上的东西,这就是已向我们到来的东西,这就是携带着我们的那一东西,这就是那一改造着我们的东西。②

在南希看来,当前世界的病灶后面,是那个正在到来的东西的

---

① 南希在2017年12月2日中国美术学院"世纪风眠·回到斯特拉斯堡"展上的讲话。

② 同上。

越来越明显的涌现,而我们被它改造,被它决定,跟着它变移。与此同时,在他所说的世界化里,希腊、罗马、民主、技术、现代国家、理性、对象化、控制论、生态、灾难,等等,都被"一般等价化"了。比如灾难,也像世界货币那样,在当前这个世界里成了一种一般等价物,在全球被平行地承受。同时,我们也被它改造。

　　而我们处理这个世界的种种方法,也只是一些生态技术,像是在给这个世界做化疗,但究竟是在补它,还是泄它,还是毁它,都说不清了。而这正是全球资本统治使主权失去统治目标造成的,是全球资本主义的基因决定的。南希认为,西方的政治已经空洞化,无法引领这个世界,群众没有了方向,而他们的领袖也都连自己都找不到了。政治正成为一场无意义的戏剧,政客们都已不相信自己的台词了。我们这就由不得要这样问:这是癌的扩散,还是糖尿病进程的加速呢?

　　南希认为,原始人通过宰杀人或动物而献祭,而打开自己的那个世界。这种打开的方式之一,曾经是城市。因为城市是 ouvre,是集体作品,是打开的方式,如一座苏州园林是某一时代的中国人向宇宙打开的一种方式,围绕它就可建城。这种通过宰杀和献祭来通向那个世界的方式,就是艺术,是宇宙打开的第二种方式。艺术使我们回看,重新面对、重新拾起自己。艺术是对自己的文明做仪式,是超度它的手段。

　　但是,这个世界在今天成了一个将我们都包容的恶蛋,我们无法向它打开,反而被它夹裹在一层果冻里,与它一起生长。今天,世界是被我们的技术改造捏造出来的一座古城,照我们来改,也改不回去,我们反而被它夹裹。这世界似乎一直听我们的话,被人工化了,但我们却只好呆在自己捏出来的这个面团里,再捏它也出不去、打不开了。我们被关在这个每一粒垃圾、每一个事故都将被捏进这个面团里的世界之中了。南希说,这就是福岛核泄漏之后的世界的状态,也是被核辐射威胁着的世界的状态。这个世界没有出口了。

南希还说,古希腊人的世界曾经是有出口的,他们周围的自然还是活的,人人总相信它存在,做个仪式就通向出口。古中国也是有这个开放的世界的,不然不会有这些园林和山水留到今天。今天会做魔法的非洲部落也仍有这样一个世界可连通进去的,但他们的也正在被屏蔽,被拖入全球城市化或城市全球化之中。

城市本来也应该是有出口的。但今天的城市被拖进城市全球化或全球城市化之中,不可逆了。这是怎样的一种世界化呢?照南希看,这种世界化之下,全球人民被动地生活在一个共同体里,那是被世界化的全球人民的共同体,于是就没有了出口。本书想用"人类世城市"这一概念来命名人类将要走进的一个再也没有出口的共同处境。

最后的生态

　　人类世城市平台是我们最后的生态了吗？或者说，它是其所有成员认识到了自身的真正生态处境之后重又形成的一个新生态共同体吗？这是一个史罗德戴克和拉图尔所说的地球空间站或地球号航天飞机上的机组的状态：每人必须每天都像宇航员那样练习着重新去适应新环境，每天都降临着回到地球。[①] 也许它也因此更依赖我们每一个人身上的细胞的自我克隆，以此来牵引我们走向宇宙。[②] 人类从此的历史将是垂直的？

[①] 在人类世，如果你不一厘米一厘米、一个存在者一个存在者、一个人一个人地分类、丈量、测量那些构成地球的东西，你还搞什么政治？我们必须战斗着加入某个乌托邦，至于说是全球的乌托邦，还是本地的乌托邦，已没有意义。抢着降落到地球上，保住和抱住一块救命土，才是更重要的事儿。从此以后，那种种无遮拦的力量和行动者，会强迫我们重新定义什么是人，什么是领土，什么是政治，什么是文明。它们才是帮我们的。关于气候危机，大家吵不清楚，但你若让他们为疫苗、蘑菇、水循环这样的事争执，火总是一点就着。研究者和公众之间的关系远非教学法式、启蒙式的，而是军事政治式的了。所以，拉图尔建议我们应该利用好这个地球临界区。(Bruno Latour, *Down to the Earth*, op. cit., p, 79, p.88, p. 93.)

[②] 活着的人，在作为想要达到充分性的哲学的知识中挖了洞，在生命中挖了洞。我们用不带生命的活过的经验，来反抗百科全书知识（大学是国家百科全书），抵抗生命，抵抗哲学，为了宇宙并受宇宙指引，去追求生态人新的善。(François Laruelle, *Tétralogos*, cerf, 2019, p. 489.)

如何理解这种天天的降临？照细胞生物学的理解，"我"是下一刻出现的那个被克隆物。"我"在下一刻降临（叠加）到宇宙之上。宇宙因此是"我"这个克隆者的我思（每一百万分之一秒，"我"就叠加到宇宙一次，"我思"是这一叠加）。每一个克隆者都可以说，我思宇宙，我叠加，故我是一个克隆者。[①] 这样，就连基督教的神恩也只是一种症状，是关于人必须给出她被给予的东西却被哲学压抑之后产生的症状。不过，人能够通过克隆来克服这个哲学带给人的症状：终于能给出那本来被给予的东西。[②] 当初，也是因为害怕自我克隆，我们才走向哲学的。所以柏拉图的形而上学是一种"这里学"：帮我们僵固在这里，遗忘我们的叠加或克隆过程，拘泥于这种世界—思想和世界—历史之中，永远不能自拔，让我们找到安全感。这才是一个致命的生态问题：只要待在哲学中，只要还在世界中存在，我们就已破坏了生态。

由量子物理学看，细胞的自我克隆是人的生命机器的真正运作过程。克隆就是人将其内在输入世界（une in-fusion d'immanence）。[③] 人将自己当盐水吊针输液那样地注射到这个宇宙之中。人正是这样在宇宙中克隆自己，而成了未来—基督。圣经里的那个基督只是人曾经克隆出的人的某个拙劣版本。人必须继续克隆出自己的拯救者。人才是世界的钥匙。[④] 要知道，不是人进入世界，在世界中待着，而是世界必须跟着人走，才对；这与海德格尔理解的刚好相反：不是人待在世界之中，而是人先给了世界来救人的机会，世界是跟着人走的，而人总要走向宇宙。

① François Laruelle, *En-dernière-humainté*, cerf, 2015, p. 25.

② Ibid, p. 179.

③ François Laruelle, *Mystique non-philosophique à l'usage des contemporains*, L'Harmattan, 2007, p. 178.

④ Ibid., pp. 186 - 187.

所以,只有从人的自我克隆的角度来谈生态,才符合当代科学
的要求。哲学、人类学、流行的人道主义、希腊哲学和犹太教、基督
教等等,都在告诉我们,人是"生"出来的。这一理解无论从哪种方
面说,都是根本地错误的。拉怀勒的非—哲学态度是:人不是生出
来的;人必须自己克隆出一个从未存在过、作为最新一例的类人类、
主体—异乡人,天天更新的"我"。它将会像基督一样,全新地降临
到这个世界,而不是由父母像传染病毒那样,将某种"人"的原罪带
给子女。细胞每克隆一次,人就重新开始一次。生态是被克隆后的
活物的最新生态。人因此是降临到自己的生态中的。生态是每一
个降临者自己单方面加以确认的。

爱因斯坦和薛定谔对活物的定义是:对思想的经验。[①] 薛定谔
对这一点作出进一步的理解:克隆的过程是从地球走向宇宙的量子
隧道。[②] 克隆时,人将世界放进了括号,然后转身出发,走向宇宙。
而十字架就曾是我们的克隆机器,是像太空发射基地那样的装置,
基督教却将它理解得太狭隘。基督教的十字架一直就被用来克隆
出基督和信徒了。[③] 时至 2020 年,我们才知道,比十字架更高级、更
科学、更正确的克隆机器,是干细胞。[④] 干细胞能够主动接纳它的生
态。人作为降临者,也能这样去接纳其生态。

由此说,上帝也是人克隆出来的:是人将上帝格式化,编入人的
语言,它才成了《圣经》里说的那种样子。[⑤] 基督不是供我们模仿的

---

① François Laruelle, *En-dernière-humainté*, op.cit., p. 14.

② Ibid., p. 16.

③ Ibid., p. 45.

④ 源头可能一会儿在前、一会儿在后。我们就含在干细胞这根牛皮筋上。干细
胞是人类的真正本体了。人是有弹性的。我们在末人和超人之间荡秋千,
一会儿是末人,一会儿是超人。我们将永远在干细胞上踩翘翘板(Catherine
Malabou, *Avant demain*, PUF, 2014, p. 9.)。

⑤ François Laruelle, *En-dernière-humainté*, op. cit., p. 43.

上帝的样子,而是需我们不断去推陈出新的,需要我们给它不断升级。我们必须更严格地来规范它,来创造出、也就是克隆出 2020 年版的基督。未来的基督将是人之子,而不是上帝之子。而当前、当代是我们克隆那一人之子的现场。① 我们的每一次克隆都将覆盖原有的世界历史和个人命运。不出所料,细胞生物学一定会来摧毁我们原来说的那种人类历史或世界历史。

拉怀勒用量子物理学颠覆了笛卡尔的"我思",把人放到了克隆者而不是思想者的位置上,重新定位了生态主体的位置,这对我们理解人类世城市中的人的位置,做出了一般科学式的指导。对他而言,人是克隆着走向"我思"的。照海森堡原则,虚数和不带生命的体验之间的幂积,不是人,而是克隆者。不得不时时自我克隆的人,总是一次次地降临,一次次重新来到地球上,以不同的方式,来接收所有的大地、山川及其垃圾。每一个降临者都是弥赛亚,是上帝的收尸官,来清洗和回收我们死后的身体和被我们毁坏的大地。对于他们,垃圾是不存在的,因为我们人在说的自然,对于他们而言,也只是垃圾,是像旧道具那样的东西,用过之后必须被重组。而人因自我克隆(我们身上的每一个细胞每天都要克隆 150 万次以上)而成为降临者、弥赛亚和天使。人天天重新接收、认领自己脚下的垃圾。这样眼光下的生态对人类世城市中的我们意味着什么?

人与生态的关系也是幂积,也就是说,人与它的"自然"或"生态"之间的关系,是幂积,而不是和谐的综合。所以,人与自然之间,不是像一对吵架的小夫妻的重归于好,而是叠加。根本不存在这种人与自然的重归于好,后者完全是当代人的单方面的意淫。在以量子物理学为指导的普通生态学看来,目前我们小心眼地只求人的生命与自然之间达到的"综合"式和谐,是要求在无数的人之间,去达

① François Laruelle, *En-dernière-humainté*, op. cit., p. 214.

成共同生态的集体的"民主"式决断，以便之后再达到与大自然之间的最终和谐。这将会是一个让人无比绝望的操作过程，也许从头就注定要失败。我们将政治民主都搞得如此失败，还能指望这种全球生态民主能搞下去？所以，我们还不如从一开始就遵循这一量子物理学原则：所有人与这个地球、这个宇宙之间的关系，都是叠加。因而，我与这个宇宙的这一叠加关系，与你的那一种并不冲突。我的垃圾回收方式总是独特的，与你的那种独特的方式不会冲突；我的生态与你的生态之间也是叠加关系。

照目前势头，生态问题有引发全球总体战争的倾向，因为要搞清什么是最终的生态标的物，比如全球的 15 亿头奶牛到底该不该先杀，像施米特在《大地法》中预测的那样，是非常困难的决断，会导向致命的冲突。可是，人身上的最后的人，克隆者，却自带生态，而且是在其自我克隆过程中一次次去重新认领其生态的。它在冲向宇宙的过程中能主动认领、接受和拥抱它的生态；它自有、居有（生态就在它自己身上）生态。在这一眼光下，生态不是和谐的结果，而是每一个个人启动的一本本有待续写的生态—小说。最新克隆出来的人类，是那些见证了人类和生命在宇宙中的存在之后的克隆者们构成的新帝国。[1]

总之，作为克隆者的人与宇宙之间的幂积，而不是这两者的综合，才是那个非—生态，才是我们应该去找的新生态，那一量子生态。我们关于这种新生态的知识就是新生态科学。它是我们科学地认识人类世城市现实的基础。

既然是克隆者，我们每天就都在成为最新的人，每天归集到那一最新的人身上。因此，由这一"人身上的最新的人"出发的生态，才是符合普遍科学眼光的生态。这才是我们人的最后的生态。人

---

[1]　François Laruelle, *En-dernière-humaité*, op. cit., p. 126.

类世城市里,理论上讲,都是这些最新的人。

人出生,被抛到大地上,然后在世界—历史中存在,再走向宇宙。人类世城市是其驻留的最后的空间站。拉图尔说,现在,我们必须召回所有的宇宙飞船了,因为我们脚下的那一艘必须由我们自己修理、自己找到目的地的飞船,就是它了,不用另外去发射。[①] 拉怀勒的量子生态学重新讲述了一种新生态科学眼光下的人作为克隆者走向宇宙的故事。它给出的人类世图像是中性的:处于体外化、自我克隆过程中的人,是一次次重新叠加到这个星球上的,其生态也是一次次随其克隆过程,而不断重新降临,一次次重新认领的。城市规划和城市改造,将不是一个集体的生态工程,而是这最新的人对于人类世城市的认领过程。

---

① 人类世里,每一个人都需自己去搞一种宗教了,它叫锻炼教、健身学或免疫术。人人都必须降临。您从此是天使,是来认领这块垃圾和污染之地当故土的(Peter Sloterdijk, *You Must Change Yourself*, op. cit., p. 57.)。

堆　栈

　　在当前的全球云计算平台上，城市网格就像在所有平台上那样，既是被描述物，又是生成物，在其任何点位都通向那个正在到来的云城邦。后者是一个共同的政治话语—软件—程序领域，超越具体的城邦本身，有望成为全球城市社会或人类世城市后面的那一深层结构。回头看，古代雅典其实也是一个云城邦，因为，它不光接通了西西里、土耳其西南部、埃及东部，实际上，雅典的任何一个广场，都可以开始这样的运送连接，将自己敞开为一个云城邦。而且，它后面就有那种城邦民主政治，那种宇宙论，那种柏拉图式的形而上学，来当支持软件。① 今天的云城邦因此首先是本书所要投射的那

---

① 　海德格尔在《形而上学》中向我们强调了两种历史（Geschichte，Historie）中城邦的意义。他说，polis 被译成"国家"和"城邦国家"，是没有抓住整个意义。实际上，polis 的意思只是"场地"，是这一个"这里"，此在是在"这里"而历史地存在的。Polis 是个人生存展开（Geschichte，英文是 pro-venance）的场地（Martin Heidegger, *An Introduction to Metaphysics*, trans. by Gregory Fried and Richard Polt, Yale University Press, 2000, p. 163）。此在在这个场地上的展开，与我们后来用历史这种叙述方式说它，是两码事。斯蒂格勒则将城邦讲进了从字母合写开始到今天的数码化的整个关于书写化（grammatization）的历史之中。他认为海德格尔讲的 Geschichte 是说和对话的过程，而 Historie 则与写有关，而城邦更与写相关，是一个用说去对付写（不断的新的立法）的过程。城市的历史是一个不断立法（写）后又走向错失的过程，是一个需要用说、对话、友爱、羞耻和正义来加以修补和疗救的过程，而城市就是这样的用说、对话、诗和梦去解立法之毒的过程（Bernard Siegler, *Nanjing Lectures*, op. cit., pp. 174–181.）。

一全球城市社会，或那一人类世城市。①

今天，在算法时代，云城邦是由公共和私人的各种硬件和程序来支撑的，不只由现存法治边界来围成，并且也是作为一个全球综合城市（a global composite city），被摊开的，于是也使每一个本地城市都成为其动员和分治的对象，各自构成全球经济中的一个本地样例。② 这种综合不光汇合了全球各个地方城市，而且也汇合了由那些为光子交换而建的光纤网络的网格，造成了城市群地理等级下的具体的物和物之间的那些重置的网络。而在此同时，来自全行星计算平台的无名的主权暴力，从此也可以一下子就发生在城市的整个界面上：通过同时的内爆和外爆，不可避免地，城市全球化或全球城市化就一步到位地实现了。

写于1985年的维利里奥的著名文章《过度暴露的城市》，强调了城市的正在被媒体化，正被集中于各大机场安检处这一点：既将机场看作保安环境，也将它看成一个通过命令、通讯、速度和加速度来压缩城市的管治模型。③ 果然，全球的机场今天正连接为一个云城邦。④ 今天的新加坡也许是它的最早雏形和样板：与其说它是一

---

① 将亚马逊和淘宝看作云城邦，是指平台不要求用户亮出身份，保留其个人状态，但进入的顾客可直接点击供应链，下载后投送。怎么没人来说下面这件事儿呢：2015年时，就有五千亿机器人在网上与我们一起成为用户，今天应该有一万亿了吧？它们与我们一起用互联网，百度和谷歌记录了他们的元数据，后者将会影响我的今后的搜索、阐释和理解的线路。他们在堆栈中将享有与真实身份的人一样的公民权。你所属的国家将被这样大大地稀释（Benjamin Bratton, *The Stack*, op. cit., p. 133.）。
② Ibid., p. 152.
③ 转引自 Benjamin Bratton, *The Stack*, op. cit., p. 156。
④ 布拉顿从堆栈的角度出发预言，在未来，云城邦里，谷歌才是老大，将同时与"美国"和"中国"发生致命争端（Benjamin Bratton, *The Stack*, op. cit., p. 115.）。

个城市国家,我们也可很妥当地称它为机场国家,或安检国家,或甚至转机国家。一个抽象的城市空间,安检加娱乐,加美食,再加上各种励志杂志和书籍,构成城市机场化的标配。这就是所谓的全球城市新加坡化后的进一步的机场化。原来,机场才是二百多年的全球工业化后的城市化的最终出路。但这好吗?我们满意了吗?抽象地讲,全球各大城市之间,就像用京沪高铁连接了北京、上海两地,也汇合了那个云城邦或全球城市社会。

关键是,这背后的逻辑对吗?有害吗?布拉顿(Benjamin Bratton)认为,这云城邦后面有一种叫做"堆栈"的逻辑在起作用。堆栈是通用、可塑和可延展的平台后面的运作逻辑。堆栈自身具有生成能力,因为从一开始,它所用的技术又可下分,往下去组织不同的平面,但同时它也能通过自己内部的界面和条款,来独断地加固各个层面,并加以理性化。①

堆栈由于能够灵活吸收未来的各种技术创新到自身之中,而且能不断转向,重新综合,在这过程中又不会冲扰既存的网架要素,总是在让它们继续起作用的情况下,去渐渐吸纳异质要素,堆积为另外一种数量级上的结构。对于全球计算而言,堆栈总走向同类、同级的函数之间的堆叠。当代的各种学科都竞争性地想要基于某一堆栈的模型,来建立自己的本体论、认识论或方法论。②这使我们认识到,人类世城市后面的堆栈结构,总是在广泛竞争后有待被重新商议。对于布拉顿而言,这对未来政治主权的重新设计,就构成很大的问题,造成了很大的不确定性。而且,这种堆栈

---

① 对堆栈的定义:用并列的描述来构成一张还正在形成中、展开形成我们而转而设计它的东西的文字式示意图。这是理论成为设计图的很新的示范。机器成为国家(Benjamin Bratton, *The Stack*, op. cit., p.11.)。

② Ibid., p. 375.

设计也将是双向的:未来的人类世城市社会居民,必须自己去设计
那一设计着要来统治他们的主权格式,也就是说,未来的宪政治理
"条款",将天天被本地主权主体和全球各地的用户们重写。可以
说,这一新局面对于既有的政治哲学所提供的主权理论,将带来摧
毁性的打击。

　　然而,堆栈也会造成巨大的不可逆的政治地理重塑。主权地理
会被云计算平台扭曲(如江浙沪免邮费,义乌快递发出全部半价这
种事,将会层出不穷)。本书认为,全球云计算平台所基的堆栈,正
在替换所有城市背后的主权构架,正在用一种全球性的堆栈模型,
也就是一堆软件和程序,代替原来所说的城市文脉,或城市肌理。
各个城市背后都被这一美团式的共同的认知—计算式资本主义语
法把控,不可避免地将被平台化。

　　我们旧有的政治哲学已无法理解这种新的政治地理。法理学
家施米特(Carl Schmitt)要我们从对大地海洋和天空的政治切分入
手,以对太空主权的争夺为平面,来切割出全球的新主权结构。然
而,由于他未经历我们这个硅时代和碳时间,没预见到全球云计算
平台或者说芯片之内将成为真正的主权争夺之地,因而也就没有看
到,拥有平台主权位置的用户,也可以来加入这一平台设计,用户和
平台之间将进入一种互写的状态。①

　　其实,在施米特之前,不同的时代已对这种被政治性地切分的
主权空间的几何,作了不同的表达,由其领土切割和司法管治所形
成的特定地形,也一再被重新设计。到了人类世,我们仍得继续这

---

① 手机之间和平台之间互缠后又各自进化,用户和设计师反而成为它们的媒体。
　这就是平台上的基础建筑设计的最大陷阱。人类世里的设计的第一原则是杜
　绝用户的出现。人类世设计师是在一个共同学习领地上工作,有追随者,但没
　有用户。每一个用户都可以是人类城市平台的设计者。

样做。但在今天,我们却不得不认定,作为主权单位的基于陆地的民族国家的地理构架,已被永久削弱,建基于全球云计算平台的全球城市平台,才是新的主权争夺的标的物。为了将全行星范围内的云计算的后效考虑在内,使目前这一全球计算平台成为一个可继续被设计升级的平台,我们必须响应施米特的号召,并升级他的思想,对传统的政治地理常规作出某些纠偏。城市哲学必须向我们提供云平台上的新的主权空间想象,勾画出未来的主权图景,并将最终设计权交给每一个用户。

在这种想象中,我们不得不进入的人类世城市社会,也应成为一个可被谈判的主权平台,但这一谈判要求我们先有一种生活在一起的共同体实践。这种活在一起,或集体幸存,必须基于人类世城市将是全球城市化后的常规这一点。须知,横向的地球空间,在今天,已不再能解释所有叠合的层面,不能解释由此引起的不断被加厚的垂直司法复杂体也就是云计算平台。所以,与其哀叹那些层出不穷的不正常现象,我们也许更应该主动去描述云计算平台上的这些不正常,并慢慢将其视作常规。而今天的政治地理中新出现的,我们正慢慢将其转正的那些新的常规,在布拉顿看来,就是堆栈。他认为,堆栈这一说法也许能描述今天已经形成的新的政治地理,也能帮助我们发明出新的政治地理。推演布拉顿的立场,我们就可以说,堆栈托起了这一人类世城市平台,而后者又向我们提供了新的主权担保。

根据布拉顿,全行星范围内的计算在不同层面采取了不同的形式:能源和矿物的来源地和网格、地下云基础结构、城市软件和公共服务的公有化、大规模的普遍地址系统、由手和眼被增强后所划出的新界面或融入了物体的新界面、大量的传感器、算法和机器人的到来、被自我定义的用户等等,都是其表现形式。与其将它们看作新技术带来的一大堆乱七八糟的东西,我们还不如将它们看作一个连贯的整体,一个巨大的、虽然有点不完整、但渗透到一切之中、尽管还不大符合规则的软件和硬件构成的堆栈。① 堆栈是平台上当前最主流的那种运行结构,实际上也是在我们的展望之中的或不得不接受的人类世城市平台背后的管治语法,而这一语法在布拉顿看来,是可被不断重新编程,并有待不断到来的用户来持续重新设计、重新定夺的。②

根据布拉顿,堆栈应该被看作一架机器,既算是图式,也是各种机器的图式,也是一个总体的意象,是各种选择,包括对新主权形式和新辖治形式的选择的总和。③ 作为政治地理和行星范围内的计算的总建筑结构,堆栈只是一个偶然形成的巨构,被有意和无意地建成,转而就又以它自己的样子反过来建构我们。它既增强我们的地理政治结构和社会系统,同时又带来危险,既是药,又是毒,同时是乌托邦机器和异托邦机器。④ 如伟大设计师福勒(Buckminster Fuller)说的全行星乌托邦建筑那样,在最后倒掉的那一刻之前,它将永远都是一按开关就能顺畅运行的:它已是主权机器。它不是我们建构的,而是自我接通的。

在堆栈上,我们将看到,以谷歌为代表的全行星范围内的计算,将彻底扭曲和改造现代司法和政治地理,生产出新的领土形式,来

---

① Benjamin Bratton, op.cit., pp. 58 - 59.

② 美团云食将食物当包裹,建立深度食物链,多层顾客都成为美团用户:用户压倒了顾客。农业成为分子层面的美食,农场成为机器人的车间,社会成为回收利用尸体的农场(海德格尔)。

③ Benjamin Bratton, op. cit., p. 113.

④ 福柯的异托邦是我们用来与这世界分离的空间,电影院和空间站,都是如此。书是更典型的异托邦(Peter Sloterdijk, *You Must Change Your Life*, op. cit., p.222.)。

渗透和超越某些物理边界，又引入和加厚其他实体的或虚拟的边界。① 编程和设计总是先已发生在这些新形式后面。很具政治挑战性的是，作为用户，作为公民，我们应该如何开始自己的设计，来反对这些隐藏的、将要损害我们的利益的设计，重新集体地去设计那些针对我们的原初设计？

从政治学和政治哲学的眼光看，这一原初的政治主权设计的源头，是 1648 年在威斯特法伦（Westphalia）签订的和约。正是它确立了今天我们默认的这些政治—地图志的图表结构，也设定了后来的全球主权政治的正常化和普遍化的基本条件。威斯特法伦和约签订一百多年后，哲学家康德重新编制和扩展了这一和约的思想基础，给它加上了哲学的杠杆。关于世界主义个人权利的政治，到了德里达（Jacques Derrida）这里就是对于无名他者与今天的难民的"好客政治"，具体就体现在今天欧洲的难民政策上。康德在《论永久和平》中明确了分享地球表面的全体人类的世界主义式个人权利，使之在一种本地的道德和法理性的基础之上，最终以陆地为根据地的民族国家联盟及其公民，找到了主权的普遍主义基础。② 而这一世界主义个人权利在今天的平台上，却需要我们重新定义、修改和升级了。但如何修改和升级它？修改它的哪一部分？改成

---

① 德勒兹和瓜塔里的两个概念在这里能用来说清一种很重要的领土逻辑：失界（deterritorialization）和复界（reterritorialization）。根据德勒兹自己的解释，失界是成为女人，成为儿童，成为动物，成为植物，成为音乐，成为鲜花，成为沙漠，成为分子，成为黑洞，但同时形成自己的一致性平面，组装出一个自己的城市，因为，人是一种必须不断失界的动物。人必须通过失界，来调动远方的力量。（Gilles Deleuze and Claire Parnet, *Dialogues*, trans. by Hugh Tomlinsn and Barbara Habberjam, Columbia University Press, 1977, pp. 133 - 134.）今天，在人类世，地球也在失界，但人是游牧者，能够始终不动，能够抱住一块草坡或沙漠来复界。

② Jacques Derrida, *Voyous*, Galilée, 2003, pp. 203 - 211.

什么？这已成为迫在眉睫的当代全球主权的设计事项。

　　康德所说的这一关于世界主义式个人权利作为各民族国家的立国基础的方案，并没有一次性地解决有关法律、陆地和身份的冲突。它并没有将后者设计进一种总体的自我包含的建筑之中，而是将赌注押在了民族国家的联盟内的互相担保之上，将后者当作处理这些冲突的合法的维稳工具，尤其是处理主权危机也就是例外状态时的合法的维稳工具。20世纪初的国联和二战后成立的联合国，也都是这一逻辑的产物。于是，今天被全球计算驱动的政治地理上的冲突，都被康德的这一由国家来保障的个人的世界主义权利框架排斥为例外状态，具体有：诡计多端的国际和国家以下的团体、领土内和领土外的各种飞地、不协调的国家、移民大流散之中的民族主义空间、全球品牌之间的串通、对大规模人口流动的限制阀、自由贸易走廊和经济特区、大规模渗透的文件共享网络、既合法又不合法、既投资又制造的物流航向、极向和次极向的资源居有、全景式卫星平台、无人机战争、可另选的货币系统、返祖与非继承而来的宗教想象、云数据和社交频谱式平台、大数据人口医疗（谷歌医疗3.0）之生物政治、由超级计算之算法军备竞赛所制衡的证券市场、为跨越各国和各线路的数据集成而展开的深度国际冷战等等，由于都已发生在原有的各民族国家的世界主义式联合的版图之外，往往被危险地忽视。[①] 今天的国家权威因此而空前地被打了折扣，过时并脆弱了。不能说堆栈的兴起就意味着国家的衰亡，但可以说，国家对于政治地理的垄断权，已被堆栈彻底打破。人类世城市就是各民族国家的主权式微后自然形成的幸存单位，是我们的暂时收容所，我们切不可将它当成终极目标。

　　从本书的眼光看，谷歌、苹果、亚马逊、微软似乎都是分立平台，

① Benjamin Bratton, op. cit., p. 55.

其实却都是我们正在走入的那个人类世城市平台背后的未来管治程序和治理平台的有力的潜在竞争者。理想化一点看，它们的每一个都可被发展成某种全球城市社会。这些平台将走向今天这样的封建式的云城邦，还是走向人类世城市平台式的对从能源到恐怖主义的全球共同治理，就要取决于我们未来的政治谋划了。这不光要依赖新的国联或新的联合国的决议，而且也需要平台上每一个用户的加入设计，谁也没有最终决断权。但不管怎么说，对未来的人类世城市背后的平台主权结构的设计，必将是双向的，这是堆栈的逻辑决定了的。

是智慧城市还是智能城市？

阿里云创始人、阿里巴巴技术委员会主席王坚博士2018年7月28日在"2018青春上海·造就FUTURE"演讲大会上说，

> 城市所有的问题都不是生长出来的，而是被规划出来的，因为没有一个规划师可以倾听到城市里每个人的声音。①

城市中所有的问题都是被规划出来的，言下之意就是，现在不需要规划了，就用大数据来管理城市好了。但是，后面这句里的"因为"是莫名其妙的："因为"规划师不能听见"城市里每个人的声音"，所以城市中的所有问题都是被规划出来的。这样一个结论就下得莫名其妙。而且，谁说规划师必须去听"城市里的每个人的声音"？而关键是，王坚难道真的对城市规划和城市管理有兴趣，准备对此负责，而不是要向我们推销他的阿里云技术，要我们在欢呼声中同意将它用到城市管理之中？

王坚下面的这句话就更会让我们听得全身冰凉。他说，

---

① 新浪财经，2018年7月28日，详见：https://m.hexun.com/hz/qtt/2018 - 07 - 31/193630431.html.

> 所有的城市问题都只能由人产生的数据去解决。①

就这句话,我们忍不住要反问:我们以前的城市问题是怎么解决的?宋朝的城市问题难道是用大数据来解决的吗?城市里的感情问题呢?污染问题呢?汽车破坏公共空间的问题呢?什么又叫"解决"呢?"所有的城市问题"!而且"都只能由"!全须由阿里云计算平台来解决?这句话怎么听都像广告宣传。王坚还说,

> 人的数据才是城市的 DNA,数据是城市与人之间唯一的介质。②

这句话也不是全错,只是它后面带着猫腻,而且说话者自己都不知它要说什么。"人的数据才是城市的 DNA",是说关于人的数据才是城市的基本结构,还是说城市就是由关于人的数据构成的?而如果"数据是城市与人之间唯一的介质",那么,数据是介质?为什么是"唯一的"?如果说关于人的数据是城市和人之间的唯一介质,那也就可以说,城市和人之间只能通过数据来被中介?

并不是要对王坚的这几句话吹毛求疵,只不过是想解析他的话,借这机会,顺着他的意思,来说说城市与人的数据之间在今天到底是什么关系,因为这问题在今天已变得很重要。

今天,在城市里,像在自我编舞那样行走的行人(也就是我们)人人在脚下、手机里,都留下了自己的身体、身份踪迹,后者被云计算平台捕捉为数据。这个云计算平台转而对这个数据做递归运算,

---

① 新浪财经,2018 年 7 月 28 日,详见:https://m.hexun.com/hz/qtt/2018 - 07 - 31/193630431.html.

② 同上。

完善其参数模型后，就能模拟、预测和影响行动者的未来决断，转而又通过手机和其他 App，用这一大数据去控制行人的行为和活动。① 就这样，连我们的自拍都被手机平台上的人工智能摆布，被它不断修正和怂恿，总被拉到那个保证能够正确的大多数人都习惯性掉入的大框里，弄得我们到后来并不能真正"自"拍。而这就是说了半天的智慧城市的真正德性?! 你以为你可以用手机来溜冰了，人家却是要通过手机来捕捉人的运动的数据，当成他们的固定资本，布下用我们众人堆成的固定资产来剥削众人的网络，永久地在里面抽取利润。

也就是说，行人或消费者在云计算平台上留下的数码踪迹，通过手机平台而被捕捞，先被参数化，转而又被用来控制行人下一步的行为和活动。② 大多数人在城市中的活动规律，由此而又被强加到每一个人身上，使得我们每一个人的行为必须尽量靠近大多数人，共时化、匀质化和中人化。我们就这样被大数据永远粘附，不知不觉地越来越从众，越来越被操纵和摆布。这就是用大数据来管理城市的基本套路和必然后果。它必然导致每一个人行为的这种"从众"，失去主权，也就是，被自动化。一个让阿里巴巴用云计算平台加以管理的"智慧城市（smart city）"，必然会成为这种自动城市。智慧城市只是被自动化的城市。③

王坚说的数据只是阿里巴巴捕捉到的人在城市中留下的数码

----

① 用大数据去训练人工智能，收集个人信息，将其加快到光速，由此而将个人的心理—社会时间空间化，为每一个人定制地去控制他们的行为（Bernard Stiegler, *Nanjing Lectures*, op. cit., p. 34.）。

② 德勒兹的控制之人比福柯的纪律之人更能描述今天城市平台上的我们。控制之人可当场逆转自己的处境吗？

③ 将决策下放给算法。消费权力不是通过广告和电视剧来捕捉我们的无意识，而是用大数据来操纵无意识（Huk Hui, *Recursivity and Contingency*, op. cit., p. 214.）。所谓智慧（smart），就是预知和期待最优性的那种能力，属于智能的控制论式闭环的一部分。

踪迹,它是云计算平台用来赚钱的固定资本。为了这种大数据,阿里愿意投放大量补贴,像钓鱼那样来诱使我们主动上钩,急着去递交自己的用户信息和消费行为留下的活数据。而我们要说的数据,本来却还有更多种的:我们每一个人通过自己的文化环境而主动去摆布甚至生产出的数据,还有作为数据的城市遗产和城市规划、建设现状,作为数据的我们对于城市的想象,作为数据的城市历史,更还有作为数据的每一个人像导演那样在城市中留下的自己的作品,甚至艺术作品。① 我们不得不强调,每一个街上的行人都像舞蹈演员那样,在城市空间里一路都留下了自己的作品,哪怕是一次散步,也都在延展城市的数据树。正如德赛托(Michel de Certeau)所说,在街上行走的人,都是斯芬克斯,都是下凡,或降临,都使人间增加了神秘,击碎了原有的数据结构,给城市空间注入新的神秘。②

---

① 在列斐伏尔看来,城镇就是过去留给我们今天的艺术作品,实应给予其像名画一样的待遇。而且,它还庇护着其中的许多代人和个人的作品。街道、广场、宫殿和纪念碑都是这样的来自古代的作品,也同时是我们今天的集体作品(Henri Lefebvre, *The Production of Space*, op. cit., p. 278)。但它不再被认为是宇宙的中心,而需要我们的新的活过的经验,将它们结合到当代的蒙太奇之中。

② 巴特在20世纪70年代中期有一个著名文本,叫"观影之后",里面说,看了电影后,我就是夜本身了。在没有看电影之前,外面是很亮的,好像自己要扑向霓虹灯之下,但在看过电影之后,丰富的想象和思考,使我自己也成了夜(参见:https://www.douban.com/group/topic/84445098/)。在城市的行走也使我们自己成了城市。城市是我们行人的脚步写出来的。

　　在街道上行走本身会使我们成为斯芬克斯。不是因为街道太迷人,而是我们人通过走路,自己也变得迷人和费解了。我们只认为曼哈顿很神秘,而其实一在其中行走,我们自己就神秘了,是我们行人给了曼哈顿这种神秘,给了它这种魅力。我们的行走,就如同舞蹈,我们在行走中像神一般打开了自己,浩荡而去(Michelle de Certeau, op. cit., p. 37.)。街道需要我去照亮它,否则它跟城里的其他道具没有区别。这就是里维特的电影给我们的城市经验的肯定,很鼓舞人。他的这些电影基于我们在城市街道上的晃荡经验,鼓舞我们在城市中打开自己,打开自己的生活空间,使自己成为史诗人物。(接下页)

可是，在当前，就连城市历史、城市的物理现实，也正在被转化为数据。城市已在我们的手机之中。整个城市已消失在一个活化的数据群之中，同时被每一个手持手机的行走者不断地改写。每一个人都在重写、改写城市，决定性地。而阿里巴巴却像二房东那样冷冷地对我们说，它能用大数据把城市管治得更好，这事必须交给我来办，因为只有我才有最好的大数据技术，也采集到了大数据，以后的数据也都要归我。而王坚更是说，只能用大数据来规划和管治城市了，因为没有别的办法，只能让阿里云来这么做了。看来我们已是阿里巴巴砧板上的肉。他对我们说，城市通过阿里巴巴的数据库就可以被规划和管理好，你们什么都不用做。只要等着包办一切的阿里云平台的到来就好。如果这就是阿里巴巴对我们的城市的未来的想象，那我们还有什么好说？

同时从设计和反一设计这两种眼光看，平台依然是一个多重乌托邦，最终将只是一个被艰难地缝合的总体。依托于它之上的人类世城市社会，因此也将是一个可被反复设计和修改，甚至被实时设计和升级的乌托邦，但后者也仍将只是一个平台。过去的所有乌托邦将在这个云计算平台上成为我们手中的道具，被反复雕琢和使用，在人类世，它们都将成为方法论工具箱里的众多备选项。

从已有的关于乌托邦话语的历史看，只有对现代人而言，乌托

（接上页）在他的电影里，一开始，我们发现，巴黎的街道其实是没有意思的。是后来的演员的走动，使街道有了故事，是里维特（Jacques Rivette）和演员们在其中的排练，使巴黎的街道成了我们想象界中的雅典、迦太基、伊斯坦布尔、亚特兰蒂斯的街道，还将继续有故事。城市空间就需要里维特这样的电影排练来激活。他的电影使我们感到：城市是我们自己策划着去上演它的，而此时我们面临的城市，还只是一个垃圾堆，分类到像大妈的缝纫包那么仔细，也是没有用的。城市空间缺乏我们的排练，而电影是比戏剧更入野（at large）的排练，更无限，更实地，更蒙太奇，更连篇连牍，更一古脑儿，带我们走向宇宙。

邦才与未来相关,而我们现在面对的,却是一个对我们很不方便的未来:人类世。我们知道吗?人类世里将没有未来了。要知道,今天的各种原教旨主义乌托邦,也都是未来—过去式的,如"伊斯兰国"(IS)的那种。当前流行的各种高调的乌托邦,也都是未来—当前式的,都把当前的现实拔高了一个版本以上,只是前一个允诺弥赛亚式降临,后一个不带罢了。但是,现代主义乌托邦是可以被继续虚构的。而虚构,是要设计出不真也不假的东西。现代设计和现代城市规划一直在朝着这种虚构去努力。今天的城市不就是这样的无数被设计的、不真也不假的东西,它真的来到了我们面前? 要说它假,它很假,要说它真,它已真得成了钢筋水泥了。

而堆栈上的未来城市层可能需要大量这样的虚构。目前最鲜明的例子,是洛杉矶,也许还有深圳。它可能就是某一个城市的官方经营的虚构品牌,用了某种乌托邦逻辑,不断去讲出关于它自己的新故事:堆栈加虚构(城市—小说,城规—小说)。我们看到,洛杉矶这个城市的自我讲述全是关于未来的,讲得仿佛这座城市仍有待到来一样,仿佛今天已经存在的这一个城市,还不能算数,需被继续虚构似的。也许是因为它有个可以为之骄傲的好莱坞故事机器的原因——你看,纽约就无法这样去讲出自己的故事,不能照自己的故事逻辑,去不断重新自我设计、自我组装。好莱坞使洛杉矶能够天天重新组装自己,将它自己当作电影拍摄现场,哲学家德勒兹在《电影 1:运动图像》中这样说。[1]

洛杉矶当然也是一个问题很大的城市,也就是说,既是乌托邦,也是异托邦,像在一场好莱坞电影中那样,两者如影随形。那个好的洛杉矶总是在与那个坏的洛杉矶做斗争,因为两者占据着同一地盘嘛,用的是同样的情节,来展开自己的故事,一阴一阳,一黑一白。

---

[1] Gilles Deleuze, *Cinema I:L'image-mouvement*, Minuit, 1983, pp. 50 - 61.

那么，本书所说的人类世城市社会将成为洛杉矶式的全球城市吗？或者说，成为平台的城市之后，也都将洛杉矶化？而在此之前，都需先深圳化，由故事来决定现实，由未来决定当前？不论怎么说，全球城市社会将与人类世城市平台叠加，在这一点上讲，的确都将如洛杉矶或深圳那样。

在《机械复制时代的艺术作品》中，本雅明说，城市的历史是与神学的历史和预言的历史捆绑在一起的。乌托邦和异托邦这一对，都披着城市的外衣，同时来到我们当中，并把我们归入麾下。比如说，曼哈顿是库哈斯眼里的将万劫不复的人类渊薮，必须用一座叫做"全球空间"的飞桥，架在它上面，才能干净地将它绕开，来另建一个癫狂的纽约。[①] 但对于内格里(Toni Negri)，曼哈顿虽是富人的天堂，穷人的贫民窟，却也是培养未来诸众的苗圃，是人类的各种新发明的颜料盘。城市在人类眼里总是处于这样的双重性之中，因为它是一个人类的集合，不能收尾，不能终结，只能继续敞开，继续被书写。城市总只是它自己将要书写出来的东西，被我们看到的，已不完全是它。

人类世城市平台的深层语法，也就是堆栈，由下面六个互相依赖的层面来做主要的演出角色：地球、云、城市、地址、界面和用户。

----

① 在他看来，曼哈顿或纽约已经是不能变的，只能另外加上结构，如在它上面搭他的所谓的全球空间，不能进入其自我免疫系统的。他为他的绕开城市规划的高架飞虹般的设计这样辩护："因为曼哈顿的街区数量是永久固定的，这个城市(纽约)就不能以常规的方式增容。它的规划因而从来不能描述出它的特定的建造构型，好多时代里都是一样的。我们只能这样预言：不论发生什么，它必然发生在街道网格里的这 2028 个街区之内。于是，一种人类占据形式必然是以夺走另一种人类占据形式为代价的。这城市于是成了一块不同时段构成的马赛克，每一小块里都有其特定的生命时长，这各个小块之间又通过街道网格而互相较劲"(Rem Koolhaas, *The Delirious New York*, op. Monacelli Press，1974，p. 21.)。

每一层都可被独立地理解，但又依赖其他的层面。而每一层又都属于我们正居住其中的、被强加的那架地理—计算机器，那一我们将要制造出来的城市机器，那个叫做人类世城市平台的机器。每一层都需被看成由一种独特的技术造成，其运行会触发由其自身的逻辑导致的事故，后者将反直觉地逼我们修改程序，最终把这一层面绑定到一个更加稳定（不以人的意志为转移）的建筑之上，捆绑到系统的标准和条款、城市规模的网架、嵌入系统和普遍的地址表格之中。①

堆栈同时是由社会、人和具体的力量（能源、姿势、效应、为自己的利益服务的操纵者、仪表板、城市、街道、房间和其他物理和虚拟的外壳，三心二意者和敌人）构成。这些硬系统和软系统互相混合，互换角色，有时变得相对柔软，有时就变得相对强硬，往往是基于秘而不宣的条件来定夺，后者又是可修改的。

堆栈将在未来提供给我们一种什么样的城市治理框架呢？它将把用户、人类的和非人类的用户，都妥帖地安排在界面上，而界面则向它们提供有地址的风景，和整体的网架之总体图像，供它们在其中驰骋时参照。② 这些界面包括城市的物理和虚拟外壳、云的数据群岛和地球的矿物质、电子和气候的自吞式消费现场等。这些层面上的那些复杂线路，很有可能会进一步颠覆那些已被安排好的

① Benjamin Bratton, op. cit., p. 153.全行星范围的弥漫式计算也造成新的事故，在新事故里才能产生新技术。在这个减法下的现代性里，设计是要对已经被塞满的世界做出策展。正是超级计算在使地球皮肤可视化，将地址变成领土。但那个博尔赫斯的中国百科全书问题总还在。在堆栈上将总是同时有两个以上的地址层（ibid., p. 451）。

② 爱沙尼亚主动将全国的数据放到云上，以防俄罗斯的网络攻击。这一招是要将全国的信息分布到全球各地的"数据使馆"里，以便后面遇到攻击时能及时恢复。参见 http://www.economist.com/news/technology-quarterly/21645505-protect-itself-attack-estonia-finding-ways-back-up-its-data-how.

人—机器—基础结构之间的互动形式。这种颠覆在未来将是确定无疑的，以至于到那时，整个城市都将为应对它而被重新设计。这有可能会进一步导致在平台的每一点上都将由程序和机器来控制，因而也将放大或转移人对机器的控制，进入一种控制论式场景。

比如，现在看起来，对无人驾驶汽车的整合性设计，会包括导航界面、强计算和关怀式环境的滚动硬件的堆叠。须知，这是要建立能够同时承载成千上万高速开动的机器的网络效应的街道系统，哪里是像大众媒体宣传的那样，只是造一辆无人驾驶的车那么简单的事。而且，下一代稳定感应的汽车格式，也许就只会是一个移动的云平台，驾驶它的用户，是在根据增强的感应界面轮廓（augmented scenery interfacial overlays）来行动，由能源网格电子或比特网格，来提供动力，而且还要借用今天还只是一些传说的量子计算技术。对于后者，我们今天只能说出它的轮廓而已。谷歌的无人驾驶项目终于在2019年开始陷入困顿。路在何方？至少是在无人驾驶汽车之外。而无人驾驶汽车这一现实，与本书所要讨论的人类世城市社会的未来紧密相关。

但是，要知道，全行星范围内的计算也会从地球中吸出硅、钢和其他的会引起利益冲突的矿物质，打乱原来的资源配置的战略秩序，它决不是虚拟和无辜的。堆栈与各种利益方都有重大利害关系，而将这些在全球各地的矿物质安排进我们口袋里的手机、手提电脑和垃圾填埋场的过程，就会造成全球利益分配的不均。这使得全球云计算平台上的相互依赖，背后的战略利益的平衡，又将到达一个新层面。

堆栈上，地球自吞矿物质、电子、气候，构成云。用来喂养堆栈，因而也用来喂养我们的化学物和巨额电量，也将强迫我们承认，光是能源上的沉重负担，就足以引起地缘政治上的争端，且先不说这将给地球带来怎样的新的生态压力。① 这就又会将人类引入像在石油时代那样的由能源政治引发的地缘政治之中？其具体的政治后果会有哪些？

随着堆栈而来的，将不是一个总体，而是多个不协调的总体，有些是界面政权，有些是被强加的地址风景，其他的，则是云计算平台与国家集合之间的种种混合物。而这些加在一起，会进一步将我们拖上人类世超级工业开发的险峰，但这也许也能为我们布排出后一人类世的超工业的初期脚本，也许还能同时提供这两者。气候危机是人类最终的敌人，难道它竟也可以通过这一全行星的普遍计算平台，来逼迫各利益方主动谋求全球合力，来战胜它？而为了让全球城市社会有一个逆熵的未来，我们到底是应该进一步待在这一云计算平台上，还是从中撤离？

堆栈上的这六个层面的新技术会带来种种新事故，我们也只能用新的发明，去一一对付。正如维利里奥所说，因发明新技术而带来的新事故，我们也只好转而发明式地去修补。② 补救由自己的新

---

① 为了既支持全行星计算，又不会将地球层的能源抽干，我们也许需要设计出另一个星球，像俄罗斯套娃那样的一个地球脑，既吸取太阳能，又执行全行星计算。但这是为了谁？如果人类世里谁能幸存下来我们都还搞不清的话，设计的第一步就必须是政治性的：搞清新的主权边界和分享授权（Benjamin Bratton, *The Stack*, op. cit., p.107）。比如在手机上屏幕上，由于感应器获得了它所感应的场地的主权，洞穿了国家的边界，我们不光通过平台而分享了城市的主权，而且同时分享了地球皮肤（作为堆栈的全球城市社会）上的新主权。必须通过新政治来明确敲定这种新权利的分配，才能展开新的主权风景下的堆栈设计。

② 界面政权（配方）往往是强加到我们头上的一些地址风景，而另一些则是云和国家集合之间的不断编织。维利里奥说，任何一种独特的技术都会造成一种整体性的事故。而正是这些事故将一些更大的建筑捆绑到一个更稳定的秩序之中。技术普遍性造了总体战争。维利里奥称其为纯粹战争。不再被自身的大法刹车，就绝对地造成了权力对于我们的从分子到大气层之间的总体捕捉（Paul Virilio, "The Museum of Accidents", trans. By Chris Turner, *International Journal of Jean Baudrilard Studies* 3, no. 2 (2006). http:/www.ubishops.ca/baudrillardstudies/vol3_2/virilio.htm.）。

技术引起的事故的同时，一边自己拖着自己往前，是人类文明一向的前行线路。新技术造成的事故，将逼迫我们去发明新的未来。

但是，在这一堆栈上，像阿里云对智慧城市的理解那样，布拉顿对我们在堆栈上的城市层中的每一个用户"对城市的权利"这一观念的理解，也还是不够充分的。他只是要让来自不同主权平台的每一用户都能在城市中自由移动和航行，以自己的方式去介入。这只是一种批判式的城市主义的立场，具体内容则是像它所要设计和操纵的城市层的卷积式控制结构那样，仍是不确定的。他仍是陷于设计中心主义的，不能认识到每一个城市住民对于城市的作者权，预设了城市住民对于云计算平台的被动接受。

对布拉顿而言，除了对于穿越城市界面的一般通道的权利之外，用户的权利中还应包括使用这些通道，来服务于自己的开放性和创造过程的权利，而不只是对闭环消费的权利。[1] 布拉顿其实只关注了用户对移动和入口的权利。他想要延伸泽拉—波罗（Alejandro Zaera-Polor）所提出的图式（将建筑外壳和数码城市放一起来设计），要城市云平台在未来提供宪政上的控制程序，和商业式的软件混聚（mash-ups）。[2] 他想要通过新的界面配方，来不重新组织空间入口，引入新的事实上的、要不然在不充分的政治代理下，是无法提供的那些"对城市的权利"，从而鼓励一大片可替代的新地理的产生。他相信，这不光是条款上的宣布，也将造成实际的占领。根据他的理解，施米特也支持这一主动的主权生成策略。但是，根据列斐伏尔的个人对于城市的权利这一立场，个人对于城市的权利，并不只为了通行，而更是为了重新居有城市，将城市做成个人自己的作品，使个人的生活在城市中成为作品。布拉顿的对于城市用户在云计算

---

① Benjamin Bratton, op. cit., p. 42.

② Ibid., pp.166 - 167.

平台上的使用权和设计权的强调,只是对于用户权的强调,还达不到列斐伏尔的个人对于城市的权利的要求。

论及未来城市政治地理的设计时,布拉顿强调,从云平台城市层的角度考虑,对城市层的地质设计必须聚焦于主权的可塑性。这要求我们不仅关注个人隐私,而且更应关注各种移动、姿势和运动,因为,它们才是被不断重新编织的政治城邦的基础,而不只是比如说洛克说的个人财产权,和康德说的世界主义个人权利,和列斐伏尔说的住民对于城市的权利。对城市层的主权设计也要求我们重新思考列斐伏尔的每一个人"对城市的权利"这一说法在本书所说的人类世城市平台上到底意味着什么。那是否是要将人类世困境,最终变成我们每一个人自己的作品,将生态事业当成个人的使命,当作个人长期的艺术项目?

对城市层的建筑式主权设计的最重要一轴,也许是:在权利与责任之间作出权衡,由界面给出地盘,让用户来反复认可。而用户既然只是一个形式上的法人,我们就必须在他们的要求与那些不是法人的用户(如聊天机器人)的要求之间,一次次作出司法厘清,去建立各种先例。① 我们将会发现,在未来,那些非市民的用户,说不定还能享受到比市民更多的基础结构方面的好处,也说不定所使用的只是其暂时的服务。那么,我们必须为其预留足够的空间。但是,个人对城市的权利,在这一设计层面上说,在平台上也是更容易被架空的。而当前的云计算平台,也只是几个平台大公司积累其固定资本—大数据的地盘,那么,我们应该如何从它们手里夺回这种主权式主体、用户的主权设计的权利? 中间将会发生多长时间的拉锯战?

---

① 小到一个算法,大到一个云城邦的全部人口,都可以是用户(Benjamin Bratton, op. cit., p. 299.)。

　　沿着目前的趋势，不久，我们也许就能看到，居住在其他超级城市、超大陆的社区、巨构和忠诚区的平台主权领土上的人口的数量，会超过居住于国家司法治下的领土上的人口。软件（程序）建筑与主权建筑的设计，到时将明显倾向于前者（如我们在每年的谷歌和苹果的开发者大会上见到的那样）。考虑到堆栈上的几十亿短暂居住的非公民用户在参数经济中作出的巨大贡献，而国家又想要从中获得税收，这时，城市界面上的政治，很有可能就会走向新的方向，外壳的政治和膜的政治，也会悄悄开始。维利里奥与德勒兹所预言的控制社会和超控制社会中的政治，这时就会走向全球一体化（马云想象的"全球淘宝"差不多已经是这样一个东西），全球城市社会也就有了雏形。[①] 也就是说，巨构上的主权政治，会因为这一利益争夺，现场就可被逆转。

　　德勒兹号召我们在控制社会中做出的超控制，就是这样一种逆转。戈达尔说，当我们看到电视里的广告时，就应该像击碎窗户那样，动手击碎屏幕，真的从中取出广告正在宣传的产品，这是战胜电视或社交网络对我们的统治的最简捷的办法。超批判，也就是布拉顿说的这种人人可以倒过来参与的逆转式平台设计，是公民集体对于国家主权设计的再设计。在人类世城市社会，这一设计力量会与主权统治力量平起平坐，大平台公司会不得不退居一边，因为，它们

---

① 我们的购物发票、社交媒体对话、垃圾邮件敞口，全部被填埋在全球各地的数据中心，随时可当作我们的生存线索被调用，用这一倒钩刺，将我们像一条活鱼那样递归出来。目前的国家形式，如不被升级，就是在学着平台的样，做二房东，来装模作样地统治我们（Benjamin Bratton, op. cit., p.94.）。这些数据中心，就是斯蒂格勒最近与我们说的包围我们的大数据—心智死物质层，我们的冥界。我们必须像俄菲欧（Orpheus）那样精于歌唱，才能与它打交道。但我们是人，是像俄菲欧这样的艺术家，总是功亏一篑，在最后一刻，被死亡冰封。我们伸向最新版本的苹果、华为手机的手，在过了第一刻的兴奋之后，在下一刻就被死亡麻醉，需要新的血清的支援。

本来也只是为了赢利,对于城邦政治是无任何筹划的。

最后,我们由不得要问:对于那些不光使用建筑物和道路,而且也使用让人困惑的街道网格和高密度、高速的数据群岛的分布在地球各地的城市的"公民—用户"而言,公民用户和网络用户之间的这一区分,到底还能坚持多久? 会不会,这一吞下全行星集群的城市巨构,这一正在到来的全球城市社会,或先已到来的人类世城市平台,早已成了网络用户的先天的存在条件,已成为每一个用户落地后的合法指称,因而将帮助形成更加可塑、可普遍归责的政体,后者反正也已经可被从中推导出、设计出? 这一基于移动与固定、能源与电子的公共伦理,和数据主权的不可预料的混合城市机器,这一城市数码平台,布拉顿认为,虽然仍在多方面显得像是政治哲学向我们警告过的那种 chora(阴性空间)、demos(群民)、agora(露天集会内的通讯)、polis(城邦)、dromos(通往古庙的地道)以及 techniques(大艺术或大技术),却已能为广大网络用户提供某种配套的祖国。① 城市层将由这些网格主体来当多数派,由它来做出统治的委任?

如果它能够是,甚至已真的成为城市层里的主导共识,那么,难道是我们目前的陈旧的政治学、哲学、设计话语无法描述它? 面对它,古希腊哲学家们向我们提供的这些政治哲学想象图景,显然也已不够用。我们必须发明新的城市思想,来主动利用它。今天的城市中的每一个人对城市的权利,在明天的城市层上,将成为一种需要被重新登记的权利? 布拉顿暗示了这一立场,但仍需要我们好好地去进一步思量。

---

① Benjamin Bratton, op. cit., pp. 154 – 155.

堆栈的运行

人类世城市是我们不经意地走进的人类集体处境,其基础结构是至今仍处于封建割据状态的云城邦,还是诸众的团结,世界主义式、准共产主义式的共同体? 这目前还不大好回答,但我们已不得不说,在人类世城市社会后面,堆栈肯定是深层结构了。不过,我们也不应该害怕这种新平台主权的突起,因为其主权政治语法是可以去进一步发明和设计的,完全可由我们未来的设计来定夺。

而堆栈的特性恰恰是,它容忍我们在它里面和上面作无穷修改,甚至可从它的运行中发生的无数次事故中不断学习,去重新发明出新的本体结构。堆栈至少给了我们未来的主权政治设计一块很好的服务区、缓冲区,而这是霍布斯、施米特和阿甘本的主权政治哲学都未能预料到的。布拉顿的堆栈理论想说而不敢说的一点在于:堆栈可以帮我们绕开那个传统政治哲学的死结,让我们看到,主权结构是可以被全体公民的设计时时修改的。

那么,堆栈是如何运行的? 确切地讲,它基于怎样的一个模型来运行? 根据布拉顿,堆栈分成六个层次来运行,从全球到本地,从地质化学到现象学,分布于多层:地球、云、城市、地址、界面和用户。① 堆栈的运行结构是:多重的层次一起横向地占领同一个地面

---

① Benjamin Bratton, op. cit., pp. 8 – 17.

位置,但也垂直地聚集和下分,也同时能将所有层面置入一种审慎的机器式司法管治之下。那一被下分的地理,也是被捆绑在平台的机制之中的。从点到点、到整个平台的连接,都可以在用户的一次点击中完成。

在这同时,堆栈也会干扰现有的司法模型,来将它自己投射到现实世界之中。于是,堆栈的每一层都形成和协调出了它特定的管治形式(如谷歌和中国的站点分别有不同的管治模式,但仍能运行于同一个平台上,并行不悖)。两个层级之间的差异,也是这些形式和过程之间的差异。这一堆栈的运行结构目前看是完全超出了民族国家的司法本体论结构的弹性和耐力,也超出了现存政治哲学的理解,当然也超出了我们所理解的城市主权界面。堆栈已经是全球城市社会或人类世城市平台的基础结构(infrastructure)了。

堆栈的城市层由不连续的全球各特大城市和各特大网络基架构成,后者在物理和虚拟的层面上承载着今天人类的定居和移动。由此导致的对于领土和主权的切割和进一步的细分,将会导向不断涌现的新的城市空间,但由于它们是通用的综合的,这也就又为那些偶发的世界主义式事故及其补救提供了表达的形式(世界主义式:超出民族国家对个人权利的宪法规定)。① 而这些表达形式即刻就被运行于平台上,并不需要议会式政治颁发的许可,就通过与弥漫式的基础结构分享,而被授权于堆栈上的各方,一次次轮动地,不断被升级和追加,用户也只好被动地一次次主动自我升级。于是就凸显出,康德对于个人的世界主义式权利的想象,仍是建立在个人

---

① 领土是液体的,与人一起流动。这方面的全球人类学、社会学式思考,请参考:Arjun Appadurai, "Sovereignty without Territoriality: Notes for a Postnational Geography", in *Geography of Identity*, ed. Patricia Yaeger (University of Michigan Press, 1996), pp. 40-58。

脚下所站的那一平方米的地球表面的,那是他们的身价和真正护照。但是,在堆栈和平台上,世界主义个人的这一身价和证件,却不起作用了。在此同时,平台上的机器司法也介入了,个人必须从机器那里引申出自己的身份,至少由它来验证。今后,这一世界主义式个人身份,将完全由用户自己在平台上推导出来,仅仅用了用户名和密码。正是平台赋予了那一不可被定义的用户以某种司法上的世界主义个人权利,而不是康德说的脚下的那个一平方米地球表面的担保,这真的已远远跳出了康德的世界主义政治想象之外。说全球城市社会或人类世城市社会后面隐含的云城邦里,用户的个人政治权利从此必须被重新发明,也并不言过其实。

我们应该就此研究当前全球主要的云平台在城市层留下的影响,看看它们的物理姿态和位置,是如何暴露出了它们背后的地理政治想象的。可以说,今天的各大平台公司对这一点还很无知。它们不知道,堆栈的每一层都有一定的规模、物理性、文本性、化身、力量、移动、稳定性的逻辑,每一层上不同的逻辑会造成不同的事故,最后就会导向未被预料的种种被追加的设计,由此造成的堆积的后果,又会呼唤进一步的设计,而这种进一步的设计,又能一次次重新加固其主权结构——在一次次被破网之后。也就是说,今天的大公司平台也不是它们一开始设计时所构想的样子,而是被后续的设计不断修改,被无穷地重新确定方向,才成了这个样子。于是就要看这一重新设计的权力握在哪一方手里了。这一对重新设计的权力的争夺,是未来全球城市社会中地理政治的重要内容。那时,领土和主权都需由不断冒出的新的政治集体来重新设计。

垂直地看,堆栈各层级上的位置是被同时集合的,每一层对某一个位置的管治,也都只是半自动的。在真实的通讯中,每一层都要至少与另外一层搭接之后,才能生效,这就把平台上真实的社会交流也夹裹进来。平台上的连接是直穿、交叉和能够顶住各个上

层,也压住各个下层的,这就能在 U 型轨道上创造出一些回路。用
户通过发送一个消息,而打通其他层面,因为它需要一直被传送到
底部,然后又上升,于是就不自觉地每一次都打通了用户和其他五
个层面之间的联系,巩固和加强原有的回路,而这被打通的另外五
个层面,又同时顶起、加固了堆栈本身。任何这样的连接都能重新
打通所有层面,而一次次的打通又将增加每一层面的滑度。这就是
堆栈各层之间的语法。这过程中,整体被折叠到了被激活后的每一
个个例之上,特殊和普遍都被折弯,压到了对方身上。这样一个 U
型轨道上的通路,可被称作"直柱"。① 用户使用的每一回合中,不管
这一回合多么地短暂或不稳定,直柱都会通过将这一层级与它之上
和之下的另外的层级连接成一个整体,而将这一个用户连接到了另
一个用户上。但它们也允许任何人或任何事都能因此而启动或被
启动,本身成为同时起作用的直柱。经过垂直或横向的整合才形成
了终审(但那也只不过是上一次被援引的一个案例。这在平台上,
就算是真正的英美普通法精神了),不可能将一个用户永久地拉到
地球层或云层的。任何一个用户都会在不同的时间点启动无数个
不同的直柱,造成巢位(nested positions)之间的不同的组合。② 也就
是说,每一次用户都动员了平台上的不同硬件,形成了他们次次都
不同的位置。平台就这样代替了领土,而用户就可根据堆栈的语
法,来每次都占据不同位置。这真的是给我们传统的政治哲学和政
治学提出了大难题。

是的,这一可以上下滑动的各层面上的用户主权位置,与现代
国际法的那一以终审为基础的主权和公民权的逻辑并不合拍。这
不是说,在堆栈的各层上是没有"那里的那里"的,而是说,在平台

① Benjamin Bratton. *The Stack*, op. cit., pp. 66 - 67.
② Ibid., pp.288 - 289.

上,从这一刻到那一刻,对于任何一种主权地理而言,总是已有太多的"那里"先在,要最终定夺所有的占据者(他者)的主权位置,总是不可能的。也就是说,想用领土去区划用户—公民,在未来将是断断不可能的了。

在平台上的任何直柱的顶部,一个用户(动物、植被、或矿物)会占有其独特的位置,并在那里占有一个界面,用其特殊的地址,来操纵远方的事物:这就是平台主体的"根"。而这些特殊的地址又是嵌在城市层的城市表面的陆地、海洋和天空之中的。堆栈尽管本身是集权主义的,却由此也能够帮助用户绕开政治领土,逃避甚至抵制地理上的集权主义统治。① 这就为新的主权政治留出了足够多的游戏空间。

堆栈本身是后—人类式认知资本主义的全行星计算的产物。它将辅助全球各大城市之间联结成为一个人类世城市(普遍)平台。从好的方面看,堆栈也是向来自用户的反—设计敞开的,用户在被设计的情况下也有同样的权利主动设计回去。他们的反—设计将是抵抗和战斗。由此,我们可以谨慎乐观地说,平台主权治理,将不是一种革命或政变的产物,而是全体用户的反—设计式的对抗性源—设计,是几种设计策略拉锯式争夺最后产生的新的设计产物。人类世城市社会必然牵涉的地质设计(geo-design),将同时包括这种用户—公民主导的反—设计,但现在对这一点的讨论还不够多。

---

① Benjamin Bratton. *The Stack*, op. cit., p, 69.

城市平台

　　人类世城市由多个平台堆叠而成。谷歌就是一个平台,亚马逊是,脸书是,淘宝是,美团也是。阿里云平台声称能托管全部的城市管理。那么,难道平台而不是街道,将是人类世城市社会的本体?全球城市社会或人类世城市平台的语法,将是某种平台语法?那么,什么是平台?

　　平台就是平台所做的那些事情加在一起。[①] 它将各种事情拉到一起,构成一种集聚,作为一个星丛,留给后来者。原则上说,这会给拉到一起的和拉进平台本身之中的事物都增加价值。而它们可以是物理的技术系统,也可以是软件或硬件的各种集合。计算机行业所说的平台,只是指软件运行需要和产生的环境。一般认为,平台能使其中的参与方在运行中形成共性,为之后的衍生品生产出未来环境,可被推演到其他环境之中。城市云计算平台是以公开的标准和服务,以互联网为连接手段的一种安全、快捷的数据储存和网络计算服务。它接通城市与互联网,使城市对于每一个用户也都成为一片"云",成为理论上讲的可供每一个住民使用的有无限容量的计算平台:云计算平台式城市。

　　尽管已有了一些关于平台的组织和技术上的理论,但总体上

---

① Benjamin Bratton, op. cit., p. 44.

说,关于平台的研究,在今天还比较弱。目前仍缺乏充分的平台理论的原因之一,是因为平台最终是光子(photons)的平台。[①] 而我们还缺乏讨论光子的组织之理论。像无人驾驶在指望量子计算技术的突破,平台城市的打通也依赖云计算进一步的量级突破。

控制论式地,作为城市生活未来组织者的城市平台,也能使经济和文化照城市平台自己的样貌和逻辑,来被加固,最终转而控制论式地影响着社会系统。这是平台城市最重要的特点,但也是其最不讨好的一点。平台本身具有一种机构逻辑,不能被还原到国家、市场或机器的逻辑之中,并不像我们以为的那样(大家都没有注意到的是,谷歌仍是谷歌,不是美国;谷歌实际上也将美国边缘化,也对美国的主权构成了威胁)。民族国家的主权逻辑,会被平台本身的管治逻辑架空或绕开,这是最让人担忧,同时也是最让人兴奋的事。传统的政治哲学对于主权的那些讨论,在平台上,就有点不合适。我们只能在平台上并通过平台来讨论和设计政治主权了。这在全球城市社会的层级上等于是将人类的主权政治拉到了一个全新的上下文中:未来的领土将是被编程式地实时设计的,不是对现有的球面的瓜分了。如何在平台上比如全球城市社会平台上生产出新的领土,将成为一个重大的设计—政治问题。

平台也正在架空今天的全球各大城市群岛。在它的笼罩下,全世界的二十四个特大城市构成的那一全球走廊,将形同虚设(加在一起也将无穷地小于谷歌)。所以,即便是建筑师库哈斯也已经在说,今天的城市很快将被弃守。如果我们还要待在目前的大城市里,那么,工作和收入将从哪里被空投下来? 如果孤独感到处弥漫,那大城市带给人的舒适和安全感又将作何用? 真的应该好好想一

---

① 参见 Louis Pouzin,转引自:http://spectrum.ieee.org/computing/networks/osi-the-internet-that-wasnt?

想了：如果我们的主要活动都在平台上完成，那么，城市到底能在未来向我们提供什么？但在此之前，我们已陷入一个极其麻烦的人类世城市平台的困境之中，并没有第二条出路。而在这同时，我们首先会全部被绑架到全行星云计算平台之上，成为各大平台公司的人质，被营销，甚至成为美团和阿里云的典当品，被抵押而让别人或别的公司获得风投，像小黄车用户被卖掉那样的事，肯定还将一次次发生。

平台很可能不光要来架空城市，而且还将彻底覆盖它。美团已是城市里的食腐尸者，正带着无底的收尸袋赶来。未来，可能只有平台，而没有城市了。而且，最终将可能只有一个可以算数的平台。而平台里的组织方式，将不可避免地是：堆栈。

还将不可避免的是，我们将在未来的数码平台上短兵相接，一切人将与一切人作对，相煎太急。中国的城市化马上要进入的，将是这种人类世城市平台上的情态。那么，

• 我们的城市社会学研究应如何来面对这种全新的人类世城市社会新情况？

• 我们的政治哲学能拿出怎样的关于城市未来的目标论证？

• 我们的城市规划已在为这一前景作筹划了吗？

因为许多不同种类的系统都可被看作平台，从城市街道网，到谷歌，都是平台，所以，要思考它们的共同操作，我们就必须对一些分散的元素做抽象的并联。平台与正常的公共和私人操作平面的不同，部分在于，前者是用了不同的条款，来标准化、加固那些通过非中心化和被架空的互动。而这种标准化和加固，是联动的，会一次次追加地达到合法化，每运行一次，就被加固一次，用得越多，就越合法，越强大。

平台也是基于界面和用户的全球分布来建立的。在这一点上说，平台就像是德勒兹说的那个内在性平面，也就是过去 500 年中

形成的全球资本主义国际市场,或者是马克思所说的世界市场:所有人生产了它,同时也被它生产;全球资本主义、基督教、哲学最后是同一个东西。而同时,全球城市云平台(全球城市社会)也能对各种分布做出编程式协调,来管治那些想通过界面和其他用户所进行的交换来获利的互动。在这一点上说,平台城市就又有点像国家了——如果其主权结构清晰,可被落实的话。

平台也是建立在对那些允许在同一个层面上做更多样和未被预见组合的功能部件上的,是其物理标准化确保了平台的通畅。正是通过这一标准化,在宏观层面上,平台上的所有具有公共面相的基础结构投资和对它的监管,也都可与现存公共服务的私有化连接,在平台上的这一部分,总是可以做到一接就通。而只要交换是通过平台建立的通道来被调节的,是通过主动绑定于那些在网络边缘的自我引导着的用户之间所进行的公开交换来被调节的,那么,平台就能用这些用户之间的互动的最优化,来加固它自己,使自己越来越强大。当那一通道的形式是计算式(比如谷歌式或阿里云式)的,那么,它就可以被资本化,就可以将那些用户的互动翻译到其中,再将其积累的大数据翻译到互动之中,然后再将这些来回运动翻译进、翻译出中心地点(比如谷歌的那些被严守的数据中心),这样地反复捣腾后,就能来回赢利。

而平台的谱系本来是多样的和看似自我矛盾的,仿佛是几十个世纪人类努力的结晶,并不是谷歌和美团它们一下子搞出来的。比如说,

罗马的城市规划者威尔金斯(John Wilkins)的百科全书,计算机管理科学先驱者巴别奇(Charles Babbage),1811 年督察下的街道网格,凯恩斯(John Maynard Keynes)和哈耶克(Friedrich Hayek)的对立的经济学纲领,向巴别奇学习计算机

科学的诗人拜伦的女儿爱达（Lady Ada Byron），互联网之父塞
洋夫（Vint Cerf）等等，都是平台的祖先，而正是他们的诡异和
置身事外，与国家和市场这样的机构模型的远离，再加上这些
元素与机械工程的结合，才使他们这么成功地重划了全球系统
的有效条件。[1]

而从他们手里接过它之后，我们今天仍可接着去设计。平台的
所有界面都能根据算力和云平台的法律指令程序，存储和运送数
据，同时也被进一步设计，而且也必须被这样设计，才能向我们的后
代开放。由此而不断产生新的条款，去约束后继的所有新设计。

在后继的设计中，互相、上下传送信息的特殊条款所缝合的各
层之间的各条通路，也是靠了这些条款，才可以在集合于某一高原
的各种本来不可能相遇的技术之间，进行转换。每一层都可以刺激
和反刺激对方的操作。它们之间根据条款而执行的双锁，也确保了
在相似层面的上下和之间可反复连接和断开。而外部应用随时可
以被接入堆栈。这也就为作为政治主权结构的最深层界面的平台
在未来被推向开源设计，打开了突破口。

在平台上，从下到上的任何通道，也都只是无限多的通道之一。
比如，一个从界面到地址层的通道，也许与那一从地址层到城市层
的通道很不同，但这一通道并不会比另一通道的更高等。从用户到
地址，从界面到云，从地球到城市，或横向地在两个堆栈的同一层
（如城市与城市）之间，都可以有无数个通道。它们都会架空现存的
全球城市与民族国家主权之间的互相依存关系。这想想都让我们
不寒而栗。

在实践层面上说，平台上两个不同的用户可以在同一城市使用

---

[1] Benjamin Bratton, *The Stack*, op. cit., p. 42.

同一个界面和地址,但每一个都可在云层上获得很不同的优先权和限制。对于任何一个用户而言,在某一层有了特殊位置,就可以确保在另一层也有相应的位置,反之则会被判为不合格。不光不同的层在技术上是平等的,它们的社会效应也是平等的。乐观地说,这种杠杆性就会促使不同位置的用户的主体地位走向平等,也会促使云平台走向受制约的管治和可被不断另选的地理政治。即使如此,为了使堆栈平台能够运行,每一层仍须保留自己的界限、规则和永远不能够最终归为对方的那些条件和司法之具体性、本地性和例外性。而在平台的总体性中,本地性仍是锚。

这种具体性、本地性和例外性被斯蒂格勒称为来自本地的逆熵性。但是,平台上如何能带有逆熵性? 斯蒂格勒再三强调:只有自我编目式的发明式设计之中,才带逆熵性,而哪怕后者也不能对冲掉因这一设计本身而引发的那一熵增:这种发明式设计本身也是带着药性的。[①] 人类世城市平台必须建立在这种对逆熵性的药学式理解之上。

由此,以走出人类世城市社会,走向一种全球城市社会的眼光,我们就可以小心地开始问:

·对于新的全球超级势力和全球主体的基础及其在平台上的图表而言,那个被预设的全球城市社会的新的主权建筑,应该从哪里开始设计?

·如何开始设计符合全行星规模计算要求的全球城市社会的总体的政治地理?

对于城市层的设计而言,我们必须基于以上的主权设计考虑,来调整我们对于未来的建造、居住、交往模式的认识。为此,我们需要从多层的软、硬件和网架形成的堆栈层面,去吸取力量,在一种模

①　Bernard Stiegler, *Qu'appelle-t-on panser*, op. cit., pp.307-311.

型化的、独立的秩序中，来垂直地运用各种技术。这也要求我们从很深层次的物流现代化、向城市国家的神秘回归等等，去关注从民族国家走向超民族国家式的新政治版图之后所形成的那一大片新的主权政治风景的真实内况。而在本书中，我们则因为要了解人类世平台这一集体幸存空间，就要先去探讨平台背后主权语法的各种衬托。如果平台主权的语法能托起人类世城市，我们仍得问：它也将是我们的未来政治所应遵循的主权政治逻辑吗？

从人类世城市这一角度来看，这也要求我们拿出对一种由平台来统摄的复杂系统的进一步的设计和协调，必须摸清其中的一般逻辑。鉴于我们已处于不同的政治地理（人类世中的地质政治和地质设计）之中，在当前这种永久的生态例外状态中，尤其是在我们所说的人类世中，我们正走上一个人类世城市平台，那么，我们就不得不支持这种已经开始的新的全球主权系统的设计。像所有关于设计的理论研究必须做的那样，我们的新的城市理论也必须处理由此引起的滑性问题，临时地、原型地和挑衅性地去探索，并不一定只为了某种政策性、某种政治伦理的正当性，才去展开研究。我们将以讨论城市中的超级巨构开始这种探索。

城市超级巨构

在全球城市化和城市全球化过程中，各个城市层内的超级巨构之间已预先联合，捆绑为一个全球空间，再通过软件—程序，来实现视觉化，这使我们提前看到了一个全球城市社会的轮廓。对这一全球空间而言，边界、大门和墙壁，都可变成包含巨量内部空间的闭环，可用它们来追求某种乌托邦式理想，同时也可以在全球化中人为地去隔离个人。那些有全球视野的建筑师们在各个全球大城市中正在做的，也不过是这件事儿：建立全球各特大城市中的巨构，先将它们联合起来再说，如库哈斯所鼓吹的各特大城市内都应该具备、由他来安装的那一"全球空间"（the global space，如他在曼哈顿之上和北京之上所搭出的那些）。①

---

① 库哈斯所要搭出的，是北京之上的另一个北京，曼哈顿之上的另一个曼哈顿，还不是全球空间。他这样做的理由还是从他的偶像柯布西埃那里找来的："为了获得发明他自己的纽约的权利，柯布西埃花了 15 年时间证明曼哈顿还不够现代。超现实主义画家达利第一天进纽约城就在发明他自己的纽约了：一个甚至都不像现代的曼哈顿。不，纽约不是一个现代城市。"就因为它一开始在所有城市之前先已成了一个现代城市，它现在……已为此而吓怕了。"达利通过联想和隐喻来描摹这个不现代的纽约，认为当前的纽约是一种恐惧症式的批判式重新设计：纽约是一个所有的历史、教义、意识形态被小心地用时间和空间隔开，但又让它们同时出现的城市。历史的线性被短路，以便来庆祝西方文化的最终痉挛（Rem Koolhaas, *The Delirious New York*, op. cit., p. 263.）。

　　过去时代的乌托邦理想都似乎可以在城市巨构和它所在的平台上被一一实现。看看中国的一线城市,您就懂了;一下子,它们就让同一个乌托邦设计模板在当代中国重复实现一百次,这也不会是难事儿。您也可以在全球化过程中自立门户,具体也请看看中国的一线城市,建筑师们自己要的,就是这种自说自话的张扬的个人乌托邦表达。① 但是我们已进入人类世末端,这一总体的全球城市空间,再也不应该是乌托邦空间的进一步实现,而说不定已成为人类幸存的最后堡垒,是灾难后的重建基地。全球各大城市中的巨构之间的联合或广谱化,也许是人类世中的全球城市化的另一个起点,是人类最后的幸存空间,也说不定。

　　巨构是一个城市中的飞地,里面可含有另外一个微缩的完全"国际化"的城市,如北京的"国贸",上海的"虹桥"等等。关于巨构,以前时代的不同的乌托邦议程给我们留下了多样的词汇,让我们可对其作无穷暗晦的阐释性策展,因为,这些巨构,就是展场。但是,与城市不同的是,作为空间策略的产物,巨构不光会影响其封闭的物理外壳,也会影响我们对于云城邦(cloud polis)的虚拟领土的认领。作为云城邦构件的城市巨构,过去只是乌托邦的语料,在今天则是可被当作分布于各城市之中的巨型设计模块来使用,直接全球互联了。库哈斯在《广普城市》中对于城市中的这一部分是这样定义的:它无个人性、无历史、无中心和无规划。② 他反对城市的中心化,也认为实用主义的建筑术和城规术会阻挡我们对于建筑和城市

① 建筑师的乌托邦更应从创造什么样的人这一点开始着手。史罗德戴克形象地说,十月革命和中国革命是麻醉手术,让人在自己身上动手术就是自己间接地在自己身上动手术。必须也从生物政治的角度去看这两场革命。制造共产主义新人的建筑师,必须自己无情地帮别人先将自己建造出来(Peter Sloterdijk, *You Must Change your Life*, op. cit., p. 382, p. 384.)。

② Rem Koolhaas, *Generic City*, see: https://www.docin.com/p-941723757.html.

的想象，所以想要用通用性（the generic）、国际语汇和全球空间这样的说法，来架起飞桥，回避本地的空间政治斗争，另搞出一种全球建筑互联。

巨构设计中涉及的政治既具乌托邦性，又带异托邦性，具体由你站在哪一方，和为什么站在那一方而定。但是，一个连接个人身体的全球城市群，在人类世，是覆盖整个地球表层的存在物，都属于个人自己的生态了。默顿（Timothy Morton）说，一个人的唾沫里的DNA，即刻就会飘到整个大气层，因此，我们总是先已无穷地将自己卷到了生态之中，整个大气层以下，都是我们每一个人自己的生态。① 个人生态因而也是与云城邦重合的。特别是在夜间，我们经常将它视觉化为一张生命、光、运动的网，一个发光的地球生命圈，城市群就是那一片特别亮的地方，个人就站在它面前。② 但这一全球城市的视觉化真的描述得够清晰了？我们其实还不知道这张巨大的交通网的拟像，到底能向我们说出什么。我们只在其中看到了这一张全球城市神经网的外壳，只关注了其作为终极形式的网格式物流的美学，和这一网架地形的让人惊叹的内容，哪怕想要由此去意淫城市的某种全球性，也仍是远远不够的。

如今，我们用卫星和监控网将这个星球裹起来（斯蒂格勒称之为技术圈，technosphere），全球远不是麦克卢汉说的地球村了。这

---

① 以全行星尺度来思考，就是我们要在某一个物之中醒来，或在被包裹在物之中的一系列物之中醒来：地球、生物圈、气候变暖才是我们的真正的坐落。生态地与物在一起，不只是用鸡毛掸去扫一下某物的某一角，以便不感到它的脏。生态地与物在一起，是与承认物的激烈的独特性和回退有关（Timothy Morton, *Being Ecological*, Penguin Books, 2018, p. 155 - 157；also see Timothy Morton, Hyperobjects, The University of Minnesota Press, 2013, p. 119.）。

② 大地图谱：地理学。大地美学：使风景对卫星、人、神、鸟、天空成为脸（Benjamin Bratton, op. cit., p. 84.）。

完全是由我们这一两代人独立完成，它开始于 1950 年代美国和苏联之间的卫星发射竞赛（这一竞赛的结果是，今天的卫星直径已经小到 98 厘米了！），终结于互联网时代海底电缆光纤的铺设，和华为的 5G 梦想。我们留给后代的金字塔，也将是用游丝来织就，甚至也可以建在一片树叶内的生物芯片里了。早已是不争的事实：堆栈的城市层也以一个在全球范围内进行广大分配的超级巨构来运行，由全球云计算平台来张罗，由正在到来的量子计算来加速。可是，我们看到，巨构设计至今仍只是暧昧地、机会主义地依赖于过去的那些投机性的甚至乌托邦式的图纸，甚至是变态的，违背了过去的那些乌托邦设计者的意图，做成了像智慧城市这样抓住芝麻丢掉西瓜的项目。哲学家詹明信（Fredric Jameson）讨论到科幻作品中的乌托邦体裁时，曾涉及大量与其余的世界脱钩的孤高设计（如他最近的关于部队大院化作为未来人类定居状态的超科幻设计构想。他要全球服从于一种总体计划经济，由军队来高效地执行，让谷歌来担任国家计委或发改委的职能，都在支持这种巨构设计哲学），认为它们所表达的空间意图，是它们所处的社会无法消化甚至无法接受的。[①] 这正是库哈斯和 OMA 的建筑的自愿囚禁者（Voluntary Prisoners of Architecture，1972 年）和 Superstudio 的跨全球的连续纪念碑（Continuous Monument）项目（1969 年）所推导出的巨构，是今天的社会无法消化的。还有人想象通过用游戏界面和绝对网格，来造成边界多孔，如不停的城市（No-Stop City，1969 年）或新巴比伦（New Babylon，1959—1974 年）所指出的这种巨构方向，也仍继续被当代社会当成乌托邦，尽管早已失去灯塔作用。这条乌托邦设计的道路在人类世已被彻底封死。

---

① 转引自 Bratton，*The Stack*，op. cit.，p.310，p. 316.

各城市被合并为一个行星规模的超级大都市这一点，也曾被狄奥西阿第斯(Constantin Dioxiadis)想象成万邦之都(Ecumenopolis)，一个单一的规划之城，后又被索勒里(Paolo Soleri)想象成理想城市(Arcology)。那些靠近热带兴建的巨型城市，更早的则有富勒(Buckminster Fuller)版的地球号宇宙飞船(Spaceship Earth)。那一设计曾作为人类的终极设计问题，被推到每一个地球人面前，远不只是一个让科幻片去单打独斗的事儿。在人类世，这事又一再被重提：地球号宇宙飞船上，就连修理飞船本身用的思想、材料和方法，也都只能在这一飞船上被重新发明，无法它求了：自力更生、自我设计又自我再生的巨构。好莱坞电影《重力》进一步发挥了这一设计思想在人类的下意识中所引发的阵阵恐惧。库哈斯用他从建筑设计中挣到的钱在地中海买了小岛，其他有钱人则偷偷在新西兰买房子，以为在那些地方就能躲开人类世里的气候末日。您看，就连他们自己对于自己设计的巨构也仍是不信任的，至少是不想呆在其中的。

列斐伏尔曾引用阿西莫夫(Isaac Azimov)的《基础》这部科幻小说，来展望城市全球化或全城市化中的巨构规模：全球真的变成一个超级大都市时的状况。① 而最早，在《克里提亚斯》这一对话中，柏拉图在城市中看出了世界的图像，甚至看到了宇宙的图像。他说，城市是微观宇宙。城市中的时间和空间在大地上再生产出了宇宙的具形。而哲学就是来到城市之中发现这一具形的。在古希腊，哲

---

① Henri Lefebvre, *Le droit à la ville*, op.cit., pp. 109-110. 这个地球城市叫做 Trentor，具有所有知识和权力的手段，是它所统治的银河系的权力决断中心。通过它的巨大边界，它拯救了宇宙，使它照自己的目标终结：安乐死。也就是说，让目标是统治，由所掌握的手段来在所占有宇宙空间内更彻底地实现快乐和幸福。今天的科幻电影里都是城市的两种不同结局的体现，要么是彻底高科技到底，要么是高科技得成了异托邦，产生了科幻中的高度异化状态，后者就是《银翼杀手》和《流浪地球》的想象所基。

学始于广场,学园和剧场同时开张。① 几乎可以说,学园加上剧场,就是雅典的开端,说是全球城市的开端,也是不过分的。雅典是一个巨构:包容一切,城市边界的外面,直接就是宇宙。哥伦布和麦哲伦的航海,使中世纪欧洲人发现的世界小了很多,城市从这时起就开始其全球化、世界化的命运,有了更多的向外搭接,走向更远大的进程。在今天,申请奥运会和举办G20,就成了各地城市加入那个全球特大城市走廊的策略重点。

在谷歌时代,物理结构和信息基础结构已经反复交织,大陆城市区之间不断分差,同时整合和瓦解了混合型巨构式的城市层。庆幸的是,围绕巨构的那一切,也终于可以被我们集体设计,因为我们有了计算机辅助的参数设计手段。正是通过这种手段,才有了今天说的平台。平台正是对阿波罗号飞船时代的建筑巨型乌托邦的部分实现,但同时也是对它的彻底反转。反转体现在:通过界面网格和准主权式层级的强加,这反而加强了对巨构平台上的生产和消费

---

① 柏拉图的对话《克里提亚斯》中,主人公克里提亚斯对于雅典之前城市的形成史作了回顾,想说明雅典之前的9000年是如何为城市打下基础的。斯罗德戴克在《没被救》中面对着哲学家阿伦特的墓,也发出了这样的深深感叹:她流亡,但到达了真正的欧洲:她葬在了五倍于纽约的Bard College的校园里,与该校的其他著名师生守在一起。而在老欧洲,海德格尔却葬到了自己的老家梅镇(Moesskirch),像一个山民的归葬,反而不能想象这种世界主义特性。阿伦特完成了一种哲学和大学的典型的欧洲式任务,那一连北美殖民地人民都深信的精神使命:一群大学教师在一大片空地上围出一大片地方,叫它campus,就可以使自己成为世界公民,使这个学园cosmopolitan(世界主义式)。正是哲学活动加冕了城市,使之成为世界主义地盘。公元前386年,从西西里岛回来的柏拉图终于看透了城邦政治,对于他能影响的王公贵戚再也不相信,于是就买了一块地,开办了他的学园。同年,雅典立法机构通过新的法律,允许大家重新上演四大悲剧家的作品。学园和舞台使雅典人民向世界开放:这也就是哲学、城市的共同开端(Peter Sloterdijk, *Not Saved*, Polity, 2016, pp. 42-47)。

环节的调控,对个体流动性也做了强过滤,于是也能对个人的每一种姿势和偶遇,都加以高度的监控,以便进行更高效的资本盘剥,如社交网络平台公司对于我们的移动数据的开采利用,这是要从我们的行为的每一环节榨取剩余价值。我们可以在今天的城市层里看到很多这样的两面通吃者。堆栈就有可能在这样的巨构里同时被当作控制机制,成为用来打开和压扁用户群的入口,并且也完全能专门为某些设计,为某些人提供服务到底。但既然只是设计,那用户也可以反转来设计它,那是堆栈本身的逻辑。

我们也从这一堆栈上的设计逻辑的反转里,发现了这一乌托邦巨构遗产在今天的还魂。比如,为城市社会与堆栈之间提供连接设备的那一最大的私人用工机构,也就是富士康,在深圳龙华的工厂里,将30万人汇合到一个直播式管理的联合企业之中。这让人想到爱森斯坦和维尔托夫的革命史诗电影中的集体劳动情景。仅就其建筑规模和社会总体化而言,它可算是一个群岛,彻底打开了我们对于乌托邦和异托邦的想象。它将苏联的构成主义者比如说维尔托夫的电影里的人生产世界和世界生产人的乌托邦场景,升级了几个版本。所以,关于巨构的乌托邦和异托邦其实已隐身在很多大型的当代设计之中。

上文说到,平台是既开放又封闭的。富士康的平台—管理的配方式循环,是将人无缝地从这一个阶段带到另一个阶段,一直到死亡,并将死亡也顺势放到了省略号的末端,来逼其中的每一个人都走向库哈斯所说的"自愿囚禁游戏"的终端。讽刺的是,富士康的物理性装配平台却负责着全球的通讯消费装置、手提电脑、智能手机的组装,后者联接流动的用户与他们所要随机接入的重组风景之间的那些物理界面。这个富士康厂区所以说简直就是对原序(Archigram)的插入式城市(Plug-In City,1968年)和计算机城市(Computer City,1966年)的实现,甚至都没有借用它们的图纸。反正都不是什么事儿,只要被复制到深圳,就不算乌托邦了。或者说,既然在深圳了,什么还不能算乌托邦? 这种乌托邦与异托邦同时被搅拌进现实,就是堆栈的逻辑。

这就涉及堆栈上的设计与反设计和乌托邦与反乌托邦之间的反转:富士康将反乌托邦也进一步翻转了。如果库哈斯所说的"自愿囚禁"式的空间切割可以是富士康的特色,那么富士康的装置—流水线型群岛,也可以进一步被反转,成为更久远的乌托邦的对立面:类托邦甚至影托邦(倒影式或幽灵式乌托邦;华为的深圳产业园就是这一影托邦的代表)。看出其中的反转过程后,我们就应该通过进一步的堆栈设计,来纳入它,回收它,使之成为未来城市平台语法的一部分,供进一步的开源设计之用,而不是让它落定,成为治理装置,只是拿一些批判理论去骂骂它就算。

那么,在这方面,今天那些著名设计事务所有什么反应呢? 福斯特(Norman Foster)建筑事务所似乎可以担当谷歌地球(Google Earth)时代的总体设计师了。但福斯特本人会是堆栈时代的合格设计师吗? 或者说,他其实是反对堆栈的设计师? 还是说,他是一个拘泥于过去的、没完没了的乌托邦链条中的巨构设计师? 这三个问题的答案也许都应该是肯定的。或许,他还将在地球上重新设计月球表面,也是说不定的吧? 因为他已通过一个个的项目,几乎就要重新设计地球的整个表面了。从阿布扎比环保城(Masdar)到柏林新国民议会大楼(Reichstag)到格尔肯中心(Gherkin),很少有当代办公楼设计建筑师能有机会像他那样,去充分延展建筑具形的透视尺度,达到疯狂的地步。自从有了他之后,其他的建筑师也都必须将卫星角度放进自己的设计视野了,依托原来的平面、剖面、抬升和三向投影(axonometric)视角的基础。但是,他却不会是堆栈时代的建筑师。库哈斯和OMA设计的央视大楼,也幻想要将巨构当作社会总体聚合到单一角度的状态,但很难想象央视大楼能融入堆栈支撑的那一未来城市层，去成为后者之中的巨构的一环。您说说，它将如何融入北京的未来？库哈斯所有城市中心的设计，也都是用他所说的"全球空间"来当飞虹，来绕开真实的城市肌体，我们都可以怀疑这个央视大楼是否是在北京，因为它只将周围的四合院等等当作配饰。他在全球各大城市去飞架的那一个个"全球空间"，是属于堆栈的吗？显然也不。

福斯特的阿布扎比环保城平面（加上 IBM，Cisco 等等的大楼设计）也不是通过人类性参数技术，而是通过对各种分立的能源消耗事件的预期性参数式管理，来集合其内部世界，与今天大家在倡导的平台上的全域参数设计，还是有很远的距离的。的确，是时候来测试怀抱全球乌托邦梦想的著名建筑师们与堆栈的距离了。

关于当代建筑正在走向或不得不走向堆栈式的乌托邦建造的一个显例，是福斯特事务所在莫斯科承接的、还未建成的水晶岛（Crystal Island），一个巨大的双曲面，圣诞树式的塔形建筑，在玻璃罩下的 2700 万方米的体积内，包含各种各样的居住、文化和教育空间计划，规模比五角大楼都要大四倍。但在金融危机后，这一计划被搁浅了，不过随时可被重启。[1] 与本书讨论的角度差不多，伊斯特林（Keller Easterling）也将这一计划与来自过去的建筑的批判性正典中的乌托邦图式联系了起来。但她的批判是基于哲学家史罗德戴克的关于行星本身的限制，即越想离开，就越得重新降临地球这一移喻的：巨大的气泡成为互相联通的层级内部，像细胞那样地呵护着人类已受威胁的生存，而人类只能像宇航员那样天天训练，才能适应其中的环境。她认为，这种大型建筑还不足以用气泡时代的假的理想城市来回应来自人类世对我们的挑战。[2] 而布拉顿认为，

[1] Benjamin Bratton, op. cit., p. 181.
[2] Ibid., p. 182.

可能要由堆栈的超强的巨型城市的全球网,才能支撑超级密度的能源经济,而说不定,这一能源供给会提前拖垮全球经济,如真要在城市中向无人驾驶汽车提供能源网格,并且大大提高目前的云平台的算力的话。① 因此,这样的大型建筑在自身能够运行之前,就有可能先已拖垮了地球层的能源供应。而这也再一次强调了我们必须尊重堆栈的延展逻辑。人类世城市平台上的巨型建筑和无人驾驶通道,仍必须符合算力对于能源的要求,而后者是受目前仍被大家古典地加以理解的能源政治和地理政治的制肘的。

而对于新的生态例外状态的回应式设计,至今还没有见到比较出色的。可是,哥本哈根和巴黎气候大会提出的新口径是:守住本世纪末地球表面平均温度上升 1.5℃ 这一红线。这是对于巨构设计的绝对律令。根据 NASA 生理学家拉甫洛克(James Lovelock)的盖娅理论,正是我们的星球中的全体生物群合力形成了另一个生物性巨构总体,通过某种看不见的总体设计,而维持了地球目前的生态,只是人类还未识得其庐山真面目,但进一步的人类技术式设计,须在这一框架中展开。② 这另一个生物性巨构的名字叫盖娅(Gaia)。根据拉甫洛克,今天我们已不需要对地面和太空作进一步的外部设

---

① Benjamin Bratton, op. cit., pp. 98 - 104.
② 盖娅是环绕地球的像晨曦或暮霭那样的薄薄的一层东西。退休隐居在英国西南的康沃尔(Cornwall)的前 NASA 太空生理学家拉甫洛克有一天傍晚突然发现了这层东西才是地球上所有物种与人类一起营造出来的自我保护层,连海藻都积极参与了这一地球上全体生命的保命线的建设。但证据呢? 老先生在 NASA 玩过几十年的太空舱小便处理问题,会玩仪器,但故意不用高级的,就在乡下谷仓里搞搞,设备都没买。《盖娅假设》(1979 年)这书出来后,连他的学生们都尴尬死了,认为这结论太业余了。盖娅这个文雅的名称是老先生著名的乡下邻居《蝇王》作者,诺贝尔文学奖获得者威廉·戈尔丁(William Golding)帮他从希腊神话中精心挑选的,一开始叫"地球生理系统"。拉图在《各种生存模式的探究》中比较了各种人类的各种生存方式之后,试图去讨论:在盖娅中,什么样的人类生存方式是更好的?

计，重要的是要与其他物种并肩，与雏菊、金枪鱼和海藻一起，来共同顶住这个盖娅，为这个生态圈的未来而各各作出自己的贡献。由此看，福斯特事务所的水晶岛这样的实验，在人类世里其实毫无意义，也毫无心肝。对更有野心的所谓全球总体地质设计，我们也一样要保持警惕。布拉顿倡导的堆栈设计，本身也会有这方面的问题。

也许，我们不得不总结说，无论是现实的、还是乌托邦式的建筑设计，都是应付人类世的错误的手段。我们也许可以从布拉顿提出的关于堆栈的辖治和地缘政治中，找到下一步人类世设计的线束：考虑到人类世的生态例外性，我们不应仅仅对外壳的设计下赌注，至少不应对之抱有过多的期望，而应该在另外的层面上同时着手。

这里可以讨论一下一个较保守的方案。纽约的第 42 大街与莱克星顿大街的交叉口，有一座凡·阿伦（William Van Alen）为克雷斯勒（Chrysler）先生本人在 1920 年代设计的老式的强调连贯的自我组织的大公司的垂直城堡。它将一切都归入一个独特的内化的公司等级层之中，里面就用了堆栈式的结构。尽管它是那时代的设计，但布拉顿说，它可能是未来的堆栈设计的起点。[1] 在 Cremaster 3（2002 年）这一部凝重的电影中，艺术家巴尼（Matthew Barney）将克雷斯勒大楼（Chrysler Building）当作一个工业权力、金融等级的超自然的源头。他仍企图在建筑师和刚进来的学徒、共济会的传说和古老金钱的权力之间去排练出一些冲突。正是在这个排练中我们看到了大楼设计中的堆栈性。这个堆栈结构从现在回看，是在一百年前就已埋下，不是我们今天强加上去的。由此就引得我们去考虑：如何将今天的堆栈逻辑与城市和建筑过去的文脉叠加在一起？这种叠加才是巨构的真正精神吗？它将使巨构在平台上巍然不动？

---

[1] Benjamin Bratton, op. cit., p. 183.

但是，我们看到，在山景（Mountain View）建造的谷歌大楼（Googleplex），或新的苹果总部之上，将很难再去排练这种来自过去的堆栈式叙述。就云的层面表达到城市之中这一点来说，当前的几个大公司总部的建造，都未能显出关于这种堆栈性的任何指标性导向。去推测未来将有什么样的堆栈城市层的外貌，到现在为止，最多也只能算是建筑颅相学和大公司尺度上的看手相的水平而已。

那么，超越巨构的云计算平台城市到底将以什么模态来到我们面前？

谷歌的云总部似乎也不以建筑革新来取胜，而是响应了一群精英对理想化地堆叠而成的社区的各种散乱的要求。在那一设计里，建筑不是要追求风格，而是要成为这些技术精英认知劳动的支撑结构本身。而且，那一设计都没有通过市政当局的审批，所以也并不具有足够的公共性。盖里（Frank Gehry）对位于门罗公园（Menlo Park）的 Facebook 新总部的早期提案，也只是传统的校园式设计，只是要在设计中将移动中的雇员之间的偶然接触加以最大化而已。这两个设计都未展示出堆栈设计应有的样貌。

西雅图的亚马逊云平台（Amazon Cloud platform）从未来物流庄园的角度，为我们在未来的云城市中的巨构实践做了一些探索。我们知道，亚马逊的平台逻辑是基于定价、零售展示、仓储和快递货品之间巨量的协调工作的扁平的商业本体论基础的，这由堆栈理论看，也显然太老旧了。而谷歌是要将全球的信息都组织到一个框子里，所以，上面说的这种堆栈哲学也从来不是它的菜。

亚马逊是想要组织全球的"可触商品云"来与沃尔马对着干。它所建的网络是在形成一个亚马逊领土，并想要使这一公司领土成为在全球城市层运行那一巨构游戏时必不可少的界面。阿里巴巴的菜鸟计划也抱着这样的雄心。京东则是想以这一招来独步天下，在最近的新冠疫情其间出出风头。这些以物为导向（如果我们套用一个最近时髦的思辨实在论的说法）的巨构如今都被接入机场的物流现场，都带着那种不容我们感伤分毫的速度之美，一种陌生得令我们忐忑的未来之美，因而常常使我们忘了去考察它的堆栈性。但它们离云平台城市仍有很大的距离。不过，它们都在加速将我们拖入那个人类世城市社会。

城市用户权利

对于本书而言,这一已虚拟地存在的全球城市巨构,是正在到来的全球城市社会或人类世城市社会的基座。但它不是某个伟大计划的产物,背后没有任何宪政计划的支持,也不是革命事件的后果,不是原有宪法秩序的产物,也许只是我们被平台设计后作出的反—设计行动,有待进一步的设计和被设计。云计算平台上,软件和程序已经先在设计我们,我们只是在它们设计着我们的同时,又迎着它们对我们设计的设计了几步回去而已。平台设计中,诸众加入了,但参数设计仍是专家设计和情境设计。

堆栈本来也是我们所有的乌托邦政治设计失败后形成的一个沉积岩,甚至也是现代主义艺术先锋派们所要追求的那种政治构架的当代变种。但是,我们今天已知道如何收留它,保持它,革新它了吗? 至今,我们能看到的只是无论如何,它都将带来一种激烈、透明的主权政治空间,但同时也将带有很强的私有性,被社交媒体实时地塑造,由维基百科基于利益的杂语(heteroglossia),来发布不断细化的分类共识(taxonomic consensus),来被"美团"这样的新平台不断蚕食和瓜分。我们可以先来远眺它的下面几种近期发展的后果:

• 维基百科将如何继续倒转黑格尔式的国家百科全书,绕开国家的眼状和奥秘式身体,在网上重建那一国家—本体—百科全书,至少是其幽灵?

- 谷歌的云服务将如何限制和限定各民族国家的权威?

- 民族国家将在直接感受其计算技术受到硅谷的限制和控制之后,如何去绕开这种限制,尽力摆脱硅谷服务器的控制?

- 被捕捉和被监控的用户将靠什么来翻转,去施展自己在平台上的个人权利?

这些都将在全新的政治场景中被不断重新定夺,中间会充满各种真事件和假事件,在每一刻里,我们都很难看清其真实形势,摸着石头过河,将是大趋势。如果限于旧有的政治地理中的政治学和政治哲学来理解现状,我们就又很容易小题大作,进入不必要的恐慌。美国司法部2018年底、2019年初的涉入华为事件,就给了我们在这一类危险的一次警告。双方都进入或被带入了暗道,双方越来越吃不准下一步该如何走。

为此,我们需要在下面几个方面好好地来自审一下:

- 我们应该沿着哪些当代已经在发生的事件,去追溯其原因?

- 如何避免那些假事件对于临界连接点的误导,让堆栈式城市层的到来无论如何先有一个良好的开局?

- 人类普遍(集体)智性平台化后,会有什么样的长远后果,尤其是在政治上?

- 我们由此而需要什么样的新的自我管治能力来应付?

- 堆栈城市层当前已经以何种新的形式开始管治我们,我们如何来描述它们?

我们会越来越深刻地认识到,正在出现的世俗地理,如云计算、全行星普遍计算,正在出现的新族裔图景、用户—界面的少数派心理地理,也许都仍以古老的神圣地理的幌子出现,但它们都将以自己的方式,在新的城市层中形成别样的政治风景,逼我们不断消化它们。它们都将在限制和重新定义原有的国家和主权形式的同时,来建构和解构未来堆栈上的城市层。而我们作为用户不可以坐视,必须拿出我们的编程和反向设计能力。

堆栈式的基于用户的反向设计思路要求:一方面,我们必须考虑当前的全球普遍技术作为理想技术将如何来设计我们,我们又如何设计回去;另一方面,我们也必须考虑过程中的各种地上和地下的事故对于这一技术应用过程的干扰和扭曲,从中入手:这中间有一个巨大的策略空间可以利用。要正面地处理这一策略空间,我们有什么哲学和具体的策略可依赖?用启蒙思想?人权哲学?终端用户协议?网上全球个人权利大宪章?难道只要使用隐含在我们所遭遇的所有嵌于全部软件中的构造对象或界面之中的那些具体服务,像我们现在已在做的,就够了?那显然是不够的。像本书的城市哲学那样,这种用户的反向设计所需的设计哲学,也需要我们在未来重新发明,决没有现成的。需要知道,享用这些界面服务的先决条件,是要服从软件中已先设的树形权力等级,但是,来自软件所经求的这种先降而入,也不同于传统的领土界面上的移民管理。我们对未来堆栈的设计也必须首先介入对这些服务条款的重新设计吗?当然。设计平台、程序和软件后,最终就应重新去设计这些条款本身,使设计过程成为一个元—立法的过程,也就是用软件和程序及其追加条款,去替代传统的立法过程。

政体内的有效公民权,在今后,将不再根据某一范畴下的司法身份来发放,而可能是由用户与捆绑他们的机器系统的通用关系来被推导。我们将如何看待用户在平台上的这种有待认定的漂移地位?如果城市的界面将每一个人都当成了它的用户,那么,也许,每一个人的用户地位,也只有在平台上被认证,才能真正落地和算数。但我们忍受得了这种像支付宝时刻可以给我们认定的那种漂移的主体地位?

但是,其实用手机支付时,我们都是像悲剧人物那样雄壮的。前提却是,必须预先充入一些现金,让支付宝来替我们管理,而我们的身份、地位和主权份量，也就由这样的不断的充值来维持。在支付宝上，掌握现金的主体与社会主体之间，只有在支付的关头，才是重合的。在支付宝上，主体地位在平台上被液化，被清算，可拆分。当然，我们仍应该乐观地去展望：在未来城市平台上，主权的位置会比在电子支付中更两栖。公民身份与平台用户的这一两栖将如何被调和？

支付宝用户显然仍缺乏被某种政体召集、转而又去召集某种政治共同体的权利。但是，某种共享的、可携带的与共同的基础结构之间的关系，已经隐含其中，而平台设计也预设了这一点。它们作为某种未来政体的主体，已被虚拟地集合，被提前编程，在每年11月的双11节上露出了它的某种部落或国家原型式样。如果被恰当地规模化、符码化，这不光将是内格里和哈特所期待的互联网上的共产主义诸众的进一步形成，也可以说同时接通了政治主体集聚与全行星普遍计算这两者。果真如此，那么，这将是在许多的不幸中产生的一个比较正面的偶然结果。但是，在未来，我们将如何面对这种后果？

当代的某些情况在要求我们提前来动员这种全球性的平台主体，去迎接像气候危机这样的大挑战。平台不光需要负责某个防火墙后的城市公民权的表达，而且也必须负责全球集群城市渐渐形成的某种主权表达，如对联合国的国家间关心气候委员会（IPCC）的呼吁作出反应。全球二十四个特大城市形成的全球城市走廊也许因此会掌握极大的主权筹码，在诸如气候危机和生态难民身份的重新分配等重大的人类文明问题上，来做出某些关键定夺。

总之，各城市内的巨构和全球特大城市走廊已形成全球城市社会的雏形，与目前依然残存的威斯特法伦国际法体系下民族国家的联合，在主权表达上形成了某种竞争。在世界面临如此紧要的生态危机和气候危机的关头，这将会是一种有利于人类幸存的新联合。

而这要求我们扩展我们的政治想象力,对现存平台上的用户权利做出新的立法。全球城市社会在实体上的形成,将建立在这样的向全球公共政治空间开放的立法之上。

堆栈上的主权冲突

2009 年中国与谷歌之间的冲突,和 2019 年升级后又平复的中美贸易冲突,是新地理政治冲突在平台上的不断延伸的两个显例。它们都没有先例,需要我们用云平台思维去仔细审视。要知道,这些不仅仅是地缘政治上的冲突,而且也是堆栈上的政治冲突。这对我们到底意味着什么?

中国这一方将互联网看作政体的延伸,或坚认它是政体的延伸。而谷歌那一方则将互联网看成了一个活的、准自治的,也许是私人控制、却又能从中盈利的超地域的公民社会构架。谷歌误以为自己是在互联网中生产、捍卫和要求属于自己范围内的权利,片面地将自己看成了一家私有公司。于是,它也就认为,自己在中国做的是与中国的主权领地无关的业务,虽然那些业务仍发生在中国的土地上。[①] 这两种理解之间产生了尖锐的冲突。这一冲突在 2018 年至 2019 年的事关华为和 5G 的中美技术冲突中,仍在延续,同样需要我们用新的主权哲学和主权设计眼光去理解和决断。

照着至施米特为止的西方主权理论来看,谷歌以为自己不是国家行动方,不以任何接壤的特定领土来定义自己,这是说得过去的。但是,谷歌不知道的是,它尽管位于硅谷,实际上仍是一个位于某一

① Benjamin Bratton, op. cit., pp. 112 – 113.

民族国家内的超国家的行动者,自然就携带着许多只有民族国家才有的传统功能。要知道,谷歌也必须依赖一些物理基础结构来运行,其分布在各地的数据中心,也决不是虚拟的,尽管必须被分散和分布在全球各地,但那不是切割和另立,而是网络式分布,仍是有领土坐落的。谷歌与中国之间的矛盾,决不是私人公司或市场与国家、东方与西方之间的冲突这么简单。这也不是当代政治如何将传统主权国家融入纯网架结构之中这样一个关于现代化或数码化的故事,而是相反:美国和中国这样的国家形式已无法有效制衡那些网架地理,也无法完全操纵像谷歌这样的大平台公司,如果不立下新的法规,后者就可以不论做什么都扬长而去的,就像谷歌在欧洲所做的那样。从这样的冲突中,我们看到,国家正从传统的地理政治设计构架之中,被拖入越来越没有余地的陌生的被平台设计的主权空间之中。今后应该怎么办?

顺着上面,我们还要问:在今天的国家框架内,那些移动的主体,在基于云的社会中的权利,到底体现在哪一层级上?您真的还能被您的护照上写着的国家的数据法律绑定,不论您走到哪里?难道,您的云平台是随时跟着您,处处给您兑现您在某个民族国家的原初主权"领土"上的公民身份的?本来就应当这样做的吗?有替代吗?还是说,每一个服务器上实际上也都飘着某一面国旗,且总已根据那一国家的法律来播散数据,哪怕这个服务器已被放置到全世界各地,像谷歌正在做的那样?所以,哪怕在谷歌时代,也还是主要由民族国家的领土主权式的政治地理在起作用,应该让最后一公里来统吃?对此,我们目前的政治学和政治哲学还说不上什么,事情可以说已经很紧急了。

以上这些新情况听上去都是反直觉的,还没有对应的理论话语供我们讨论,也没有设计工具供我们去应对。那么,另外的选项在哪里?要是作为服务器场地的谷歌的那些拥有专利的位于全球各地的数据中心,为了节约能源,最后也被认为必须放在接近廉价能源产区的美国领土之外的某一方地域,如菲律宾或斐济,那情况将会怎样?

全行星计算会偶发地给现有主权秩序带来异形的政治地理,已是不争的事实。这不仅要求我们对此有超前的理解和解释,而且也在逼迫我们去重新发明主权技术。做这件事,我们目前手头还没有教科书。已有的主权哲学和政治地理学,都帮不上忙了:关于新的主权设计的理论和设计方法论,也需要我们在平台上的斗争中去不断提炼,无法外求的。

而作为主权建构主要技术手段的全球城市中的巨构建筑,在立法还未跟上的情况下,就必须先来处理这些互相覆盖的多层结构、名称和网架了。冷静地看,我们不应急着将新出现的政治地理当成例外,而应将它们看作一个正在冒出的新秩序的正常的表达,必须在旧秩序里努力包容这个新冒出的秩序。而这个人类世城市平台正可以是这样一个包容力极大的全球空间,可以成为这个被堆栈维持的新政治地理的终极表达,也可以当成是今天的由全球云计算引起的地缘政治冲突的最终护栏。

城市之写

　　列斐伏尔说,城市始于某一次地上书写;它是写出来的,还将继续自我书写,城市规划无法干预城市的这种自我书写。巴黎最有活力的年代,是城市主动地介入诗歌、文学和艺术的年代,是由巴尔扎克、波德莱尔、马奈、左拉来当作者的那些年代。

　　城市最后留给我们的,仿佛是剧本,不是历史。1930 年代的上海,不也是这样地到了今天的我们手中的吗? 那时的上海虽然落在了今天的我们的手里,但那也只是那时的作家们、导演们、记者和读者或观众们记录下的历史,也是城市本身自编、自导的文学。今天的上海是有待你我去写出来的。城市有待我们每一个人继续去编剧,进一步去排练出来。

　　在今天的云计算平台上,我们的巴尔扎克在哪里? 是那些隐身的用户吗? 是那些在大城市的地铁上用手机来抒情的人吗? 谁将来唱响人类世城市的史诗? 人类世城市将会在数码平台上自写出怎样的未来文学呢?

　　写,是要不断走到新的边境之外。是从城市出发的写,丰富了边境,如唐诗里卢纶的边塞诗"和张仆射塞下曲":

　　　　鹫翎金仆姑,
　　　　燕尾绣蝥弧。

独立扬新令，

千营共一呼。

这是在守什么的边界啊？从本书的眼光看，诗人守卫的是城市的边界：通过守住边境，从城市出发去写，才会有这种诗里旷野上的优美。是城市映照出了这种美。今天，城市中的商业区凋敝了，淘宝上的总体商业和各种边贸活动，却异常活跃。淘宝成了平台集市，我们在街角的交易，却沦落为某种边境贸易。

边境经济往往是相当独立自主的，钱、货物、人、数据、水、食物的流动，本身就在加强边境的存在，正如外卖和快递像氧气一样，在维持我们的拥挤、吵闹和冷漠的城市。云计算平台上城市层的边境也不例外。是正在城市层中出没的那些大平台公司，织出了今天的城市生活所需的日常网架。如"美团""饿了么？"和"叮咚买菜"等平台公司所撑起的这些网格，形成了新的城市高原，造成新的边境，来抗击那一先发制人的城市资本金融化，和僵尸般的城市行政—司法网络，甚至，最终去替代它。

历史也向我们证明，今天的平台设计是早就被逼着搞过的。比如，耶路撒冷本身就是为了防止所在地区之间的宗教和精神上的交互感染，而做出的一种提防式设计，后者完全能对我们今天的平台边界设计做出正面示范。这座城市的物理存在，曾物化了三大一神教在今天世界中的真实的对抗关系。历史和预言式未来，在这座城市中，是不同地被展现给了犹太人、穆斯林和基督徒这三种向往着完全不同的乌托邦的群体的。而要知道，今天在世界各地重建的那些庙宇、原址、多维边境和陆地权利区域及其相关法则，从平台的眼光看，也都像耶路撒冷那样，是在挖出人工运河，留出各种猫腻空间，来容忍设计漏洞，将原有的司法弹性，逼到极点，将设计用在了对预防性的事故的保护网的建设之中。越这样设计，城市就越变得自闭,尽管在物理层面正高速扩张。

可以看到,我们在电脑上不时在做的下载,其实就是越出自己所处的平台,反而要奔向严格得多的耶路撒冷式的无处不在的检查点,主动交出自己的身份,去接通更远和更外。越想下载,就越得接受更严的过境审查。须知,正是用户身上的那一欲望机器坚忍不拔地推动着平台设计的前行。也正是这种像登录某个网站前的严格的入检,才使得城市平台上一条条的多维边境线,能完好地一直存在:各种检查站最后成了城市的本体,正如维利里奥说,机场才是我们真正的城市本体,因为里面有真正算数的安检,和一步到位的身份核实。[①] 在被查证的那一刻,我们的公民身份才是最突显的,在昏乱的日常生活中,我们却像《尤利西斯》中的主人公布鲁姆那样,游荡于暧昧的街道上。耶路撒冷和世界各地的国际机场,可以说为我们未来的城市与堆栈之间的边境问题处理,立下了一个很鼓舞人心的榜样。

正是耶路撒冷或克什米尔这样的既外在又内在的检查站密集区,才使边境界面能够多重化,才将我们吸到了日常生活的那些界面上,将三种亚伯拉罕式一神教之间的损人不利己的交互内战,也包裹在了这些检查站的编程设计的防弹地毯中。在这一被相互免疫的被管治的界面上,世俗经济是否优先于这些神治式军事隔离,神治经济是否建立在世俗经济之上,也就是说,到底是因为经济发展才要求这样,或者说,是因为怕神治经济会影响世俗经济,才将检查站做成如此立体、多重和多维,也就不得而知了,如果事先搞不清楚,也没有大问题,人类世城市平台上必须能包容大量这样的灰色地带。

这些物理检查站,加上对网上的从用户入口开始的检查站界面

---

① 城市正在模仿机场,是因为,界面的去中心化推动了云式中心化。城市被打散,重组于云计算平台上(Benjamin Bratton, op. cit., p. 156.)。

的无限理顺、爬梳式管治,是否就是施米特所说的未来总体战争,和维利里奥所说的未来纯粹战争的替代? 或者说,这些从此将真的成为全球永久总体战争下与我们时时相伴的主权维护装置,像《银翼杀手2049》中暗示的那样? 这也不由得使我们想要问:对于未来城市而言,难道真的只有通过本地的乌托邦、宗教和政治,才能使得一种全行星的技术政治意志最终不能贯彻到底,才不会造成漫灌,才让城市能像湿地上的水草群集那样,得以继续漂流在平台上? 检查站才能确保平台上的逆熵性?[①] 所以,未来还将不断冒出比耶路撒冷还更高版本的平台检查站,来确保在人类世的总体战争中,我们能这样继续向宇宙开放自己的本地,同时来保护城市的历史和身份,哪怕付出很高的安检代价?

　　耶路撒冷的检查站实践还告诉我们,对于未来城市层而言,检查站必将是城市平台主权的基本安全诉求。而对于未来城市层的地质设计而言,在维护城市地盘的多重性时,我们是应该去追求各种总体的多重性,还是应该去建检查站? 应该将城市层梳理为一个单一的可被简单管理的层面,从户口、居住证到所得税、社保和养老金交纳后得到的那些城市权利出发,来重新构建每一个市民在平台上的身份? 后一种是目前最流行的那种城市主义所支持的做法,但它显然是反互联网精神的,也就是说,会被全球城市社会后面的云计算平台彻底排斥。[②]

---

① 所有的逆熵行为也都是过眼烟云,都将融化于进一步增加的熵之中。所有的逆熵行为也会造成比所逆的熵更多的熵。但人类能在成为中对未来做出综合(Bernard Stiegler, *Dans la disruption*, op. cit., p. 324)。

② "必须最终将互联网看成一张释义网。"(Bernard Stiegler, *Nanjing Lectures*, op. cit., p. 44.)互联网必须建立在贡献式互相注释和分享笔记的基础上,使之成为一张解释学式的社交网架。这样的互联网环境里形成的城市平台才能托起一个可欲的全球城市社会。

　　总之,在平台上,一个城市界面或平台上形成的具体政体,是能够构成和中介权力的,所以值得我们对其作出某种主权设计。我们对于城市未来的乌托邦冲动,无论如何,都将被另一种地质设计框架中的安全化和优化编程所限制。但我们也应该认识到,事实上,城市本身原来就一直是战争的障碍物,或者本身就是由街道变成的战场,本身必须做出示范,来告诉人们如何摇摆于军事部署和民用部署之间。城市必须是障碍物,去顶住来自平台的各种设计意图。城市哲学必须来认真思考这一城市与平台设计之间的辩证。

　　历来,城市建筑不光象征了权力,也直接中介着后者,甚至构成了它。正因此,偏重于安保考虑的城市未来设计,会陷入一种德里达所说的自我免疫式的紊乱,预先矮化未来城市层的设计,将未来恐怖主义攻击和犯罪,预先当作了倒转的图像,设计到了城市层之中,而会使我们对未来城市层的设计本身走向窒息。一旦陷入这种为紧急状态而展开的城市设计,那就很可悲了。我们真的应该查一查我们的设计中的这种安防考虑是否太过了头,是否太稻草人战略。人类世城市社会这一前景,在设计策略的使用中,倒是一个终极的参照背景,一种大限。

　　但是,另一种紧急状态却更值得我们好好掂量:人类世作为永久的紧急状态,正在要求我们对未来城市层的设计必须以逆熵为第一原则,必须将人类与其他物种的共同幸存,当作首要考虑。相比之下,对安全和恐怖主义与乌托邦关怀之间的冲突的考虑,应该被放在第二位以下。在人类世,这一堆栈上的城市层首先需被当作一个人类的幸存平台来看,当作一艘有待修理的宇宙飞船来看。而这是人类世城市社会自己必须动员全行星来做出的一个集体决断。

　　在城市的政治系统设计中,我们过去总倾向于将既有的城市看作堕落的。但是,当前的城市和超城市地质设计,本身就是应对人类世的挑战的种种计划,必须成为另一种工事设施:在人类世,没有了自然,没有了社会,没有了文化,也就没有了生态,我们却必须由此做出最根本的设计,来保证我们每人脚下还有一块大地可着落,供自己、同伴和邻居物种降临并幸存下来。

而作为一种乌托邦式劳动,设计却必须给我们生产出一种未来性。不像真实的城市总是不能够细看,设计出来的城市乌托邦,须是绝对的独特物,并进入公共视野。过去从作为世界绝对中心的耶路撒冷,到莫尔的那一司法之岛,到布洛赫式的"预先被照亮"的未来乌托邦留在今天的伏笔,都是这样的东西:手上的那个总还不是,要换成下一个,直到那东西真正到来。席勒《美学书简》第 15 封里讲,朱诺(Juno)女神的石雕像,能测出我们这种对乌托邦的当前的深深向往(瓦格纳主人公的那种深深向往),测出我们身上当前含有多少自由:她的洒脱的面容表示她愿意接纳我们的一切,对我们什么也不会拒绝。但是,我们这些还不自由的人类,很猥琐地就是不敢接近她,因为知道自己还配不上。为什么? 这是因为,照詹明信的那一名句说,"想象资本主义的终结,是比想象世界的终结还难的"。我们还不敢想象我们自己是自由的。这个云计算平台也许倒是给我们准备的:过去两千多年里,我们尝试过那么多的乌托邦行动了,有点下不了台阶;云计算是专门准备给我们下的台阶。

从布拉顿的堆栈理论看,被数码全球化之后的地球将绝对是平的,它的自我图像也将绝对是乌托邦式的。被串联在互联网中的各大城市,都将被插上新的方尖碑,来标记这一新的后—乌托邦全球秩序的已经到来。这时,任何一个本地上的城市设计都将直接通向未来设计。

要知道,乌托邦和恐怖主义之间有时就只有一步之遥。说起来真是让人痛心,就连驾机撞击纽约世贸大厦的基地组织头领阿塔(Mohamed Atta),也曾是一个乌托邦计划指引下的城市规划师。他还真得过城市规划的硕士学位，毕业论文讨论的是如何将叙利亚的阿勒坡一分为二，将伊斯兰区和西方区隔开，让它们之间老死不相往来，以便使前者免疫，不被后者毒害。他想要通过牺牲一对双塔，来保护另一对双塔。这是一个关于城市规划中的乌托邦如何多到过剩，结果就妨碍了其他人的幸福的极其悲惨的故事。在这件事上，今天的城市规划师难道真的能担保做得比阿塔更好？①

既然说到了城市规划师，那么，请问，在堆栈的城市层上，规划师还会有什么样的城规活儿可以继续揽到？将来还会有城市规划可做？城市设计的真正的进步，往往是由紧急状态逼出来的，一般是在战争状态下。今天的永久的战争状态是人类世，但是，这一紧急状态正在逼城市规划师另起炉灶。

说到这里，我们必须提醒自己：布拉顿只强调了两种紧急状态之间的选择，说它们反而会推动城市层的设计；生态恶化和安保及反恐战争，会使我们提前将各种防范措施设计到城市之中，有时却过多和过头了。可能还得加上未来的金融危机和政治危机对当前设计的引导。可是，我们当前的城市层上面的批判性设计工作，还必须针对物理和虚拟这两个界面，必须以气候、生态、自然和能源经济的现实，作为设计的极限域。那么，这将会打开城市设计和规划这一职业的新的风口。

但是，对于城市层的安全性设计，也首先要求我们拿出堂堂正正的乌托邦主义态度：设计师和规划师们必须坚信，城市的多型的界面，是可以总体地管治的，是可通过总体图像和图像工具，来解决其中的问题和危机的，是可被当作总体来设计的，但肯定不是像现在的城市规划那样，只去做补锅匠式的拼凑。对城市层而言，各个乌托邦之间的交织（如在耶路撒冷），一个介入另一个，甚至通过一

① Benjamin Bratton, *The Stack*, op. cit., p. 321.

种单一的建筑或城市形式的中介，就能敲定所要设计的未来倾向。在这个意义上说，未来的城市规划只能基于总体的平台主权设计，必须使用全球城市社会或人类世城市的普遍语法，我们暂时可以像布拉顿那样，称后者为"堆栈"。

云平台上的建筑

今天太多的实际存在的堆栈城市主义作品还都太幼稚,太脆弱,暂时还太着迷于将必然会走向末路的城市安置最优化,妄想动用营销头寸,将半成品方案卖给城市管理者,后者其实也根本没有能力来控制他们声称要去控制的东西,因为那必然会在财政和资源上受到限制。智慧城市这一方向几乎全是这样,完全基于从事者的热情,找的是一些容易见效的点来做,依赖的是全球各地的几乎已经破产的城市政治,往往由大的平台公司来承包。可以说,这样做下去,哪怕成功的智慧城市,也只会是僵尸城市。城市本身也有智能,但是,在智慧城市的实践中,我们却将它当作是消极和被动的。智慧城市的手段也许有助于营销和安保,但只有能让城市住民主动去使用他们的智能的城市,才能让城市发挥其智能,我们也才会有真正的智慧城市。

但话又要说回来,智慧城市出错的地方,也正是有待定型的贡献式、学习型平台城市以及正在到来的全球城市社会的潜能所在。堆栈已将全球城市汇合成更大的总体平台。当代城市设计者和规划者已可以将被设计好的城市空间构想成一些功能受限的全球集合,已经可以预想全球城市社会的深层结构,去安排将要升高的海洋威胁下的零和地理上的每一平方米了:行星化或地球化设计或以地球为设计平面。① 但这样的全球平台城市的设计和规划,也仍将被量化空间、编程叙述及其连带的更多问题掣肘,除了主权式政治地理的牵制外。智慧城市总也极有可能同时成为弃物场、人类仓储平台、监控电视控制的劳动者的宿舍(富士康)、浮动的监狱舰(关塔纳摩式)、熵式超级贫民窟、即兴战争区、殖民定居点、蚕食区(支付宝对我们日常生活的全面渗透和接管)、被不断对质的考古发掘现场、传说中的废墟、阶段性或季节性地被抛弃的空间(遍布中国的电商村,亚马逊在内华达州设立的季节性配货点)、挥舞在各地的摩天大楼顶上的那些起重机吊头等将越来越挑战我们目前归类和计算的东西。②

悲观地看,无论在智慧城市之内还是之外,我们都可以哀叹,事到如今,建筑设计的权威也只局限在选择哪种组装可以放到哪里,仅仅受命去使用各种皮肤、壳和外型特效这样的事之中了。但也可以乐观地说,在建筑所涉入的这些后—欧几里德栖息区里,也正在出现新舞台,提供新机会,让我们来敲定人与建筑、城市之间的新的、复杂的和具有挑战性的交接点。建筑师也有机会来强势地重新发明它们了。③

平台城市中的建筑和城市设计,是要对空间中的社会组织加以设计,那就是要将工作、游戏、暴力和集体表型体现(collective phenotypical embodiment)加以分类、切割、谋划和分块。④ 对于建筑师

---

① 谷歌的街车式拍摄和布线,就已在划出领土。那是先发制人的表征,既是居高临下的政治哲学,也是不管三七二十一的地理美学。框上加框的结果就是对行星内部形成一种绝对的地球文化(Benjamin Baratton, op. cit., pp. 85 - 86.)。

② Ibid. pp. 178 - 189.

③ Timothy Morton, *Being Ecological*, op. cit., p. 77.

④ Benjamin Bratton, *The Stack*, op. cit., pp. 165 - 170.

而言,设定特殊的活动安排、集体的进入点,不论是隐私、主体性,还是行动资格,都是要为我们想要得到的那些组织—行为,包括那些偶触而成的遭遇,预先留出通道。也就是说,从城市下水道到云端的通道设计,也都是建筑师该去接管的事儿了。① 因此,在今天,没有一个学科是像建筑学那样地需要全方位的界面设计的经验了。② 也许在未来,建筑会比任何扩张后的跨学科界面设计更具有对云平台的经验,因为,在城市层设计中,计算并不高于水泥,所有的方案都仍需落地,建筑设计将是平台设计的最后统筹了。③ 在平台上,软件(程序)和建筑的界面操作,从此就不应被归为两种不同的经济,而应被当作两种相应的治理后果,互相交织,有时共生,有时对抗。④

但是,在全行星计算的界面辖治中,我们过去让建筑师去主持的程序,如今大都派给软件去做了。而我们也知道,软件会架空而不光是吸收程序,逼迫建筑设计最后变成流动的平台设计。在网上,会见室动辄就变成了聊天室,网店货架一眨眼就成了网上数据库,地点会变成地理标签,组织等级会被转换成防火墙,用来限制用户的进入。所以,我们就要问:今后,在平台上,软件与建筑还能继

---

① 成为扩展的跨学科界面设计后,建筑设计对于城市空间而言将成为集体界面,被软件虚拟化,但仍须努力在编程过程中保持其权威地位(Benjamin Bratton, op. cit., p. 166.)。

② 建筑哲学家德兰达(Manuel de Landa)关于建筑与城市界面的关系的讨论,对我们更深入讨论建筑设计与城市数码界面之间会有很大的帮助。(Manuel de Landa, *A New Philosophy of Society: Assemblag Theory and Social Complexity*, Continuum, 2009.)

③ 加洛威的《界面效应》一书是从媒体、社会和哲学三者的关系上更细致地讨论了界面在城市、云平台和社会之间的功能(Alexander Galloway, *The Interface Effect*, Polity, 2012, pp. 25 - 53.)。

④ 对人类可用的那些软件,都须服从平台的剩余价值逻辑即资本主义,这必造成灾难。但遭遇共同困境时,能源的提供、播散、透明、监控、联合和忠诚,会重组司法忠诚,不管各方愿不愿意(BenjaminBratton, op. cit., p. 141.)。

续平行不悖吗？建筑只有压倒性地来动用软件时，才称得上我们原来说的"建筑"的吧？

如果在平台上，建筑对城市只具有编程上的权威了，那么，它如何在算法时代继续维持自己的地位？从象征化、直接的实物交接，到根据政治立场而作出的设计转型，是建筑在这些年做出的一些反应，因为设计软件已一再要求建筑必须使界面上的设计更加虚拟化。这些努力是建筑在收拾自己的残局，还是把自己也玩到软件界去，主动将地盘让给软件了呢？

对此，建筑师泽拉—波罗（Alejandro Zaera-Polor）在"外壳的政治"一文中提出了一种关于建筑界面的政治理论，一种基于建筑物外壳和不同的社会空间的简单的类型学，为我们讨论建筑的未来指出了一个新的方向。他的这一模型努力描述建筑装置对政治的影响，但由此也忽略了来自建筑物本身的意识形态对城市的影响，而只侧重建筑如何直接地组织公众（或如何配置城市层的用户们）这一点：建筑设计如何重新去组织平台，如何去组织城市社会（而这种新的总体组织方式，在本书里照布拉顿的方式，被称作"堆栈"）。

这篇文章向我们指出了外壳结构和建筑物之间是如何连接的，建筑物与世界之间的连接最终又是如何被表达出来的，其中又是如何被引入分隔、等级、分割、压缩、拉拢、或邻接，而重新组织了平台或某种城市社会的。① 通过细读建筑物的外貌和体积，泽拉—波罗

---

① 从建筑理论上说，从外壳走向平台，是今天建筑转型的关键："任何一种理想的平台建筑的构成组件都可被一个新组件替换，一件一件地，直至平台进化为完全不同的东西，同时却保持其本质形状。……这就是忒修斯（Theseus）悖论：海船的每块船板都可换，换光了，船仍保持其原来的虚拟形状。"（转引自 Benjamin Bratton, op. cit., p.49.）在城市平台上，我们说：必须从外壳建筑走向平台建筑。建筑师必须是基于云的平台建筑师。扎哈和库哈斯都是沉浸于外壳建筑师，他们自己也是知道这一点的。

让我们看到,外壳装置是行动者、网络和由此引起的组装之间的媒介。外壳之外的建筑表达,可被当作政治和地理的特定界面来对待。建筑在他这里被认为是无意识地规范了城市各种力量之间的微政治较量:建筑设计师实际上都已在这么做了,但往往自己并没有明确意识到这一点。

总之,这篇文章是关于建筑在未来政治里的功能的一项很恰切的研究。它安慰我们:在全行星云计算平台设计中仍留有建筑设计的位置,只不过,壳设计与政治构架之间的关系将更加紧密,也许不能分开了。由此,布拉顿就得出那个著名的结论:建筑理论就是软件(程序、平台)设计,也是政治哲学,也是广义设计学。

但我们还是得好好地来思量一下布拉顿对建筑系学生的警告。他说,我们必须来做这样一个思想实验了:至少一半的建筑师和规划师应当马上停止设计新建筑和停止做新的城市规划。他们都应当参加新的培训,转到对那些能够使现有建筑物得到更好利用的软件的设计和编程上。① 简言之,一半以上的建筑师必须转到平台的内容管理上来。他们应该投身于对虚拟外壳运行的设计之中。那另外不到一半的建筑师,则可以继续做平台上的控制性工作,也就是说仍可继续设计外壳和皮肤。

对于那一半多的必须服务于美团和滴滴这样的公司的建筑师而言,城市的根本功能,将是拉近人、市场、货物、交通和信息之间的距离,这往往是通过手机。而手机先已将城市浓缩到了社交网络之中,再由"菜鸟"这样的远程遥控物流装置,来搞定手机外的一切。这似乎已由不得我们选择,已是建筑师们必须尊重的城市基础结构了。对于运行于城市表面的其实也是穿梭于云平台的这些积极的急送物而言,手机是连接言语、数据和姿势到情感的那一张积极网

---

① Benjamin Bratton, op cit., pp. 167 – 168.

络的枢纽。这就是布拉顿所说的"手机城市"的构型:只有能被手机连接的,才能算城市的;建筑只涵盖手机所能涵盖的那一部分城市。城市只是手机的遥控物了。①

对于布拉顿而言,手机加上城市,就等于将城市变成一个综合的读—写媒介,将它搬进实时交往,能将用户不光连接到堆栈的城市层,也能连接到云的基础结构。在一面廉价的玻璃屏幕上,用户就能通过各种 app,将自己的个人数据送到随叫随到的平台计算服务器上,后者能够低价甚至免费地提供各种公共或私人的服务。这等于说,能够设计这些 app 的人,才是建筑师,才是城市的"建筑"的设计师了。②

这时,从手机端的建筑师的眼光来看,城市就成了汩汩地冒着活数据的一个富矿,可被用户的手指在手机屏幕上一次次地重写,将信息反复地主动贡献给平台——用户对于平台公司而言的蜂巢效应。手机数据成了平台建筑的材料。手机屏幕不光再现了城市的世界,也影响了它。这样,用户之间的互动也是递归式的了。因为单个用户的行动,本身也是可被归入那个活的总体数据中的新信息,给所有人认为的那一张活地图带去了新信息,个人最后就被那张活的地图拖住了。这种递归会引起这一个用户的活动线路改变,因而导致另外的用户的线路改变,转而又改变这个人的线路

---

① 我们早已在那里,哪里还用得着赶去! 手机正在吃掉汽车。高速公路才是车辆,谷歌不是要帮你赶路,而是想通吃你的移动数据(Benjamin Bratton, op. cit., p. 168, p. 280.)。

② 谁是真正做建筑的建筑师呢? 是 Zaha Hadid? Cisco? 还是全球四大会计事务所? 其实,app 也是神学媒体,使乌托邦政治神学成为投射式界面地理:AR。我们正身处从 app 到 AR 这一故事当中。实在界崩塌于想象界之中了。你的看将指引你继续照你的看去看。而 app 与云平台的关系是宗教般的。云平台是基督教的上帝,有求必应,但用户用不着对它虔诚的(Benjamin Bratton, op. cit., p. 242.)。

（双重偶然）。而这又会被第三方解读成物质层面的事件，一再被追加到城市肌理之上（将城市肌理当作适用于更多层面的强大语法推广出去），追加地影响城市设计。就连城市设计的逻辑在未来也将被这样实时地重塑。

在这个意义上说，手机的虚拟外壳，与建筑的外壳一样，其实左右着堆栈城市层的运动回路。也就是说，设计建筑与设计手机外壳，基本已没有什么区别了。在建筑物与手机这一虚拟—实物混合的城市外壳上，程序本身就可成为平台。[①] 手机上的 app 就可被理解成平台公司在个人手机上设置了分平台，借用个人手机的界面来运作平台。[②] 于是，多少可以说，原来我们说的建筑，如果还将继续存在，也将成为软件程序的展现舞台。也就可以说，软件加程序加平台，才将是未来的城市，而它已经在我们每一个人的手机上。

在手机屏幕上，我们知道，用户的使用总是混合着对于城市的设计，因而也要体现用户的这一十分自由的使用权利，甚至应该为它服务到很变态的程度。这方面，就连 OMA 的分块图表化和苹果手机的甲板设计，也都是远远不够的。要推出一种整合型的平台设计，就须努力调节临时出现的种种条件，会不得不变动平台的基础结构，而不仅仅是像传统建筑设计那样，只去构划或包含甚至许诺最终将要出现的东西。

而且，城市主义现代性（从勒柯布西埃到库哈斯）和开发商主导的建筑后—现代性（中国的大规模城市化）之后，我们也有权利要求

---

① Benjamin Bratton, op. cit., pp. 174 - 176.
② 界面配方。机器生产机器，用技术来生产其他的技术。Bratton，《堆栈》，227。堆栈中的城市层设计：提供调节性的地理装置决不是房子，后者只是物，随时有待被编码（Benjamin Bratton, op. cit., p. 227, p.230.）。

一种混合平台设计的当代性的真正到场了。这时,建筑师应主动跨界,还是引狼入室,或者暗渡陈仓? 也许,人类世城市平台这一灾难式未来的提前降临,倒也阴错阳差地给了建筑师做出设计范式转换的机会呢。

城市平台的主权问题

讨论了建筑设计和城市设计的转型问题之后,我们自然就要继续问:在未来,在平台上,主权将如何通过软件来运行?既然卷入了算法,它们将如何互相使对方变得偶然,或者说相互架空对方(如格雷厄姆·哈曼说的 undermine,也就是如人工智能研究中的说法,固执地用一种方法去就事论事地执行一种方案,到天昏地暗[①])?软件将如何在全球层面生产出各种不同的主权模块?这些新的主权模块将如何与老的政治地理的主权结构碰撞?这些不光是城市设计和未来云平台的规划的重要问题,也可以说是当代政治哲学的紧要问题。

在古典时代,国家主权是从国际系统中被导出,而后者也是通过一组国家的联合,来被确保。主权者曾是能够对例外状态做出决断的人。[②]而今天,因为生态和气候危机,因为资本主义的全球景观装置,我们全球生民都生活在一种永久的例外状态之中了。对比之

---

① 2019 年 5 月 9 日哈曼在同济大学建筑与城市规划学院的演讲:"什么是建筑的形式主义?"。

② 主权者是对例外状态能够作出决断的人。在人类世,气候危机下,这样一个主权者存在吗?阿甘本对于例外状态的讨论相比这一点,在人类世全球城市社会这一语境中,也显得太古典了(Giorgio Agamben, *The State of exception*, trans. by Kevin Atell, Chicago University Press, 2005.)。

下,这就使得全球各地的无家可归者,尤其是流离失所的难民,反而也都成为主权者,而自认为生活在国家框架内的全球良民,却像脚底和掌上被烙了铁印的羊儿,只有被宰割的地位,活着时也只是大型平台公司的典当品或人质了(如优步司机将自己的车质押给公司,当了其固定资产后,谋得一份生活)。例外状态是现行法律无法做出决断,只好让渡给别的主权者来做出裁断时的状态,如1933年德国的情况;今天的云计算平台上分分钟就会发生这样的空档。那么,人类世里,国家主权将以什么作为抵押来被最终敲定?它将如何在这一片飘摇的大地上来被终极地做出裁决?

在堆栈上,被生产出来的那些例外状态,是通过可切割的地理的可逆性,在某一个瞬间突然集聚成一个内部而形成。在这一刻,在清除了外部之后,一切都将在一个政治意志的黑洞里来被裁决。今后,将是这一次次的武断的裁决来切割物理空间,或分开国家大机器中的各个层面。① 而这决定的还只是与共同基础结构(在今天就是布拉顿指认的这一堆栈或平台)相关的其他政治主体共享的物理姿态(揿一下按钮就可得到),还不是通过形式法律来生产出基础结构式的主权位置。但是,内格里和维尔诺的诸众理论认为,全球诸众已自带这种压倒性的基础结构(诸众是人民,也是国家,也是政府),现在已存在于互联网之中,而反对者们就认为他们说得太乐观了。

堆栈也许是施米特所说的 nomos 的一个当代版本。我们都知道,nomos 是一个历史地演化的世界秩序的结构,是施米特所说的

---

① 在全行星计算平台上,堆栈越被生产,空间反而越多。这就彻底搅黄了传统的主权理论。领土越被堆栈,反而越大。这与洛克的用耕作来划领和财产轮廓的占权理论完全矛盾。堆栈越占,空间或领土反而越多。软件正架空国家主权(Benjamin Bratton, op. cit., p. 33.)。

对将要到来的大地秩序的根本的划分术,是让各主权实体得以成立的政治空间的最终切割方法,就像在切生日蛋糕之前,我们必须先想好一个大致的切割框架,做一个次次都不同的预案。那么,布拉顿问:在未来,将会有一种叫做云的 nomos 吗? 他自答道,堆栈就已经是云了:云就是那一 nomos。① 这是说,未来的政治主权裁定,将通过云来定夺? 由云来定夺的话,这对我们的未来政治将意味着什么? 对我们的人类世城市社会意味着什么? 这个问题已像我们脚下的深渊一样让我们晕眩了。

布拉顿认为,施米特在 1950 年的著作《大地法》中太注重对立,将它当作政治性的区分标准,近乎恋物般沉于那种你死我活式的政治对立,在云时代,这有点背时了。的确,施米特的这本书专注于罗马人、不列颠人、日尔曼人的法治帝国曾如何用几何规则来划分领土。它尤其专注于欧洲的领土划分方式的演变,由此来推演太空时代的人类将如何作出主权切割。但遗憾的是,施米特未活到互联网时代,没法对我们的平台主权问题提供任何针对性建议。他在书中将这种约定俗成的领土划分方式,看作稳定的政治地理秩序的前提,从中得出对于陆地、海洋和空中的空间主权的很是经验主义的划分方法。也就是说,施米特要以历史上的欧洲的主权领土切割为观察对象,来找出领土划分后面的那一语法。这一语法就是他说的那一在未来也将主导我们的主权构划的 nomos。但是,我们真的应该好好地来想想:施米特向我们挑明的这一划分方法是否也将适用于人类世?

最近,拉图尔对施米特的这本《大地法》做了面向人类世的阐

---

① Carl Schmitt, *The Nomos of the Earth in the International Law of the Jus Publicum Europaeum*, trans. by G. L. Ulmen, Telos Press, 2010, pp. 351 - 355.

述。他认为,在人类世,我们不光失去了 nomos,甚至也失去了地球对我们的支持,我们不光应该重构主权,而且也应该重新组装大地。而这种状态下,这个像分割模型那样的 nomos,是需要我们不断排练和斗争着被重新敲定的,以便让每一个人都找到那一小块让其最后幸存的土地。每一个人都得脚下有一小块土地之后,才能来定主权,才能找到那个 nomos。而只有先握有这一 nomos,建筑师和艺术家才能给我们组装出新的大地,而在此之前,我们所有人都须为这一新的 nomos 的确立而先在一场总体战争中互相拼杀出一个结果。在这一新的大地上的总体战争中,建筑师和艺术家将是执行这一新nomos 的和平工匠。没有敲定这一新 nomos,建筑设计或更大意义上的平台设计,就无从开始,而人类世对于拉图尔而言正是这一无从开始的僵局本身。

施米特借用的 nomos 是一个古希腊字,意指用来指导后面的所有分割尺度的那个第一尺度。牧民们一起讨论好的对于第一块草地的切分和分类,继而会规定之后的所有切分和分类。[1] 那一原初的切分和分类方式,也就是 nomos,就成了后面可以不断追溯的原初的大法。施米特进而认为,nomos 是先于所有的法律、经济和社会秩序的。它通过居有、分配和生产来体现。今天,在计算机科学中所讲的 tectonics,构架学,就是平台上的局部的 nomos。

今天,苹果手机屏幕上的图标排列,如果我们了解最近十年的数码技术史,就体现了某种 nomos。像在手机屏幕上寻找我们需要的"应用"那样,我们通过 nomos,从特殊走向普遍,为未来的万物定位:从占有领土,到切分和再现空间,到建立一个新的地理秩序,我

---

[1] Carl Schmitt, *The Nomos of the Earth in the International Law of the Jus Publicum Europaeum*, op. cit., p. 96, p. 107.

们都需要使用这一终极尺度,且总已在使用它,边使用边升级它。①

施米特写这本《大地法》时,二战刚结束,美国军事力量的主导性已在全球被确认。他当时天真地希望美国能担当确立新世界里的 nomos 的责任。俗话说,大老一出场,规矩一出,事情就好办。施米特当时就以为,既然美国是老大了,那各国就照新的老大的法子来好了。但是,美国在过去近七十年的所作所为,虽然有冷战这一原因可推托,恰恰证明其做了大老,却仍忸怩地不肯来贯彻新的 no-mos。事实上美国在称霸全世界,但却时时要扮演受害者,像班级里时不时动粗的男生,却一再抱怨别人对他先动手,不肯真正来维持秩序,自己反倒先成了这一秩序的破坏者,虽然也自认为是其中的最大受害者。这是 2017 年神学家马里翁(Jean-Luc Marion)来上海与我们讨论了三个小时美国问题后得出的结论。

今天,在原有的施米特所理解的 1950 年代开始的国家主权的政治地理上,却出现了另一多极结构:中国和其他金砖国家(巴西、俄罗斯、印度和中国)、北美自由贸易协定、ASEAN(东盟)、欧盟和欧洲经济联盟之间,也已形成了美国势力之外的多极结构,同时对全球空间做出了地理和技术上的主权重置。施米特如果还活着,就会问我们:这一多极结构中,新的 nomos 将从何而来? 也就是说,这么多主权宣称者之间,将如何找到切割全球主权空间的那一新语法?

在全行星计算平台正代替原来的美国,开始称霸这个世界的时代里,我们必须重新排练施米特的关于 nomos 的理论,来理解这时代的主权将如何在云平台上被切割和分类。根据布拉顿,我们今天的主权危机并不是合法性本身的危机,而是如何确定平台上的各个层面的地址的危机,是这一个秩序和另一个秩序之间的断裂和重接

---

① 要能设计,用户说了才管用。能让用户自己去重新设计的系统,才撑得住,最终才能负责。暂时得逞的是云封建主义(Benjamin Bratton, op. cit., p. 319.)。

造成的危机。① 而这首先也是一个我们将要在何种大地上建立主权的问题(是拉图尔所说的大地政治的问题)。而且,在原有的生物圈内的陆地、海洋和空中之外,又被加上了信息圈,这就使得主权在未来将被分配、拥有和放弃方面与过去更不一样。这既让人兴奋,也使人恐惧。也就是说,施米特的那一主权理论,在人类世,也是远远不够用了。我们正在走向云计算平台上的主权结构,不是主动地,而是半推半就地。

现在是信息空间时代了,世界将根据我们对行星的时间和地点所作的视觉抽象,来被统治。我们会更不自然地,从很远的地方出发,去对非自然的领土作数学式操纵,之后将会有更多的陌生的规则,被强加到人类自己身上。您想象一下,过去,国王或皇帝是通过拨弄地球仪来统治我们的,今天,他们就须通过 NASA 的卫星照片和手机屏幕(特朗普是用了手机和推特),来抽象地统治我们了。看科幻片时,我们也是这样地回视我们自己的存在状态,来将自己的生活世界陌生化。谷歌地球就在给我们提供这样的抽象的主权视野,我们又用 Earth Skin 这样的可视化图景,来想象我们脚下的那一块拌进了信息的被深掘三尺的大地。②

信息改变了大地的构成。斯蒂格勒说,数码存留成为大数据,最后形成数码利维坦,反过来威胁着我们,而且首先控制论式地在制动我们,将我们拖进了某种技术圈中的生存亚稳态。人类世就是人类熵带上了"信息熵"的亚稳态。③ 人类世城市平台就处于这种亚稳态之中。布拉顿则提醒我们:我们陷于堆栈之中了,但它也是我

① Benjamin Bratton, op. cit., pp. 171 - 176.
② 谷歌地球是末日。你只要 zoom in,就能看到甚至汽车的车牌。但我们需要世界的大,地球的圆和无边(Paul Virilio, Foundation pour l'art contemporain, 2008.转引自卡地亚基金会 2008 年当代艺术策展报告)。
③ Bernard Stiegler, *Qu'appelle-to-on panser?*, op. cit., pp. 226 - 236.

们在新的大地之上重树新主权的唯一途径。堆栈是自己在占领自己。也就是说,堆栈设计将是我们通过软件和程序来回收和稳定这种主权的液态化过程。但矛盾的是,堆栈也是我们今天手中剩下的唯一的主权技术了。我们今天面临的主权问题是史无前例的。

总之,施米特的用陆地和海洋之间的二分法来切割主权,在云平台上已经不再适用。云平台上的主权切割问题,是我们今天面临的最大的地理政治问题,这也使我们的主权哲学或政治哲学进入了危机。我们原来描述它的那套术语完全不灵了,而不仅仅是平台主权本身带来了危机。全行星范围内的计算会不分陆地和海洋地去分配地址,在堆栈中生效的,才是真实地址。不论是坚硬的领土,还是液体的领土,不论是物质的领土,还是信息的领土,不论是沙漠的领土,还是比特的领土,不论是物的领土,还是行动的领土,不论是对象的领土,还是表达的领土,不论是被档案化的过去的领土,还是被模拟的各种未来的领土,还是那些将要来管治所有的交换的结构的领土之上,都将被堆栈的语法来重新分配地址。[①] 如果地址分配也有某种可追究性,那么,全行星的计算平台将导向何种地理政治空间,将由握有最强大设计力的哪一方来定夺? 这时,其中的主权结构应该是几何式,还是代数式? 这些真的是想想都让人不寒而栗的。

今天,不光有施米特担心的空中主权和太空主权的独大,而且还有信息空间和平台上的主权压倒一切的到来这一点,也让我们十分难办:数码利维坦包围了我们,大平台公司霸占了我们的日常交流和交换,而城市住民正在失去自己去生产自己的知识和能力,正在

---

① "深度地址是,我一生经历过的 10 的 28 次方的东西,每一个和它们之间的关系,都可成为我的地址,我可在它们之间建立各种平行经济。"(Benjamin Bratton, op. cit., pp. 208-209)算得越细,物越会被激活,其地址会被重编。物就有了传记,就开始有灵(p. 201)。

加速被废人化。随着既作为机器的地理也作为领土和地图的堆栈的出现,关于平台上的主权空间的构想,我们必须集体地重新去敲定。

施米特也曾像海德格尔那样相信,世界不是在空间之中,空间才是在世界之中的;有了法理、几何和虚拟的抽象,才会有空间。但是,与施米特和海德格尔所理解的大大不同的是,今天的云平台之上的 nomos 是:海底和陆地底下的光纤传输,在怒江水电站大坝附近或鄂尔多斯挖出的地上地下的网络深洞中的数据中心,用来造手机的从非洲河谷里挖出的刚果钶钽铁这样的稀有金属,加上被工程学支持的人类增强现实技术,正在重新网格化我们的领土。① 施米特的相比有点显得外省的主权理论,正在遭受当前的算法地理的严重挑战,而我们根本拿不出一种平台主权哲学来紧急填充。云平台上的未被确定的领土急需那一大法(nomos),比如最近被斯诺登揭露的关于国家对我们全面的监控计划,和国家对国家的网络战争等等,让我们看到新的主权争执将发生在哪一层面上。当然还有中美贸易战这一近例。它只是贸易战吗?贸易战名义下到底是关于哪一片领地上的主权的争夺?到底什么才是最终标的,我们说得清楚吗?但真的已事到临头了。

当然,云也并不虚拟。它也是物理的,尽管并不一定架在地上。网架也占用空间,正如其他建筑会占用空间。但是,网架上的栖居与在建筑物之中的栖居,到底还是不一样的。施米特的主权理论在下面这一点上讲,仍是对的:"政治性是通过奠基或构成,而不是通过定居和切割来起作用的。"②但是,当地面已是不确定的,空中的云上充满了各种装备,使地球表面到了像医院急救室里那样的设备布

---

① 你手机的光滑,是由人类的血泥来擦亮的(Benjamin Bratton, op. cit., p. 82)。

② Giocomo Marramo, "The Exile of the Nomos: For a Critical Profile of Carl Schmitt", *Cardozo Law Review*, 21, 2000, p. 1567.

排的密度,那么,定居和制宪之间就开始互动,哪怕在这一权责倒置的现场中,也会倒逼我们做出无先例的主权决断,而且必须随时随地地去做出,甚至也许就是要机器根据某种条款来自动代我们做出。在中国大陆,银行小笔贷款现在都是由机器人当信贷员来发出了。这可不是小事,在欧美几乎是不可想象的。从填表、决算到偿还之间都由它们承包,还会直接打入我们的微信朋友圈来自我营销呢。淘宝还安排了很多机器人顾客来与我们抢货,不知它们下单时听不听主人当场的手工指令?

对于施米特这样的法理学家,这些发生于我们的地理政治空档的网架上,像 Pay Pal、支付宝和微信支付这样的准海盗行为,已在威胁本土地面权力,需要做出相应的调控。但在堆栈上,这种准海盗行为将会是常态,我们也许就得容忍。就那个作为主权背后的古典制衡式陆地—海洋秩序(像向银行贷款时我们所出具的那个抵押品),施米特曾写道:"当欧洲的伟大的先驱力量冲到世界的海洋之中后,对这一失去尺度的已知世界的拓宽,就触发了在数量级上全新的对物理空间的构想。世界向海洋打开后,就创造出了一个将宇宙构想为无限和广阔的文化语境"。① 那么,今天,软件、程序和平台也对我们作了同样的制衡,也要求我们去"构想"那一将由云计算平台带来的"无限和广阔的语境"。

继哥伦布和麦哲伦之后,在新的政治思想模式中,我们立刻看到了对于深度空间的全面内化:统治者和人民马上就像在绘画、文学和哲学中所做的那样,用了透视,来看世界及其主权之 nomos 了。② 而摆脱了传统的空间直觉和压抑的欧洲统治阶级,此时也在心理和精神上终于有能力成为世界的主人。甩掉了垂直的、以人类

---

① Benjamin Bratton, op. cit., pp. 28 – 29.

② Peter Sloterdijk, *The World Interior of Capital*, op. cit., pp. 47 – 51.

为尺度的空间之后，就出现了那一基于数学之形式化和地理上可互换的普遍的空间秩序。每隔几十年，这一其实没有根据的唯物主义眼光下的空间秩序，又会被机械生产、工业飞行、现代化学，最后被我们当前的这一全行星范围内的普遍计算和大数据经济激烈化，甚或推翻。借列斐伏尔的眼光看，这种工业化后的城市化过程，一直是工业革命的一部分，是对后者的不断深化，是从生产产品，走向了对城市空间的生产，最后，一切都被汇合到了云平台上。今天我们见到的，可能就是工业化后的城市又被平台化这一趋势。而在施米特看来，我们对这一空间秩序的理解，其实一直都是任意的，但总已成了我们的主权的基础。今天我们不也仍应该这样做，云平台们也习惯性地被纳入新主权的建构过程之中？今天，通过 Google Earth，我们从空中往下看，海洋和陆地都只是平面了，上面都分布着连接全球普遍的协调系统的据点，可将传统的空间直觉虚拟化。从这一点上说，过去和今天的人们都是用了同样的逻辑，来看主权和领土的。

而这一实际上显得很被动的云平台上的主权场景，还被斯蒂格勒称作由生物圈改造为技术圈后，被通讯卫星改造为人类的体外化圈，本身又被控制论式捕捉后的状态：我们身外的无数的技术假肢控制着我们，但我们不可以没有它们。而正是这一体外化圈的被控制论化，才导向了我们今天所说的人类世。斯蒂格勒将这一主权平台化的过程理解成今天人类的那种体外化造成的有药—毒性后果：这些卫星和全球计算网络是人类体外化过程中生产出来的技术假肢，而它们将转而又要来决定人类生命在未来的进化过程。这一过程将是高度地控制论式的，且是越来越熵增，将使得全球各行动方之间更加短兵相接。[①] 这将是我们在人类世城市平台上日日面对的场景。怎么办？

---

① Bernard Stiegler, *Dans la disruption*, op. cit., pp.81 - 92.

斯蒂格勒还专门通过对比维纳和香农的信息论，来证明控制论创始人维纳也已意识到这一体外圈对于人类的控制论式的统治将是熵增的，预见到了那将会是人类世留给我们的真正渊薮。① 他这一思考这样考问我们：云平台上的主权确定重要，还是人类集体走出人类世更重要？斯蒂格勒自己是押在后一选择上。因此对于斯蒂格勒而言，在云平台上的主权问题，与人类的集体幸存相比，也就不重要了。还有留给政治哲学的一个大问题是：在人类世，国家主权重要，还是人类与其他物种的一起幸存重要？

我们看到，从施米特到布拉顿笔下的主权风景，都是一种电影式的将自然层面压扁到当代的媒体场景，陆地只是被当作更厚实一点的天空，天空也只是云平台的地基（技术圈/体外化圈）而已。施米特在《大地法》出版之后更是看到了美国和苏联之间的太空竞争，想必是越看越悲观，也越焦虑了。他的《大地法》是对于大地的实体占领的灾难式的虚化，将未来主权争夺的重点押在了天空和太空，就有点像空战片。他问：这天空和太空中的占领到底算不算数啊？到底应该怎样去占领天空和太空，才能给未来主权挂上一个秤砣，使得不会因为它的无着落，而造成重大的战争后患？施米特太固着于这种电影式的空间偏见了，显然没有从全球资本主义及其算法技术策略的角度，去思考这一问题。他没有看到，而我们今天却不得不看到：正是全球资本主义系统的全球出击，资本、货物和人员的加速移动，才洞穿了民族国家联盟所担保的那个威斯法伦条约和北约保护下的主权体系，架空了那个一直持续两百年以上的地理政治局面。

更令施米特不能忍受的是，这样的重大主权建筑，在未来将要被建造在具有压倒性的共时速度和虚假对等性屏幕（the screen of false equivalences，指编程中的对场景的预构应完全脱离现实，因而

① Bernard Stiegler, *Qu'appelle-t-on panser?*, op. cit., pp. 64 - 68.

是虚假的)这样的不可靠的基础(平台)之上,如被押在手机屏幕上,押在美团快递员和滴滴驾驶员在街道网格上穿行的速度之上(由外卖骑手在手机屏幕上四两拨千斤)。这是因为,是运动制造了速度,而不是运动发生于空间之中。时间总是在最后战胜了空间。未来的政治主权将由速度(技术的本质体现是速度)来定夺,而不是像施米特一直以为的那样,由特定的空间运作方式来定夺。

而且的确,在云平台上,占领也更加不算数了,领土也都将是液态的。施米特曾特别担心全球空间如果还没有被恰当地占领,那个nomos就无法被贯彻到一切之中,会酿成大祸。因此,施米特在1950年代特别担心美苏之间的太空竞争。要是他活在今天,他就会担心互联网和全球计算平台上的分不清敌我的种种"云"关系,会不会最终引起他和霍布斯特别担心的那种人人对人人的总体战争。那么,我们在今天还用得着去担心这个吗? 或者说,人人与人人之间的总体战争已发生在平台上的我们之间,至少是我们的手机之间了? 但您说说看,那只是由主权和领土问题引起的吗?

今天,很多激进左派都利用了施米特关于政治性的概念的著名论述,来反对以美国为中心的新威尔逊式帝国建构,主张多极的地缘建筑,如内格里和哈特在他们的帝国三步曲中所做的那样。哈贝马斯也在《后民族结构》中将施米特这种国际大空间看作一个新的国际公共政治游戏运作大空间 (Grossraum),正面地理解它,期望它将欧洲现存的政治秩序当成翻译机,来为未来的全球地缘政治秩序当模板,也就是在这个大空间里,让欧洲的主权切割经验,来做今天的地理政治语法。[①]但这些思考对于建立云计算平台上的主权秩序,

---

① 哈贝马斯最后的期待是,将欧洲的交往和联合模式扩展到全世界,使欧盟成为全球民主的翻译机,使欧洲的公共政治空间变成一种超民族的公共空间,被全球借用(Habermas, *Der gespaltene Westen*, Suhrkamp, 2004, 68ff.)。

都是不够的。我们有必要认真思考这一算法—平台大空间里的主权逻辑,但是,我们也许更应该从平台如何能让政治更一体化,主权如何不再是实体领土和虚拟领土切割后的比例运算结果这样的角度,真正以"云"的精神,来重新审视施米特的主权理论。

对于施米特而言,《门罗条约》是对欧洲的旧的公法秩序的终结,是美国霸权与那个威斯特法伦主权秩序平行起作用的时代的开始。这之后,1919 年成立的"国联"完全被排除出了那个美国式的主权大空间,也就是被排除在了西半球的主权大空间之外。一开始,施米特是向往这一《门罗条约》的前景的,但是后者很快变成一个关于互不干涉的自由主义的、普遍的、元空间的半球经济和半球政治的政策法规,是专门为从属于地缘自然性的超民族国家层面的多极安排服务的,于是也就在后来去支持了一种不好的全球化,一种连特朗普时代的美国人自己都想要退出的全球化过程。斯蒂格勒在 2018 年 9 月的蛇形画廊马拉松访谈中,就以"国联"一百年为主题,主张同时抵制联合国和美国,将一百年前的"国联"重新改造成为一个互联国(Internaion)。① 在互联网、云平台上原有的组织机构有很多已无法被升级,可能都已在阻碍我们的主权政治设计了。我们需要重新发明这样的新政治机构。

施米特的担心后面真的被证明是对的。而我们今天的平台主权又面临类似的状况,不由得引起我们担忧,因为云平台上的主权结构目前还撑不起这个老的全球主权结构。对于年老的施米特,威尔逊主义和联合国都与纳粹德国的生存大空间类似,是一种大政治空间式的解决方案,因为它们都部分地拒绝了多极的解决方案和在一个稳定秩序内的多重主权空间的并存这样的另选。但对于堆栈

---

① 关于互联国(Internation),详见 Bernard Stiegler, *États de choc*, Mille et une nuits,2012,pp. 293 - 302.

而言,布拉顿说,当代的领土和皮肤的线路是多重的,都是随机地匆忙建立的,交错的,穿越司法管控,不分里外的,其安排日常生活的方式,是粗腔横条的。① 不过,对于施米特而言,这反而会促发我们做出新的主权行动。所以,哪怕从施米特的眼光看,这一作为自由土壤的行星范围的计算平台上,主权决断从判断敌我之分,移到了对于积极的墙和隔离的设计上来的态度,是具有建设性的。没有了敌我之分作为主权决断的标准,平台上新的主权切分的标准将是,这是内部的还是外面的? 是不可解决地可逆的,要让它进来,发展它为用户吗? 或这条线路是决定城邦的延续,而不是游走的? 或是根据某种生成脚本,只是让进不让进、让出不让出的问题吗? 而平台主权不光必须适应这一新局面,而且正在要求我们将这种主权确认嵌入其中的决断界面之中,最终通过软件和程序来做出这种决断。

堆栈的主权空间是由谷歌、NSA,中国国家网络安全部门、阿里巴巴集团和其他许多的全球云平台参与下建成的,而不是由那些具有洛克所说的作为自然权利的财产权利的占有者来建成。它是对一个可塑的领土轮廓的战略表达。云平台上的主权设计,因此说,是跳出施米特的想象之外来进行的。

云平台上的主权空间也是可被扳弯、浮肿、折叠和可顺此被依次描划的。那些被继承的政治秩序在云平台上却是被限制和加强的,因为它们所描述的那些世界已失魅。国家也许仍是形成这些世界的行动方,但它们却不得不同时改造自己的主权骨骼,很识时务地见机服从。堆栈空间并不是一个已给定的容器,可让各个国家来干预,或让市场来中介,或让各种政治神学来投入的。它是一个既高又低、既可见又不可见的可被数字化管治的区域被整合后形成的基础结构。即使在真正的 nomos 还未出现的今天,这些由堆栈支撑

① Benjamin Bratton, op. cit., pp. 155-160.

的空间,也已一层一层地浓缩为一个不同的管治秩序下的元结构秩序:形成一架通过各种决断技术例外和法理例外而重新聚合的新的国家机器。也就是,不论怎样,平台是已经在替代民族国家的功能了。

今天,谷歌大空间的幽灵正游荡在堆栈之上。谷歌的基座,它的那些内部和外部的界面,都是在那一由普遍主义式、计算式地开启的频谱上运行的。考虑到至现在为止,谷歌仍是与美国的利益纠结在一起的,它出于特殊的野心和策略,已在多大程度上占领了这一全行星范围内的计算的全球空间,它在这一还在襁褓中的政治地理作了何种额外或过分的要求,是很值得我们警惕的。打个比方,谷歌代表的其实是云平台上的第一个《门罗协议》,正在穿越一个更加综合性的合成频谱。它填充因而监控了北美大陆之外的主权层面吗?对于施米特的主权法理学而言,谷歌是垂直地对领土作出了要求,是将主权去界式地普遍化(upright territorial claim into deterritorializing universalization)。① 美国的中心性是建立在谷歌的核心之上的,正如今天美国的鹰派和鸽派同时认为,华为的设备里一定装着中国的主权管控搭接的零件,无论对方怎么解释,他们都不信的。ICANN(名数分配互联网公司,Internet Corporation for Assigned Names and Numbers)这一互联网的地址管理权威,就建在加利福尼亚。它与美国联邦权威机构的关系,一直是不言而喻的。但直到今天,美国仍被当作那个未被命名、未被标记可加地址的互联网空间的中心。美国的网址是".com"而不是".co.us"来结尾。正因此,斯诺登所揭露的 National Security Agency(国家安全局,NSA)的数据捕捉、监控、存储、元数据分析程序,就被认为是美国对于幽灵般的全球互联网空间的监视和盯梢。

① Benjamin Bratton, op. cit., p. 34, p. 196.

于是,互相的、国家之间的敌我区分,在算法平台上往往升级为对权力和对平台主权的滥用之间,到底谁是用户、谁是黑客之间的区分。对一方的侵害,对另一方却是保护或预防。施米特说的分清敌我以便澄清当前的真正的政治性这一点,变成区分谁是合法用户,谁是海盗式黑客的问题了。对这个问题,华为应该是最有清醒的认识了,但这一认识也只有在不断的全球空间内的新的斗争中,才能被重新验证。

人类世的大地制作

　　拉图尔说，其实欧洲现代白人也从未现代过，并没有资格说其他人民不够现代化。欧洲白人的科学主义将使他们在人类世里更走投无路，更找不到自然，因为，他们是活在观念中的人民，他们的方言是哲学。他们在今天遇到了盖娅，那一完全的、真正的它者，一个地质对手。与此同时，在人类世，人类必须主动学会与其他物种共同幸存。要知道，被欧洲殖民者夺走的原来的大地，在气候危机下，也都已飘摇，无法栖居。而且无法实现现代化的第三世界人民脚下的大地，已被污染，也正像流沙那样地离去，情况就像起飞后的飞机被告知目的地，却无法降落到起飞地，也找不到降落地了。①

　　地球或盖娅是人类的敌人了。根据拉甫洛克，盖娅是人类与其他有机物一起共同形成的那一大气层之外的更广大的生态圈。从傍晚在田间升起的那一层氤氲中我们或许就能看见它。当初，拉甫洛克就是某一天在田埂上看到了它，才联想到这一盖娅假设。② 他说，是我们全体物种共同生产出了它，顶起了它，但也被它勒索，也将永远被它绑架。所有生物都仿佛"知道"它们与盖娅的关系。每一只

---

① Bruno Latour, *Down to the Earth*，2018，p.17.

② James Lovelock, *Gaia：A New Look on the Life of the Earth*，Oxford University Press，2000，p. 115ff.

海藻都懂得努力去吃掉更多的微生物,以便保持海水的温度和透明度,这样,它们才能确保自己的未来在清澈的海水中继续寻找到食物,也不会因为水温上升和腐殖质增加,而被窒息。这件事,对于它们,是永远的命运般的斗争,生死攸关,其中并不牵涉道德,也与进化无关。它们与盖娅的关系是与人类与盖娅的关系一样密切的。人类如要改变自己与盖娅的关系,就应该通过协商,先征得其他物种的同意。但是,有这样去做的政治途径可循吗? 如何与其他物种一起来展开气候政治呢?

可是,拉图尔说,现代人,尤其是现代白人,就是看不明白他们今天已受到盖娅的要挟,不知道自己是根本不能不接受它的勒索的,却还在得意洋洋,忙着派出宇宙飞船,或像马斯克那样,还企图到火星移民,玩坏了地球后①,想再造出一个或许多个地球,再来一

① 我们没有外面了。宇航员已懂,而马斯克还不懂:哪怕到了火星上,我们也需要一个总部来呼叫:休斯顿! 休斯顿! 总部! 总部! 我这里有个问题须处理,请你找出设计程序和图纸,我要修一下! 而在人类世,我们这条地球号宇宙飞船是真的出了问题,但已找不到它的休斯顿总部来协助它修理了。我们将是谁? 我们将是球人,而不是自然人。我们将位于哪里? 在大地上,而不是自然中,而且必须自己降临。我们将不得不与长得很怪的多种形状的存在者分享脚下的那一土壤(Bruno Latour, *Down to the Earth*, op. cit., p. 13.)。自然与文化之间的这一假的区分被终结了,我们搞生态事业也不够了。自然,自然权利,自然与文化这一旧政权,已被我们永久推翻。我们人类必须发明自己的自然权利了。我们离开了所谓的自然,却冲进了多重世界之中。在人类世,处于非人、超人和后人之间,我们必须抛开所有既定的指导原则,单方面决定自己到底站到哪一阵营。这是比霍布斯和施米特描述的你死我活的政治区分还更激烈的要求。说到乌托邦,是全球的乌托邦,还是本地的乌托邦,这种区分已没有意义。抢着降落到地球上,保住一块救命土,才是更重要的事儿。从此以后,那些无遮拦的力量和行动者,会强迫我们重新定义什么是人,什么是领土,什么是政治,什么是文明。它们才是来帮我们的(p. 88)。生态党们都搞不清自然是个什么东西。从病毒到星系,都是自然了。所以,我们必须删除"自然"这一说法了。

个个毁掉,据说只是为了实现那个美国梦。

但是,要告诉沉浸在种种乌托邦里的当代人什么是盖娅和应该如何与它相处,是很难的,需要我们拿出外交手腕,善于讲故事,绕着弯,来传达给他们这一要命的消息。因为,当代人嘴上挂着的那一主人叙述,让他们有了错觉,以为连讲故事的权力也握在人类手上,仿佛哲学家和社会科学家也都是他们养着的工具。① 但是,无论如何,我们还是必须想办法告诉他们,人类世是另一个故事模型了,而且就连讲故事,也得与其他物种一起来讲,故事里,人类也不一定是主角了。

在人类世,当代人再也无法现代下去了。我们必须把这个消息用最粗暴的方式讲给当代人听,因为时间不等人。人类世笼罩着我们,原来的那个世界—历史进程已进入倒计时。

那么,为什么能发明了火车,造了航天飞机,还能搞出城市规划的当代人,却仍听不懂这一消息? 他们为什么不能安然地栖居,把他们的城市规划搞得让每一个开私家汽车的消费者都在方向盘后面继续得意洋洋下去? 毕竟工业化是他们搞的,城市也是他们建的,他们也一向居住在城市,是市民,很文明,垃圾多了也一直都在分类。为什么这样面面俱到了,他们还不能形成一个更舒服、更方便,既向过去致敬又展望未来的居留地,住得更可持续,更可更新? 为什么他们仍得继续徘徊在那些从现代主义时代以来一直打白条给他们自己的那些乌托邦之间,无居所,无家园之根,玩恐怖和被恐怖,被迫继续追寻他们自己的家园,放火、流血、杀人地找他们的家园,却仍未得逞? 这些反思,我们最近是无论如何得做一下了。

这后面一定有一条可怕的逻辑在主导。如果你告诉当代人,说

---

① Bruno Latour, *An Inquiry into Modes of Existence*, Harvard University Press,2013,p. 23.

他们现在已经活在人类世,必须放弃那些现代性计划,召回现代性,在 4S 店里加以大修,准备迎接另一类新挑战,这不就等于不让建筑师向他们的客户展示其早就精心准备好的沙盘上的雄心计划,放弃他们对房间和功能的最新配置,或要城市规划师放弃其毕生积累、等待一展宏图的城市改造计划,阻止他们去重新分配城市空间里的形式、功能和结构? 那不等于是不让他们对工厂放在哪里、地铁走什么线路、哪些区域不让汽车进来、哪里开"全家"、哪里建无人商店等等的事去指手划脚了? 他们肯吗? 这不是像要人主动戒烟,而是要他们的命了。我们当然还是得让他们一展宏图的,但得想个办法,不能任他们的精致的个人计划连累我们的更大的人类幸存计划。

的确,哪怕盖娅这一假设已被证实,也很难使当代人相信人类世里的城市设计和规划必须转型,也很难使他们认识到,最锋利的设计,也都不应该放在对房子的设计和街道网格的规划上了。那么,难道在人世里,设计的目标已不是使居住者更舒服? 或者说,设计的目标已经不是如何将这地方设计得更可居住,而是如何帮助我们在人类世中幸存下去? 而在人类世,问题正在变成:当代人非但找不到一直在找的那个栖居的乌托邦来设计和改进,而且一不小心已迈入熵世、气候世、资本世,这下他们是真的将永久都找不到他们要找的栖息地了,遑论设计它们。甚至也不用找更好的设计了? 再找也是缘木求鱼了? 现在是我们必须应付地球对于将近八十亿人类对它的破坏的报复了。几千年积累的智慧,如果真能找到,也不够用了。也没有一种古老文化,不论它在西藏,还是在亚马逊,能够告诉我们如何去承受来自地球的这种报复。不要说这种思想,就是这种修辞,也从来没人教过我们。沉船前,我们就要看清哪块木板能最终救我们。[①] 人类世里,原来的政治已无意义,无任何方向,无

① Bruno Latour, *Down to the Earth*, op. cit., p. 44.

任何实质。全球和本地也都失去了意义。过去,欧洲白人说,你们都应该现代化。其余的世界也都想被现代化了。后者就失去了本地。但地球不够用,大多数人还是没法被现代化。现在,人类世到了,我们要寻找到一块本地,才能着陆,连欧洲白人、殖民者,也需重新找到一块自己的本地。这世界终于有了方向:找到无论何种方法,在大地上重新着落、降临。必须去繁殖出归属于这个世界、降临到这个地球的尽量多的办法。柏林墙倒了后,结果是第三种政治来统治我们了:气候政治,这是一种担忧和否认气候变化或危机的双方之间的政治。老布什 1992 年在里约峰会上说,我们(美国人)的生活方式是不许讨价还价的。今天,英国已经脱欧:正是他们最早推出全球化游戏,要回到那个已消失 100 多年的帝国那里去。西方正在崩溃。

人类世里,大地飘摇了,现代人只好永远丢开那些未完成的现代主义式乌托邦设计,只好轻装上阵,"以物为导向"地作出艰苦卓绝的斗争,穿过沙漠,找到那一应许之地,身处那一很难讨好的盖娅之中,搭起他们的帐篷,就像浪荡外面多年的儿子,终于能与得了老年痴呆症的母亲重聚,最终相依为命了。扪心自问,这不正是今天抬头发现自己已落入人类世之中的建筑师和城规师们的感受? 他们最后果真肯这样认账?

在此之前,现代白人曾被某个缺德的设计师传销了两个可怕的现代居住产品:一个叫经济,另一个叫生态。当代人最终发现,与新自由主义者们相信和推销的相反,经济和市场之中,都是不适合人类栖居的,而生态在当前已出了严重问题,我们也需要在改造它之后,才住得进去。而在人类世,连生态这个说法,也是太轻描淡写了。我们手里只有资本主义经济和生态,而在这两个地方都不可以轻言栖居了。所以,我们找了一百多年后,还是没找到可栖居的家园,而且此事看起来是越来越无望,也越来越紧急。经济是乌托邦,越搞它,我们越被套。而生态是异托邦,我们想什么办法,做了无论什么,都仍只是在加剧它的病变,越赌越输。城市建筑师和城市规划师是在这两者之间荡秋千,数数都已快荡了一百多年了。难道我们还要等待他们再迷惘上一百年? 那么,如果在人类世,建筑师和规划师是跛脚了,城市建设和城市规划从此应该听谁的? 这已成了一个严重的政治问题:如何设计? 如何响应这种设计? 或者说如何去抵抗这种设计?

我们也一定要知道,专家、斗士、活动分子、记者、公务员、被选举出的官员,对于这个人类世,也都很有话要说,正急着要向公众提供各种立场,要后者站到这些立场之中,选一种来支持就可以:要给它更好的解决方案,要给它各种"客观"的信号、证据、测试。这时,我们作为公众就应该分外小心,决不要无脑地听后立即就去对号入座,跟着乱加干预,跟在大众媒体后面见风使舵,企图去撬动公共舆论。面对他们,公众需要的,只是一场简单、客观的测试:

· 这一关于人类世里的生态的争论规则有问题吗?

· 如何找出最能够从这一规则中得利的那一方?①

这就像排练戏剧一样,每一个人都必须从自己的幸存、自己的角色、自己的幸存帐篷出发,以自己最想捍卫的物和物种和同伴的命运,作为争论标的,来与其余的人掐架。拉图尔说,这不是无政府状态,而是人类世里已经存在的总体战争状态:我们只有等着一种新的大法的到来,才能重新得到和平。支撑建筑和城市规划的那一公共空间里的集体理性,在人类世已瓦解,我们这才进入了上面说的种种纷争。

总已有太多的挡不开的危机,太多的走样的细节,太多的不断到来的争论者和肇事者,而总体的行动图景总又太不明朗,面对人类世里这种种是非,我们将如何定夺? 如何批判地加以鉴别? 唯一

---

① Bruno Latour, *An Inquiry into the Modes of Existence*, op. cit., p. 190.

的办法,就是让各种斗士、活动分子和反对派去关注细节,像考试一样,让知识分子、设计师、官员和有切身利益的公民来参加排练,由公众来打分,大家只是将选票投给在自己看来更值得信任的人。在人类世,议会民主和大众媒体里的公共理性也已碎裂,实体政治必须由这样的被不断排练的公众来考评。必须在这一排练中让所有的利益方都为了某一事务,而一次次重新站队,来让第三方看清他们的行动到底是为了干什么。这就像是完成一个戏的最后一次彩排,在排练中,才能互相知道对方的标的到底是啥。后真相时代里,公众往往会像无头苍蝇,没着落,进入无法问责的政治中,但只有靠这一被排练的公众,既来当演员也来当评委了。

在人类世,我们必须在两种城市化趋势的分叉中做出选择。一是福特和丰田式的对于复杂的工业机器的生产的从头到尾的革新。二是谷歌式地去改造世界:不是去制造原信息,而是去结构和策展那个包含着所有信息的总体空间。这些信息已是常备,但不够形式化,不让少数信息中心独占,而是使之成为对世界的反思式行动的中介,同时将世界变成了一个信息高原。这一对全球信息总体空间的策展,也将我们带向各种超出目前的经济盘算和政治地理局限的大地设计项目。

人类已经在重新设计大地,夹裹了工业革命以来的所有资本,用尽了从古以来的所有乌托邦储存。但是,人类世这一新局面正在激烈地转变我们的世界观。气候变化、人口危机、森林减少、海洋酸化、沥青的广泛使用、动物植物品种的大规模减少、大规模城市化等,已将人类拖进一个新的地质时代,突显了人类基因组对于地壳和大气层地球物理断面的决定性影响(人类是像火山那样同时影响气候和地质的)。人类历史入侵了地质历史。由此而来的广义的大地设计将要去结构大地本身,去克服人类世中的各种加速的败坏、一切烟消云散后的空茫和由此而在我们身上生出的焦虑。

人类世公众的自我排练

在人类世,对于前因和后果,我们隔代就不肯认账,还相互把对方当替罪羊,第三世界成了第一世界的出气筒,全球各地的民粹主义正演出各地的归咎政治的各种版本。可以说,当前这种全球遍地的民粹主义正在将我们驱逐出原有的民族国家,既离间我们,也发动我们,正在消极地促成这一人类世全球城市平台的形成:在同一个幸存基地上的新的一切人与一切人的总体战争。

囿于当前情势,也由于气候危机、生态灾难和资源冲突,一向隐在实体政治和大众媒体背后的公众,经常就站到了前台。如何来看待人类世城市社会中的这一想要来插手的全球"公众"? 如何给它一个恰当的政治角色? 美国著名新闻记者李普曼向我们指出,作为公众的一员,我们与其关心自己的立场,还不如首先去关心自己真正在乎的事物,并像律师那样,亲自去为它们辩护。① 只有这样,别人甚至连我们自己,也才终于能知道我们真正在乎的是什么,否则就会被民粹主义情绪引导着,在问题与问题之间来回折腾。在人类世,我们可付不起那一时间成本了。

---

① Walter Lippmann, *The Phantom Public*, Tansaction Publishers, 1993, pp. 39 - 52; Also see: Bruno Latour, *An Inquiry into the Modes of Exisistence*, op. cit. p. 352.

根据拉图尔,在人类世,我们还是应该丢开大原则,忘掉下面这些大词:人民的意志、公共利益、历史、市场、宇宙的法则,等等。也许也应该废除我们原来熟悉的那种政治哲学,让我们直接报出我们当前所要辩护的标的,公开声称我们对那一最不能缺的用来幸存的物件的权利,然后再看看我们所要的幸存物件,与其他人需要的幸存物件之间,到底有哪些是重合的,哪些是不重合的。在这之上,我们才能重新建立新的更广泛的全球社会内的政治代议制度。

正因此,拉图尔说,我们应该学李普曼,进一步将公共政治世俗化,必须像他那样认识到,公共舆论既不是上帝的声音,也不是社会的声音,而是行动中的观众的声音——带利益的观众发出的声音。在人类世,如果真要面对灭顶的灾难式危机,拉图尔认为,我们就必须将李普曼的这一立场升级:请大家不要忘记,我们只是在洞穴之中,也就不要希望得更多,不要将政治中的真相,与科学、文学、宗教、法律中的真相混淆。必须承认,我们就陷在后真相时代,一个人的真相,就是另一个人的谎言,那也再正常不过。但也不要因此放弃对真相的寻求,既不要玩世不恭,也不要太理想主义。也许,我们只能抱住自己所要捍卫的标的物,来与周围人争论,进一步辨识自己原来确认的真相。① 因此,在人类世,必须抛弃总体革命和总体解决这样的幻想了,而今天流行的生态主义,只是那种幻想的残留。

举目望去,当前的世界政治正走向两个极端:一是想要深钻细节,想用事实来揭穿后真相,不见棺材不落泪,面对气候危机和生态绝境,我们仍在玩猫腻,捣浆糊,要找到最终证据。那还没有到手的证据成了我们拖延的借口。二是,我们在深钻细节的同时,却又无条件地相信了某个总体,什么全民公决,什么人民的心声,什么科技的突破,等等,这些"幻影"都将害人不浅,使我们掩耳盗铃到末路。

① Walter Lippmann, op. cit., op., pp. 100-105.

我们千万不能再继续被它们误导。

在这一点上,李普曼有很多教训可以带给我们。在二十世纪,十月革命之后和两次世界大战之后(他亲身现场报道了它们),他一直想要推动一场实用主义式的革命,一场关于关心的革命、一场有关到底最应该关注什么的革命、一场经验的革命、一场要重新形成斯坦格(Isabelle Stengers)所说的"各种实践之间的生态(écologie des pratiques)的革命。[①] 这种眼光是值得人类世里的我们好好学习的。我们也必须冲到另一版本的政治之中,冲进另一风景的美学里,来打造我们在人类世的生存之术。千万不要去膜拜某种外部存在的、能将一切逆转并搞定的力量。那就是在拜一种政治之神了。在今天,这应该大于我们原来所说的生态革命。

在此同时,照李普曼的教导,我们应该非决定论式地坦然承认:盖娅已经是我们的新的大地政治的唯一根据地。将令我们共同失去、因而也唯一能将我们所有的行动者联合起来的,也就只有盖娅了。2006年,高龄的甫夫洛克出版了《盖娅的复仇》(The Revenge of Gaia)一书,进一步明确了他于2000年在《盖娅:关于这个星球的内科学的实用科学》中就提出的盖娅假设(Gaia hypothesis):研究新的大地的最适合的科学,从此应该是他本人最擅长的太空生理学了,因为,在人类世,地球只是一个太空舱。他不是作为思想家和理论科学家,而是作为NASA生理学工程师来提出这一假设的,并认为这是我们必须进行的头等重要的思想实验,以便认真对待我们今天遭遇的气候危机。他以思想实验的方式来引导我们思考新的大地政治。在他看来,盖娅已像幽灵一样附在人类身上,是每一个人的悲剧式命运了:

---

① Walter Lippmann, op. cit., op., p. 355.

我将 Gaia 描述为地球的一个控制系统,一个自我调节的系统,像我们家里用的熨斗或烤箱那样的熟悉的热能系统。我爱发明。我觉得,发明一种自我控制的装置总是容易的,首先通过将它想象为一个精神图景。(……)从很多方面说,Gaia 像一个发明物,是难以描述的。与它最近似的,我只能说,是一个进化系统,由所有的活物和它们的表面环境、海洋、大气层、脆化岩石构成的系统,两者紧紧捆绑在一起,不可分。它是一个"正在出现的层面"——从有机物的互相进化和它们基于地球的生命的永世之上的环境中出现。在这一系统中,气候和化学构成的自我调节完全是自动的。在这一系统进化的过程中,自我调节出现了。这不涉及前见、计划或目的论。①

拉甫洛克认为,这个思想实验是要帮我们克服固见,做出人类世里的思想范式的转换。中间他并没有做很复杂的论证,只是要拉我们站到习惯思维之外,去关心我们一直想关心的事,也就是气候和生态:

至少将盖娅用到我们的争论之中。我不是要劝你加入新的地球教。我也并不要你吊销自己的常识。我要求你的全部,也只不过是将盖娅当作对传统智慧的替代,这种智慧将地球看作死的星球,由不动的岩石、海洋和大气层构成,仅仅被生命居住。但是,请从此将地球看作一个真实的系统吧,由全部的生命以及所有的紧密搭配以至于形成一种调节实体的环境构成。……像我下面这么做当然是偏心于盖娅的:我花了过去的

---

① James Lovelock, *Gaia. The Practical Science of Planetary Medecine*, Gaia Books Limited., 2000, p. 11.

二十五年时间在它上头,想要强调地球也许从某种程度上说是活的,这不是要像古人那样地将它看成活的,看作带着目的和先见的有感性的女神,而是要将它看成一棵树,一棵总是那么存在着的树,从不移动,除了在风中摇晃之外,不停地在与阳光和土壤交流,用阳光和营养物来让自己生长。但这一切都在悄然发生着,所以对我而言,草地上的那棵老橡树至今仍与我儿时看到它时一样。①

他警告我们,这种盖娅式地球已经埋伏在我们身边的另一种历史必然性之中很久很久了,我们是拗不过它的。我们误以为在自然之中,其实,我们从来都处于盖娅的保护膜之内。

如果我们像拉甫洛克这样地去看地球,原来的自然就会瓦解,会被重新政治化:其中的一切都须被重新合成,重新结集,来接受新的万物的议会的裁决。新的大地政治将必须在比霍布斯和施米特想象的还更广大的大地上展开。这时,生态学同时也必须是自然政治学了。在人类世里做生态,将是比文明大革命更加彻底的改造世界的行动。

拉图尔认为,面对气候危机和生态恶果时,我们总在第一步就受到英美的新自由主义式、新达尔文主义式思路的干扰。新自由主义者们要个人自由,然后想用市场手段来算计和对付气候和生态问题。他们想给自利的个人找到一个将自己的行动后果偷偷分摊给别人的最佳方案。找啊找,一直找到盖娅已经反扑,来向我们报仇了,都还没反应过来:因为我们身在其中,拜它所赐,却最最顽固地不自省,还想继续搬起石头砸自己的脚。这一报复是不奇怪的,冥冥中早就在我们的预料之中,正如拉甫洛克的合作者马古利斯

---

① James Lovelock, op. cit., p. 12.

(Lenny Margulis)所说，

> 我们自我膨胀地想要将一个不听话的地球导向我们想要
> 它走的方向。将我们的有病的星球治好这一道德律令，正证明
> 了我们的自我欺骗的巨大能力。救地球，我们还是算了，还是
> 先别让我们自己伤害自己吧。①

我们的生态行动，常常就成为人类想与盖娅之神单挑，进入了
普罗米修斯与宙斯单挑的那种处境。拉图尔因此建议，为了真正算
清楚人类行动者对于地球的影响，使人类成为自己的命运的主人，
走出人类世，除了已有的大地科学，我们还应该将这一拉甫洛克的
盖娅理论，当作一个新的大地理论的总框架，将盖娅看作"总体之
神"，看成是涵盖其他的神、其他的总体、其他的合成或合成物的那
一神明。这一会向我们报仇的、像老年痴呆的母亲那样的地球之神
盖娅，是我们开始新的大地政治的唯一根据地、唯一的法律之源、唯
一的文明之源了。如果我们是被派往太空的宇航员，这一盖娅将是
我们的飞船留在地球上的全部，总指挥部和其余的一切都含在里
面，一旦失去它，或被它嫌弃，我们就没有必要再返航了。

在拉图尔看来，盖娅是按捺不住地要冲进来阻止人类的愚蠢
的，因为后者在当前陷入这样一场官司里了：兄弟俩在打房产权官
司，土地拥有者却冲进来，来证明那一标的物，其实只是非法建筑。

---

① 马古利斯和拉甫洛克的人工地球，就是地球上覆盖了一层 nousphere（精神圈/
层）。这是地球成了人工组装的能自我组织还能与人互动的有机体（Lenny
Marguli, *Symbolic Plane: A New Look at Evolution*, Basic Books, 1998,
p.115.）。这样的话，政治的目标也许不是康德的交和共同这一理想，而是斯
蒂格勒说的器官术式和宇宙技术式的了（Yuk Hui, *Recurcivity and Contin-
gency*, op. cit., p. 219.）？

我们原来认定的"自然",不是用来让我们占便宜的,真实说来,它其实是盖娅。它才对我们的一切占有都拥有美国人在法律文书上爱说的压倒性名份。[①] 而人类一直以为,地球是供他们独吃的,只是到了现在,才吃惊地发现,除了有其他同伴在觊觎它,还有另外一只手,也就是盖娅,也一直在幕后稳稳地操控一切。相比之下,我们人类像一群白眼狼,吃白食惯了,还吃出名份来了。所以,在人类世,人类又处于一个俄狄浦斯关头。关于我们的劣迹,已剧透得太多,我们太不值得可怜,但仍想戳瞎自己的双眼,将人本身的悲剧演到底。要不然,就只能用权力游戏来掩耳盗铃,仿佛只要逃避悲剧主角的位置,我们就不用直面人类世,用不着迎着正在到来的东西往前走。

但是,盖娅是一个要完全托管给我们的患了老年痴呆症的母亲了。我们已从自然的怀抱中掉落,困在一艘迷失了方向的宇宙飞船之中,甚至像《地心引力》中的女科学家一样,已找不到重返那一地球所必需的重力。我们目前正从自然搬到未来的未知大地(作为Gaia的不以人的意志为转移的地球)上,需要重新降临其上。我们已踏上了一艘驶向太空远处的飞船(它叫地球号宇宙飞船(Spaceship Earth)),已没有一个总部可呼叫了。飞船坏了,也须我们自己修理。修理发动机,正与修改我们的行动计划、目标和哲学变得相同,区分这两者也不再有意义。每一个行动者的行动计划,也将会被许多个另外的行动计划打断,像一个小石子激起的涟漪,也会被另外很多块石子引起的布朗运动所打断。我们每一个人的自私自利的小小计划,都会被其他的许许多多的自私自利的小计划阻断。我们用了两千年以上的那一救生圈般的伦理要求,也就是己

---

① Bruno Latour, *Politics of Nature*, trans. by Catherine Porter, Harvard Univrsity Press, 2004, p. 110, p. 115.

所不欲,勿使于人,也将失效:它使每一个人的行动更陷入总体行动的混沌之中。不行动,是等死;一行动,就要形成踩踏。

也就是说,我们身处人类世了。必须另搞一种人类世政治,原有的代议制民主、大众媒体和公共空间里的公民社会式的话语政治,反而有害了,在美国,在欧洲,在很多的地方,都被证明如此。

根据拉甫洛克,地球盖娅的解剖状态实际上随时都在变。原来我们以为,作为宇宙飞船的地球里面的部件,是不变的。今天,我们所理解的地球,也就是盖娅,其部件则是天天都在更换的。前面的飞船式地球,是自然 1。后面的这一艘,是自然 2 了。拉甫洛克说,我们今天已处于自然 2 之中。也就是说,今天的地球就如一艘与总部失去联系的太空飞船,正无目的地航行着,我们得自己看着办了。这时我们就不应该光盯着二氧化碳,而且也必须像舱内的机械师一样,不停地工作,灵活地应付舱内时时在改变的情况。我们得分头行动,钻研各自的幸存方案了:

> 每一种有机体都为了它自己的好处而操纵其环境。没有一个地球上的行动者是像砖头叠砖头那样地将自己强加到别的有机物的头上的。每一个有机体都在努力改变其邻居,不论多么微弱地,以便使自己的幸存变得不是那地不可能。①

在自然 2 之中,每一个有机体都将自己的所欲,强加到了别的有机体的头上,结果就是这一部我们已习惯的地球历史(人类被捆绑其上的地质历史),我们自始就生活于其中,今天才真相大白。如果这是一场歌剧,那它是不停地被即兴排练的,每次回头看,情节都

① James Lovelock, *Gaia. The Practical Science of Planetary Medecine*, op. cit., p. 67.

已大变。至今的全部历史，都是氧气提供了可能，而在人类世，我们必须像去寻找另外一种氧气那样地去找另外的生存的可能性了。

于是，地球将成为执行我们各种幸存计划的实验室。在此同时，我们也必须看到，所有的科学与所有的生命形式（forms of life）都同构了：各种科学与每一种生命体自身的生存斗争，也重合了（科学家不是为人类，而是为他们自己做研究，隶属他们自己的政治）。地球成了实验室之后，我们自己也都成了被试验者，被囚禁在里面，已经无法作出客观的测量，必须更加思辨地去预测。关于我们自己的操作系统，整个也都须重写了。我们终将在自己身上实验如何解救自己：我们将永远处于生物圈 2 之中了。①

在人类世，所有的行动者都这样共享着同一个变形的命运：不是与自然和谐相处，而只能与它同变。使社会与自然和解，解决生态问题，像各种生态运动所指望的那样，那是远远不够的。正如拉图尔所说，我们都是被地球捆绑又想要被捆绑到地球上的人（the Earthbound），都须找到一片大地，才能活下来。但是，现在的气候危机下，大地母亲须先自顾，要甩掉我们，要与我们讲条件了。而且，这个依存于盖娅的大地上的万物，也要与我们人类来讲民主和平等了。我们如何同时来保持人和作为一种地球幸存物种的双重体面呢？

所以，我们该关心的，根本不是是否应该回到自然（哪怕真的能

---

① 这是亚里桑那的一个大型生物学圈实验，是一个封闭的巨大世界。这是要将动植物和人放在一个环境里，让一个自然的环境平衡能自然涌现，因为这一实验是要为地球有一天无法居住后人类另行建立生物圈做准备。但里面的生物圈从一开始就失去生态平衡。气温不断升高，里面居住的人类失去了 18% 的体重。1993 年这一实验只好在仇恨和混乱中关闭。See: Adam Curtis, "How the 'ecosystem' Myth Has been Used for Sinister Means", The Guardian, May 28, 2011.

够回到自然），而是使主体与客体同时回到同一片大地上，使人、众物和大地共处于一个时时共同变形的状态中，使人与大地之间说得上、对得上话。这时，我们不禁要来问：人类世城市社会将是一个什么法则左右下的社会？①

① 这不仅仅是城市设计的问题，而是去建立一个新的力比多经济，去容纳城市和乡村的穷人。这是要"为整个星球应对来自可持续的城市设计的挑战，并不只是为几个条件优越的国家和群体，所以要求我们拿出巨大的想象力。这种想象力只有曾经的俄罗斯艺术—技术学院和包豪斯才拿得出。这要求我们拿出出离开新自由主义式资本主义，走向拥抱非正式的劳动阶级的农村贫穷人口的勇气，因为这是要重新去构建他们的生活环境和生计。"见 Mike Davis, "Who Will Build the Ark？" *New Left Review*, no. 61(January/Fabruary 2010)：45，http：//newleftreview.org/II/61/mike-davis-who-will-build-the-ark。

带药性的人类世城市平台

斯蒂格勒在 2018 年蛇形画廊的马拉松访谈上提出的"新国联计划",[①]也就是以互联国为基础的、基于全球逆熵本地(neganthropic localities)之间的新主权联合,是本书提出的人类世城市社会这一概念的重要台阶。在斯蒂格勒看来,作为集体体外化有机体的城市,对于人类幸存所需的未来大地而言,将既具药性又具毒性。而人类世全球城市社会,将是这一既毒又药的大地上的一种人类新联合,将成为全人类的新的悲剧舞台,演出另一种文明,在其中,我们每一个个人的存留活动,都将被铭写在一个新时代的集体存留活动之中。我们将以新的方式歌哭其中,像俄菲斯那样,在当前的信息死物质层上,用一些死,去换回一些活。[②]

而每一个个人都已部分继承了上个时代的遗产,构成本时代的集体第二存留的一部分,本身已处于未来模态。因为,海德格尔说,人是唯一会等待的存在(der Wartende zu sein)。[③] 人这一期待着的等待者,本身就是一种未来,是要在自己的成为之中,铭写一种差

---

①　关于这方面的内容详见 Bernard Stiegler, *États de shoc*, op. cit., pp. 288 - 302。

②　2019 年 4 月 9 日中国美术学院讨论班"重读海德格尔的《艺术作品的本源》"。

③　转引自 Bernard Stiegler, *Neganthropocene*, Humanities Press, 2018, p. 27。

异,而这一差异就是德里达说的延异,或怀德海说的分枝:此在必死,但在死前要留下其未来,在走向死的过程中,去活出某种期待:向死而生。本来是这样的集体期待构成了一个个的新时代,但在我们时代,已很难构成另一个时代,因为信息传输的速度接近光速的四分之三了。人类世城市社会里,我们无法形成自己的未来了。而那个可欲的未来只能是:全球城市社会。

这个星球必走向熵死,生命却是本地的逆熵努力,尽管最终必死,仍须留下优美的搏斗过程,这才能激励下一代生命继续去努力,给后者的继续活着带去意义。这一努力,也正是每一个终有一死者的活的内容。这是斯蒂格勒基于薛定谔的关于生命的量子理论而对海德格尔的此在分析作出的发展,是对人类世中的此在内存的比海德格尔更全面的描述。尽管在未来也仍只有一死,但在这种已知之下,在这种源—存留中,人就可以通过否定自己的已知(个人的元数据、搜索历史、cookies,等等),去努力活下来。而这一努力过程,就是人的命运。

人一辈子都在努力去知道如何否认自己的必有一死,但中间往往会忘了这一"必有一死",想用精致的知识,来使人自己麻木于这一"必有一死"。此在占有的所有知识,都在指向这一独特而源初的知识,但后者总是部分地被我们延异,总不能够被完整把握,这也是我们生活在生物圈将要被毁的大灾难之前,却仍在等待更多科学证据来确证的原因。当我们的知识活动只是为了掩盖这"必有一死"时,我们就进入了后真相状态:知道得使我们自己最终反而知道得更不清楚了,知道也是为了掩耳盗铃(大数据使我们更抓不住真相)。这就是我们今天所处的这一欺瞒人类自己的幸存真相的后—真相时代。特朗普时代流行的后—真相,只是很边缘的一些症状而已。

而且,这也是人类世人类知识的总体状况了。气候危机下无有完卵,这个,我们都是知道的,但我们努力想用更多的知道去不知道,用大量的知道,来掩盖我们真正应该去知道的东西:我们的知识活动只是为了帮我们自己更好地掩耳盗铃。进入后—真相时代,我们的知识活动反而要使我们自己离真相更远,于是就不可避免地将其余的人类当替罪羊,来开脱我们自己。我们用否认和推脱,来绕开自己将必有一死这一确定知识,但冥冥中,我们都知道这不可避免,于是进入各种掩耳盗铃、疯狂和抑郁。

斯蒂格勒认为,在这方面,海德格尔尽管认识得很清楚,但做得并没有比我们更好,最终也落入他自己的后—真相和怨恨之中,进入反犹、纳粹思想的陷阱,而不自知。就此,斯蒂格勒通过对海德格尔的此在分析作出两道诊断,来警告我们:

· 海德格尔提醒我们说,必有一死是我们的大限,但他自己也走入后真相。

· 也像我们那样,他在用这一分析去掩盖那一生命大限,而这一大限在今天就是人类世本身,就是我们面临的这个星球的生命体外圈走向熵的极限。

海德格尔也像我们那样,不想真的知道这一大限,加上他对于第二热力学定律的彻底的无知,使得他的思想对人类世的我们也很危险,我们必须加以修理和升级。但就在 1943 年,薛定谔在《什么是生命?》的讲座和书里就已看得很清楚,而且海德格尔的学生波依姆(Rudolf Boehme)在 1962 年前后也看清了,但海德格尔自己就是一直没看清:熵才是此在的真正大限;向死而生就是熵。因此,人类世城市平台是一个熵增的集体体外化有机体。而我们正在努力走向的全球城市社会,同时也须是一个逆熵的集体体外化有机体,一条未来方舟,但我们今天实际仍陷在人类世城市平台上 。

由斯蒂格勒看,今天的城市本身也是一种数码第三存留,是信息时代人类集体体外化的存留结果。我们硬着头皮地经受来自技术的暴力击打之时,帮我们挺住法则,去直面事实的那一个战斗基地,就是城市。但在今天的城市中实际发生的,只是今天正在被铺满全球的那些东西:人工智能、算法、大数据、全球云计算平台、堆栈,普遍的败坏和降低。城市存在于手机之中了。这时,城市哲学必须守住一个人类义务的光谱(一系列现在还说不清的任务),去守护那些说不出来、也说不清楚的人类基本法则,捍卫人类在城市中的集体幸存。斯蒂格勒说,哲学的责任是努力去造成延异,因为只有通过延异,我们才能克服事实,将新的法强加到我们自己头上,使我们重获使动性(performativity),在不会做白日梦的我们自己身上,造成心智分枝和心智延异。① 我们的人类世城市政治其实是一桩很清楚的任务:必须从人类世城市平台延异、分枝到全球城市社会之中。

如以延异为目标,那么,当前,城市哲学应重视城市存在者的在云计算平台上生产和涌现的新知识,其中首先应该重视数学和物理学,因而也应该将二十世纪才出现的控制论包括进去。而控制论,究底说,也属于哲学,也属于城市运行逻辑的一部分。作为数码第三存留的大数据,和从中开掘、操练出来的人工智能,与我们的关系,也是高度地控制论式的。未来的城市社会就将是在这样一种控制论式的技术一体外圈里运行的。人类世城市平台将是一种处于控制论捕捉下的集体体外化有机物,我们必须认这种既药又毒的环境为常态,我们因此也就更必须发展新的器官术和药术,来作出悲壮的技术式、体外化式的集体进化。人类世城市平台正是这样一个集体幸存单位,一条大风浪中的船。

斯蒂格勒认为,人正是通过器官来体外化,作技术进化,才一路上留下从纸、笔、唱片到电视到苹果手机这样的一堆人工器官。② 人

---

① Bernard Stiegler, *Neganthropocene*, op.cit., p. 266.

② Ibid., p. 265.

如果只是呆在自己的体内化之中，就会被窒息。所以，我们必须不断与之前的技术器官划清界线，从中走出来，进入新的体外化。不过，人一边这样体外化，一边后退，但一边总得借用新技术，来走向新的技术场域，这不可避免地会使存在的原初意义与我们在新技术支持下的思考之间产生冲突。因为我们总是处于更新的技术的摆置之下，我们对存在的原初意义的思考，是一定不会有最终结果的，反而会一次次冲乱存在的意义。思考使存在失败，这才激发出存在的那种本真模式。今天的哲学只专注于努力使其技术达到完美，不肯承认其思考也是建立在技术条件之上的，也就是不肯承认这其中所纠缠的控制论场景对我们的约束，不肯承认就连我们的思考也是一种技术运用，也有负面效应，就连思考也会走向控制论，也会造成人类熵和信息熵。

海德格尔错判了维纳的控制论，而维纳却比海德格尔更认识到了熵的问题。海德格尔同样没注意到，早在1943年，薛定谔就已指出，每一个生命都是一种本地的逆熵、负熵力量。他对这些完全撒手不管。太空生理学家拉甫洛克的盖娅理论就认为各其他物种都在维护目前的地球生态状况（盖娅），一片海藻也属于逆熵的力量，因为温度上升，海水就会混浊，会影响它找食物（见上文），所以与其他物种一样，是自觉的逆熵力量。而人却像海德格尔那样，通过如此复杂的存在论思考之后，竟还达不到这种觉悟。这由不得要使我们想：人类思考本身会缠进某种控制论程序不能自拔而熵增吗？海德格尔都做不到，我们能做到吗？

在人类世讨论城市问题，首先关涉的，是城市的存留问题和如何对待这一城市的集体存留问题，最终须关涉的是如何在城市中逆熵和反熵的问题。这是城市哲学的根本所在。在《存在与时间》第76节，海德格尔讨论了此在的必然要继承的世界——历史性（Weltge-schichtlichkeit），它所要面对的世界的存留性，而后者总是以遗物、纪念碑、故事为存在形式,而城市的中心,是保存它们的地基。他认为,它们都是此在必然已接受的那一"过去",但人还没有活出它们。只有在这个世界之中的存在过程之中,这些才能被人一一活出来。我们需要活出这一过去,就像我们须拿起先人留给我们的工具,在没有说明书指引的情况下,去学会使用它们,这才能继续往下活,并活得更好。也就是说,除了图书馆和网上的知识,知识本身像一个训练我们的人类实践的装置那样,能将我们的未来存留活动所需要的新知识训练出来,就像通过使用工具,而使工具发明者原来的知识系统,也能悉数被复原到当代,并被升级一样。城市社会是一个由这样的实践构成的一种虚拟的集体存在,因我们的知识和实践的进步而进步。未来的城市是由我们这样生产出来的新知识,来被重新创作的集体作品。

而这种人类世城市平台的既毒又药的状态,就是我们所向往的全球城市社会的起始位置。在人类世,我们就必须这样既毒又药地去活出那个城市中心底下的"过去",然后奔向一个我们用新知识创作而成的新城市,最终走向那个全球城市社会。在列斐伏尔对城市的过去的分析中,老城被看成是过去时代留下的作品,我们这一代人必须重新创造它,发明它,使其变成我们的作品才行。① 我们在当前则必须将现有的这一城市废墟当成第三存留,将它激活为我们的第一存留和第一预存,也就是说,在我们当前的生活中,去活出那一过去,并创作出作为我们自己的作品的新城市(城市对于城市住民个人而言是艺术作品意义上的作品)。全球城市社会萌生于这样的老城的种子或酵素。

我们也应认识到,全球城市化这一过程已将历史上所有文化传统,书写的和非书写的,都杂糅到一起。我们因此必须用德斯科拉

---

① Henri Lefebvre, *Writings on Cities*, op.cit., p. 142.

(Philippe Descola)式的普遍人类学①或拉图尔说的比较人类学眼光,来看待全球城市社会中新的知识再生产的背景。这一全球城市社会将以总体百科全书的方式,从宇宙性人类的城市式集体存在之大数据中分枝,生产出新的城市知识,包括本书说的城市哲学,走进新的集体城市存在。我们必须认识到,现存的建筑术和城规术是配不上这一向全球城市社会的转变的。

与人类世城市平台相对的,是城市边缘这一生产、生意和居住之地。它会在大数据经济中成为新的决策之地,市中心会被抛弃,或被边缘化。但历来这种新城市化进入后半程,城市又通过金融、旅游和时尚,来夺回其中心地位,但这次却是通过游客、外国人、学生和生意人的到来,来重新激活市中心的。这些新到来的人们也是来看美术馆、纪念碑和那些带着新的历史意义的建筑物的。正是他们给了城市中心很活跃的表象。但这种活跃是符合原有的城市性的吗? 这种由这些过路人顺便带来的活跃,其实稍纵即逝。而大城市的永久人口,它的居民,却变化巨大,老一代人死去后,公寓会被办公室替代。城市中心会被快速地博物馆化。②

人类世城市平台上,城市住民的手机屏幕使得他们更加被动:城市无论变化多么地巨大,人们最后总还是接受了它,内化了它,反正就是接受了各种后果。当代的人口与空间的关系,完全可从居民从房屋财产中获得的安全感的程度,来被测出(买了房后仿佛才能感到从牢笼里被释放,但依然对城市生活内容无法作出干预,只能活在被规定好的格子里)。人们高度警惕,也怨声载道,仿佛只能从自己占有一小点城市空间这一点上,来获得一点小小的安全感了,这当然十分可悲,尖锐的阶级压迫就这样被兑换成城市中的空间压

① Philleppe Descola, *Par-delà nature et culture*, Gallimard, pp.683 - 690.
② Henri Lefebvre, *Writings on Cities*, op. cit., p. 209.

迫。人们所信奉的那种私有财产的占有,成了市场的主导力量,哪怕人人都反对目前的这种空间非正义,人人仍都铁心顺从这种土地和房屋的占有逻辑。人们其实也有根据社会需要去组织空间的冲动的,但这一点与那一日益同集体利益相冲突的房产的私有财产化(空间商品化和资本化)过程之间,是高度矛盾的。我们未来的城市运动必须以解决这一矛盾为前提。

全球城市化正不可阻挡地展开。中国的城市运动最终也应该基于其本土的火烫现实,向其余的世界提出一系列新的关于城市的空间正义的主张。可是,在今天的中国学术界,城市首先被当作一种历史性模型、当成一种经济发展成果来看,大家都在做城市是如何进化成现在这种风格和量级的历史性研究,很少有对这种城市化本身的未来的探索。所以,本书倡导:我们应该动用哲学式讨论,将对中国的城市化的研究带向对可能性、事件性、未来的探索。但大学内已有的城市研究会抵制这一研究方向。在今天,即使建筑师也是对已建成的东西更感兴趣,说起建成物与纪念碑之间的关系,总能头头是道。但一说到城市的未来或城市社会的正在到来,他们就会顾左右而言他。但是,要负责任地讨论城市的未来,我们就必须深入研究各种参数的集合,将本地的现场的具体构成,到社会关系,到全球化和未来全球城市格局等等问题,都考虑进去。这种讨论需要一个城市哲学的平台。

而"人类世"这一概念是我们讨论正在到来的中国城市社会的一个新平台。它不光能成为讨论未来城市、城市的未来性、未来的城市性或正在到来的中国城市社会的一个话语平台,而且还能成为讨论广义的中国政治、经济、文化问题的一个新的思想平台。因为,人类正集体地被卷入一个人类世全球城市平台,被卷入地球的生物死物质层(necromass),成为一片包含数码第三存留的地层(布拉顿《堆栈》中说的城市层,只占堆栈的六分之一),平台将要科幻般地来统吃城市领地。我们的城市研究和城市哲学必须高度严肃地来关注这一方向。

由于全球云计算平台绑架了城市，当前的城市本身也被殖民化，进入全球的实时共生共变状态，这不光会影响城市设计者和规划者对于城市未来的判断，而且也将影响与城市有关的所有人对于城市的近期未来的判断。包括社会学家、经济学家和地理学家对于城市的近期未来的判断，可以说，对城市的设计、规划和研究被绕进了一个控制论闭环。要前瞻性地讨论城市的未来，我们就需要拿出勇敢的城市新思想，去面对这个浮动的、时时被塑造的城市的未来。但在今天对城市空间的讨论中，我们仍深深地被关于土地、商品空间的思想束缚，还未能够从城市哲学的角度来思考城市。城市哲学应该在这一僵局之中下手。

鉴于此，我们的城市思想反而应该作出发明，使城市哲学成为创造和探索的场所：属于城市的一部分，是在城市内思考和发明城市。也只有在新版本的城市思想中，才能发明出城市的未来了。而这仍是很控制论式的场景：我们改变城市的方式，也是必须通过改变城市而动态地获得。我们必须辩证地认识人类世城市平台的这一药性，来开展我们的城市研究。

在当前，使用"城市性（the urban）"这一概念时，我们须强调：城市的现实已进入危机，我们正在失去城市性，被云计算平台和大数据经济拖入一个人类世城市平台。城市化也将我们的社会整体地拖入危机。在此同时，因为在城市的空间转换过程中，人们原有的政治身份和所处的本地政治组织也都走向瓦解，城市住民如何去重新自我组织，如何找到自己的发言位置和捍卫目标，如何找到自己的思想根据地，也都成了需要被重新认识的事。比如说，在城市拆迁过程中，原有的社群被肢解，那么，我们在考虑新的政治目标时，到底是中心化重要，还是分散的民主化的多中心、散点式分治重要？

由谁来决定这一点？政府和专家？影响城市空间生产的政策起点到底在哪里？这就又一次证明，城市的更新是真的已进入控制论模式，改造城市的方式也被城市化左右，我们必须从中分枝，才能对城市化作出干预了。

那么，如何使城市中的传统核心仍能够非控制论式地指引城市的进一步更新？根据列斐伏尔，城市有一种自治的现实。它有一种生命，是一种无法被化约为对土地或空间、街道、广场、会合点、节日的分配的存在。是我们城市住民在城市中活出了一种传统。[1] 过去的传统已被打破。我们只是在追随城市流，通过各种建成物而在城市中打下我们的烙印。我们应该向前看，而不是幻想去恢复城市的过去的现实。城市的起源在未来。城市更新是同时发明城市的起源和未来。

今天，中国正在进入老龄化城市社会，我们不能就放手让城市成为退休者、游客和那些玩抽象概念的城市专家来占据。也许像列斐伏尔提醒我们的那样，城市本身之中就含有更新它自己的嫩芽，本身包含着分枝的可能，城市住民的三代人都应该能够通过城市来找到自己生活的新方向。我们应该在激烈的集体的重新学习过程中，自我排练地推动城市更新。2018 年 11 月 22 日在同济大学建筑与城规学院所做的"城市新智能"的演讲中，斯蒂格勒提出了城市作为未来的学习领土这一观点。他认为，休闲城市和智慧城市这样的说法，是太不负责任的。我们应该做的反而是将三代人团结起来，组织他们一起集体地重新学习，将习得新的活、做、思的代际知识的过程，与城市改造的过程本身结合起来。只有这种将三代人拉到一起的集体的重新学习，在学习中走出原来的城市废墟，才能摆脱城

---

[1]　Henri Lefebvre, *The Production of Space*, op. cit., p. 99, p. 272, pp.314 - 320.

市层对我们城市住民的控制论式的绑架,走向一种逆熵的全球城市社会的未来。那才是真正的城市更新。

对于列斐伏尔那一代学者而言,休闲是消费社会对于住民日常生活的侵犯和剥夺,是对于日常生活中多余的自由时间的工业霸占,供广告和电视连续剧来动员和开发,休闲本身成为工业生产的一部分。城市改造同时也是对于人们休闲时间的使用方式的改造,是极难的,至今没看到成功的案例。我们不可能起草一系列使用休闲时间的方式,让大家去选择,因为,利用休闲时间,通过学习和斗争去获得快乐和自由的方式,在每个社会的每一个时代,都是不一样的。这处于自由的本质领域:获得自由的方式也需要个人自由地去创造和发明出来。自由不是一个孤立的个人在某一个城市空间内的自由,而是在城市中与尽量多的人在一起时获得的自由。只有通过新的三代人的集体学习,才能使人们以自己的方式去重新获得这种使用自己的休闲时间的自由。

只有通过集体学习,生产出人人的新的城市知识,去带动每一个人走进新的城市领地,才是今天的人类世城市的出路,休闲产业和第三产业或今天的智慧城市策略,都只会使人更被城市空间绑架。在人类世,学习如何活得更好,成了全球城市社会中的幸存政治。我们应该将它当成一种将计就计的城市更新策略,但这必须建立在正在到来的全球城市社会中新的力比多经济,和谋求集体幸存的逆熵政治的基础之上。①

1968年那一代城市思想家如德波和列斐伏尔告诉我们,休闲是

---

① 在主张经济是人类体外化的一部分的经济学家乔齐斯库—罗依根看来,人类世的经济将是一种器官之间的新法则,经济因而将是生物经济(Nicholas Geogescu-Roegeh, "De la science économique à la bioéconomie ", available at: http://books.openedition.org/enseditions/2302? lang=en)。

生产方式转变后的社会副产品。如何使个人在这一休闲时间中变得充分地具有生产性,去做艺术,生产出尖锐的新知识,去活得精彩,其实是一项真真正正的革命事业,不是城市规划里的一些可有可无的设计斟酌。因为这是在与资本主义系统的积累式逻辑对着干。生产性时间和休闲时间的划分,是一个假象,而在今天的生产力水平下,我们却可以想象在体力劳动式生产之外去"生产"出各种生命时间的新的可能性。这是城市赋予我们每一个住民的生活特权。

在斯蒂格勒的全球城市作为普遍的学习领地这一方案中,城市的休闲政治被扩展为三代人之间的集体学习过程,将几代人的积极游戏、生态设计、贡献式研究、身体表演、艺术创造等等,汇合成一种在消费社会中的集体的脱无产阶级化的力量。在这一眼光中,城市被认为不该成为搜罗用户的捕网,不该成为无人驾驶的电桩网格,而应成为这样的反对人人身上的无产阶级化和废人化,推动每一个人的心理—集体跨个人化的加速器。全球城市社会需要我们去这样不断生产出能够生产出新的"我们"的城市。

城市作为生态系统

　　城市社会背后是一个社会系统，一个全球社会系统，一个全球生态系统，一个生物圈。社会系统、社会生态系统、全球社会和全球社会系统这些概念，最早由德国社会学家卢曼（Niklas Luhmann）提出。① 它们是今天的平台社会、全球云计算平台这些说法之前的较系统性的说法，值得我们整理一下。

　　卢曼认为，从 1765 年后，人类进入了现代社会，尽管那是乾隆三十年，是在中国开放之前很久，中国社会应该是在鸦片战争之前就被拖进这个进程，反正早进和迟进，也是一样的事了。从此，全球各社会成了一个个单独的运行系统，永远只能这样下去，不可能另搞出一个，不同时代的社会后面运行的，都是同一个社会系统了。现代社会是一个自我指称的系统，只能自己告诉它自己如何走出下一步，无法被启蒙和改造。这听上去是硬核黑格尔主义者的悲观立场，把现代社会的困境，看作进化的结果，而进化的结果，将不一定符合我们每一个社会成员的愿望，倒退也有可能，如何从坏的之中进化出好的来，事先也是无法知道的，也没法被决定。

　　卢曼说，是社会本身出了问题，才造成生态问题，还是生态问题

---

①　Niklas Luhmann, *Die Gesellschaft der Gesellschaft*, Suhrkamp, 1998, p. 595.

加剧了社会问题,这从系统论的角度看,是说不清的。社会永远有问题,社会系统所以也永远是一个生态系统,一个在自我再生中向前进化的系统,一个在自我差异化中找到新的进化方向的系统。

城市是一个生态系统。它是一个生态基座。从系统论看,卢曼说,我们的生态努力是企图从社会系统及其子系统之外去干预,而处理得不好的问题,一律被当成了生态问题。所以,如果像绿色和平组织那样,以为自己如此关怀着生态,就可以理直气壮了,那就不大好,因为环境污染是社会系统的整体关联物。① 对于生态问题,我们只能够每一次都重新问自己:用我们手里的这一理论来看,这一问题已有了什么新的轮廓? 每一次,我们都只能重新根据我们的最新理论模型,来确定我们所要研究和解决的问题。对社会系统,我们不可能有总体解决方案的。这就是社会的"生态性",由系统的自我指称"引起":社会自己指出自己有问题。城市带有这种生态性。人类世城市是一个时时被这一生态性所困扰的未来社会系统,一个进入了无何止的自我批判的人类世社会。

可以说,人类世城市中的生态和处于有问题的生态中的人类世城市,也是社会系统的自我指称和自我修正的结果,首先也是它自我揭露出来的:需要被一次次重新定位,其问题也将永远解决不了,而只是一次次被重新确认。也就是说,城市社会是一个生态社会,里面的问题全都是生态问题。而且,正是这种"生态问题"才使城市社会作为一个系统,能够作出二元选择,然后朝前进化。全球城市社会是处于生物圈、技术圈、人类体外化圈内的生态型社会。

在未来,将是这种生态困境来逼迫全球城市向前摸索,尽管目标是一直都不清楚的,中间一次次看清之后,仍需继续看清,看清和

① Niklas Luhmann, *Ecological Communication*, trans. by John Bednarz, Polity Press, 1989, p. 6.

解决之后果,也仍需要进一步被看清和解决。城市社会的发展,照这种社会系统论看,是没有目标的,总先已陷入某一种人类世城市平台这一暧昧的版本之中。同时,全球城市化夹裹了每一个城市的发展,将其带入一种全球流动,我们只能一时一地地测量其进化方向,像在给它做天气预报。全球城市社会因此将一直是挣扎于其生态性之中。

中国大陆这样的社会主义计划经济能够将一种国家指令,强加到社会系统之上,可以部分地掩盖社会的系统性。这令卢曼很好奇:社会主义国家里似乎没有生态问题,因为社会主义国家有五年计划,所有的问题都可宣称正在被解决,还未被解决的,也都可答应被解决,至少是正在被缓冲中,暂时解决不了的,就放进下一个五年计划里。① 这里,卢曼正面地来说中国大陆的生态特殊性,认为这种解决方式也具有生态性:书面化,用更清晰的表达来确立新的立法状态,来当解决手段,是很现代的。在当代世界,社会系统似乎总在生态中同时生了两种"糖尿病",一种我们可当它是治得好的,这是乐观的"社会主义"式;另一种是只能当它是治不好的,说及它,是为了让它发作得慢一点,一边说,一边已在放弃,这后一种谈论生态的方式,是"资本主义"式的,也就是说,必然会更深地陷入"生态性"。

今天,我们的生态焦虑正来自于:社会系统的自我参照将社会带入了这种"资本主义"状态。比如,哲学家巴迪欧(Alain Badiou)反对我们资本主义式地谈论这一资本主义系统引起的生态的理由是:它是由资本主义系统本身引起,也是由资本主义强加给我们的问题,如果我们对它当真,就是进一步上了资本主义的当,因为,生态

---

① Niklas Luhmann, *Die Gesellschaft der Gesellschaft*, op. cit., p.1117.

是人民的新鸦片。① 难道,这样说来,生态问题是由社会系统内部的社会交往不畅而产生,不是来自社会、自然环境? 生态是城市社会本身造成的不好的"外部性",是系统必然会搅拌出来的,是系统病?

而且,卢曼还认为,是社会系统的自我观察和自我描述进一步造成了生态问题:进一步的观察和描述,会使生态问题更无解。而且,正是这种无解的生态困境,才使当代社会时时处于抉择的关头:它敏感于自己产生的问题,敏感于问题与解决之间永远陷入了双重偶然之中。生态问题于是成了现代社会系统作为一个自我观察系统的永远的自我观察的盲点。它因此是不可解决的,而且必须使其保持在不可解决的状态,这样,社会系统的运转,才能正常。这也就是说,必须把不能解决的问题当生态问题对待,像银行将坏账打包处理掉,以便使系统的其余部分更好地运行。

这就是社会系统理论对于社会和生态关系的讨论的重要贡献:他认为在社会中,对观察的观察,并不一定是更好的观察,而只是另一个观察,一个不同的观察而已。社会的这种进化是 autologisch(自我套用,不断变化着路子回到自我)的。社会只解决它自己观察到的问题;社会系统对于它自身问题的描述,是它进化的唯一的线路。照哈贝马斯说,现代性是一个未完成的方案,那么,这方案兴许就是这样自我套用地进化着的。卢曼于是指责哈贝马斯死不承认现代社会的这种自我指称性,说他的进一步的现代性计划,是在撞墙壁。生态问题正是这个欧洲现代性计划留下的永远无法解决的烂摊子。正是为了处理这个烂摊子,才使我们在走投无路中又找到新路,使社会向前进化。对任何生态问题,社会都无法做出最终决断,无法最终明确地告诉我们,从什么时候开始,我们必须垃圾分类,每一个

① See:www.legrandsoir. info/L-hypothese-comuniste-interview-d-Alain-Badiou-par-Pierre-html.

人为什么都应该自己主动去消灭自产的垃圾。社会的生态意识总是被大量的观察和描述拖动,消极地被推着往前走的。德国的、日本的垃圾分类方法可以去了解,但无法直接搬过来,因为这一方法必须在我们这个社会系统内自我指称式地产生。生态问题只能通过社会系统的自我指称,才能被讨论和决断。

垃圾到底应不应该分类?这样的决断是容易做出的,在议会立个法,都没有问题。但是,"决断总是那同一个"。一段时间之后,大家又会进一步要求:这样的分类够了吗?是不是还有更好的分类方式?日本的城市管理部门最近作了什么创新,去学习过了吗?这永远都只是如何更好地去起跑的问题,一次次地在不同时间点上重复练习如何更好地起跑。而无论怎样精妙的起跑,多少研究和反思,最后总仍由我们作出那同一个决断:如何才能更好地分类?总是绕回那同一个问题上,记忆、行动和观察都只是第二位的,是"第二层级的观察"(Beobchten zweiter Ordnung)。[①] 生态式城市社会里,我们时时都被推到下面这一处境之中:您应该决断。您的账目是从决断处重新开始被总计的。继续拖啊拖,政治和道德就会不堪重负。为了这一不可避免的决断,最后必须作出无论何种了断,但了断却是新的决断的重临。决断之后,总还需要新的决断来推动。而这种总还需要新的决断来推动的状态,就是典型的生态性。

由此可推想这个生态式全球城市社会或人类世城市社会的前景:它的进化将是被每一个城市居民对比如说自己的垃圾分类作出的自我观察和自我决断所引导,是众多同类决断叠加的结果。很明显,生态问题只发生在社会系统中,而且,社会系统会不断通过个人与集体的交往,将人人都逼进一种生态焦虑之中,使个人行为和集体行动本身都带上生态性。比如雾霾的产生就生动地表明,受影响

---

① Niklas Luhmann, *Die Gesellschaft der Gesellschaft*, op. cit., p. 1134.

的社会系统，也是它的那一环境受破坏的原因，①雾霾就是社会这种自作自受的证明。社会本身有罪，这我们大家都是知道的。雾霾是人人造成，也人人有份。这时，我们只有在控制论的捆绑下，才能有作出行动的勇气，来面对，然后我们之间又开始互相抬杠、互相清算。这就使社会系统和个人在继后的每一反应之中，也都带上了生态性。② 城市中，一群人集体互相把对方拖入这种集体处境。城市像一条寻找不到它自己的舵的船了。③

那么，只有用更大的系统的复杂性，才能抵抗环境对我们的威胁？ 也就是说，做生态工作的重点，是要增加社会系统的复杂性，使全社会更老练、更沉着，作出更有弹性的反应？ 全球城市社会的复杂性，反而能帮我们更沉着地去应对？ 社会系统在人类世里不得不挂靠到人类世城市社会之中，来主动开始新的生态交往？ 就此，拉图尔指出，在人类世，我们必须使社会主动向风险敞口，使它像一个交响乐队那样，内外都老练地相互配合。④ 所以，在今天，光有了一点生态意识，是远远不够的，因为，不是生态威逼社会，而是社会系统在重新修整自己的防线，愿意主动将自己暴露到生态面前，赌博一样地去冒险，从中找到新的航向；城市是它的实验区、起飞地和降落点。在城市中，我们应该问自己的，不是雾霾应该如何被解决，反而是我们具备了关于雾霾的可交往性（可让人人来对它作出决断）的足够的社会条件了吗？ 如何使它变得更可被全社会广泛地讨论？但是，要使社会系统自己去限制自己，来应对雾霾，是很难做到的，甚至连议会的立法作用，都是不够的。连保险公司的那种风险计

---

① Niklas Luhmann, *Ecological Communication*, op. cit., p. 8.
② Ibid., p. 11.
③ Bernard Stiegler, *The Neganthropocene*, op. cit., pp. 115–128.
④ Bruno Latour, *An Inquiry into the Modes of Existence*, op. cit., p.241.

算,都奈何不了这种作为社会系统性交往的结果的生态问题。人类世城市社会自身作为一个全球社会系统的复杂性,在逼迫我们更使我们的决断具有系统性。将要到来的全球城市社会的生态性,也正体现在这里。

从系统论的眼光看,全球城市社会的经济子系统也必须找到自己的价格语言,才能对经济子系统产生影响,来间接回应社会系统之外的生态问题。但是,我们还无法为了越界去应对雾霾,而为它找到这种价格语言。① 在能够找到一种价格语言之前,对风险的经验分析,仍都是无用的。出现一个小小的核事故,一切就都须被重新决断。②

解决社会的生态问题靠政治不行,靠科学,也不行,因为正是社会系统的功能区分,使科学也成了目前这种半死不活的样子,它自己根本就靠不住。所以,在雾霾中,我们不得不保持这样的心态:还是让一切都更难以决断吧,这样反而好。让不能解决的社会问题当成生态问题留存于社会系统之中吧,让它自己看着办吧。

虽然看上去,大众媒体张罗的公共舆论仍是真正的主权者,仿佛对生态问题很有看法,但它也只能通过在受众也就是我们身上生产出焦虑,而来影响社会。我们不应该用媒体在我们身上造成的生态焦虑,去对付我们对社会系统之外的生态的集体焦虑。面对雾霾这样的灾害,达到治理生态的各种看法在社会系统中的有限的共鸣,③是唯一值得追求的目标。只有这一社会系统内部的共鸣,才能推动社会进化到另一个层次,来摆脱目前的生态焦虑。这时,也不是雾霾被消除了,而是社会往前走了一步,将雾霾当成了过去的遗

① Niklas Luhmann, *Ecological Communication*, op. cit., p. 62.
② Ibid., p. 72.
③ Ibid., p.93.

留问题。因此,我们也只能将我们目前的生态教育(通过媒体向全社会投放大量的生态信息)仅仅当成安慰药。在社会系统中,生态教育的空间因此相当有限。比如,治理雾霾的声音,不能是教诲和号召,而只能制作成噪音,才能被间接听到。[①] 一旦语重心长起来,就会被全社会当作说教。要知道,社会与生态问题之间是无法建立理性联系的。我们自己的观察总也是预先已被污染,什么都未开始前,我们自己的精神生态,倒先需要被治理了。[②] 正因为这种生态教育的无效,我们才必须用各种噪音去干预社会系统,也才需要各种新的社会运动,需要从健身到养生的种种新生活运动来加入。我们不敢真的直接去碰雾霾这样的生态问题,因为,我们更不敢去碰钱和土地,真的是不敢对这两样东西动真格的。[③]

所以,社会系统批判式的自我描述,阿多诺式的批判式社会理论,在社会系统和城市社会中,都是不够的。各种批判最后统统都落入了分清派别这一沼泽地。在卢曼看来,这事儿只能让社会自己启蒙自己,将社会的新的联合,重新引入社会之中,来解决问题。[④] 在这样的前提下去改变社会,迎接各种"雾霾"的挑战,才是靠谱的。城市作为一个生态系统和生物圈里的一条集体生态命运之船,也是跳不出这一系统性的。

根据卢曼,社会系统不能与环境交往,而只能通过"环境"来促进内部交往,通过雾霾来改善社会系统内的交往。在当代社会中,肇事者、革命、污染、雾霾、归咎之间,源源不断地产生着冲突。[⑤] 我们只能对这些冲突形成的"生态"后果作出观察和描述,然后进一步

---

① Niklas Luhmann, *Ecological Communication*, op. cit., p. 105.
② Felix Guattari, *The Three Ecologies*, Bloomsbury Academic, 2014, p. 37.
③ Niklas Luhmann, *Ecological Communication*, op.cit., p.110.
④ Ibid., p. 113.
⑤ Ibid., p. 124.

做出反应。但这也会造成无法被消除的理论赤字:我们批判的到底是资本主义,还是社会系统内的功能区分? 社会理论使我们更多地正视了社会系统的复杂性。因此,阿多诺式的批判式社会观察往往对不准目标。连绿色和平的道德诉求也已常常显得很过时。生态性是我们的未来只能"在每一刻都被重新敲定"。①

在城市雾霾中,我们的亲身感受应该是靠谱的:的确,仿佛明天如何到来,我们也都得提心吊胆地看着办了。末日也是我们自己造就的,是我们的技术水平到达了能够造成末日的状态。要逼我们的同胞、同类去关怀生态,我们只能"通过焦虑来生产出新的焦虑"。②尽管如此,卢曼说,我们仍不应该走进阿多诺和哈贝马斯们对社会的批判性观察的死胡同,因为,"在对理性的自我指称中,也已找不到理性了"。③ 我们只能等待公司、市场、舆论来用它们习惯的"价格语言",在其中间接形成一种暂时的社会系统中的集体共鸣,帮我们形成局部的对策,来推动社会系统本身的进化,将雾霾甩在后面。

总的看,我们必须牢记:不是韦伯式的现代资本主义的"统治铁律",而是社会的"复杂性",才使我们落到了现在这一很"生态"的处境之中。④ 我们没必要过多地停留在韦伯的关于现代社会的决定论式命运的悲观看法上。我们的社会系统是依赖于更可还原的系统复杂性向前进化的。我们都像在暴风雨中的水手,在桅杆上用了各种办法来绑绳索。我们能做的,只是将它绑得越来越复杂,并用上各种新的算法系统,但也应小心,别使我们自己也被缠在里面。只有更大、更可还原的复杂性,才是我们的安全感的保证。在社会的

---

① Niklas Luhmann, *Ecological Communication*, op.cit., p. 130.

② Ibid., p. 131.

③ Ibid., p. 136.

④ Ibid., p. 138.

（不断被新算法网架化的）更简略的自我再生系统里，去生产出更大的复杂性，使社会系统的进化带动我们去将雾霾最终甩在身后，就像细胞内的宏观分子结构的进化一样地去适应变化，是我们唯一的办法。

从控制论的角度来理解，城市对雾霾的艰难适应，仍在人本身的进化范围之内，没必要太恐惧它。只是被翻译成我们的社会系统的那一套陈旧的批判理论话语后，它才使我们恐惧。在成为雾霾的受害者之前，往往我们先已成了那套陈旧的社会理论或文化研究的批判话语的受害者。正是在雾霾面前的胡乱归咎，才使我们先成了自己的批判理论话语的受害者。城市雾霾是我们社会交往的死角，只能通过各种新社会运动来对付它。[①] 但目前的理论都是配不上将要出现的新社会运动的。如果它们能被目前的理论说清，那它们就不是好的社会运动了。为城市雾霾所能做的理论工作，是消除文化研究和批判理论在大众媒体和我们的心中留下的观念雾霾，为将要出现的各种新社会运动扫清道路，并在社会运动中来生产出新的批判理论。本书的城市哲学就属于这一方向上的工作。

在风险的特殊性面前，所有的伦理反思都会失效。在社会系统中，生态所担当的功能是：去责问整个社会。[②] 不能光靠教训来提高觉悟，来克服城市雾霾。必须对已道德化的道德重新加以道德化——用跨不过的那些坎。关于城市雾霾的讨论的唯一作用，是增加城市社会这种系统内的道德共鸣。

生态与西方式的个人自治之间，是高度矛盾的。生态问题在西方发达国家已陷入一种地狱逻辑。比如说，我们将永远无法改变人们的开车习惯，因为，目前的政府和体制就是为开车者服务的，这

---

① Niklas Luhmann, *Ecological Communication*, op.cit., p. 125.

② Ibid., p.142.

时,哪怕革命和改革也很难推翻甚至改变政府行为和制度惯例。但为什么我们总是相信,在大众媒体上这么呼吁一下,就能改变?所以,在生态时代,连"革命"的意思也变了:使政府无法向开车者提供省油的交通。这不矛盾吗?我们倒可以问一问:当代生活方式是这个制造雾霾的政府的汽油,还是说这个制造雾霾的政府,其实才是我们的当代生活方式的汽油?当代的城市政治就被卡死在这些具体的问题上了。城市哲学必须松土,使得讨论这样的问题在城市中仍然可能。

由卢曼看,能源危机、生态危机,实际上都是城市危机和社会危机,最终是社会系统的问题。这种情况下,我们讨论能源和生态,常常是在帮统治者转移人民的注意力。生态危机就是城市危机,就是社会危机,不应该单独去讲生态危机。这是马克思主义者从头应该保持的立场。

在汽车社会,哪怕搞社会主义也会通向拥堵。哪怕平等也通向拥堵。哪怕多元化也通向拥堵,不论你是坐在保时捷,还是坐在吉利之中。这样看来,汽车是人给人自己施加的 nomos,人在汽车里感到的那一点自由,居然是用这样的不自由去换来。经济要下行了,我们的好生活会更依赖于多卖汽车,它将是下一个"房地产"?黑格尔说,开始就是终结。汽车既是我们的开始,也将是我们的终结?汽车是末日班车,带我们和这个星球走向彻底的自我毁灭?城市化过程、无人驾驶汽车、全球云计算平台上,我们都只有这样的很"生态"的命运了?生态最终只是一种比赛谁破坏得少和灭绝得慢的生存姿态了?在这样的社会系统中,城市是我们的生态斗争的根据地了。而人类世城市本身成了这样一种生态系统。

大都会属于诸众还是建筑师？

　　至今的城市研究和关于城市的政治哲学思考，都还未过渡到人类世全球城市社会这样的普遍眼光中。阿甘本、内格里和哈特关于大都市的政治哲学思考，是现存的少数能够摆脱症状的观察，都在对城市诸众的现象做出整理和提炼之后，用了斯宾诺莎的政治神学去前瞻城市的未来。但是，他们也都未能回应人类世和气候危机这样的灾难性前景对我们的城市思想的倒逼，需要我们去将他们的思想嫁接到人类世之中。

　　阿甘本说，今天的城市不再是基于一个中心的城邦（polis），不是一个公共中心（agora）了。这是对城市作了否定性的定义。现在的都市式空间化，他说，都以去政治化为目标，结果就造出这样一块区域：在里面，人们想要分出公和私，已是不可能。大都会本身也已成了一个统治我们的装置，必须起身抗击它。在大都会，捡起某一个身份，就是为了将我们自己往它这个枷锁里按，真是自投罗网。所以，我们在大都市的政治任务，是在里面部署各种无法被辖治的力量，使统治者在它们之上触礁。[①] 阿甘本的大都市已不适合居住，人们已在待命起义。这一观点与本书想象的从人类世城市社会走向全球城市社会这一过程相去甚远。它没有注意到上文所说的城

---

① 阿甘本（Giorgio Agamben），"大都会"，见：https://www.douban.com/note/85065099。

市领地的药—毒性,不知道城市是集体体外化的产物,我们沉没其中,也兴起其中。

在上世纪五、六十年代,德波的城市革命计划已超前地向我们展示了如何去克服城市空间的反动的商品化策略。他想用情境主义策略,去克服"城市":每一个实验性城市里,各种联合式城市主义行动,将会通过一定数量的力场,来架空城市。这些重力作用场,可被临时称作"地区"(根据地)。每一地区都会导向某一种准确的和声,与周围地区的那些和声分离,并一直保持与这种原有的内在和声的最大程度的分离。① 这一策略也很靠近毛泽东的根据地和农村包围城市的理论。德波号召我们建构各种新情境,也就是去建立那些能够确定一个时刻的质量的集体的环境、印象的组合,并使其渗透到城市之中。为此,他认为我们必须努力激发公众将自己的生活革命化的能力,因为,公众如果不是被动,在今天至少也已成了看客,它的政治功能越来越萎缩,已不能算是主演,只能以一个新的名字称之,也就是所谓的苟活者。

发动群众当然是对的,但达到这些情境主义成就的困难,本身就已证明,我们正在进入的领域,是全新的,需要发明多于需要改造。德波于是直白地号召我们用情境及其根据地式的蔓延,来替换资本主义城市空间。那么,要知道,今天的全球云计算平台所生产和管理的,也是这种资本主义城市空间,因此也是可以通过诸众的集体设计,反向地来完成这种情境主义式城市革命的。② 这是先锋

---

① 德波,"走向情景国际",1957 年,参见:http://libcom.org/book/export/html/1843。

② 聚集于城市的人群背后埋着诸众的种子,偶然的汇合造成了有意识的团结。列斐伏尔问:是什么如此吸引这些人群? 难道他们只是来到城市之中到处看看的吗? 这些人群来到城市中难道不是为了相互看见,互相见面? 这一聚众难道不是 无意识地就完成了有意识的相遇,造成了群众的集体自觉(Henri Lefebvre, *Rhythmanlysis*: *Space*, *Time and Everyday Life*, trans. by Stuart Elden and Gerald Moore, Continuum, 2007, pp. 33 - 35.)?

主义行动,还是听从了新技术的规训?

　　据阿甘本考证,在古希腊,"大都会"这个字(metropolis)指的是我们自己的母邦,意指离开城邦的人最终所要回去的那一城邦,不一定是我们目前正待在其中的那个,接近于本书所说的将要到来的全球城市社会。① 在今天,"大都会"这一说法里,其实已带着福柯讲的生物权力装置的意思:当城邦主要通过经济来统治我们时,就成了我们的大都会。它这时就成了权力装置(apparatus),是对于活的生命体和物的经济的统治格式了。② 当前,在城市生物权力的统治下,生活在城市里的全球接近三分之二的人口,实际上都已成了难民。工厂作为生产空间,正被荡平,但是一批批新移民的进入,又在城市中撞开了一些不被任何人控制的空间,非法地重构了大城市,造成了大都市内的文化搅拌,从而进一步打开了城市内的广大的空间,使来自民工和移民的工作、建设、社会交往和团结之能量,都能汇集和聚变于大都会。内格里和哈特在他们的《帝国》三部曲和之后的作品中,都将这一趋势看作他们的都市革命乐观主义的基础。③

　　的确,在内格里和哈特看来,在巴西的疮城和中国的城中村里发生了太多的苦难、迷醉和犯罪,但他也要我们看看这苦难之中到底含有什么:音乐,新的人类纽带,虽然也包含一些致命的关系,里面却埋着巨大的创造力,但同时也带着巨大的否定性力量。这是一个布莱希特世界:每晚,在里面,出场的都是黑暗的角色,但第二天,人人又都能在台上改造世界,因为诸众就沉睡在他们身上,诸众身

---

① Giorgio Agamben, op.cit., see:https://www.douban.com/note/85065099.

② Ibid.

③ 在内格里和哈特看来,大都会是共同体财富的库存。但是房地产业将过去的工业资本所打造的城市的共同财富劫为己有,转而以此去剥削后面的一代代人。参见 Toni Negri and Michae Hardt, *Common Wealth*, Harvard University Press, 2009, pp. 153-157。

上的普遍智性,将带着自己的语法和图纸,通过他们的身体,来重新创造一切。

所以,只有在大都会里,才能构成共同性和共同物,而本书强调,全球大都会在全球云计算平台上正连成同一个,成为一个人类世城市平台,而这时,我们也已被身边的共同物所簇拥。全球普遍性至少是在软件和程序的层面上已经达到。在它的支撑下,诸众将会创出各种新的机构,因为它自己就是真正的机构,能够同时创造出公共空间、共同空间和普遍空间。建筑师因此应该把他们的城市作品建立在诸众身体的贫穷和爱的基础之上,因为贫穷是大地之盐,是世界之创造的关键,是推动世界的真正动力。[①] 如果大都会本身是某种乌托邦的实现,那么,它不是建筑师设计出的那一种,也不是穷人心中的那一种的实现,而是对诸众的创造之语法的实现。这么看的话,其实,乌托邦是非常现实的东西:只有在它之中,无房无地者也才能前来宣布他们脚下那块地是属于他们自己的。而在古典时代,康德所称"个人的世界主义权利",只基于每人脚下都有的那一平方米土地,后者属于他们的名下,但因为难于切割,就不得不这样与他人接壤,最后反而作出权利上的妥协。我们因此必须升级康德的这一世界主义个人权利的说法。今天,在全球云计算平台上,各种乌托邦的实现之时,也正是诸众前来认领自己的整体地盘之时。大都市正是诸众的集体地盘,集体创造之地,不是诸众自带的,而是由它自己生产出来的新领土。

在全球各大城市的空间斗争中,我们看到,对民主的渴望、对共同物的生产、发自全球主权系统的反抗行为之间的隔阂,正在被拉大。在暴力、矛盾、全球内战、帝国生物权力的败落、生物政治式诸众的无限劳作之下,抱怨、改革动议和抗议,将会惊人地积累。当前

---

① Giorgio Agamben, op.cit., see:https://www.douban.com/note/85065099.

已死,未来已活,事件之箭将把我们发射到活的未来之中。① 正在到
来的全球城市社会将是那一活的未来。

　　而创造这一活的未来的诸众,是由各种激进的独特个体构成,
后者是所有的身份都无法涵盖的。如要我这个独特个体进入其中,
这个世界就必须先为我而改变,这是诸众的语法。为此,我们应该
尽可能地互异,然后通过劳动、感情和权利,通过生物政治劳动来生
产出新的主体性,来进一步组合我们自己的方阵。同时,我们每一
个人也必须在每一步上都自我改造、自我杂糅,不光互异,而且时时
走向不同,时时与现在、此地的我们自己不同。处于诸众状态下,我
们都须努力不做自己,情不自禁地走出自己之外。

　　这就是大都会里的个人独特性之生成过程。在大都会,与越多
的人在一起,个人就越与自己不同,越与昨天的自己不同。大都会
本身就是诸众的汇集和改造装置。须知,这个全球资本世界并不依
赖于越来越寄生的资本来发展,而是吮吸着你我这样的流动、灵活、
在脆弱的条件下工作的独特的非物质劳动者的诸众式智能,来不顾
一切地苟延的。它要靠着被它剥削得最狠的这群人,才能续自己的
香火。但是,这终将是不可能完成的任务。

　　大都会也是你我的生命形式被不断重塑的工厂车间。人类的
生命形式越被压制,越被排挤,就越要拼命探出头来,以另一种方式
来张扬自己。被排挤、隔离的那部分人类智能,恰恰是孕育新世界
的土壤,未来的世界将从中萌芽和分枝。要知道,这个资本世界并
不靠主导阶级撑着,因为后者也要吸着资本世界里的最边缘群体的
血,才能苟延,最后也只能仰赖无产阶级创造出来的新世界。这种

---

① Toni Negri and Michael Hardt, *Multitude*, Penguin, 2005, p. 358.

生物权力必将被诸众的生命政治压倒。① 生命政治这一说法的正面意义是:命令和暴力也只能来自下层,也就是说,我们应该用诸众身上的暴力和命令,去与统治我们的生物权力对着干。到目前为止,全球化的历史,只是将我们拖到这样一个资本主义自我矛盾的极限边缘的历史,这历史想要标出欧洲文化版图的最远边疆,但它却同时也向我们揭露了一个矛盾和斗争的最大可能的、有时是骇人的后果:世界不是无边界的,而是依赖其中的惊天动地的对抗来延续的。我们以为历史已走完,却发现,它又在垂直线上,也就是在我们人人身上,重新往上走了(所以,诸众就是历史),更新着它自己。这种种正发生于作为诸众和作为诸众式身体的我们身上。只有在我们自身之上对自己的改造中,在我们与死亡本身的殊死搏斗中,诸众的大业才会开始。为此,我们必须断然拒绝一切使生命过程停止的东西。

我们所知道的这个全球世界,在政治秩序中展现给我们的这个帝国,已经是一个关闭的世界了,随着时间和空间的耗尽,它也将一命鸣呼。但是,在其中行动的诸众,已学会如何去改造它,通过在每一个主体身上流过,在构成这个世界的每一个独特个体身上下功夫。让我们重复福柯的那句著名的话:一切都是钱的世界了,那么,世界也就全归于钱了,人将被逼出,被排除。所以,我们必须以大都市为根据地,以诸众为存在形式,去重新夺回这个世界;人的这种从大都会的诸众汇聚后开始的重新居有世界的过程,就是共产主义运动。共产主义运动将在全球城市社会中进入最后收官阶段:全球城市社会是人类的最终共同幸存单位。

当前的全球化都市中的共产主义潜流具体表现在:剩余价值在

---

① 安东尼奥·内格里,《艺术与诸众》,尉光吉译,重庆大学出版社,2015年,第111页。

更快地积累，而同时，今天的认知劳动更难被资本消化。工人的剩余劳动也更难被转化为剩余价值。但是，作为马克思主义者，我们应该强调，从理性那里流出的欲望，本身是不会过度的。对共产主义的想象，是一种对断裂和决裂的期待。没有一种现存目的论和历史哲学，可以来为我们指引或担保，连指南针和新的 GPS 定位仪，也需要我们自己来发明。只有一种集体的欲望，在整个离散式的斗争过程中，才能完全不同地来组织全球生产的剩余：只有共产主义运动最终才将是赢利的，那一乏味的资本主义剥削的历史，已经是在旧债上欠新债了。

今天的全球大都市里，数码工人们的诸众政治，也仍只是在为资本家开创新世界。而内格里和哈特要我们看到，在今天的云计算平台上，工人的技术使用经验而造成的自我改造，也同时会强加到资本身上，使资本改变流向。"自然、身份、性别或种族都无法抵抗对这一工人与资本之间关系的改造运动，和它们之间关系的历史嬗变。诸众总是被这一动力过程所塑造。"[1]在这一共产主义的假设下，阶级斗争成了我们人人在对自己的主体性的生产方面的互相竞赛，革命过程成了反—权力的本体积累的过程，这些最终都导向那一共同的新世界。

但是，通过对新使用价值的创造，去重新居有这个交换价值所缠绕而成的现实，将很不容易，需要新的工人阶级来执掌这一历史过程。照葛兰西来理解，我们必须说，工人阶级通过技术运用，通过对资本主义社会的潜能的掌握，本身也会持续地嬗变。而他们身上的转变，就是对旧世界的改造。改造世界的工人，不是您现在看到的工人。工人阶级在不同阶段对技术运用的经验，本身反过来会将他们改造成对付这个垃圾般的世界的真正的革命性力量，而且他们

---

[1] Toni Negri and Michael Hardt, *Commonwealth*, op. cit., p. 248.

也会成为这一改变本身。而且,新技术也将创造出新的工人。全球城市社会将同时成为这个生产出改变,也生产出新的改变者的车间和共同体。

所以,我们决不应该再去幻想全球大都市走廊这块资本主义公地上的共同物的纯洁和无辜。斯宾诺莎和马基雅维利都相信,诸众登基庆祝日,就如在最后审判日,所有的债务都将被取消,土地和民主将被重新发还到每一个人手里。但是,摆在一个当代共产主义者面前的共同现实,在马克思看来,却既不原创,也不可欲,而是我们用血泪生产出来的权力,反过来与我们作对了,成了对我们的压迫工具和剥削工具。货币也曾是一块公地,也曾经是我们的家园,现在却成了交换价值的堆积之地,主导者用了它来盘剥我们。历史上,所有人类自我创造式的哥特期里,所有占有都被转为人类的共同物时,都曾终结于这块公地之上。这些公地,上面的所有共同物,哪怕我们自己生产出来的大数据,关于我们每一个人的数据,现在也完全被捏在资本家们手里,成了美团和淘宝这样的城市平台公司剥削我们的固定资本。如果要夺回它,我们就必须在它们现在的状态(资本主义占有关系的顶峰、被交换价值浸泡)下将它夺回。全球城市社会就是这样的一块还不在我们手里、需要我们一点点去夺回的公地。

在今天,交换价值已堆积为全球共同的社会现实,全球化固定了这一由交换价值构成的帝国。钱本身成为共同体后,就不能容忍任何一种人类关系高于它(如在数码平台上的人类处境)。钱总是排外的。交换价值总以公共形式出现。它如果到场,那就成了世界,不剩下与它相异的东西了,没有外面了,一切都将被它卷走。钱成了资本家的公地。资本已征服和夹裹了整个生活—世界,它的霸权是总体性的了。这意味着阶级斗争也完全成为内斗。在全球化中,我们完全沉浸在一个交换价值的世界及其粗暴和凶猛的现实之中了。资本成为资本家和民工之间对占有物的进一步争夺的工具。但内格里却有点乐观地说,共产主义开始于无产阶级去重新居有那个共同本质,将现存共同体转变成新的社会秩序之时。[①] 逆转之时可能就在我们当下。

那么,在这样的货币共同体内,城市诸众将如何存在? 它就像在言语与语言的关系中的言语(parole)那样,表面的吵嚷下面,有那个语言(langue)之网来盖住一切;诸众是语言,住民或街上的行人是言语。残酷的商品空间绞杀一切的同时,诸众的新语法也在悄悄地重新布排到新城市之内。诸众的决策之网络性,就曾反映在过去的大教堂的建设之中(莫里斯说的工匠对于科隆大教堂的勇敢献身、哥特式的精神献身):诸众既然建了它,他们总是知道应该如何去进一步建设它的。也只有他们的新的建造,最后才能留下来。[②] 在内格里看来,贫民窟里的诸众掌握着未来城市的密码,和发明新的城市语法的契机。

在这样即将迎来的城市空间内的全面内战中,在诸众政治将来主导一切的未来之中,如果非得要做点什么,那么,建筑师难道不应该首先考虑:去解放大都会里的各种新的生命形式,寻找新的有助于我们出逃和离弃的共同体结构,帮助我们建立新的全球根据地布点? 如何在大都会里去重新积极地利用各种生物政治式的主体性生产? 如何使对城市的设计和规划,也成为这一生物政治主体性生产的一部分?

所以,跟着内格里看,讨论建筑,就还不如去讨论如何迎接激进民主和共产主义。但是,库哈斯们对此一无所知。卡于现代性危机

---

① Toni Negri, "Multitude and Metropolis", see: http://www.generation-online. org/t/metropolis.htm.

② Toni Negri and Michael Hardt, *Commonwealth*, op. cit., pp. 340 - 341.

和大都会商品空间对于每一个人的绞杀之间的当代建筑师，该怎么办？但至少，他们不应该再继续用 PPT 和 3D 型去帮统治者和剥削者缓冲诸众的反抗，不要再用天量的公共经费，来继续烧他们自己的乌托邦大烟。①

今天的建筑师面临的是这样的城市界面：一面是资本出手，疯狂地将劳动力和劳动归为己有；另一方面，诸众正重新居有智力资本和由劳动所生产出来的共同性和共同物。所以，大都市同时是我们的被剥削和待逃离之地，是剥削和反剥削之地，是一个巨大的矛盾空间。建筑师想要在里面筑他们自己的纪念碑或坟，民工们却正准备用推土机压平它们，为未来打开通道。照着内格里上面的这种辩证思路，大都会在越来越成为提供房价、租金、利润和工资之地的同时，也将会成为城市诸众的一个抵抗的场所，同时成为操场和工厂。在内格里看来，穿过一个大都会，我们像是在穿过一个非物质工厂。② 在其中，就像在工厂，生产的艰难和相遇的喜悦并存，孤众（solitude）和诸众（multitude）并存。人们也在都市中找到了生活到一起的新的方式，重新找到阶级归属感。一个建筑师如果对此无感，只看到了漂亮的空间，无视既痛苦地被盘剥，只想要用美食和音

---

① "建筑师处于一个特别不舒服的位置。作为科学家和技术员，他们必须在一个特定的框架中来生产。他们不得不依赖重复。在找自己的灵感时，他们作为艺术家却必须以发明差异为己任。他们一下子就会坠毁于这一痛苦的矛盾之中，永远奔走在这两极之间。他们的任务是要填平产品与作品之间的鸿沟，注定要忍受在知识与创造性之间越来越大的分裂，想要弥合它，但又不能完全做到。"（Henri Lefebvre, *The Production of Space*, op. cit., p. 396）

② Tonight Negri and Michael Hardt, *Commonwealth*, op. cit., pp.250 – 252.在这两位作者看来，大都会内是在展开一种生物政治生产：城市诸众的生物政治生产在吞并生物权力，因为大都市是共同空间，人民住在一起，分享资源，互相交往并且交换观念和货物。共同物（the common）是这种生物政治生产的基础。这种生物政治生产将会改造城市，创造出新的城市形式。

乐照亮大都会的广大民工的血肉存在,那他就太冷血了。

而这实际上是十有八九在发生的事。须知,大学里在教的那种自我宣称的城市建筑学,是彻底屈服于生物权力的。我们也都知道,决不可能在交换价值的循环之外,再去抓到一种新的使用价值,也决不可能挣脱资本—权力对于人的生物生命形式(bio)的捕捉,在都市现实里掘出另外一个自然,也就是所谓的动物生命形式(zoe)的。因此,对人类世城市社会的设计和规划,必须成为诸众的反抗式生物政治的一部分。我们的建筑学院们还在等什么? 还想继续往下教设计吗?

在此同时,库哈斯们却一边攻击建筑的黑历史,一边自己毫无心肝地继续想用聪明的设计将空间历史化,继续闭门做精英主义设计。他们一边攻击房租、利润和工资的三位一体,心里比谁都更清楚这一现实绝难改变,一边就半推半就地继承了它,转而再生产了它。库哈斯们很阴险地要我们相信,人,也就是游牧者、工人、公民,都是落在商品世界、剥削式大都会里不能自拔的。他们总在对我们说:行动和改变都是不可能的,还是等待我的新设计来解决问题吧。他们决不会知道,他们的设计也正是对城市诸众的绞杀的一部分。

库哈斯们也经常批判理性主义和功能主义,但批判完之后,自己照玩不误,一副厚黑的派头。无论批判什么,他们也只是将其用话语水泡软,揭露的话音未落,自己马上又照用不误。批判它,就只是将其神秘化,来吊大家的胃口,过后,他们还是将所批判的东西来做好看的作品,再喂还给我们。所以,识事务的建筑师也早就是在偷偷摸摸地用电影和时尚界流行的手法,来玩弄自己这个行当:分解和重组建筑生产的各个领域,不断洗牌,以免在里面产生各种主体和各种知识之间的对立和火并,假装对那些剥削和痛苦,对那些无法被曝光的暴力空间视而不见。①

内格里认为,库哈斯的后现代立场仍落在城市改造主义一边:一边说大都会要改造,一边却将大都会神秘化,要把它弄成乌托邦。库哈斯采取的就是一种超现代主义式改造论(hyper-modern reformism),②仍幻想着从内部去改造大都会,依赖的是那种关于透明性的意识形态。

库哈斯所说的这个垃圾空间内层出不穷的障碍、边界、裂线、墙,很难再被看作来自权力的阻梗,或看作让住民们陷入水深火热的陷阱,而是那个使他们一辈子都得为资本打工的捕捉装置。内格里认为,这个垃圾空间其实像变压器:各种权力关系的对立,在其中被无穷放大。它成为冲突、斗争和火并的界面;它有双重脉搏;它是剥夺者和被剥夺者所处的两个世界之间的那层薄膜,那一层挡羞布。③ 在城市商品空间的水深和民工们将要展开的生物政治的火热之间,将在大都会演出惊心动魄的对手戏。

内格里认为,库哈斯没能看到,其实,垃圾空间就是那个"劳动者社会"。资本是从这个劳动者社会的人人的劳动中抽离出来,然后又将劳动者的身体当牛羊放养和存栏在这个"垃圾空间"里,供进

---

① 根据列斐伏尔,空间的暴力来自空间对于时间的抽象化。抽象空间是内在地暴力的。因而,设计空间从一开始就是暴力的。空间设计、城市规划本身就在破坏空间。(Henri Lefebvre, *The Production of Space*, op. cit., p. 364, p. 393)。建筑和城规空间既连接又脱节,具有凝视上的虚构的一致性。而建筑设计所依赖的绘画和雕塑空间都具有毁灭性。我们对纯粹、可读、透明的空间的假设也是错误的。建筑设计中的抽象的科学性,实际上是来自哲学、文学和意识形态的定见。可是,今天仍有建筑师认为自己是被构想和实现的空间的主人,是设计空间的作者(Henri Lefebvre, *Espace et politique*: *Le droit à la ville* Ⅱ, Anthropos, 2000, p. 34.)。

② Toni Negri, "Multitude and Metropolis", op. cit..

③ Ibid.

一步剥削的。从中我们看到的是无身份、无居所和无工作的人们，像黑砖窑里的苦力那样被盘剥着。从远处看，这个垃圾空间也代表着失衡和断裂，并像病毒那样，在城市中不断传染开来。

"垃圾空间"因此有好几个意思：边角料空间，被挤占后剩下的空间余地（这被认为是积极的，如西班牙比尔堡的古根海姆美术馆的空间切割），被商业建筑师做成空间快餐来搪塞我们的垃圾食品一样的零食空间（我们极大多数人屈身其中的那一种）。内格里认为，库哈斯越揭露，很奇怪的，那个"垃圾空间"反而看上去越像是一个无尽的地平线，是诸众的到场之地，成了我们的希望。[①] 库哈斯笔下的超现实主义式梦—现实，这时就变成了培根画中的超身体平面。这个让库哈斯如此无奈的垃圾空间，正是我们在未来诸众式地逆转一切的生物政治空间。

内格里把库哈斯的"垃圾空间"看作诸众的自我生产之地。生产出城市的诸众此刻就居住在垃圾空间之中。库哈斯完全与他所要批判的建筑师一样，深陷现代性危机，自己就没有找到出路。他狡猾地取了一个主动让位的建筑师的立场，来唬弄大家：讥嘲与反讽当前的建筑实践，把大都会看作一个没有出路的狗血剧场，毫无希望：乏味、无名、重复、空洞、发散、肉麻、滑稽、后存在主义式。他以为，这样表个态之后，他就可以全身清白了。他总是以一个巨人和苦逼的证人，一个看透了一切的公诉人式的建筑师形象出场。但内格里认为，库哈斯笔下的"通用城市（generic city）"是碎裂、失范（anomic）、多民族（多国家）的。他对大都会的理解是消极的：大都会对于他而言成了一架吸干现实城市（city of reality）的机器。他的后现代立场将城市看作空洞、惊恐、不安全、尖叫、破败、寄生于基础

---

①   Toni Negri, "Multitude and Metropolis", op. cit..

设施的。① 他认为大都是变态和败烂的。这表明他未能从当前的城市中看到希望。他是一个逃跑主义者。

而大都会同时也是总罢工之地,随时候命:各种不同的劳动者,可以在总罢工的二十四小时里,从城市的各个隔离我们的劳动身体的角度走出,汇聚在广场,开始自我编织:这将永远作为一种可能性,侍立于我们身边。它不只是经规划之后的劳动的身体之间的多元民主式共存,而是将汇聚、形成和示威城市空间中的一种新的造反力量。因为都市诸众的不同层级的偶遇、碰撞和相互编织,是无法用功能社会学来理解的,所以,城市社会学、空间社会学等等对此至今都一无所知,不发一言。

因此,对于内格里而言,库哈斯的"癫狂的纽约"不是历史、政治、文化脉胳的疯狂扭结,反而逼迫我们在大都市之中去发现人类共同性,重新紧挨在一起,让大都会脱开规划的缰绳。诸众正是这样来开始自我建构的,也是在这一意义上才能说,他们才是全球城市社会的种子。以诸众为镜子看,消防队员是在我们周围建起了总体的安全感,是危险之时的全部后方资源,是儿童的想象域的建构者和保护者。而流窜于城市之中的民工和移民,则给大都会增添色彩,使人类的团结有了意义,也在总罢工的决定性时刻,来定夺一切。他们不用到来,就已到达、正在候命。库哈斯没有看到的是,内格里说,维持大都市的安全的消防队员对我们而言,反而是危险本身,而民工、移民们的到来,才是大都市的希望。在诸众政治的角度看,消防队员是全球城市社会里的不安定因素,无名的正在到来的民工,才将是其中的主人。大都会是现阶段我们能想象的生物政治框架内生态和生产的唯一的综合。

在内格里看来,大都会也将是自由的。它是一个自我创造的艺

---

① Toni Negri,"Multitude and Metropolis",op. cit.。

术品。它在自己身上不断建设和重建着。以往说的解放一切的总罢工,就是在大都会中自然发生的。总罢工就是潜伏在整个劳动时日里的那熙熙攘攘的人群之下的"另一个社会"的突然冒出,上街和前来占领。它是诸众露形,前来发威了。

内格里强调,库哈斯所强调的多样的组织技巧,用杂拌式都市去替代西方城市的说法,虽然容易理解,但与我们的未来一点都不相关。我们应该采取与库哈斯相反的策略,把大都会看成是一个共同世界,将它看成是其中的每一个住民的作品,不是普遍意志、技术意志和长官意志的产物,而是共同的发散性的人类普遍智性的产物。① 库哈斯只对大都市采取后现代主义立场,但是大都市已成了新的帝国,我们必须在其中战斗了。

总之,库哈斯把纽约描述成一个历史、政治、文化和艺术的积淀物,是远远不够的。纽约不光是一个城市的中心,而且也是一个大都会,投机者的利益和公民的抵抗,将打败权力的已有处方,反转后,它也将是一个诸众反抗的乌托邦基地。对于诸众而言,大都会将是一个城市话语的搅拌机,一个欲望机器,一架到处枝蔓的机器,最终演变成全球城市社会这样一个未来共同体。根据列斐伏尔晚年的眼光,大都会将席卷全球,吞下整个行星:全球城市社会,一个地球、一个城市、一个世界。像库哈斯这样的明星建筑师在其中的已有工作,最终将是竹篮打水一场空的。

---

① Toni Negri, "Multitude and Metropolis", op. cit..

用建筑策展城市

　　城市没有历史，只有未来。所以，我们必须将它看成一个虚拟的对象设计，来规划、来研究。我们的研究也是为了帮助我们自己由城市的未来，来定夺我们在今天的城市实践。我们必须基于其未来，再回头一次次来策展城市。每一个城市住民都应以他们自己的生活方式来策展它，演着它，来活出它。[①] 可以说，城市是以一帧帧的展览页的格式存在。

　　如果不去策展城市，那么，我们就是任由云计算平台后面的那些算法和矩阵来策展我们的日常生活了。在论及我们如何通过对堆栈的建筑的集体设计，来夺回我们对于平台城市的个人主权时，布拉顿给出两个选择：控制论式，和策展式。已有的如著名的巴赫曼（Charlie Bachmann）的七层 OSI 模型和 Cerf 研究小组的 TCP/IP 四层模型（将上面的三层压缩而成为互联网的基本结构），都是控制论式的策展。而互联网模型策展的成功，就在于它的层级设计被简化，能吸纳各种既存网架，使每一个用户的使用，都能加强这一网架

---

① 谷歌并不生产裸信息，而是对全世界所有信息的策展（curation）。它也是对这个巨大的失去功能的档案库的最有效策展档案。未来的建筑须是这种策展（Benjamin Bratton, *The Stack*, op. cit., p. 353.）。

本身。① 这就是一种放权—吸纳式的策展姿态。互联网上的创新，就在于各平台公司肯主动接纳既有的网架，将其纳入新的使用程序：以策展的姿态来接收旧的界面。下面我们就来讨论一下人类世城市平台的未来设计到底应该具有怎样的策展性这一点。

1970年，英国的控制论科学家斯塔福德·皮尔（Stafford Beer）受命为智利的阿连德政府设计一个叫做Project Cybersin的计算机控制的经济平台。它分为十二层：工人、组员、车间、部门、公司、生产线、领域、分支、工业、国家经济、中央政府，最后是总的包裹层：国家。当时用的还只是电传，设计者还不能动用今天的计算机的算力。但这已是一个典型的控制论式建立的计算平台。举这个案例是想要证明，这种策展式的平台建设，一直是我们过去的乌托邦想象的一部分，并不只是今天的发明。如果技术设施跟不上，那就更应该策展现有设施，来补上。

1984年，阪村（Ken Sakamura）的TRON计划（The Real-Time Operating System Nucleus实时操作系统核）在日本作为一种"到处都有计算机"的状态的基础结构，在全国被推广。在其鼎盛时期，整个日本的工业系统，从汽车到工厂到城市基础结构，都被归于这一建筑和界面框架，被类似和相关的软件框架连接，盖住全日本的计算生态的不同子集，出现了ITRON, JTRON, BTRON, CTRON, MTRON STRON等子网络。这一计划因此也可被看作策展式的，因为它是构成性的，因而，也可算作是对既存系统作出了进一步的策展，优化了那些连贯的系统，升华了已嵌入那些基础结构和设备的智能程度。当然，今天云计算平台是这种策展的最新表达。

今天的云计算平台上的建筑术，必须对它自己、对城市、对人类世界也有这种策展能力才对。因为，靠一个控制论专家的脑力，在

---

① Benjamin Bratton, op. cit., p.60.

今天是远远不够了。作为一种广义的平台设计,建筑必须去策展,主动变身为策展术,而不只是建筑本身需要被策展,也不只是要用建筑设计的方式,将建筑策展一下。如果只是建筑被策展,那么就会成为像2014年库哈斯的威尼斯双年展的"书:建筑元素"那样,反而做小了建筑——在做小了艺术展览的同时。库哈斯在那一展览中似乎完全忘记了:建筑总是总体的,总是在走向更大的敞开的总体(德勒兹说的巴洛克式的折褶,从前立面到花园到小树林到森林式的层层包裹),是迎着危机,不断使自己壮大的,是构架术,而不是建立学。而这本应该是建筑作为七艺之首的本色,今天也不应例外。科幻电影《到达(Arrival)》里建的外星人降落台这一类平台,才是建筑人最应该去关心的项目。它是对一场致命危机、一个史无前例的事件的前所未有的应对,一次举重若轻的出手,是共同体集体斗争的产物。建筑术在完成设计的同时,也能完成这样史无前例的策展,才对得起它自己的声称。

使建筑成为一种策展术,首先是要使建筑重新成为诸艺术的领军者。勒柯布西埃就曾反复强调,建筑师必须比同时代的艺术家更懂艺术。[1] 这不是说,建筑师必须比同时代的艺术家更懂得艺术的风格学、艺术的成功学或艺术在社会中的功用,而是更懂得如何用艺术使人民活得更好,并去示范这种活得好。[2] 建筑师比艺术家更懂艺术,是更懂艺术对于我们未来生活的种种发明作用:使我们能

---

[1] Le Corbusier, *Towards a New Architecture*, trans. by Frederick Etchells, Dover Publications, INC., 1986, p.102, p. 110.

[2] 建筑师是因为他们的艺术家身份才与结构工程师和开发商不同。他们手上有很多的符码和隐含于结构之中的社会关系可以使用。建筑师的作品是多价的(polyvalence),而这一点在他们与用户的关系中就更被突出。建筑师可见的工作是视和听上的表达,但是,其美学必须走得比这些更远。黑格尔的《美学》对建筑作为艺术的统领有很高的期待,向我们说清了建筑如何带领诸艺术向前:"当建筑获得了符合它的本质的地位时,它的创作就服从于一种并不内(接下页)

活得不同，与更多的人活到一起，克服各种危机，达到意想不到的幸存。在他那时代，勒柯布西埃要用建筑来使现代生活跟得上邮轮、汽车和飞机的节奏，那么，今天，建筑师的任务就是要给我们建立新的算法平台，使城市能在一个更好的云计算平台上运行，使既有平台更对我们的未来生活开放。而这就需要建筑术拿出更好的策展，而不仅仅是做出更好的设计。

列斐伏尔在对柯布西埃的批判中指出，后者的现代主义建筑设计，只是对"资本主义空间"的落实，而这一空间最早是由画家毕加索和克利他们开辟出来的。而列斐伏尔同时也批判了毕加索们将绘画空间变成一个可以无死角地加以再现，并可从各个角度对其抽象的对象，认为这导致了勒柯布西埃和包豪斯的取消前立面的革命，使建筑走向了现代主义式的可算计、可抽象、可抽利的为资本主义系统生产抽象空间或泡沫空间的阶段。因而，毕加索们首先需要被批判，因为他们将再现当作了空间里的主导力量，不知道正是设计出来的抽象空间排斥了我们身体的活过的经验（现象学所说的那种），使我们的身体无法插入这一抽象空间之内。② 因此，建筑在这

（接上页）在于其中的目的和意义"。黑格尔要建筑独立和自治，要它与实际的目的和应用性脱开，要它服从于在它之外的另外的东西，要由后者来给建筑带来意义（Georg Wilhelm Friedrich Hegel，Aesthetics：Lectures on Fine Art，trans. by T. M. Knox，Clarendon Press，1998，V. 2，pt. 3，Section I，chap. 2，p.660.）。那么，这一建筑之外的另外的东西在人类世里将是什么？是逆熵性？它的地质性？它的平台性？它的合成性？建筑只有服从于这样一种更大的目的，才能重新成为诸艺术的统领？

② 对于列斐伏尔，城市空间首先是人的被活过的空间，而不只是被感知的空间。设计师图纸上的抽象空间事先就在排斥人的活过的经验，里面没有宇宙经验，没有本地独特性，没有 Agora 式的公共性。这也就是说，空间根本不应该被设计。它必须是居住者自己活出的空间（Henri Lefebvre，*The Production of Space*，op. cit.，pp. 236 - 238）。被设计师制作的抽象空间看上去是中性，那恰恰是因为它已被占领（Henri Lefebvre，*Espace et politique*，op. cit.，p. 53.）。

一抽象空间里的任务,不是进一步的设计,而是亵渎式地重新打开局面,是策展,不是更周到的设计。在列伏菲尔的这一批判里,柯布西埃被认为是跟错了方向,误认艺术现代主义为目标,走向了新自由主义空间观。柯布西埃和包豪斯都错了,那么,那一正确的方向在哪里?如果找不到明确的方向,那就更需要策展了。

但是,建筑也不能只跟着当代艺术走,对城市空间只做当代艺术式策展,照列斐伏尔说,那是柯布西埃留给我们的教训,我们不能再继续去为资本主义的空间生产当炮灰了。那我们是否应该说,建筑必须走在当前的艺术的前面,必须有能力去策展当代艺术,而不是通过当代艺术式策展,来策展自己和城市才对?这才是柯布西埃说的建筑师必须比同时代的艺术家更懂艺术,只有一小部分建筑师才懂这个意思?建筑师必须比艺术家更高屋建瓴地去做艺术策展才对?建筑必须能领导当代艺术才对,也就是必须去做比当代艺术更广大的策展才对?

列斐伏尔对柯布西埃的批判帮我们看出,现代主义建筑囿于从未来主义、立体主义走向超现实主义立场这一道路,也与后来的当代艺术从现代主义走向后现代主义,再落入当代艺术的全球化这一过程平行,更与建筑师在过去三十年加入新自由主义时代的喧嚣与躁动,成为其帮凶的过程平行。既然今天的建筑与当代艺术带着这样的源初关系,那么,它如何痛定思痛,在策展中带着当代艺术去冲浪,策出比当代艺术更向宇宙敞开的展,并在人类世中比当代艺术更生猛地去策展城市空间?

让我们先来看看策展家库哈斯在今天是如何苦恼于他自己在这方面的一筹莫展吧。他认为,当前的建筑展览太像艺术展。[1] 但什么是真正的建筑展览?2014年的"建筑根本元素"式的回顾,就是

---

[1] 参见 https://news.artron.net/21030109/n298634.html。

吗？建筑本身真的需要那样来被展览吗？建筑展是做成与艺术展不同，还是做得比艺术展更艺术，对其他艺术门类更具示范性？更根本的问题是：建筑是策展所有别的艺术形式的策展术，它本身能被展吗？本书的回答：不能。

建筑已不能成为政治、经济和文化上改造世界的推手，这是使库哈斯越来越成为一个无所适从的狂想家（mad visionary）的原因，那么，如果将建筑维持在艺术展览的模态上，就能使他更从容一点？

也许，必须真正走向人类世的全球策展计划，库哈斯才能走进他一向在诉求的那个使命轨道。到目前为止的库哈斯，也只是一个失败的柯布西埃主义者。他也必须在即将到来的建筑的人类世策展中自我纠正、自我解救。这不是像库哈斯自己说的那样，当代策展不好，现在应该让建筑来策展了，而是必须走向第三种选择：建筑要来做出更向宇宙敞开的人类世情愫下的新型策展，策展自己，也策展城市。

上面的讨论中出现了两个方向：建筑必须有能力策展其他艺术形式，和建筑师本身必须直接成为建筑或艺术的策展人，策展他们自己的设计作品是不用说了，而且还要能策展从艺术到城市空间等诸多领域，一直进入对人类世的大地政治的策展。下面我们就聚焦一下，直接来讨论建筑在今天应该如何去策展平台式城市。

要将建筑拉到策展的层面，使它成为今天的平台城市上的策展，是基于下面几个理由：

· 改造世界，不是用全球资本主义的扩张模式，用另一种方式去重造世界，而是像开始一种象征革命，创造出抗议和重造的语法，成为同时代的最高版本的构架术（architectonics），而建筑在这方面显然是最能够发力的；

· 作为策展术的建筑在今天必须被发展为更好的构架全球话语、符号、图像和数据的技术；

·纵观人类世,建筑本身就已是一种总体的策展技术。

但如果建筑师的工作必须以更宽广的策展工作作为基座,那么,如何来评价那些至今仍在做设计服务的建筑师的工作?今天还在给人做建筑设计的建筑师,哪怕照柯布西埃的说法,也只是工程师和装修师后面的隐形者,也就是说,他们号称自己是建筑师,但仍偷偷去干结构工程师和装修工程师的活儿。今天在工地上忙着的,是影子建筑师。这个区分在柯布西那里已经是不容置疑的,但在今天的建筑圈内,却仍高度讳莫如深。

库哈斯尽管将勒柯布西埃当成学习的目标,学他的一切,包括其旅行方式,包括住在沙滩边,热爱在公共场地游泳,包括他自己也不涉及具体的设计,只作概念主义式的观念论证等。但是,他甚至都没有像柯布西埃赶上飞机时代的现代主义的速度美学那样,赶上这个堆栈时代或算法平台或手机的美学(库哈斯特别讨厌手机,多次强调他周末去他在地中海上买的小岛上度假,是因为要彻底躲开手机,但每天傍晚仍到沙丘去接听手机信号,回重要的电话),更不要说拿出对于我们这个人类世末端需要的用来改造世界的远大的策展眼光了。

建筑对于库哈斯到底是什么?库哈斯主要在干什么?为什么库哈斯会对中国的爆炸性的城市化过程抱特别暧昧的策展态度?库哈斯具体对中国的城市化有什么样的理解和期待,使他成了中国城市化分外热心的精神策展人?既然在中国是根本轮不到他来策展这一城市化的,那么他艳羡的到底是中国的城市化过程这一个大展中的哪些方面?对于这些,他自己说得清楚吗?而回答这些与他的事业有关的问题,对我们理解中国城市化过程中的建筑师在学科上、职业上、伦理上的角色,会很有意义。

但是,仔细看,库哈斯在他的几个中国项目中的角色,实际上更靠近一个策展家的角色,而不是一个专心致志于某一方向远大谋略的建筑师。说库哈斯是策展家,是指他不去纠缠具体的一幢建筑的设计和展示问题,而是将项目系列当成了他的故事要素,当作巡回演出或展览,在全球路演、宣讲,到处留下他的脚印,将关于中国的拆迁现场的故事,讲到了他构想的那个全球空间之中,如他这几年为他的全球化中的农村项目所做。这个农村项目既在中国,也在中国之外。他不断去到全球各地讲出新的故事,后面不断增补内容。他主导了项目的内容开发,想要发展出很超前的叙述,别人来不断跟随。这就是典型的全球策展人的行径:他常说的那个"全球空间",可以说就是他手里的美术馆,他的全球展示空间。但他到底有什么构想好来展示的呢?

　　库哈斯的策展主题到底有哪些? 他当前最大的策展框架是什么? 实际上,他以自己作为一个全球最重要的建筑师,想与柯布西埃比肩,来设定自己的策展框架。他用的是一种谱系法:已经有哪些编目了,哪些主题还需补上。或者是要将已有的该做的项目都列出,标出哪些还可以做,哪些已做,但仍应该拔高或深入。他公司的设计主题是:如何填满他们设计到世界各大城市中的那些"全球空间"。这些具体地并联的、分布在全球各大城市的全球空间,与具体的城市的现实空间之间张力的利用,对于各大城市内含的全球要素的敲定,是库哈斯自己的策展工作的重点。他用电影导演伊文思式的国际主义姿态,来定位这些大城市的国际元素。比如,他说,北京的央视"大裤衩"提炼了比北京的四合院更中国的中国元素,只有这样被进一步提炼出来的中国元素,才是更国际,更具全球性的。[①] 这相当于是在全球各地策划这种国际性空间里的本地—全球性元素。

---

①　Rem Koolhaas, "How China Plans to Inhabit Its Future", see: https://onlinelibrary.wiley.com/doi/10.1111/npqu.12229;原载 2014 年 3 月 10 日《赫芬顿邮报》。

这就很像当代艺术双年展利用全球走廊的本地元素,来做观念性策展:向各个本地城市提供一个包含了本地性的全球性叙述空间,因为本地的叙述空间已用完了,需这样另外空降一个,扩大其内存。展览是要向本地观众提供一个观看的"全球性时间"、"全球性空间"。在这一点上,库哈斯与当代艺术策展人小汉斯(Hans-Obrist)几乎做着同样的观念性工作。①

以上基本回答了下面这个问题:为什么库哈斯看上去是一个成功的建筑师,而实际上却是一个全球策展家?他年青时的理想,与所有建筑师都会有的改造社会和改造世界的理想一样,实际上无法在具体的建筑设计工作中被实现。具体的建筑设计只涉及抽象空间、专家空间和话语空间,不可能在几何空间里体现设计师自己的社会理想。将自己的社会理想灌注到建筑物,在包豪斯以后变得越来越困难。走向策展,是寄放建筑师身上的乌托邦冲动的更好办法。

总之,从操作上讲,建筑设计的三个方面都属于策展行为:

·从元建筑的角度说,设计是对设计的设计,是对建筑的建筑,总只是在为进一步的设计,先提供一个可被继续设计的设计品(衍生品、过渡品),预制件工厂和工地上的民工,可能才是最后的真正算数的落实者。

·建筑从空间设计和空间生产走向策展,是顺水推舟的事,因为,建筑师手里掌握着策展的最好技术手段:建筑术本身;将建筑术当策展术,使建筑结果虚拟化,使伟大的具体乌托邦变成一个project,像先锋派艺术作品,如塔特林对第三国际纪念塔的设计那

---

① Hans Ulrich Obrist, *A Brief History of Curating*, JRP/RINGER & LES PRESSES DU REEL, 2011, pp. 293 - 298.

样,被放进美术馆和艺术史中收藏,可能是建筑作品的最好归宿。①
建筑师有塔特林那样的理想,但又要在资本主义生产关系中去铭写
其设计,这是尖锐地矛盾的,策展是其反制手段;在策展中,建筑师
自己的设计作品才能找到归宿。

• 作为一个策展人的建筑师,可以谱系式建立自己的编目系
统,形成自己的那一部建筑—小说(见下文专论):后者才是建筑师
自己作品的真正安放处。策展使建筑师将其个人的先天知识用到
他们的世界中,使自己的建筑作品在立基的同时,也改造了世界。
因此其个人建筑实践对于这世界而言,也只是一种策展术。

那么,什么才是走向策展的建筑术? 在当前,那就是要求建筑
术必须成为对人类世里的大地政治的总体设计。建筑是人类世里
的策展术,远远高于一般的空间设计和平台设计。我们应该在这种
尺度上来评价库哈斯的工作价值才对。

最后让我们回到开头:城市已被缩减为堆栈式平台里的六分之
一层,城市社会的各个层面又将被统一在这种网络的空间生产之
下,由此产生的新的社会关系、新的建筑,也都将服从它。从此,物
质性的建筑作为媒介仅只是城市的外壳了。这样建筑不光不应该
停留在对外壳的设计上,而且也更应该成为新型城市规划的先锋:
成为平台城市的策展者。

这样的建筑设计和城市设计将是对未来的城市主权的进一步
的设计,而这一设计最终并不只来自建筑设计师,而且也来自城市
后面的诸众的集体智慧。所以,我们的建筑理论必须是一种关于未

---

① 根据列斐伏尔,抽象乌托邦拥抱当前的房地产开发的条款,将其延展到未来。
而具体的乌托邦起自快感(享乐),谋求孕育新的空间,而这种新空间必然基于
建筑师的进步的建筑计划。(Henri Lefebvre, *Toward an Architecture of Enjoyment*, op. cit., p. 148.)

来的城市主权的政治哲学,建筑术必须是统合城市诸众集体生存智慧的方式。而且本书认为,建筑师和城规师三分之二以上的工作,实际上须围绕如何将其设计空间拖入新的社会关系这一点来进行。他们的设计更多地须对城市空间做反复的策展。对于这一策展,我们应该这样要求:设计出各种空间现成品,将其展入公共空间之中,接受人民的检阅,如在艺术展览中一样。建筑师和城规师必须将服从几何和美学要求的设计空间,"展"成公共空间,用它去改变真实社会的空间生产过程。

我们还应更广义地理解为什么建筑本身应该成为对城市的策展。我们知道,列斐伏尔的空间理论从对日常生活的批判开始,努力将空间生产从资本主义社会的生产关系中独立出来,从而发展出更有适用性的空间理论。在资本主义生产关系下,主要体现为空间矛盾的社会矛盾,始终从社会的不同层面涌出和积聚。通过列斐伏尔式的三维辩证法来理解空间,我们可看到,各种层面的社会矛盾,都在指向空间的社会代谢过程。建筑师和城规师以往对空间的物质性的理解和符号化的构建及表达,一直使建筑的空间不能与社会的空间相融合。他们因此应该摆脱当代政治式经济对城市空间的控制,把使用者对于城市空间的权利放在首要位置,这才能够从社会关系的角度,来组织和示范各种可能空间。这就使建筑师和城规师手上工作的大部分,都成了对城市空间的策展:展示新的城市空间,来公共地改造现有的城市空间关系。

据列斐伏尔,建筑将与各个时代的社会生产关系平行发展,未来的空间生产不只是碎片化的,而且也将是网络化因而平台化、云式的。未来的网络化空间生产中,空间展览的装置与社会关系,将构成一系列即时的建筑。那时,建筑和城规整体将被理解为例外时刻中的建筑、城规模块的集合。建筑设计和城市规划将更多地成为在城市公共空间中对建筑空间和规划空间的进一步策展。而这也给当前的迷茫中的建筑和城规本身指出了一条光明的出路：在人类世城市平台上，建筑必须由设计过渡到策展。

城市规划与日常生活

不改造当前这种以消费为主旋律的日常生活,哪怕城市规划也就只是图纸规划。当前的城市社会,还只是一个消费社会,在其中,我们只是假装在过一种日常生活,真正的城规,应该是对这种以消费为日常生活的改造。在目前这种消费式日常生活中,我们在其中的真正的任务,是遵照电视剧和夹在它们之间的广告的指示,去放开消费,去扩大内需,来推动生产,改善生活,然后更爽地去消费。因此,电视剧只是一种看上去很无害的意识形态,是通过广告,来指挥我们过日常生活,而不去消费,我们的生活就会不好,因为 GDP会受影响,我们的生活水平就会降低。最后,城市成为威逼我们去过这样的生活的一种装置。

因此,在人类世城市社会,我们如果不能走向一种逆熵式贡献型经济,不先与我们自己正在过的作为消费生活的日常生活决裂,走向每一个人自己的新的力比多经济,那么,城市规划只会加剧目前的资本主义经济、生态和政治危机。所以,在当前这个人类世城市社会的开端处,对日常生活的彻底批判,是我们所期待的那一个逆熵的未来的必要条件,是所有城市规划的真正开端。

因为泥于消费过程中了,所以,我们可以说,在目前的城市中,还没有日常生活,因为日常生活中的"日常性"不见了,我们只见到了新闻、广告、八卦和鸡汤,那些都只是引我们去消费的诱饵:是日常生活在过我们,而不是我们在过它,美团最懂这个道理,还补贴我们更兴兴头头地去过它。我们每天的生活其实并没有日常生活冒出,只有在节日狂欢中,在春节高速公路堵车时,才突然看见了它的苗头。我们日常的生活内容早被某一种已被预先编程的生活方式(如美食,如性关系,如代购,如知乎)所强迫,甚至替代。

如果将日历翻到 1900 年 6 月 16 日,我们就只能查到那一天的广告和新闻报道,其实查不到那一天的历史,因为后者也需要我们在今天用我们此时的生命时间、生活方式来重新演出,当然就根本查不到那一天里人们日常生活中的悲剧感了,如一对都柏林的狗男女在那一天的致命相遇里,一个叫娜拉的外来妹,在河边桥下,捏住了一个叫詹姆斯的文学青年的阴茎。① 他们惊人的悲剧人生就这样开始了。但这一场戏之后在巴黎、在日内瓦又将如何结束于一种没有日常性的被强迫的日常生活之中呢?

好在乔伊斯的《尤利西斯》记下了这一天。这是一个叫做布卢姆(Bloom)的男人、他的妻子莫莉(Molly)和他的朋友达德勒斯(Stephen Dedalus)之间在那一天里发生的事,当然也远远不止这些。小说中,在那一天的生活的底下,一种普遍的生活,一种真正的被驱除了广告和新闻的日常生活,被淘洗了出来,突然露出了其史诗性。乔伊斯成功地将日常性(the quotidian)从无以名状的日常生活中打捞了出来。《尤利西斯》中,日常琐事中的史诗性,被反常地突现到了小说之中。日常生活的贫乏和丰富,同时被呈现到我们眼前:城市和街道的无意义之下,我们只见到从人物的无意识到梦境到语气、气味和个人语义特质里的丰富和无限,看它们源源不断地来到

---

① 这是列斐伏尔在《现代世界的日常生活》中对那部小说、乔伊斯的个人回忆和纪录片里的内容的综合(Lefebvre, *La vie quotidienne dans le mone modern*, nrf, 1968, pp. 9 – 14.)。显然,《尤利西斯》写的就是这一天。

我们眼前。日常生活的反面,被乔伊斯端到了我们面前:都柏林成了新雅典,全球资本主义的通衢,想象、象征和预言在小说中被搅拌到一起。主人公同时是尤利西斯(Ulysses),奥德修纪(Odysseus)和宙斯(Otis-Zeus),人—上帝;根本是普通的人,无名,但也成了神圣人,我—人。小说告诉我们,在这个现代城市中,人没入了平庸之中。[1]

小说企图捕获那一欲望的世界。布卢姆发现,他妻子莫莉的世界不好对付:她所代表的欲望、梦和神性的世界,对冲着这一庸常的没有了日常生活的现代生活。小说描写得越就事论事,叙述就越像是在梦里。小说几乎是要用梦来重新吞下都柏林,使之恢复生气。小说所叙述的是人类历史中的宇宙性的一天,读者被作者拖着,也被迫去参加了一次语言的狂欢、节日、词语的癫狂。小说里,一种赫拉克利特式的时间占领了一切,给我们留出了:叹息、斗争、沉默、丰富、音调、多变、无聊和迷狂的机会,在其中,时间在流动中串联了宇宙之客观和主观之间的连续流动。都柏林塑造了主人公们,而主人公们也塑造了都柏林,让后者的时空重新来居有他们,像合唱队掀起了高唱,然后就徜徉其上了。乔伊斯将字面的、本身的、具象的、模拟的、象征的、神话和神秘莫测的意识并置,重新去写出了一个城市:都柏林。[2] 或者说,他将城市推入一种正在被写的状态。小说里是潜伏在我们的城市之下的那一真正的城市里的生活。都柏林是一座待续写的城市。但哪一座城市不是呢? 城市正处于被写的状态。它是我们写的下文。小说生产着城市。

对比着《尤利西斯》,我们就会发现,是广告覆盖掉了我们的日常生活。广告和它捎带的电视剧所表达的内容只是:做消费者真幸

---

[1]　Henri Lefebvre, *La vie quotidienne dans le monde modern*, op. cit., pp. 7 – 18.

[2]　Ibid., p. 8.

福;创造出神话,来浇灌出你脸上的因买到称心的东西之后泛出的会心微笑。现代社会中,广告成了第一商品。[1] 它用商品堆出日常生活的幽灵,来覆盖和替代日常生活:日常生活成了消费者的鬼生活。它塑造了日常生活,左右着所有的物品、食物、衣服和装饰的呈现,像艺术策展一样,用各种商品来摆布我们,而我们活的身体反而成了它的展品的陪衬。[2]

广告也替代了我们生活中的所有的交流形式,包括艺术和文学。它几乎成了生产者和消费者、理论与实践、社会存在与政治权力之间的唯一中介。在广告中看到"小鲜肉"运动员身体的跃起时,我们到底是看到了什么? 其实是这个广告图像里包含着一种双重的恐怖主义威胁,根本与体育运动无关:它对我们说,还是做一个洗梳干净的男人吧,每天早上起来都应该做一个干净的男人,对你自己有吸引力,才能对女人也有吸引力。用了这一种剃胡子膏,你就能做到那样,否则的话……

图像与广告语之间其实没有关系,是广告语也就是商品宣传需要这张图像,它才被利用的;图像完全莫名其妙,而广告就是要把观众弄得莫名其妙,以便使他们更快地就范。"广告就是意识形态。"[3] 广告同时是艺术和文学,回收了节日的泔脚,剪辑来又剪辑去,来为它自己服务。它也代替了哲学。它可真的是真诚的哲学,的确无限地关心着大众,要他们过得好,向他们提供种种自制幸福的装置。它是那么地真诚和殷切,所以,总急不可耐地要挤进《延禧攻略》的情节之中,使所有的买卖,都显得必然。最后,广告里的信息就成了媒体,成了我

---

① Henri Lefebvre, *La vie quotidienne dans le monde modern*, op. cit., pp. 209 - 235.

② Ibid., p. 55.

③ Ibid., p. 106.

们消费生活中的语法。我们忙着去消费了,就不去管我们对于城市的原初权利,根本不顾城市是我们自己的作品、须由我们自己去创作出它这一点。

广告中,您看到的只是您自己:您正在家里,在起居间,在屏幕前,在手机 app 上,您就等着广告来照料您,关心您,教您如何去过生活,去过得更好,穿得更时尚,装饰得更豪华。它总是教您如何去存在,在答应帮您去除生活中的焦虑。您在"您"的名义下跟着广告过着一种第二人称下的、"第二人生"般的生活。您于是被广告彻底和总体地编程,成了它的一颗棋子。您要做的,只是听从广告的引导,从那么多非常好的商品中间,挑出一个最合意的。所以,根本都用不着怕机器人来抢您的工作和替您来过生活了,您早就被广告当作机器人编程于其中,是人工智能的一个假肢了。而您整个的日常生活从一开始就这样了,根本不是今天才这样的。

在后—消费社会,消费甚至也是对消费的陈列的消费了:淘宝上的排场,是为网上消费者摆出,是要消费那一排场。为消费而消费,要消费消费的那种样子,就是装着样子地去消费:努力去假装着过广告要求我们去过的那种生活。这就是所有的意识形态,通过广告,来强压到我们头上的具体任务:导向全社会的消费上的社交性假装,像在完成规定的指标那样。

消费中的社交性假装的最好例子,就是妇女杂志。妇女们的个人想象力,和她们所学习和继承的那一象征传统,都被时尚杂志架空。妇女的生活经验,与她们从大众媒体中获得的假装的感觉,被搅拌到一起,最后使女性读者对自己的博学和优雅,也大感惊讶,也给她们的服装带上一层非现实、超现实的魅惑:时尚杂志提供词语,她们在自己身上像自动写作般地用服装来造句。在那些杂志或电视节目或社交媒体的推送里,从最简单的 DIY,到需要专业人员才能做的各种美食、花园椅子、派对桌子,和昂贵到够买下一座城堡或宫殿的家具,都是像时装那样地来到妇女眼前、手中的。女读者是根据其个人口味,在杂志中投资其具体的、或抽象的解释,到这一杂志提供的主题材料库之中,来进一步想象她们所看到,或看到她们所想象的。在这样的杂志中,文学和广告就只有表面上的不同,而广告的修辞往往还比严肃文学更加文学一些。连最不起眼的,也能被突出。正是这些生活或节目或推送,将日常生活翻译成了种种的社交性假装,方便读者也就是消费者去模仿,使他们脸上最后才绽放出了满意的微笑。这样,广告就偷偷潜入每一个读者的日常生活,侵入包括那些过着不受拘束的日常生活的半神(明星)们的日常生活之中,而正是他们才使消费者热烈地臆想幸福是能够一一变现的。①

我们知道,日常生活并不是一个系统,而只是由处于同一个平面上的几个相互之间有隔阂,但又相连的子系统混合的。② 在这一总已开裂的日常生活之中,艺术再现的是一种在时间、空间、欲望上去适应的形式。艺术作品是要在社会层级上比如在城市、建筑和纪念碑中给我们一种可被感知的时间的形状。而美学往往是在社交假装的层面上来被操作,经常是通过对艺术的讨论和解释,或通过其中所运用的修辞来起作用。而艺术唯美主义是对艺术讨论的再讨论,和对美学的评论的进一步的美学式讨论,也都只是社交式地装装样子而已。想入非非的主动适应,对日常生活和话语消费的种种变形,总落在假装和意识形态之间。③ 所谓生活的美学化,也就是艺术非但不能改造日常生活,反而更进一步将后者边缘化,这是要文学和艺术来为消费服务。我们今天就被逼进了这种不管三七二十一的美学经济之中。

在时尚杂志中,对于服装、食物、家具、活法、环境和可能的对于

---

① Henri Lefebvre, *La vie quotidienne dans le monde modern*, op. cit., pp. 88.

② Ibid., p. 89.

③ Ibid., p. 88.

sex 和性向的讨论方式,也被用到对建筑和城规和汽车的美学式讨论之中。这其中,广告不光提供了一种意识形态,而且还创造了一个叫做"我"的消费者。你我还是好不容易才达到了这个"我"的水平,在实战中才被塑造完成。你我在消费后,最终就想与这个理想的自我合一。广告召唤着消费者,还将他们卷入一种强加的消费式艺术之中,使你我还以为面对的是图像之中的修辞和诗术,由此还多少感到些高雅呢。

但消费也给我们带来巨大的失望。有好多种巨大的失望,也许不胜枚举,我们只特别找一个来说:消费造成了对物的消费和对这些物的符号和图像的消费之间的无法抹平的鸿沟;总是明星消费实物,而群众消费符号或图像。消费行动很像想象的行动,而不是真实的行动。想象的消费或对于假装的消费(广告的主题)与真正的消费之间,是分不清的。而消费首要的是与符号和图像关联,而不只是与真实的物关联:娱乐明星的消费是为了带动群众的消费(今天他们明说自己是在"带货"了)。消费者最后面对的,只是一堆符号,他们最后怎么会不失望呢?

贵族享受红木家具,而民工能拥有塑料家具用,也只好满意。穷人只有符号可以消费,而越消费符号,他们就越对定制商品饥渴。在这种被符号偷换的交换过程中,穷人手上的财富,总已在某种象征交换中被资本家、知识分子和艺术家的符号偷换,而他们本来是会自己生产和创造这些他们想要的东西的,但在商品社会里,他们却什么都缺了。劳动阶级消费的主要是符号和图像了,将后两者当成了自己的日常生活内容,而后者本来就是要通过文化工业和广告来被强加的;劳动阶级只被允许做很少的一点适应。① 这样的情况

---

① 是谁故意将水弄脏,使我们不得不去买矿泉水喝? 是文化工业。也只有在被广告定义好的地方,空间才是稀缺的(Henri Lefebvre, *Espace et Politique*, op. cit., pp. 116–117)。

下,他们的意识总是在渴求和假装,总不可避免地由此失望,因为奴役和剥削他们的那些手段,也同时掩盖了他们所处的真实状况。他们很难意识到,在日常生活和消费中,自己也是像在生产过程中那样,被剥削和奴役的。[①] 劳动阶级的日常生活,总被意识形态和广告替换,他们活得就像鱼离开了水。穷人的城市生活因此是被双重地异化的,在劳动中是,在其消费中也是。

今天的青少年也想来消费了,于是,为他们服务的市场,很快就应声而建,他们及时地受到了同样的剥削。今天就连青少年,也在过他们的边缘式的假装的日常生活,过他们自己的,而不是他们的长辈在过的那种。但他们消费的,也只是大人们的消费品。[②] 而不同的消费,也仍只是在消费。

妇女在日常生活中尤其受到盘剥。她们最后可能逆转了这种盘剥,还从中受益了一点点,并不一定知道其中带来的苦难,但盘剥仍是不可置疑地发生了。她们有时就陷入特别油腻的物质之中,有时就逃进了假装之中,闭眼不看周遭,任自己陷污泥而不拔。她们有她们的替代品,而她们自己就是最好的替代品。她们抱怨,关于男人的啦,关于人类状况的啦,关于生活的啦,关于上帝的啦,关于神的啦,但她们的话语总是不着边际。她们自己是日常生活的主题,但也是其受害者,也是其对象,也是其替代品(时尚、房子和家等等),尽管或正是由于她们的那种"心血来潮"。[③]

女人额外所受的盘剥中,

第一层是来自日常生活,来自劳动阶级妇女的无聊工作和

---

① Henri Lefebvre, *La vie quotidienne dans le monde modern*, op. cit., p. 91.

② Ibid.

③ Ibid., p. 73.

所受的羞辱，因为日常生活压在她们头上特别沉重：生孩子、养孩子、必需品的购买、钱、购买、备需、数的领域、物质领域之外的那些亲密知识：健康、欲望、自发性、活力、一次次重来、挺过贫穷和无尽的缺乏、鄙下和贪欲。第二层是来自于日常生活的连续之力量，来自扎根于土地的生命的永久性、身体、时间、空间、欲望、环境和家的适应能力、藏在日常生活中的未被预见和未有尺度的悲剧。她们被压垮、夺取，是历史和社会的客体，但也是其不可避免的主体和基础，受到重压。由此，她们也由于在感性经验的世界中的重复，而格外能够创造；需要、满足和更稀有的快乐之间在她们身上重合；作品与艺术作品在她们身上更易实现；她们能够从日常生活的硬实和空间出发，以它为条件来创造的能力——为个人、共同体和阶级做出能够持久的东西；她们也更擅长对本质关系、文化与生产性之间的反馈、理解和意识形态（它位于上面说的这些矛盾的底部）作出复制。总之，她们顶着那一在性别、世代、共同体意识形态之间展开的战争的场地加在她们头上的压力。[1]

这样的情况下，她们还在享受时尚？有多少妇女是真正地保持了时尚的？整个社会里也只有几十个模特、封面女郎、和网上网下的半神们，一直在我们面前瞎窜，生怕自己不再时尚。因为，对于她们也一样，时尚是一经发布就已过时的。她们必须像踩人力车那样，永远疯狂地往前蹬，才能不落伍。[2]

对于知识分子，广告所上演的那种修辞流畅的假装，刚好能弥补他们对于日常生活的经验的缺乏，能帮他们忽略他们自身条件的

---

[1]　Henri Lefebvre, *La vie quotidienne dans le monde modern*, op. cit., p. 91.

[2]　Ibid., p. 103.

牵强、无权、缺钱。这一假装正暴露了他们为了能往社会阶层上爬几级,成为一个受欢迎的作者,一个著名的记者,一个显要的技术专家或政府的顾问等等,而不得不屈服于广告所发布的那种强制,去相信那些乱编的神话或意识形态这一丢脸的事实。①

贵族阶级是不用过日常生活的,尽管他们仍在使用那些我们艳羡的著名品牌商品。他们甚至都居无定所。这些半神们用他们的财富和权力,打造出了流浪和漂泊的最新版本:从游艇到高级饭店再到别墅。但他们没有与劳动阶级流浪和漂泊在同一个层面上。像那些童话里的主人公,他们是要给普通人提供一个看得见摸得着的装样子的形象,那种很高级的装样子,帮广告提供说服力:你看看,广告里向你推销的那些,是可能的,而且已发生的。他们过的是另外一种日常生活,只能通过游泳池、白色象牙柄电话、上古家俱等等,来被识别。这些半神的确是把生活过得高人一筹的:他们是真的生活在日常生活之中,是真的过上了那种广告反复在向我们推销的日常生活的,你不要以为广告里的内容是虚构的。而普通人,张三李四,是不得不立足于现实,只好面对广告而不胜感叹,最后沉入水底,或被远隔。但围观的他们也只是商品生活中必需的宣传道具。

中产阶级也只是部分地看透了意识形态和广告和它们耍的把戏,只是朦胧地感到自己吃了药。他们的政治份量不够,没有权力,也没有权威。但他们的生活方式好歹已征服了整个社会,也征服了劳动阶级。他们的历史使命仿佛就是去过一种装样子的日常生活,来给劳动阶级看,令后者眼馋。所以,他们也一直必须像无产阶级那样来生活,只是待遇好了那么几分之一而已,获得了像小学班干部面对其他同学时获得的那一点优越感,但他们必须装样子得更卖力才行。中产阶级通过不让劳动阶级具有阶级地位,而在与这些无

① Henri Lefebvre, *La vie quotidienne dans le monde modern*, op. cit., p. 92.

产阶级的关系中,获得某种尊严和显赫,得到一种高高在上的错觉。他们在今天几乎仍在扮演过去资产阶级所扮演的角色。

在今天这个被官僚主义控制的消费社会中,这一中间阶层正在慢慢地与无产阶级合并,而这就是斯密和马克思所说的他们的无产阶级化过程。这一工人和中产阶级会不断地无产阶级化或非人化或废人化,与工业家具会越来越过时和折旧,是同一个道理。尽管白领工人、小技术员和公务员们硬撑着不认账,但是他们不光顶不住意识形态,而且也总是情不自禁地像无产阶级那样,通过团体旅游和出国自由行,来逃避自己的日常生活,意淫着被挂上了某种品牌的诗和远方。中产阶级惊心动魄地发现,在消费社会中,他们消费的不是有血有肉的他们自己,虽然他们仍可以自由劳动,而是消费了他们自己的生命时间。①

马克思主义式异化理论是有点过时了,但新的异化形式,却层出不穷。我们必须用新的眼光来揭露今天新出现的各种异化形式。而在列斐伏尔看来,异化不光是由商品生产引起,而且也由空间生产引起:栖居变成颠沛,我们有一个水泥空格子住了,反而就更不感到在家了,这就是由空间生产引起的异化:住在拥挤的小区,以便被更好地隔离成孤众和裂人。② 在国家空间主导的空间生产过程中,文化已不是一种神话,而是更坏的东西:它是国家意识形态和市场命令,被用来威慑和隔离我们。③

---

① 建筑用节奏、障碍和紧张给我们带来快乐。而海德格尔的山脚小屋里的栖居,却并不能给我们带来快乐。海德格尔只强调了静止的尺度,只在被动地等待那一人神共居的秩序的到来(Henri Lefebvre, *Toward an Architecture of Enjoyment*, op. cit., p. 79.)。

② "不在被居有的空间里,什么都将被隔离。"(Henri Lefebvre, *The Production of Space*, op. cit., p. 417.)

③ 有了云(平台)就不能有国家。国家已太慢、太木和太好骗。国家在完蛋前将只剩下医疗系统加一支世界杯参赛队。为什么我一定得有个国家呢?(Benjamin Bratton, op. cit., p. 295)

日常生活也是由一些日常生活子系统构成的。时装就是这样的一个日常生活的子系统,巴特的《时装系统》描述的,就是这样一个子系统内,通过符号生产,而实现的意义分配。女性读者就是通过时装杂志,来重写这些符号,自己来生产出自己所穿的服装的意义的。今天的美食在中国也是这样的符号抒情,"舌尖上的中国"这一说法,是双重地正确的:使食品脱离本地性、口传的家庭手艺,而成为每一个消费者通过看节目就能自己组装的社会子系统构件,成为一种在购物中心内通适的符号系统组件,DIY 地搞下去。一场婚礼尤其是其婚纱摄影,如果不嵌入这样一个社会子系统——就会捉襟见肘。旅游是消费社会的又一个社会子系统。连性和性向也是,也有一系列选择。如果从日常生活如何被编程这个角度说,那么汽车是最经典的一个社会子系统。

汽车是物的代表,是最高等的物,我们一定要记住这一点。从经济到言语,汽车在好多的领域里引导着我们的行为。交通循环是一个社会的主要功能,涉及到要给汽车停车位以优先性,也必须有足够宽的街道和公路。每一城镇都只是微弱地抵抗了一下这一汽车子系统,而这样的抵抗一旦发生,也总是在第一时间就被压垮。在城市的设计和规划中,城市空间目前是根据汽车的需要来被设计的。那种规划师的自以为是的短期技术逻辑,总会帮助交通问题压倒居民的住行问题。而的确,对于很大一部分人,汽车是他们活着的最实质性的存在证明。就汽车与日常生活的关系,我们可以举这么一点:汽车能使人和物集聚,混合但不能相遇(就如小区很拥挤因而更互相隔离一样)。这是一个惊人的关于不带来交换的同时性的例子:汽车使每一个社会元素总仍被关闭在自己的那一格子里,越有汽车,越这样。汽车促成的这种互相隔离的状态反而加快了城市生活的崩解,培养出了一种开车者特有的心理错乱:汽车显然带着真实但被限制和预设的危险,因为它会伤人、撞死人。往回望,人类的驾驭史留下的,的确也是一条血路。但是开车者们认为,这是留给他们的日常生活中的唯一的冒险之路了,是终于轮到他们头上的那一点生活中的可怜的激动和涉险的份额。

而最惹眼的,还是汽车在我们所能识别的总体系统,也就是那一替代物系统中所占的位置。作为性爱、冒险、生活条件和大城市与人之间的接触点的替代物,汽车被典当到了那——被识破就会崩溃的"子系统"之中。这是一个很呆的技术制品,依赖于相对比较简单的功能性要求(如能够移动,使用和浪费相当多的能源,夜间必须能照亮它前面的路,改变方向和加速等等)和结构性要求(引擎,底盘、车身和装备)。[1] 它也引起了某种态度(经济的、心理的、社会学上的等等)。实际上,汽车征服的不是社会,而是日常生活。我们在城市中生活,但这生活被汽车架空了。汽车将它自己的法则强加到了我们的日常现实之上,将现存秩序全拉到它的那一个平面上,我们不得不被拖进其中。今天,我们好大一部分的准日常生活,是由引擎的噪音来伴奏的,也被它理性地剥削,甚至还被汽车工业及其修理行业颐指气使。[2]

汽车不只是一个带有技术先进性的物品,一个社交手段,和涉及要求和强制时的手段。它也培养了等级:一个由尺寸、动力、成本、和一个基于开车者的绩效的复杂和微妙等级的明显秩序。当我超车时,我通过在第二等级里爬上一格,而提升了我在第一等级里的地位。车的等级就是社会等级,但我可以通过超车从另外的线路上来爬上一格而凯旋。[3]

---

[1]　对上海世博会城市实践馆的体验:基于用户能源消耗的全球公民权之教学法(Benjamin Bratton, *The Stack*, op. cit. p.257)。

[2]　Ibid., p. 101.

[3]　让·波德里亚,《物体系》,林志明译,上海人民出版社,2001 年,第 75—84 页。

汽车还是地位的象征。它代表舒适、权力、权威和速度。除了被当作实用工具,它还被当作符号来消费,而反过来排出了社会等级。它是一种魔幻物,是来自装样子的领地的归化物,是最能给我们争面子的东西。我们的言语一被用到汽车上,就变得不顾修辞的限度,开始变得很不现实。汽车占有中,仍存在着那个封建的等级秩序。

汽车在日常生活中的角色有无数种:它是日常强制的总和,是由此留给我们的社会性好处的首要样例,它也是我们企图逃避日常生活的所有企图的浓缩。因为,我们以为它能帮我们在日常生活中躲开危害、风险,其实反而是带来了那一切,根本没有给我们带来真正的生活的意义。①

无人汽车的未来是人类世城市平台的终极图景里的重要一幕,是目前我们在无日常生活的消费生活中对于未来的期待。在这一期待中,城市问题仍卡在双重困境之中:云计算平台支持的人工智能和智慧城市,和更加捉襟见肘的日常生活之间的难以调和。那也是人类世城市的致命的两面:一面是无法摆脱的消费的生活,只会生产出恶梦和疯狂的生活;另一面是人类在控制论下的生态处境。克服我们对于作为城市生活的症状的汽车的依赖,是我们从人类世城市平台走向全球城市社会的一个关键节点。②

---

① 让·波德里亚,《物体系》,林志明译,上海人民出版社,2001年,第75—84页。

② 列斐伏尔认为,城市社会已是人类的一种命运般确定的倾向。它将不是我们建成的,而是自建的。城市本身是一个大陆,我们是边建它边发现它的(Henri Lefebvre, *Espace et Politique*, op. cit., p. 73)。

身体空间与视觉空间

在列斐伏尔的空间生产理论中,空间本身被认为是一个历史的发展的过程,不是一个固定物。这一眼光将模拟空间看成是最早的人类空间。它是人模拟神的身体来布排村庄的空间区划方式。其原型是苏丹的多贡(Dogon)地区的村落布局。里面的神的身体的头、四肢、男女生殖器官、脚,都由村庄里的一座座石屋来代表。[①] 一个村的构造,就是一座完整的宇宙论的模型。

这种宇宙性空间中的各种纪念碑,是根据某种宇宙图像来被布排,北京的天坛也是例子。在这一宇宙空间中,城、镇或村被看作世界的图像或地图的节点,本身形成了一张宇宙互联网。古希腊和罗马的万神殿(Pantheon),也是这样用来迎接神的到来的降临线路图,在小亚细亚生产方式主导的社会中,都曾是这样的格局。在那里,一个城镇是由一座纪念碑、一个方尖碑,或一块巨石(常被认为是宇宙的肚脐)、一座半圆石祭坛(omphalos)来压阵,都指向世界的中心,由此去主导整个空间的布局。

---

① Marcel Griaule Germaine Dieterlen, "The Dogon of the French Sudan" in *African Worlds*: *Studies in the Cosmological Ideas and Social Values of African Peoples*, ed. Darryl Fords, Internaltional African Institute and Oxford University Press, 1954, pp.83 - 110.

象征空间是符号空间。中世纪的城镇中有另一种空间形式,里面布置了大教堂和众多宗教符号。那时的空间已不是全部由罗马式的宇宙空间来主导,而是由哥特式大教堂来做城或镇的中心。这种空间布局里,城市是逻各斯(Logos),代表了那个字和字后面的意义,而真理是位于墓里的。在那里,空间处于一个被不断破译的过程之中,教堂穹顶是一个直抵天庭的装置,走向光(达弥希(Hubert Damish)的《云理论》说的那种"云")。[①] 空间同时变得具有宗教性和政治性,通过语法化和句法化,而能够"再现"。也就是,像在教堂穹顶中那样,不通过文字,就能用"云"来讲故事。这个"云"接近中国古人讲的山水:各种构图语法的矩阵式堆叠。

透视空间起于文艺复兴时期的托斯卡尼地区。弗罗伦萨、锡亚那、卢卡和比萨相继成为商业中心之后,各个大家族就通过银行放款,来将土地夺到手中,对其加以改造,由此而从对土地的封建剥削,走向了放地给自耕农来租种。像美第奇家族这样的银行大户,就在乡村造了大屋,连接这些大屋的道路的两边则被种上了柏树,来象征财富和长寿。当时的建筑师阿尔贝蒂(Leon Battista Alberti, 1404—1472)将这一结构精致化,用了透视来分出曲线、光、阴影、男女性别因素等四大元素,教导时人如何来组装它们,像留给后代的一份DIY说明书。他的建筑理论之后被用到从造屋到城规的一系

---

① 达弥施的"云"理论对本书的重要性是,他将绘画的历史起源理解成巴洛克教堂穹顶设计中的"云"装置;建筑搭建出的大地和云层之间的这一通道,才是绘画的起源。这与现代主义建筑的反前立面姿态,比如毕加索的画面中的暴力空间起源,形成对比。根据达弥施,绘画史总被逻各斯规范,后人研究图像不是被语言学左右,就是被各种图像学左右,而他试图回到更早,回到建筑还能来组织诸艺术形式的那一时代,来看绘画的历史和艺术史。这一眼光对于我们今天研究空间、建筑和艺术问题是很重要的提醒。详见 Hubert Damisch, *La théorie de nuage:Pour une histoire de la peinture*,Seuil,1972,p. 17, p. 23。

列设计之中,成为后人长期遵从的典范。

这时的空间背后仍有人的身体的影子,但变得可测量和可视觉化了。我们也能在十五世纪的绘画中看到这一透视空间:城镇都被安排进透视关系,为居民、使用者、官方和艺术家包括建筑师提供了共同的表达和计量手段。立面、平行性和道路几何从此成为规划城镇的主导元素。

透视空间的逻辑之后就被嵌入罗马帝国之后的西方的习俗、语言之中。从民国开始,中国人也认为这样的空间才值得居住。到了现代主义艺术时代,这一透视空间在欧洲就走向了危机。从 1910 年代之后,康定斯基、克利和分析式立体主义的绘画(以毕加索为代表)彻底打乱了透视空间。地平线消失,永恒中的平行线也消失了。透视空间被暴力性的资本空间代替。

资本空间是一个灾难空间,因为它启动了对透视空间的彻底毁灭。这现象在毕加索的分析性立体主义作品和康定斯基的象征主义绘画中,就可看到。从此,建筑作品和任何物品,都被安排在了一个同质空间之内,而不是被安置在一个讲究质量或品质的空间里:被放进一个视觉空间,任人凝视,并暗示观者可以转动着它来看,于是将由身体生产出来的空间,全都置于眼睛的暴力之下了。

继后的财产空间进一步构成一个灾难空间:它颠覆原来存在的空间、将其原子化、粉状化。财产空间的建立,是带有附加条件的:用国家空间(l'espace étatique)来修正和支撑它。[①] 财产空间里什么东西被瓦解了? 实际上,一切都在其中被拉平,被抽象,被重新切割了,就像在拆迁现场,就像肉店将猪肉剁骨分块零售,就像马克思和恩格斯在《共产党宣言》中说,一切坚固的,也都被融化。

空间里的所有的东西,也从此都被机构化了,并被重新功能化。

---

① Henri Lefebvre, *State*, *Space*, *World*, op. cit., p. 233.

对空间的使用当然还在继续，如对养育的空间、体育的空间、身体的空间、孩子的空间、交通的空间、教育的空间，睡眠的空间等等的使用，但都侧重于对功能性空间的使用，与居住者的身体反应和活过的经验完全无关了。但是，这样的被资本粉末化的空间，往往又会被重组，根据使用，来被进一步区分，来被营销，从房地产销售到广告或电视连续剧里推销的空间，都是这种粉状空间，我们甚至都已对它见怪不怪了。

因为手上有物流空间这一武器，当代国家就将自己插入被粉末化的资本主义空间，和不同地被重构的财产空间之间，由此而渗透到一切社会关系之中，甚至渗透到一对热恋中的男女之间，使他们的感情和精神生活，也会被房价、工作地点与工作时间所调控，其生活也像是闹了鬼，会出各种妖蛾子。国家当然也能用权力去阻止一种混乱的空间走向粉末化，但它同时也会阻止新的生产模式去生产出新的空间。它阻止那些已被瓦解的空间，来根据时间（循环与节奏）、根据更灵活和开放的理性，来重新构形。它扼杀所有的改革和改造的可能性，逼迫空间中的人的身体无路可走，需要做出精神和物质层面的暴力反抗，才能找到自己的呼吸。

这一资本空间内的灾难性，源于国家空间会不择手段地阻遏差异空间的生产这一点。这一暴力过程，马克思主义思想家内格里和哈特称之为国家的生物—权力主导。它使人的身体劳动只能为商品空间和对其利润的抽取服务。国家空间要同时制服混乱和差异，要将一切都归统到它的物流空间之内。① 但它并没有真正消除这一混乱，而只是管理了它。另一方面，它的确是捕捉了差异，将它们摁灭在萌芽状态。所以，它最终所能统治的，只是一个空洞的秩序，一个被它扼杀的、混乱和瓦解性的、有差异但又具体的空间。它的最

---

① Toni Negri and Michael Hardt, *Commonwealth*, op. cit., pp. 256 – 260.

后武器就是拆迁,将一切拉为平地后,再重新开始开发一遍。

由马克思主义空间理论看,这一国家空间的逻辑已盘踞到政治力量的枢纽之中。而这些政治力量本身却总想要保持民族国家内和超民族国家的构型内的层级之间的平衡。但是国家空间的逻辑本身就是打乱之后再来打乱,是对空间运动无来由的连续打断。①真正具体的抵抗运动,用户的运动,抗议和斗争,都会掉入资本的陷阱之中。我们见到了替代(用权威替代草根)、移置(将社会抗议的目标和赌注,换成由与现存秩序相关的主导者设定的目标),但那都是远远不够的。列斐伏尔认为,只有一种由群众性的领地自治所施加的控制,才能对最具象征性的城市空间权力施压,才能用实际的基层民主,去反对国家行政和官僚层对于空间的理性化,这才能用空间化的辩证(不忽略时间并具体化于空间之中,将时间整合到空间之中,再将空间整合到时间之中),去制服那种国家逻辑。②为此,我们必须回到马克思的《哥达纲领批判》和列宁的《国家与革命》的立场上:无产阶级专政才是克服空间商品化暴力的最终手段。我们

---

①　Toni Negri and Michael Hardt, *Commonwealth*, op. cit., pp. 250.

②　在哲学家瓜塔里的纽约黑帮调查中,他发现,比如说在林肯医院的被占领和吸毒者的自我治疗和自我管理中,医院的管理人员完全可以是病人,可以不让医生来插手,警卫也可以是由前吸毒人员来担任。有意思的是,被吸毒人员占领的林肯医院最后重新被联邦政府接纳,得到了国家的补助,因为它的管理水平比正规医院还要好。重点在,这个自治的戒毒中心本身成了吸毒者的一种替代毒品,可长达几年地成为他们自己的救助和依赖机构,而不是像资本主义的治疗方式要求的那样,必须几个月内完成。瓜塔里感兴趣的是黑帮活动与民主的自治之间的关系:吸毒者同时是黑帮成员,最深刻地理解国家权力与毒品贩卖之间的互动机制,于是,像林肯医院这样的一个占领机构,不光是他们的革命根据地,也是他们的新"毒品",因为,对于社会的乌托邦式的改造梦想,是可以成为更好的毒品,来替代卡洛因的(Félix Guattari, *Chaosophy*, trans. by David L. Sweet, Jarred Becker and Talor Adkins, Semiotext, 2009, pp. 293 - 294.)。

必须认识到,在走向非政治化的过程中,尤其是在数码平台已经使国家秩序千疮百孔的情况下,旧有的国家一定会夺过空间,来修复它的残局:处理废墟、混乱、浪费、污染,都是其可用的筹码。所以,不去设想出一种新的空间质地,就无法形成我们每一个人的城市作品,无法得到对这一自己的作品的权利。国家权力的衰落,总要以社会空间的重组为继,而最终只有我们每一个人的城市作品,才能接传城市中心的那一香火。

在全球化过程中,在全球金融秩序中,国家仍要控制流动,保持领土内的向内和向外流动之间的平衡。每一个国家也必须与国际大公司作斗争,必须通过大数据统计式的广义的管理,以全球化姿态,来统治本地。这就为来自群众性的草根空间自治、直接民主和民主式控制、在斗争和通过斗争来生产的差异性的肯定,打开了新路。① 人类最终的共存目标,仍然是一种全新的共产主义式的全球联合,是在互联国的基础上形成的全球城市社会。

---

① Toni Negri and Michael Hardt, *Commonwealth*, op. cit., pp. 250 - 251.

空间的视觉化暴力

潘诺夫斯基在《哥特式建筑和经院主义》一书中不再满足于黑格尔的时代精神式解释,也就是不只以某一时代所弥漫的庸俗精神,为理解建筑的根据。他押注到了比建筑和哲学之间的重合还更多的东西之上。比技术与象征之间的重合更多的,他认为还有:对空间的操作方法,也是被经书所指引的。他走向了对于灵魂的向天倾诉、新一代人的青春式执着等等曾如何影响当时的哥特式大教堂的建设的讨论。也就是他强调了,在一个时代里,不光时代精神,而且当时的哲学和神学的内部(文本、精神)结构,也直接影响了建筑结构。[①] 我们在今天必须批判这种精神决定建筑的唯心主义思想,认真思考人的身体对于空间的生产所需要的那些社会条件是什么。潘诺夫斯基的这些说法是陷入建筑之哲学中心论或人类学中心论之中了。

基于哲学与建筑的同形这一认识,潘诺夫斯基认为,建筑是对一个时代的哲学和精神的呈现和阐述,正如一个时代的信仰被其时代的理性所阐明那样:如果一个时代的哲学还是含糊的,那么,那个时代的建筑,比如说一座大教堂,就说出了关于那一时代的哲学的

---

① Erwin Panofsky , *Gothic Architecture and Scholasticism* , New American Library, 1957, p. 86.

一切，比书本里写出的还要多。所以，建筑是对它所处时代的更到位、更算数的书写？这一看法在人类世，就显得太古董了。

那么，哲学和建筑到底哪一个应该优先？潘诺夫斯基毫不犹豫地选择了哲学。正是经院主义哲学，他说，生产出了一种精神习惯（habitus），当时的建筑的操作惯技（modus operandi），就被认为是从存在形态（modus essendi）、存在理由中派生。① 建筑的栖形是直接从天启理性中降临，而正是天启理性张罗了真理的统一，理性和信仰的合一的具体体现，就是神学大全（summa theologica）。在潘诺夫斯基看来，哥特式教堂的空间安排，实际上复制或体现了《神学大全》本身。②

令列斐伏尔吃惊的是，潘诺夫斯基居然没有意识到，从一本神学大全创造出精神空间和抽象空间，将会造成多么可怕的后果。潘诺夫斯基有些幼稚地认为，空间是观念地、精神地被"创造"出来的。而列斐伏尔认为，这是很暴力地理解了空间，因为在他看来，这一点与今天的建筑师认为空间是他们设计、创造出来的，是一样粗暴了。③ 列斐伏尔坚持，空间是被人的身体生产出来的。而潘诺夫斯基则坚持一种教义里已包含了某种栖息地必须由某种精神习惯和某种操作法来确定，后者也给写作、艺术、音乐等带去了框架，也就是说，是教义规定了空间的生产。这等于说，一个时代里，人们都逃

① Erwin Panofsky, op. cit., pp. 86 - 88. 比如哥特式大教堂的假窗，潘诺夫斯基就认为，建筑在这一假窗上就已走进神学之中，神学文本上的一致性和建筑工人的宗教觉悟压倒了建筑。也就是说一个时代的主导性的观念、文化象征秩序，像语法一样规定着每一个人的信念、情性。这一看法深深地影响了法国社会学家皮埃尔·布迪厄（Pierre Bourdieu）思想中的诸如惯习（habitus）、情性（dispositio）、象征权力等概念。
② Ibid., pp. 7 - 20. 简单地就因为《神学大全》里的列举更彻底，建筑师不得不参照它来施工。
③ Henri Lefebre, *The Production of Space*, op. cit., pp. 257 - 261.

不出这一规定着建筑、文学、艺术的时代精神框架。潘诺夫斯基认为，哲学或神学大全或大教堂里，都先已包含着一种视觉逻辑，后者将统治一切空间生产。

列斐伏尔指出，潘诺夫斯的这种图像学，会产生艺术史眼光下对空间的理解上的暴力（而今天的建筑师和城规师，都习惯性地采取了潘诺夫斯基的这种偏见），就在于他认为建筑师可以从一本书出发，去创造出一个观念的空间和理想空间。他根本不知道这两者并不就是可直接交给城市居住者的精神空间、情感空间或社会空间。他没有认识到，由居住者生产出来的空间，是表型空间（phenotype of space），而不是基因（遗传）空间（genotype of space）。与潘诺夫斯基相反，列斐伏尔强调，大教堂是抽象空间的开端：后来的资本主义空间在城市中的被广泛开发，就起于这种视觉化。而今天的城市规划仍在堂而皇之地在城市空间设计和规划中执行这种残暴的视觉逻辑。

从中我们可以看到，带着良好意愿的人们（建筑师和作家们）的设计、规划和想象，其思考和计划也仍会这样隐含着某种哲学、某种教义，想要将某种代表性视野坚持到底。一般他们会将自己与某种古典的和自由的人文主义联系起来，而且一般还都带上一些怀旧。他们要求根据人类尺度和为人民来建造。他们将自己看作社会和文明的医生，看作新社会关系的创造者。他们的意识形态，或者说他们的理想主义，经常来自农业物流时代的模型，不加反思地就加以采纳：村庄、社区、邻里、带有市政建筑的城镇市民等等，是他们的终极模型。他们所要去守护的传统，最多只导向形式主义和唯美主义，也就是说，死死抱住古代模型，不知道那种古代城市的美，也只是用来满足那时的消费者的口味的。

那些城市管理者想要看到的规划，也是与国家公共部门对空间的专制连接的。而这些部门总是将自己看作科学的和进步的，虽然有时也的确是依赖于某种科学的,有时也动用了学科综合后的研究结果,但这两者都是不够的。这种城市设计和规划中的科学主义,哪怕带有操作式理性主义的慎思形式,却往往忽略了设计与规划中的人类因素,而将自己切分为各种倾向。[①] 有时是通过某一特定的科学,有时是借助一种技术,就如今天的参数化技术手段,随便拿过来不论哪一种技术,就将它当成出发点,而最后真正动用的,其实往往只是一种交往技术和流通技术。这种技术式和系统化的设计和规划,自身就带着意识形态和神话,会为自己的设计目标而不管三七二十一地荡平城市中剩下的一切,为汽车、信息网架的上升或沉降开道。因为只有将社会存在者在城市留下的废墟消除掉,这些模型才能被实施。它是为资本主义暴力空间预留着的。

我们也决不可以简单地认为,城市当局真的能直接动用由社会的各种科学提供的信息来管理城市,甚至设计城市。首先,信息很快就会成为攫取利润的固定资本,其次,信息本身会来架空我们自己活过的城市经验。在所谓的决策中心、全球视野中,城市设计和规划早就以自己的方式来统一江湖,总先已与某种哲学勾结,与关于社会的某种构想、某种政治策略、一个全球和总体的系统关联,再由意识形态将这种主导过程掩盖掉。城市权威的决策,于是预先就被架空,决策中心也形同虚设,那也只想要在公众头脑中,去制造某种城市管理的幻觉。

而开发商的城市设计和规划,总受制于赤裸裸的市场化导向,能想到的总只有利润。如今,他们并不光靠卖房子或建筑物,而是也靠着城市设计和规划来挣钱了,只能靠后者来扩大投资的内存。不论带不带有意识形态,总是城市规划在生产着城市的交换价值。开发商于是将规划看成属于他们自己的特权和机会:被奇迹般改造

---

① Erwin Panofsky, op. cit., p. 84.

的日常生活中的幸福之地,是他们所能够贩卖的真正的快销品。居住地中的假想世界,通过广告,被铭写到我们的日常生活之中,以便空洞地号召我们去住到各种商品房小区,做出没有任何介入性的社会实践。这些广告形成了意识形态,或意识形态成了这样的广告。城市设计和规划最后都是被广告拖动的:先告诉人们什么空间是好的,使他们上当,再去为他们规划和设计。这中间,电视剧是打头阵的。也就是说,的确是用某种观念和精神打头阵的,但它们往往来自电视剧和广告,而不是来自于我们时代的精神和象征创造,不是来自于我们的那些由当代诸众集体创造的哥特"大教堂"。顺便说一下,我们时代的大教堂,就是规划中的华为 5G 和阿里云平台这样的东西,但我们最后看到的往往是另一种东西。

从工业化走向城市化

　　人类世是从工业革命开始,蒸汽机的发明是其真正的开端,波兹曼的热力学发现,证实了人类正踏向这一熵途,而熵理论本身,甚至本书的城市哲学,也成了这一进途的一部分。都知道,但大家就是不想弄懂:后—真相时代是这一熵进途的最新阶段。我们当代如此,但就连恩格斯,在写《自然辩证法》前,尽管认识到宇宙过程的热力学性质,但因为他相信自己是一个革命的唯物主义者,也觉得讨论这一熵过程会被人认为他信奉了总体宇宙的神学眼光,就故意在书中隐去了这一讨论。总之,由工业革命向城市化的迈进,使熵过程加速,而使全球化的城市成为人类世城市(大数据—后真相)的平台,偏离我们期待的全球城市社会这一理想型。

　　而中国当前的城市化是这一工业化走向城市化的全球商品空间生产过程中的最景观的一部分。它体现了从工业的产品生产走向后—消费时代的商品空间生产,走向总体城市化的过程,是对城市空间的商品式生产和交换的资本化过程的最后一步。在此同时,人类已步入一种叫做人类世城市平台的新秩序之中,而我们是要努力在这一平台上,去重建一个全球城市社会。本书想从中推演出这样一种眼光:中国的城市化正在将人类拖向人类世城市平台(堆栈式平台)之中,拖进那个史罗德戴克所说的全球资本的水晶宫之中。这一资本的水晶宫内,空间是照全球资本主义的逻辑被生产出来,仍将被再生产。而另一方面，这一空间生产又会加紧、加快人类走向人类世城市平台，最后逼迫人类为了幸存，而加快走向全球城市社会的步伐。中国的城市化所正在走入的这一人类世城市平台，是工业化到城市化后的最后的必然后果，是那一更大的全球过程的一部分，我们应该临危不惧，见机行事。

跟着列斐伏尔的马克思主义城市理论眼光，我们就能看到，从工业化走向城市化，是这样一个辩证过程：工业化攻击、捕获和抢掠城市，击碎老的城市核心，然后窃为己有，转而以新的中心性，来再生产出城市空间，用后者来抽取更总体性的利润。但这并没有阻止城市继续向外延伸，工业城市和郊区随后又与老城中心形成对流，互相含纳，之间还出现了大型城市综合体，形成如今的大型小区加购物中心的巨型小区等等。这其间，我们见到了下面几种辩证过程：工业化与城市化、增长与发展、经济发展与社会生活之间的错位和不平衡等等。但是，在城市扩张的过程中，日常生活被彻底粉碎，就连电视连续剧，也快要跟不上新的城市空间里日新月异的日常生活，来给新住民提供如何去活着的内容指导了。电视连续剧掩盖的是城市的急速改变，可是，人们仍只能依赖于这样的连续剧，去克服自己身体和心理上的因城市化导致的不安和晕眩，学着剧中人的样子，假装来严肃地过自己的那一种其实并不真正存在的日常生活。

城市核心被打开、被碾压后，就腐烂，失界，但并不就此消失。被去功能化的城市核心并没有就此向新的更具体的现实低头。就像村庄曾给了城市一些肌理和语法供它延续，市中心仍在发挥其潜藏的魔力，使城市肌理成为新城市空间的扩张酵素，渗透到新的城市空间之中。连远郊和农村也被这种新发酵过的发自城市核心的城市肌理所统治，如果不在经济上，至少在文化上和象征上被那样地统治（抖音和快手上表达的，就是这种城市肌理被翻译到农村的状况）。城市扩张所用的那一城市肌理，源于农村的神圣空间，但在城市中被加强、发酵,转而被用来统治边远的农村,如那些挂着可口可乐广告的便利店和加油站,就是对于这一城市中心性逻辑的贯彻。

在十九世纪中期,统治阶级中有一部分人也曾努力在管理好经济、加大资本投入的同时,想用文化来管理社会,想要将知识、艺术、意识形态用到城市管理之中,如在十九世纪中期巴黎的改造之中。巴黎的城市化之强度,在 1848 年革命到奥斯曼对巴黎的改造之间的这段时间里,达到了最高点。城市与诗歌和文学曾深入地相互介入:从那时开始,城市进入疯狂的自我书写过程,文学也跟着城市的自我书写而蓬勃。这还不是那种我们从好莱坞电影里想象的"巴黎生活",但也已经是您能尽全力想象都够不着的首都生活的繁华的典范了。这种城市生活暗示:人们应该主动努力,去追求相遇、对抗、相互承认,去追求意识形态之间的对抗、生活方式之间的竞赛和存在于城市中的各种竞争式差异化。文学向人们提供了练习这种竞赛的手段。我们也知道,新的城市生活不是过出来的,而先须由文学书写来引导出来。你很难分清是巴尔扎克、波德莱尔和左拉书写了巴黎,还是巴黎书写了他们。城市是在伟大作者和他们的读者之间不断互相重塑的虚拟对象。是伟大的读者们读出来一座城市的。这也就是列斐伏尔后来说的城市民主,每一个人对城市的权利和每一个人叙述出自己的城市的意思。城市化使人群走向这样的文学式民主,后者进一步把城市做成了属于人人的作品。

连巴黎公社追求的,也是这一城市的政治民主之理想。这就严重损害了新上台的城市统治阶级的利益,他们就要来阻止这一城市民主的诞生。如何来阻止呢?根据列斐伏尔,他们通过城市规划,来彻底销毁"城市性",将城市的主人也就是无产阶级从市中心和城市中驱逐出去。第一步就是叫来波拿巴政权时期的功臣奥斯曼男爵。而后者所服务的这一政权,本身就曾善于将自己强加到社会之上,玩世不恭地将社会本身当作其权力斗争的猎物。领命的奥斯曼就用直的大道,代替了弯曲但活跃的街道,用资产阶级的街区,取代了脏乱但活跃的老街坊。他的拉直和切割,不是为了美,而是为了"用机关枪梳理"巴黎。[①] 男爵本人甚至也不忌讳这一点。后来,人们对他疏解巴黎交通的一阵阵的赞扬,也是歪打正着。留出的空荡荡的大街这一点,所要声张的,只是国家的光荣和权力。奥斯曼对巴黎的城规,向我们证明,城市规划可以有多么无遮拦、多么暴力,而后来的人们回忆起来,又可以有多么地隔窗犹唱后庭花。因此,1871 年的巴黎公社也可被理解成被驱逐到郊区和边缘的无产阶级,想要回到属于他们自己的市中心,想要重新来征服城市,想要夺回城市这一属于他们自己的作品,是要来伸张他们的作者权。

第二步是在十九世纪的后半叶,有影响力的人们,也就是有权有钱的人们,有时是代表某种意识形态的人们,带着强烈的新教和天主教倾向的人们,有时是开明的政客,终于找到了一个新的点子,叫栖息,habitat。他们要用这一概念来使大家在城市中安居乐业,扩大城市再生产。直到那时为止,栖居一直意味着参加社会生活,加入一个社区,来到一个村庄或一个城市之中去过生活。要知道,城市生活本来是已有栖居的特征的。正是城市给了人们栖居的权利,让市民和公民能够栖居其中,成为经济主体的同时也成为政治主体。海德格尔对此的定义是:必死之人一边栖居,一边满面春风地等待神的降临……一边又通过保存和使用,来过他们的生活。[②] 实际上,今天的社会学式的城市研究,也是在用大白话说出海德格尔

---

① Henri Lefebvre, *Writing on Cities*, op. cit., p. 76.
② 这就是区分惯习(habitus)和习惯(habit)的地方。惯习是心理习惯。栖居是由惯习长期塑造而成的。实际上,我们的意识形态中先已包含我们如何去居住的原则和技术,先已打造好了规定我们如何去居住的视觉逻辑(Henri Lefebvre, *The Production of Space*, op. cit., p. 259)。

的这种意思,来为他们自己的栖居乌托邦背书。到了十九世纪末,城市中的大人物们就想出了一个对这一栖居动一下手术的点子。因为,当时大量的无产阶级被拆迁到了郊区,农民也大批地到来,这就必须对这一栖居的观念作一些核心内容的改动,必须让人民相信,在贫民窟那样的城市空间里,也是可以栖居的。今天大规模的全球城市化过程中,人们仍然对这种栖居抱着幻想,城市住宅小区就是我们今天的栖居地。我们有哪一个人还不对这一栖居深信不疑的呢?

不过,在那时,这倒首先也是一种缓解城市空间内的阶级斗争的策略。大人物们感觉到将工人和他们的家庭拉进城市,给他们一种日常生活过,是对大家都有好处的。但这同时也就需要带给工人们一种与在工厂和公司中不一样的地位,也就是要使他们感觉到自己也有了财产,置了屋,还有了邻居,还能够消费,必须也给他们购买力。大人物们要使劳动阶级除了拿工资之外,还有另外的社会功能可以去发挥,就像安装电脑的新功能那样,要给劳动阶级的生活里,也安装上另外的功能,今天的城市规划者们也仍在公开的这样呼吁。他们认为,让劳动阶级也能买房,就能给他们比工作环境更好的日常生活,就能够使他们成为更好的生产和消费的机器。这时的社会的注意力,在意识形态和实践上,就都转到了生产之外的另外的问题上,也就形成了欧美在1950年代后出现的用工业来拖动消费社会的这一至今沿用的结构:为了过日常生活而消费,而促进再生产,形成回路。住在郊区,但到市中心去消费,回家就看电视连续剧,这样,统治者和被统治者就皆大欢喜。所以,也需要文化工业,在今天是需要社交媒体带来的不断的具身化,使手机走向生物性身体的有机化,把促进消费的文化工业装置随身带,人的身体成为一架生物机器。

而郊区化和小区化,也很快使城市去中心化。终于与城市中心分开后,无产阶级最终失去了对于城市的作品感和作者感。他们感到城市不再是他们手里的产物,其实还是的,但他们被骗得只好相信眼前和脚下的东西已不是他们自己所创造的了。① 自己身上的对于城市的创造能力一旦无处可使,他们自己的城市意识也就开始消失。法国这时开始营建的郊区置业叫 banlieue pavillonnaire,郊区住宅区。在盎格鲁—萨克森国家,这种架构叫 bungalow,那种砖房,像养鸡场的独笼,住那里,是为了更有利于人民去消费和扩大内需,然后就多生孩子,通过努力购买,来增加产品生产,而继续领到更多工资,来继续更多地购买。

一个去城市化但仍依赖于城市中心的边缘区域,就这样被建立起来。它叫郊区,或大型居住小区群。矛盾的是,这些不住在城里的居民也仍是城市市民,哪怕他们自己并没有意识到,但同时又必须用广告和大众媒体,使他们相信自己这是靠近了自然、太阳和绿地,是在过合理的准田园生活。这就是可称之为脱城市化的城市化,或被脱城市化后的城市化,一个很吊诡的现象。今天的城市拆迁也使大多数人处在了这种矛盾和悖谬之中。不过,这之后,有钱的资产阶级也去郊外买住处了。城市中心于是就可以腾出来当办公室用了。

制造栖居假象之后的第三步是:二战以后,住宅危机在欧洲变成灾难,危及政治秩序。紧急状态压倒了资本主义私人建造企业的那些扩张计划,就因为建造的利润不高。国家于是不能光坐着调节土地供给,建造临时的郊区住宅,和打击住房投机了。它也必须有机地来负责住宅建造,有了后来到大陆的香港房地产模式。于是,新的大规模住宅(nouveaux ensembles)如住宅小区的建设的时代就

---

① 想要回到市中心,"购买空间,也只是为了得到时间(Henri Lefebvre, *The Production of Space*, op. cit., p. 356)"。

开始了。①

但住宅建造并不一定就会成为公共服务。住宅在社会意识中已上升为一种基本权利，却并没有向全社会摆明，只是被认为它是附带在《人权宣言》中的。1990年代末，中国大陆开始借用香港用了多年的那种新自由主义式的政府卖地式的住房改造政策，由国家亲自在上端张罗住房建设，由开发商来接管之后的一切，之后的故事就是我们大家都亲历的了。

为了收拾这一从工业化到城市化过程中全球性的灾难性后果，列斐伏尔首先提出了人人对于城市的权利这一概念。这一权利之中自然就包含了对于住宅的权利。② 但哪怕在大规模小区建设的今天，关于"栖居"的理解，仍然高度不确定，往往成了一种国家负担。因为城市住宅小区是国家理性的产物，个人要在其中找到栖居的空间，仍是很难办的事。叫国家来张罗这件事，其实也是找错了对象，但不找它，找谁好呢？

从城市社会学的角度说，个人的栖居是指个人社会性地使自己生活到那些由国家意志来指挥而修建的住宅小区之中。大多数城市社会学家们都会排斥海德格尔说的这种栖居，认为那个太诗意；社会地居住，对他们而言，就是接受共识，融入社区。个人必须在现有的国家划出的栖息地中，"社会地"开始自己的居住。这是关于居住空间的各种研究和各种社会运动的头号目标，很快就成为大家的共识。

今天，在城市化过程中，所有可知觉、可阅读的城市现实，在小区里全都消失了：街道、街区、碑亭、相遇的地方，都被替换成绿化区，简直是对人类群居性的埋葬。栖居被简化为：单元居住。住宅

---

① Henri Lefebvre, *Le droit à la ville*, op. cit., pp. 12 – 18.

② Henri Lefebvre, *Writing on Cities*, op. cit., p. 174ff.

变成个人财产,以便使城市土地有浮动的交换价值,以便使国家能够用土地去做大规模基础建设投资的杠杆。我们正是在由工业化走向城市化,再带着这样的城市空间改造,而走入人类世城市平台的。

城市肌理是野蛮语法

今天的人类世城市平台,是从古希腊开始的这种人类式城市定居,经两千多年的演化,而最终形成的一种城市肌理,总体表现到人类世之中。中国的城市化是全球城市化过程的一部分:全球城市化是全球资本用这一城市肌理去席卷第三、四世界及其广大的农村,将其拖进商品空间的开发进程。城市肌理在今天到底是以智慧城市式,还是以诸众式共产主义的集体管理区式呈现出来?我们也许应该从全球城市发展史,来重新描述这一城市肌理在今天的新的特征,以更客观地来把握它。

列斐伏尔是这样从马克思主义的空间生产思想来总结全球城市发展史的:古希腊城邦是一个政治城市,是小亚细亚模式生产关系的产物。它通过组织农业生产方式,来取得主导。然后出现的商业城市,通过调配商业到它的周围,形成了一个不断向外分摊的局面,终于外卷成各种集市和市场、外国人居住区、商品交换专业区域等,后来又通过将城市自身整合到一个基于物品、钱、欲望和情感上的总体交换的社会结构之中,而扩展了交往范围,货币使用区域的扩展和动产的流转,终于将整个市场整合到城市之中。在欧洲中世纪,各地的城市展开了独立的城市主义实验,至文艺复兴时代,各城市可以说已百花齐放。而从工业革命开始,城市又被卷进全球化过程,城市后面的程序越来越统一。① 至人类世,人类城市走向了一种与本星球地质历史交织、与其他物种共同寻求幸存的命运。人类城市史与地质历史终于重合。

中世纪后,人类城市发展到了城市发展的决定性关头:在手工业和工业制品、市场、交换价值和不断兴起的资本主义的威临之下,农业退缩了。这一关键点上,也正是资本主义式工业生产被规模化之时,最早是在欧洲,在十六世纪。而中外学者都曾感叹:为什么在几乎同样的条件下,这种资本主义城市化,竟没有发生在中国的宋、元、明、清? 中国的城市一直就没有工业化,直到近代才开始,是因为背后缺乏这一推动工业化和城市化的逻辑发条? 这是可以展开的论题,但我们在这里只能先放下。

在十八世纪就出现了工业城市,已失去一切的农业流民开始进入城市,为后者走向工业化输血。城市这时也同时进入中心化过程。如此扩张中的城市又生产出了连绵的边缘(郊区),并侵犯了乡村。很悖谬地,在城市这样无节制地扩张的过程中,传统城市的形式(实践—材料的构型、城市生活的样式)也都同时内爆和外爆。这一双重过程,也就是工业化夹带城市化造成的双重运动,最后就以种种不同的危机形式,造成了今天的全球城市的外爆—内爆和密化—驱散这一时时伴随城市发展的自我矛盾过程。今天的城市空间中的主要矛盾也由此而来。

然后就是我们所应强调的城市发展的另一个关键节点:城市化与工业化之间的扭结和对抗。当代中国也正处于这一关键节点上。而与以前发生的不同,由于其体量和动能,由于城市的被平台化,中国的城市化走向,将重新定义这个世界甚至这个人类文明中的城市、甚至这个文明的未来性质。而另一方面,在今天,我们则必须放

---

① HLefebvre, *The Production of Space*, op. cit., pp. 231 - 250.

在全球生物圈的角度,从如何使全体人类走出人类世,给我们的这个文明找到另一种未来的角度,来思考城市发展到达这一关键节点之后,在中国城市化过程已浩荡而来时,我们应该做些什么。本书是从这个角度,通过城市哲学来做这方面的定位和预判,推动大家往这方面作出思考。

面对这样的关键时期中的关键节点,我们看到,城市设计和规划部门却只是从栖居跳到了改善居住,将这样的城市困境,自欺地翻译成了城市的生态水平、住宅对自然的模拟、建造对环境的影响和邻里之间的团结互助等等离散性问题,而这些又都成了要听任建筑师和城市规划师的专业技能来摆布的问题,仿佛是要请城规师将城市问题处理成建筑师所能做的具体计划和项目,这实在是太荒唐、太危险,而且也太守株待兔了。我们应该从城市设计和规划者手里夺回这些工作,使之成为我们的集体关怀项目。

土地使用规划、对工业生产的规划、对全球城市化的规划,总是掩盖了对于城市和城市性的关注,阻挡了城市住民对于自己的环境的真正的关怀,在资本主义式的生产关系中,这也是必然的,因为城市空间首先是资本开发的主要对象,城市空间就是它的新工厂,是金融剥削的工具,也是其国家式统治的手段,不可直接就交到人民手里。城市问题总是被城市规划掩耳盗铃、张冠李戴。在资本主义逻辑统治一切的情况下,否认城市问题是一个共同的政治问题,与人们否认环境问题和气候危机与自己有关,是出于同一种心理:越对自己重要,越一路走到黑,就越想抵赖,越抵赖,自己就越觉得不对劲,越要去编出各种理由,来给自己安慰和自欺,并要找到各种替罪羊,来为自己开脱。当前,我们对于这一城市发展的关键节点上的危机关口和决定性时刻的装模作样的应付,是我们在人类世中仍想集体地装疯卖傻,最后彻底走向疯狂之前的症状发作。

斯蒂格勒就将这种对于如此近在眼前的危机和末日的掩耳盗

铃,看作人类世里人类疯狂的典型症状。照他来看,城市设计和规划对于内部空间设计到地质设计的超级设计项目的向往,正是我们身上的超人类主义毒性的反映,是想要用技术和超人类商业贩卖的技术制品和异托邦,来自欺欺人。① 而科幻作品成了这种无视、自欺和疯狂的方便借口:宁愿相信人类的被毁灭和地球的流浪,也不愿相信我们还能够动手改变这个世界或城市的熵过程。

历来,从工业化到城市化所形成的城市肌理,总是城市扩张的野蛮"语法"。工业化开始时形成的工业资产阶级,必须面对当时还很强势的城市现实力量,必须用城市的这一内部逻辑也就是城市肌理去扩张。在西欧,在古代城市几乎消失,罗马的影响式微的情况下,正是工业化才使城市重新起飞。这时,多少还有些游牧的商人们,终于成为城市核的支撑,但他们当然仍不能算是城市起飞的加速器。农业产品的价值积累,使封建地主的势力减弱,城市通过积累财富、物品、宝藏和虚拟资本,才终于占据统治地位,加速了城市化。我们说的那种城市肌理,正是在这个阶段中才充分形成。

通过高利贷和商业,城市中心才积储巨大的货币财富。城市核(unban nucleus)这时就成为社会和政治的中心,除财富外,还积累起了知识、技术和作品(艺术作品、博物馆、纪念碑等等)。而城市本身也越来越成为全体市民的集体作品,这本身是与货币和商业相反的积累过程,后者只造成了产品的交换价值。只有作品才代表使用价值。在使用价值的积累这一意义上,才可以说城市是全体城市个人的集体作品。这一以佛罗伦萨为代表的"作品型城市"的内部运行逻辑,之后就成为各地争相仿效的对象。

对城市,也就是对其街道、广场、大厦和纪念碑的超出使用价值

---

① 2018 年 12 月 22 日斯蒂格勒在同济大学建筑与城规学院的"城市新智能"演讲。

之外的夸张使用,就是节庆:非生产性地耗费,除了快乐、荣耀和显摆巨大的金钱和物品占有之外,没有任何其他的目的地使用它。节日文化不断重塑城市的品格。而中世纪城市的功能,正是要将财富中心化,再用节日来表达它的个性和品格。

当时,城市已主导社会,但还不能构成城市国家。这一主导过程在意大利、德国、法国、低地国家、英格兰和西班牙又是各各不同地展开的。城市在那时还保留了来自乡村的那种有机纽带。但那时的社会生活却并不排除阶级斗争。城市内各派别、群体和阶级之间的斗争,从未停止过,瓦格纳的《纽伦堡的名歌手》,就向我们描述了这样一张经济、政治和文化上的斗争图谱。城市小人物、大资产阶级、贵族、寡头之间的斗争,从未停息。各方争相为自己对于城市的爱而与其他人斗争。这一以汉莎联盟为代表的城市共同治理的基础逻辑,成为成熟的城市肌理的成熟的版本,被搬到了世界各地。

有钱有势的人们这时开始倾其全力来建房子、陈设、宫殿、装饰物和举办节日,来表达他们对于自己城市的作品感和作者感,于是造成了这样一种悖论:对城市住民压迫得越厉害,城市就越能够使他们生产出更多、更好的作品。之后,对产品的生产替换了对作品的生产,城市和城市现实越来越与产品挂钩,与作为作者的住民脱离。工业化制服了城市和城市现实,使后者只为产品和交换价值服务。今天所说的城市文脉,就是指的这种城市诸众的创作史、作品史,本身总已掩盖了普通群众的城市创造。城市文脉后面是城市过去很多代住民集体创造的洪流,今天的城市住民的创造会一次次将他们带到当代。

也正是在这个节点上开始了城市的中心化,造成了在使用价值和交换价值之间、在对城市的运用和对城市的非生产性的投资之间、在资本的积累和对节庆的无节制的挥霍之间、和在被主导区域的扩张和围绕主导城市的领地的严格组织之间的层出不穷的冲突。

郊区与城市核之间的权力争夺,伴随着工业投资而拉锯式地展开。[①]
也是在这个点上,城市肌理被拿来当作城市自我扩张和征服乡村,
使之成为其郊区的编目手段。

而在这时期出现的工业化,往往先将自己的基地放到郊外,毕
竟纺织业、矿业和冶金业必须靠近能源供应网络(河、木材、碳和煤)
才对。而老城成为市场、可到手的资本的来源地、资本被管理的场
所(银行)、经济和政治领袖的居住地、劳动力的储备地,也就是马克
思说的劳动力常备军的集体宿舍或聚居区。城市中心作为生产车
间和批发市场,成了生产手段的集中地:工具、原材料和劳力的汇
集。而由于郊外对企业家们自己的居住而言是不舒服的,所以,总
是一有机会,他们就又会住回城市中心。像一根橡皮筋那样,是城
市肌理连接着城市中心和不断向外扩张的郊区之间。

从此,城市成为工业化起飞的主要助跑器。这一过程用"工业
化"这个说法来表达,实际上仍是很勉强的,但我们还未能找到更好
的词汇。总之是工业化袭击了城市,夺过它,洗劫它,占有了它的网
络,根据其需要,来重塑了它。[②] 在今天也是如此:美团后面的数据
工业在塑造着新的城市结构,城市肌理被编程到平台的程序之中,
尽管城市中心和郊外之间的"中心化"距离,已被新的通讯工业
取消。

我们于是看到了这样一个被城市肌理的弹性拉动的双重过程:
工业化和城市化、增长和发展、经济生产和社会生活之间的交错前
行。城市现实与工业现实之间产生了暴力冲突。这是因为工业化
不仅产生了公司,而且同时也创造了很多具体的社会职能:银行、金
融机构、技术装备和系统、新的政治组织方式。在今天的平台城市

---

①   Henri Lefebvre, *Writings on Cities*, op. cit., p. 68.

②   Ibid., p. 70.

中,这一城市肌理成为布拉顿说的堆栈的一部分(被设计为软件和程序,被执行到了整个平台上),也终于成为人类世中我们所处的那一控制论式的熵命运的一部分。

但这一城市化与工业化之间交错前行的过程,也是辩证的。在威尼斯这一古老城市中,我们观察到,前工业化时期留下来的城市核,除了受到海的侵蚀,还受到了后工业化的威胁,大量的壮劳动力只好移居到旁边大陆上的工业化城市中,也就是梅斯特(Mestre)那里。在雅典,纪念碑和遗址(agora,卫城(Acropolis))原是古代城市的行政器官,今天却成了吸引游客来做游戏式消费和审美朝圣的道具。虽然其城市的中心性权力仍然很强大,决策者却要靠这一遗产来吸引资产,抬高房地产价格,所以这一遗产反而助长了城市执政者作出最糟糕的政治冒险,切除城市肌理之后来做出城市的功能转换——换心换肺般地残酷。今天城市的文化产业,尤其是旅游化,都是以悬置这一城市肌理,将城市结构当成展览平台,当成标准的管理操作,形成恶性循环和多有偏废的依赖机制,后患无穷。

在之后的"全球化"或全行星范围内的空间同质化过程中,或空间成为金融衍生工具之后,工业化给城市同时带来了进一步的"内爆—外爆",城市肌理被不断绷紧,快要到断裂的地步,尽管地区、城市集群和大都市也都作出了相应的技术和社会劳动分工的差异化,并作出了相应的延展。但这时,城市人口也开始老龄化,就不可避免地使城市中心住宅渐渐办公室化。有时城市的中心就被推给了穷人,成为失意人群的贫民窟。而纽约的中央公园和巴黎的玛莱区(Marais),则是有权有势的人们牢牢掌控的城市核心,是时尚和金融的心脏。[1] 城市空间的金融化使城市肌理弥漫到了整个社会空间之中,成为各城市都追求的空间的商业化指数的标的。

---

[1] Henri Lefebvre, *Le droit à la ville*, op. cit., p. 16.

总之,城市肌理是指一张不均匀的城市网络的生物式的进一步繁衍。它使本来多少有些偏远的区域,也无法逃脱来自城市中心化过程的控制,像被一张捕网罩住了一样:小村、村庄和一整个地区,也都会被城市肌理像癌细胞那样地穿心入骨。因此,如果说对交通和商业的组织,会造成城市肌理的破坏,到了乡村,城市肌理就被破坏了,这一在建筑和城市规划圈很流行的说法,其实是错误的。它假设了城市肌理是需要被保护的,也认为农业和农民生活是可以脱离这一城市肌理的,农民不是成为工匠,而是待雇佣的劳动力后,需要用城市肌理将城市的先进的生产关系带进乡村。这完全是把城市肌理理解得颠倒了。实际上,是银行、商业和工业网络和住宅计划和休闲生活,去抢占、破坏了郊区和乡村和剩下的每一个角落,是它们用城市肌理这一张不放过一切的网,去渗透一切,将城市外的一切捕获的同时,也用工作机会、交通和房价去排斥被扩展后的城市里的他们和它们。

我们原来在使用"城市肌理"这个词时,都依仗这样一个不可靠的假设:我们已经有了城市社会和健康的城市肌理。这只是建筑师和规划师爱用的说法,是一厢情愿的。这是把出发点搞反了:他们认为城市化是好的,将不太城市化的地方搞得更城市化一点,用城市肌理去救落后社区,是在救活城市之外的待开发区。但实际上,这一城市肌理却来自原来乡村的生物性组织纽带,今天城市生活的主要的组织纽带里,也仍含有它,我们用它去激活和修复城市中的病区和死穴。实际上,今天的城市化是:我们用城市肌理带动城市社会和城市生活,去穿刺乡村和一切剩余空间,像一张铁网一样,不放过一切,连骨头都不吐。城市肌理只不过是大资本所借用的空间统治逻辑而已。

城市肌理具体是指一些物品和价值形成的系统,其要素是:水、电、煤气,而且还有汽车、电视、塑料用品、"现代"家具、和各种教育医疗上的服务。当然还包括城市休闲的内容或套路,如歌曲、舞蹈、休闲套装、来自城市的快销时尚、安全感和对于未来的不间断的向往:淘宝、京东、阿里无人商店、苏宁购物、卡拉 OK 和城市的美食化和美团化。年青人往往在这些新的城市空间中被派来打头阵,因为他们肯付出自己的生命时间当代价,来渲染和装点这些抽象的设计空间。在这一城市肌理布下的网络中,当然仍有一些纯乡村的现实,留在落后地区的农民身上的那些无法被融合到城市生活中的生活残留,由城市肌理渐渐回收和吸纳它。

一开始,正是善于吸收这种乡村生活和农民生活残留的地区,就成了城市核,如巴黎的拉丁区,如北京的王府井(由于这种象征吸收,王府井几乎成了一本说明书那样的抽象空间,是关于传统商业的一座博物馆了)。它们不光含有纪念碑和很多机构的总部,而且还含有用来娱乐、游行、散步和节庆的游戏空间。这样,城市核就成了消费者、游客、从近郊和远郊来的人们的高质量的消费地(如上海南京东路步行街上的你看我和我看你,由原来消费城市空间本身,变成了跑去消费另外的消费者,消费由众消费者形成的景观)。城市肌理正因为有这样的双重功能,才幸存至今,继续成为城市统治乡村的手段。

设计剥削着欲望空间

设计无法改造我们的力比多经济,相反,它所制造的零度空间,是需要我们的身体投入,是对我们的欲望空间的剥削和耗损。

零度状态是一个中性状态,是由符号形成的某种恰切性。它不是一个活的情境,而是一种"你懂的!"的被扬弃后的状态,如被装修好的一个商场,如广告画面。它既是一种假的在场,也是一种假的不在场。零度状态只是简单、冷淡地说出了事实状态,使面上的一切处于不言自明的状态。它的典型状态就是广告画面里的字和图像,或样板房的那种直陈式表达:它是这样的,所以你应该要它。

巴特说的写的零度状态,就是指这种低点广告画面,或开发商给你看的那种样板房的状态:看过,你就知道它是这样的,差不多就一定是这样,有差异,你也不想计较了。广告和杂志上的书写,都是零度之写,是要引得我们不得不用我们的欲望也跟着去写,去兑换出它,去至少填充它,于是,我们就被它换走了我们的期待和关照。而文学之写,相反,则是变态、造反和革命的。零度空间是指设计刚完成时的那种状态,就像是在排练中的舞台上的道具所摆成的那种样子,需要我们的身体演出去激活它。城市空间是这样的零度空间,是我们众人的行走、注目、想象、梦想、抗议和抵抗,才激活了它,使它成了故事、时间和历史。

写是作家的自由活动区域。写必然会延异,而读者的读必然会增补作者的写。零度之写,则是对写这一活动的封存,与文学相反。文学是作者的写里增生出来的那种来给我们添麻烦的东西;而在零度之写中,作者的写被彻底排除了"文学"式延异,是被剔除了写之中的文学力量之后的那种写,而解构是要将这种文学之写重新走私到那种零度之写中去。建筑设计和城市设计所排除的,也是这种城市之写、城市自写的文学性。设计是零度之写;使用者用其文学之写来解构它。

我们今天的日常生活和社交媒体中,这种零度之写几乎泛滥了。巴特在《零度之写》中指出,革命之写必须是文学之写;文学之写就一定是政治性的,或许就是政治本身,榜样就是布莱希特和萨特。他们因为写得文学,才写得政治,或者说因为他们写得太政治了,所以写得才很文学。甚至对于不得不写冷冰冰的学术论文的青年学生,巴特在"讨论班"这一文章里也建议,他们一定要写得很带欲望、很政治、很文学,才能扳回来。哪怕科学论文也不应该写成零度文本。零度文本是意识形态和广告文本。写得不带自己的欲望,只贡献鸡汤和抒情,就是在给统治阶级和权力打广告。① 而今天的建筑、城市设计和规划,甚至生态设计,不正是这种进一步的"打广告"? 设计在它们那里成了在零度写作之中的零度文本。

列斐伏尔很重视巴特这一关于写的零度状态的立场,尤其是后者的《时装系统》里对于时尚女性之写的零度状态的描述,并建议我们将这对零度状态的批判用到空间批判之中。时尚杂志上的写,是抽象的零度状态的写,妇女们一读它,就像接到命令或受到威胁一样,就连忙将杂志中的写,当作自己的造句作业,就生怕落后地匆忙交上她们的写的作业,而这种时尚女性照着杂志上提供的语料如造句般的写,就是时尚。杂志中的零度之写,妇女们的依样造句,是欲

---

① 罗兰·巴特,《零度写作》,李幼蒸译,人民大学出版权社,2008 年,第 13 页。

望之写,后者于是被前者盘剥了。在商品空间的推销中,也完全是如此。

在列斐伏尔看来,这就是通过广告和意识形态直接来操纵消费者的典型方式,比传销都还狠:用零度写作去抽象,也就是剥削,也就是通过符号和图像,去操纵杂志读者,使后者像完成任务那样,急着去做出自己对资本主义生产和再生产的那一份贡献,也就是下单买下被规定好的时装,还庆幸自己终于没有拖后腿。同理,建筑师和规划师的设计所辟出的,也只是抽象空间,那也只是一种零度之写,是用几何方式划出的一种零度空间,虽然平面上只看到了几何和代数而已。这种设计宣传就像时尚杂志那样,像捕鼠器那样地等着消费者冲进来,上当,被捕捉:买下被规定好的商品空间。

而根据列斐伏尔,空间是我们的身体自己会生产出来的,[①]根本不需要设计师提供给我们。反而是为了使空间活起来,我们不得不将欲望填进这一抽象空间里,因为,只有这样被我们自己的身体劳作居有之后,空间才能活起来。设计师构想空间,我们使用者在其中活出、活过自己的空间,这两者根本不挨着。空间使用者这与妇女用自己的关于时尚的欲望之写,来学习杂志提供的时尚零度写作之造句练习,是一样地被盘剥了。这是我们上了广告和意识形态的当,忘记我们自己在日常生活中就在创造和发明空间,轻易就将自己的欲望劳动,献给了被设计出来的抽象空间,主动被剥削,被占有,被挤出利润。

当一个被设计的空间里被铺上了草坪,种上了树,被装上了交

---

① "身体总能在它所处的空间里开启另一个空间",列斐伏尔说(Henri Lefevbre, *The Production of Space*, op. cit., p. 349.)。这就是细胞式空间的意思。但是,正如柯布西埃常警告我们的那样,我们总是将体量和体积当成了空间。而空间设计是以未来的名义来毁灭当前,使种种大而无当的空间向我们提供假的未来。

通灯,这个空间似乎是活的了,但其实,那里仍是没有一点点让人活着去经历现实的土壤的,只是被认为有了图纸上讲的应该有的那种样子,只是要成为您认为它应该是的那种样子,是要骗您进去,先去给它垫个场、暖个身。当前大量被设计的城市空间,都处于这种零度状态:暖也暖不过来,激也激不活,如果没有我们身体的进入,它们就会像鬼城一样地一直被荒废在那里,哪怕仍有人在其中出入。是我们城市住民的日常生活和积极的社会实践,最后填充了它们,使它们有了活气。当时间和日常生活被预先当作程序来安排,被安排进一个预先存在的空间里,或像卖房那样,将重点放在名校和地铁的可能的存在之上,预先当作是您将要买入的空间的附件,或甚至就当作是您将要去过的未来生活的内容,这就是在用零度空间偷换掉消费者自己的欲望空间了。

零度状态是像开处方那样地将某种内容和状态假设在某一空间之中。而这正是设计的起点。建筑设计和城市规划给我们造就的,就是这样的空间的零度状态,或空间的零度。什么都被安排进来了,什么都可以用了,什么都据说是为了交往,但是,最后您将会看到,所安排的这一切,就是为了让您在这里没有任何社会交往:使社会交往总是处于零度。使我们的欲望之写处于零度,似乎正是它的设计的目的。大城市的小区如北京的天通苑和贵阳的花果园,提供的就是这样的零度生活状态,很拥挤,但又被隔离得很开,一切也都只是努力使人和物都处于零度,空间和个人生活都需要被焐热。那么,最终能够用什么来焐热它们呢?

因此,可以说,是城市规划造就了遍地的贫民窟。既有有钱人的贫民窟,也有穷人的贫民窟,也有很卫生的贫民窟,还有很有创造性的贫民窟,如城市中的艺术区,甚至还有收藏爱好者的贫民窟,还有 DIY 贫民窟,园艺贫民窟,甚至还会有幸福的贫民窟,更甚至还有自由的贫民窟,青年的贫民窟和妇女的贫民窟等等。规划师甚至会在您专属的贫民窟里,给您设计好对话、抒情的空间,但对话绝对只能发生在另外的地方,您只是像走进小区里的草坪上那样,走进了这一零度空间,去做出像奶牛那样的一份贡献:您的消费也是社会需要的进一步的生产,必须天天被挤。最后,就连设计师自己也被设计到了城中村之中,这并不是幽默,而是必然。

设计出的地方最后总成为零度空间,是因为写出和画出的空间,总是先将人的欲望、生命和身体抽象、隔离掉,几何地、逻辑地被铅笔、尺或电脑软件、程序隔绝。当然,设计者嘴上总是挂着对话、交流、参与、整合和协调这样的词汇的。设计中越是缺少的东西,设计师们就越是要挂在嘴上,以为命名一下,就已解决了问题。因为他们宣称要提供的东西,总是他们实际最缺乏的。所以,设计是零度之写。

空间的零度状态也是社会经验和介入度最低的状态,是最接近冷漠的状态,是节日、风格和艺术作品彻底对我们绝了缘,我们对它们彻底无感时的状态。实际上,今天被社交平台、广告、连续剧盘踞的我们的那一日常生活,就处于零度状态。在这种日常的零度状态里,人们都显得满意和幸福,肯定也是自己就以为幸福的,因为他们已慢慢接受了日常生活的这种长久的零度状态,因为他们宁愿这样,因为欲望反而会给他们带来麻烦。广告和意识形态勾结,形成了反动的恐怖势力,要在日常生活中维持秩序,逼人们老实地呆在那种表面的幸福幻觉之中:也就是使人们的批判性思维保持在零度状态,用广告和连续剧的透明性和现实性,来蒙蔽人们的眼睛。

于是,活在日常生活中的人们拒绝去认真考虑他们正在过的生活了,也不从其中得出任何结论,甚至也不在日常生活中作任何积累。因为他们的日常生活场地,就已是资本积累的场地,如果他们自己都去为自己积累了,那资本和资本家不就要去喝西北风了?日常生活中的人们最后得到的,一定只是玩世不恭和自暴自弃,列斐伏尔的三卷《日常生活批判》要讲的，正是这个道理。

指出设计空间里的这种"写"之零度、"活"之零度，揭露日常性中隐含、但变得隐蔽和含糊的那些操纵和压迫式关系，是本书说的这种城市哲学的重要任务。实际上，在日常生活中，当我们以为想得很清楚时，我们多半已被蒙蔽；当我们知道自己是在暗中往前摸索时，前方倒往往就能见到一缕光了。要在日常生活中揭示出这一双重的幻觉，就要求我们拿出外科大夫般的精确性。对日常生活的探究中，我们要先有能力作出干预那一被景观和大数据盘踞的假的日常生活，找出从中作出改变和重组的可能，决不应依赖那些理性化的、程序化的机构和鸡汤式的教导。而要启动城市空间中的日常生活新实践，不光需要一种概念性分析，而且也需要开发作为发明式社会实践基础的新的交往技术，新的网架联合。实际上，对日常生活的批判，作为一种一般化的社会实践，不亚于搞一场文化上的革命，后者是要消除社会中的消费恐怖主义，或至少要作出一种反消费恐怖主义式的干预。[①]也就是要推翻广告与意识形态，反抗它们勾结后来控制我们的日常生活，不让它们来隔离和架空我们。

空间设计与居住的分离，是资本主义式商品空间开发的前提。因此，克服日常生活、休闲和节日之间的分隔，才是设计师的头号政治任务。但设计师总会说，哪怕他们想要反对这一分隔，也轮不到他们来动用设计的政治权利。因此，只有城市诸众的集体实践，才能来完成这一使命，因为，城市是同时被生产性劳动，被作品、被节日占据的空间。[②] 因此，我们需要重新发明节日。新城市人应该把城市做成自己的作品，据有资本的抽象空间，去创造出新的使用价

---

① Henri Lefebvre, *La vie quotidienne dans le monde moderne*. op. cit., p. 188.
② Ibid., p. 168.

值,通过各种新节日来巩固他们的成果。① 在这一集体的城市改造过程中,设计才能真正有用武之地。

光是空间实践,也并不就能创造出城市空间。城市空间不光是可触摸的,而且也是在我们的心灵中被创造,通过图像、概念和地图来表征的。建筑师和规划师设计了城市中的所有种类的空间,地理学家和社会学家发展出关于空间的概念和理论,摄影师和电影导演生产出都市风景的图像。② 我们的活过的经验,是不能光通过分析工具,就能被解释的。我们还需要:诗词、音乐或许还需要电影。也许,一部电影能带给我们空间生产的最重要的方面,是对活过的空间的体验,是向观众示范如何去体验城市空间。正是电影使城市变得可见,然后变得可体验,③如在法国新浪潮电影导演雅克·里韦特(Jacques Rivette)的电影中一样。

里韦特邀请观众在导演的电影中来拍自己的电影,因而激活了他们自己生活的那一城市,观众在他的电影中有了主动权。德勒兹说,里韦特是最法国的电影导演,因为他只拍巴黎,特别善于拍夕阳下的城市幻影,将它变成观众自己的梦境:使巴黎成为每一个观众自己的巴黎。里韦特认为,只有观众自己的梦,才能给巴黎带去现实和关联。④ 是人的活动才能使城市景物活起来,观众的演出,救活了城市这一舞台。

---

① Henri Lefebvre, *The Production of Space*, op. cit., p. 180.

② Christian Schmid, "Travelling Warrior and Complete Urbanization in Switzerland:Langscape as Lived Space", in *Implosion/Explosion*, op. cit., p.96.

③ 至少是使还未到来的城市对我们可见,如戈达尔的《阿尔法城》(1965 年)所描述的阿尔法城里的未来巴黎,克朗普顿(Dennis Crompton)提前至少三十年向我们展示的《计算机城市》(1964 年),还有麦克哈尔(John McHale)的《2000＋》(1967 年)。

④ Gilles Deleuze, *Cinema 2:The Time-Image*, op.cit., p. 11.

每一部电影中,里维特一开始总是要找到人物的正确的身体姿势,找到人物与场地之间的最好的相处关系,但总是找不到,也不是为了真找到,而只是为了引导观众像一个老练的导演那样,来接管,掌控现场。电影只是成为一个有待交接给观众的装置,去让观众成为对巴黎的策展人或导演。

因而,他在电影中所排练的那些姿势和动作,既不是电影本身所需要,也不是出于剧场或剧情的要求。他使演员既不在舞台上,也不成为电影中的浮标。仿佛他要在电影里给演员一个个试镜,帮助观众自己去挑演员,最后由他们自己来决定谁可以来当他们自己的那一部电影中的主角,而他作为导演只是在给观众打下手。所以,他总习惯使用双女主角的结构,也就可以理解了,因为总是要观众自己来定夺这两位女主角谁来当故事中的主演更合适,电影的故事于是总是还未真正开始。里维特的电影前,总是坐着几百个业余电影导演;他在给他们上导演课,然后当场放权给他们,要他们自己来动手。他帮助他们最后能够在自己的巴黎之中拍戏,把他们所拍的戏变成他们自己的巴黎。

在他的电影中,戏剧排练成为镜像(mirror-image)。电影里有剧场性的种子,总未能完成,因为电影所营造的剧场,也不是他真要的,而是最终要让观众来接管的。① 他帮观众做的,是使戏剧与电影对抗,以便在日常生活和仪式之间,去重新寻找到新姿势,将那些虚假的姿势押回身体之中,修正它们,再重新激活它们:这是要回收我们的破碎的身体姿势,帮它们重新史诗般地亮相。因此,他永远使演员的姿势处于边缘状态,既不实在,也不想象,既不日常,也不仪式,总是处于幻觉和错觉当中。这等于为观众在电影中发明了一种

---

① Gilles Deleuze, *Cinema 2*:*The Time-Image*, op.cit., p. 76.

完全不同于剧场中的剧场性。[①] 观众在电影中接过了导演赠予的这一剧场性,开始自己的导演。里维特通过这样的排练,将巴黎给到了每一个想要主动排练巴黎的观众手中。这是策展和排练一个城市的伟大示范。

① Gilles Deleuze, *Cinema 2: The Time-Image*, op.cit., p. 194.

对城市的文化革命

　　我们这里将要说的革命,不是过去的那种了,而且也不会再发生过去那样的革命了。这话会使得心中仍装着某种改变世界的模式的人,听了不舒服。要这么说,不光是因为今天,革命的形势是次次都不一样,总是全新的、特定的、交汇的、冒出的、事件式的,像巴迪欧说的,如黄背心运动,诸众式,也只存在于概念内,在街道上冒出,但未能被组织,只是被社会通过大众媒体感应到,像公共排练。而且,我们还必须考虑到,全球城市社会本身就会像是一种革命形式,像一匹很难骑的马,我们会搞不清是它在驯服我们,还是我们在制服它。走向全球城市社会的过程中,我们需要在理论和实践上完成一次革命,而此时我们又遭遇人类世里的比如气候变暖这样的状况。很多人认为社会实践也应该与时俱进,但他们似乎并不认为他们自己的理论也应该与时俱进。他们跳进一种理论模型之中,就不出来了。就理论模型的转型已急不可待这一点讲,我们是真需要现在就开始一场城市理论的革命。我们很可能要从本书说的这种城市哲学,来开启这种对城市理论的革命。

　　除了政治和经济上的革命,如要在人类世城市平台上来直面我们的当前处境,还应该有一场关于全球生态的文化革命,而首先应该有一场城市理论的革命,应该在人人身上发动一场城市理论的革命。因为,除了受各种层面的剥削和压迫,我们也受到了自己身上的那些像旧拖拉机那样的老版本的城市理论的迫害,而且还不自知。我们自己存留的这些老版本的城市理论,其实对我们也贻害无穷。

而且,在今天,我们还应该将这种哲学意义上讲的生态式文化大革命看作世界性、技术层面、人类普遍的革命。就比如,面对人工智能,面对智慧城市的商业炒作,您说应不应该搞一场生态式文化大革命,来让人类打起精神,重新在机器人面前找到做人的尊严,逆转而正面地去使用各种人工智能?面对机器人的进击,我们人类须怎么动员自己?能不能将人工智能看作人类自我动员的一种积极手段呢?这要求我们先搞一场理论的革命,比如一场关于城市的理论革命。

让我们回顾过去,看一看人类历史上发生的那几场文化大革命。1750 年左右,狄德罗与其他百科全书派人物、哲学家、学者、大多数的作家和艺术家、共济会、部分的教会人士、有教养的资产阶级和手工业者等,一起站出来批判那个封建—军事—天启宗教教会式的秩序。这是一场启蒙运动中的伟大的革命。而列斐伏尔认为,除了启蒙时代的那些政治和文化先锋派发动的文化革命,和中国的那一场(中国是先发生了政治革命,再用文化革命来接续,在西方是先发生了文化革命,再发生政治革命)之外,历史上还发生了另外的很多场,这表明,这种文化大革命是两个时代之间的跳跃前之所必需,比如下面几场,也是我们这个文明必需的文化大革命:

· 音乐节拍的发明,与言语划清界线,为和声和节奏打开了道路。

· 透视将城市空间与自然空间隔开,为新建筑和新城市形式打开了道路。

· 交换的扩展,城镇和它们的政治份量增加。

· 民族语言和民族情感。

·科学进步带来的革命：数学、宇宙学等慢慢但确然地造成旧的天堂、地球和地狱的再现的崩塌。

·随着印刷术、望远镜等扰乱性技术的发明而带来的快速的资本主义式发展（先商业化的制造业）。

·动荡后的新宗教革命：新教、冉森主义；在哲学方面出现的新理性主义等。[1]

在欧洲的启蒙运动之后产生的公民社会，也正是从那个旧秩序中挣脱出来，而在今天的新自由主义语境里，这个公民社会成了交往和公共空间的产物。1789年法国大革命后所建立的公民社会，内部仍充满矛盾：它要将公民性与文明性结合起来，而这意味着必须使特权阶层和那些与现存秩序的主导相关的实践一起消亡。这意味着政治革命后需要一场文化大革命。葛兰西（Antonio Gramsci）后来进一步强调了文化和文化革命的作用：在革命后的新社会里对于主导阶级的霸权的不断征服。[2]至阿伦特和哈贝马斯，公民社会成为黑格尔之后批判理论的一种先设，但如前述，他们的公民社会理论被新自由主义意识形态别有用心地利用了。身体和劳动的公共性，公共空间里的公共政治交往这样的说法，都成了化妆品一样的说辞，被建筑师和城规师所利用。

总之，工业化和城市化才是推动城市革命的动力。而城市化本身因为更多地卷入了新技术，也更显得像是一个不断自我革命的过程。我们每天早晨看到的那个新城市，是工业化的后果，也是工业化的意义和目标，是天天自我升级的结果。城市化本来是来救治工业化落下的社会毛病，真正解放工业化过程未被发挥出来的潜能的。城市化过程要求我们真正地去开始日常生活，去将自己的城市

---

① Henri Lefebvre, *State*, *Space*, *World*, op. cit., pp. 292 - 293.
② Ibid., p. 303.

生活做成作品。但是现在,我们无法开始日常生活,因为我们生活
在消费社会里,一切都是被意识形态这一二十四小时连续滚动的广
告推动,我们活着只是为了促进消费经济,为资本的自我增殖服务。
日常生活、社会领地和被控制消费的地方,那种被恐怖强加的被动
性,都是被广告预先编程好的,我们被拖入其中,担任规定好的角
色。悲剧的也很让人悲伤的是,工业式自动化生产过程必然是以先
自动化、编程消费者的行为为前提。①

　　所以,理论上讲,我们完全可以作出这样一个结论:人类世里,
我们需要在生态、生产关系、情感组织和欲望生成方面作出根本的
变革,而这些会造成城市革命,或先需要一场城市革命来铺垫。而
城市革命必须从空间革命开始,空间革命又必须从一场针对全球景
观—商品—资本的新的全球生态式文化大革命开始。不改造这个
由广告和意识形态伪造和上演的日常生活,去开始我们自己的真正
的生活,那么,今天的城市规划所热衷的城市空间的更新,又从何谈
起? 而这一切,又需从一场关于城市理论的革命开始。

---

① Henri Lefebvre, *La vie quotidienne dans le monde moderne.* op. cit., p. 195.

城市生活是化疗

保罗·维利里奥（Paul Virilio）说，城市只是一个中途过夜处。其实是早就没有城市了，只有可用来居住的流通和循环。[①] 城市只是管辖人和物的插入（流动）速度的刹车阀而已。[②] 被速度统治，就是被物流统治。在今天的中国，人们最终就是被淘宝、菜鸟、美团和京东的速度所统治，而且是等到那已成为现实时，我们才发现的。[③]

维利里奥说，历史是由武器系统的进化速度来快进或慢放的。那么，在今天，历史将由淘宝商品的物流速度来加档或减档？城市人群自从有了车、加了速，其集结就会对统治秩序造成严重冲击。这时，最好的办法就是建造高速外环，用高速公路将人口往外面推，使他们忙着找路，就不会来冲击秩序。[④] 洛杉矶就是如此，上海虹桥的交通综合体，也是这么做的。今后，像在虹桥枢纽那样，机场才是城市的中心。耐克鞋将是我们的坦克和救护车。在今天，我们还得

---

① Paul Virilio, *Speed and Politics*, trans. by Mark Polizzotti, Semiotext（e），2006，p. 31.

② Ibid., p. 33.

③ Benjamin Bratton, *The Stack*, op. cit., pp.212-213. 那么，是要更强的物联，还是要本地涌现？这是斯蒂格勒阵营内部最近的激烈争论。斯蒂格勒坚定认为，是本地，而不是平台，也就是我们必须退到自己的梦和疯狂之中，来坚守。

④ Ibid, p. 51.

加上一句：手机才是我们真正的机场了。也许每一部手机都已是城市的真正中心。

城市是给幸存者居住的。但我们并不想做幸存者。我们只想汇入那一消失的游牧人群，如被编入成吉思汗的马队之中，与周围人保持同一速度：而这将真的是人类未来的存在模式。今天的京沪高铁线上，天天挤满了人，一个来回就得花去一个人一星期的工资，但人们就乐意在两个城市之间穿梭，与大多数人保持在同一速度上之后，他们才能让自己平静下来，那是他们最感到在家的地方：在各种速度里找到大多数人保持的那一速度，徜徉其中时，我们才能感到自己在家。大家都在找一种中位的速度，想呆在某种平均速度里，来保持安全感。世界历史于是就被悬浮了。

这就是维利里奥基于速度层面提出的城市哲学立场。在速度的统治下，城市生活在他看来就等同于癌症患者的化疗，暂时假装自己不处于速度中，不在流动，每天去到一个叫做家的病房里报到，让自己感到安定。而且未来的城市生活，其实已可悲地反映在我们的电视节目上了：养生加推销。那就是假装去过一种宁静的长寿生活。如您要速度，那就得消费，叫淘宝、高铁来让您有速度好了，付钱就行。

在现代战争中，国防部是物流部。[1] 将军并不是带人冲锋，而是高效的物流主管。革命是运动，而运动不是革命。那时，政治只是换档，革命是换档后的一阵猛冲：如果政治在过去是用另外的方式来继续战争，那么，在今天，战争只是高速公路上的交警的猛踩离合器，以比其他车更快的速度往前，去追捕超速者。[2] 在速度的拖动下，政治社会终将失败，是因为城市革命（技术革命）的速度，远比革

---

[1]　Paul Virilio, *Speed and Politics*, op. cit., p. 43.

[2]　Ibid..

命者的野心快得多。是城市本身在革我们的命了。我们不能去革什么的命？革命最后都被拖进群众运动之中，连革命者自己都要请人到旋涡中打捞出他们了。因而很多的革命不是失败了，而是被群众形成的历史洪流的速度远远地甩在后面了。在全球的城市里集体行走，保持自己的速度，成了无产阶级夺取对城市的权利的战斗的最好准备。脚到的地方，就是祖国。法国一革命，所有的公路就都被国有化了。① 速度，还是站在未来的无产阶级那一边的。

1807 年，黑格尔写信给朋友：法国人好像能够直视死亡了。为什么？因为拿破仑教导士兵要快速运动起来。在战场上，拿破仑说，你总是会有生命风险，除非动起来，加入到车流之中，保持速度，你最终才是安全的。② 维利里奥说的 Dromology，是速学，dromocrat，我们应该理解成速人。对于速人而言，城市不在城市之中了。速人从城市中走出来，再回头将城市当作了电子游戏的棋盘和积分点，当作跳棋棋盘上的一个个落脚点网格。速人追求速度本身，并要与尽可能多的人保持在同一速度上，因为对他们而言，这才最有力量，也最安全。与其在城市里等死，还不如在最新的战场上冲锋而死。城市不是我们的静留之地，因为它绝对不适合做我们的墓。

保持在一定的速度上，真的是很重要了。哪怕写城市哲学这件事，也是太慢了些。要知道，速度本身才是思想，而思想须闪电般到来，才有意义。思考中甩出来的，必须直接就是词语和图像。思考得慢，又不会用身体高速行动的人，那就是自己将自己关在了集中营，一辈子出不来。自己没有速度或转速太慢，也不要紧，那就主动加入群众的洪流好了。一个人在那里学卢梭散步思考，就会挡了大家的路。

---

① Paul Virilio, *Speed and Politics*, op. cit., p. 45.

② Ibid., p. 47.

法国人夺得了大陆，英国人夺得了海洋，然后，就有了长期持存、游荡于公海的舰队。有了这支舰队，就哪里都可以是祖国了。这就可以将无数个看不见的身体组织到一起，不知什么时候，舰队就在某一处海边冒出来，拿破仑和希特勒也将吃足它的苦头。[①] 舰队可以退着来打，打得它自己都找不到自己，但它的存在，让你从此永远都无法安心活着。恐惧是最可怕的杀手，它不杀你，但从此就不让你好好地活着了。英美新自由主义是有了机器之后才发明出来的进攻方式：不是穿过大陆和城市，而是绕过大洋，不断冲向新的"之外"；必须消失，但又无处不在，无时无地。[②] 今天的全球城市化，也是这一舰队全球出击式的全球新自由主义攻势的一部分。

正是速度毁坏了进步；永久的战争造成了总体的和平，疲倦后的和平。有速度的民族，才是有希望的民族；没有速度的民族，是正在消失的民族。[③] 就看当代中国吧：现在，维利里奥说，中国人似乎对快速移动人和物有了很大的兴趣……[④]这句话他写于 1977 年。从这种速度学看，存在，就是不要居住下来。存在，就是要成为尤利西斯，决不在同一个地方待着，总是同时降临到所有地方，但决不在任何一个地方久留，不与任何地头蛇结盟。[⑤] 维利里奥引用《孙子兵法》：速度是战争的本质；"兵贵神速"。

我们正面临双重的消失：原核爆炸时的物质的消失，和来自车辆之终结式的对地点的消灭。[⑥] 物品之间永远移动的对角线，移动

---

① Paul Virilio, *Speed and Politics*, op. cit., p. 62.

② Ibid., p. 64.

③ Ibid., p. 71.

④ Ibid., p. 73.

⑤ Paul Virilio, *The Aesthetics of Disappearance*, trans. by Phil Beitchman, Semiotext(e), 1986, p. 25.

⑥ Paul Virilio, *The Politics of Speed*, op. cit., p. 150.

物体的速度,和它的路径的不被察知,才是最重要的。地球将只有一个界面,所有的地点都将被并置。① 暴力来自于物品与物品之间的互相吸引,人被连带在其中,是间接受害者。

遭受速度的暴力,是我们在这技术世界里每天的命运,是我们作为技术式生命的渊薮。过去两百年里,西方的军事智力完全夺过了世界历史的舵叶,纯粹的历史转换成了纯粹的地面进攻。它的力量是前置和终极的。历史学家在这一永久的战争状态中,从此也只是一个小连长了。② 速度使世界最终归于无。时间是金钱,速度是权力。人遭受的技术命运,具体说是速度对人的连续击打,使人中毒,昏迷,醒来与否,那就要看着办了。

2013 年 7 月 13 日《解放报》的访谈中,维利里奥说:我们人类作为一个物种的幸存,已成为对我们自己的大恐怖(notre survie en tant qu'espèce devient notre grande terreur)。生态主义者想用恐惧来统治。他说,阿伦特说得非常对,运动法则的彻底实现,就是恐怖。历史终结和末日都不用怕,让我们不好办的只是:我们人人都成了绝对的独特体,都自带速度。光革命也不行了,我们需要一种宏观的揭示式视野,之后才能看着办。

2008 年 10 月 18 日的《世界报》访谈中,维利里奥又说:速度加快了,看上去偶然和本地的事故,也都显得必然了。**无论**多遥远的事故,也都被我们的速度政治经济学解释成了全球性的。不再是历史加速,而是实在也已被加速。进步也只是大家共同同意的那种献身了。历史学家喜欢长距离研究,而相反,取当前主义(présentisme)态度也仍是不够的,必须抱即时主义(l'instantanéisme)才行。必须从当前的事故中勇敢地学习。事故是发明,是创造性的作品,比艺术

---

① Paul Virilio, *The Politics of Speed*, op. cit., p. 152.

② Ibid., p. 135.

家做的还更原创。事故不是来带给我们恐惧的,而是来逼我们直面,逼我们创新和发明的。事故及其之后的修复,将决定今天的历史进程。在国际和全球领域起作用的,将不是观点和立场,而是知觉和恐惧。

2008 年的全球金融危机表明,地球太小,它这个场地已不够历史的进步和加速用了。我们是有过去和未来的,现在的真正麻烦是,过去死死地懒着不肯滚,而我们已根本不再拿它当参照,但它就是不肯离场,它的未来却被我们的自然资源和我们的贪欲所局限。而当前,正如诗人帕兹(Octavio Paz)所说,已无法被居住。可是,就连叱咤风云的银行家也硬要来跟我们蹭,一块儿挤在这个无法居住的当前里了。

速度正在取消城市。手机城市和无人驾驶基栈上的城市,还将是我们可以安身的城市吗? 城市会甩了我们,自个儿一溜烟远去吗?

反对城市货币化

    中国近三十多年工业的高速发展,必然将由继后的天文级的城市化来接盘,通过从工业产品的生产跳到对商品空间的生产,来消化其后果,以金融化来兜底,才能稳住那个 500 年来形成的全球化系统。时至今日,如何来回收这些年来的工业化和城市化的成果,返还劳动者、创造者一些收益,一起来建成一个全球城市社会?如何向他们弥补本该属于他们自己的作品感和作者权,而不是仅仅用商品空间来发展租赁经济,向他们兜售由他们自己创造出来的商品空间?

    列斐伏尔的马克思主义城市空间生产理论强调,走向城市社会,才是工业化的最终目标,才能使后人享受到工业化带来的真正成果,尤其是使对此做出牺牲和贡献的千千万万中国民工,多少得到一些实际的补偿,不使他们因城市的货币化和金融化,而被城市空间更残酷地盘剥。我们的未来政治的最大目标,就此说,也就是反思至今的城市实践,集体地进入一个城市社会和全球城市社会,以这一未来的新正义,来指导今天我们手里的种种城市实践。但这种反思也需基于对我们在人类世里当前处境的认知,因而需要完成一个双重任务:建立中国特色的城市社会,并使这一城市社会最终建立在逆熵式贡献型经济的本地性之上,最终与那个全球城市社会汇合。

    在最近的《什么是包扎式思想》、《在冲扰之中》和《逆人类学》

里,斯蒂格勒将城市解释为集体体外化器官和未来的学习领地。在他看来,城市将不是我们所居留的商品空间,而是我们的逆熵式体外化集体器官和共同的学习成果。①但是,在今天的城市空间里,我们仍处于一种普遍的货币关系里。马克思和恩格斯在《共产党宣言》中就已指出:从普遍的货币关系转向共产主义,只有一步之遥;共产主义是那一普遍的货币关系的正面,而这一正面也许就应该由未来的城市社会来承担。今天的城市规划仍是厚黑的,是基于货币关系中的抽象交换,不会走向任何健康的目标。它真正的目标应该是:让我们在新的生物圈—技术圈—体外圈中,在盖娅的威临之下,在人类世这个极限里,共同学习着走向全球城市社会。②

　　而由于其体量,中国未来二十年的城市化仍将会掀动、深掘这个星球的地表三尺,所以,我们更需对既已完成的城市化作出深入的反思,努力向世界呈现中国式城市化的自我觉悟,和这一超级城市化实践的经验教训,将事关本星球的最后命运。像《流浪地球》那种对人类未来居留地的超人类主义式想象,仍是怯懦、流氓和愚蠢的,而这一症状的背后,就是我们对于中国式城市社会的想象的缺无。那种科幻想象完全是对于人类世里的人类集体处境的掩耳盗铃。

　　城市的货币化(卖淫化)的根本原因,是商品空间抽象了城市空间,其中的每一平方米都被标出了价格,目前的城市设计和规划只在帮助开发商干这个。在被城规式几何设计的空间里,每一厘米的

①　这需要形成一张逆熵的网络,让人民能够大规模地共享知识,在一种公共的领地上,在一种知识的公社里,去形成一种贡献式的领地经济,基于一种贡献式收入,使这一学习式领地本身成为数码城市性的先锋学校,同时也大规模地与各种机构一起展开贡献式研究(Bernard Stiegler, *Dans la disruption*, Babel, 2016, p. 422.)

②　Bernard Stiegler, *Qu'appelle-t-on panser?*, op. cit., pp.357 – 365.

空间都被标好了价格,民工要进入其中,如果不靠卖体力,就得出卖自己的身体本身。这是由抽象空间变成商品空间的必经过程,是《嘉丽妹妹》里发生的故事,一代代被重复。① 男、女民工的身体反而被空间居有(appropriated),被动进入货币关系(与设计师生产出抽象空间后,仍需要我们住户去填充,其实也没有大的差别)。因此,必须反转这一空间设计逻辑,用我们的身体去居有(appropriate)抽象空间,进一步生产出城市空间,才能摆脱这种被捕捉的命运。要知道,我们出入的城市空间,本来是由我们自己的身体生产出来的,但有人就通过设计和规划,想要擅自据为己有,宣布是他们的设计产品来谋利,像卖矿泉水那样地来谋利。城市斗争的首要目标,就是要生活到我们自己的身体生产出来的空间之中,用我们的身体去重新据有身体自己生产出来的空间。

回看文化研究式的城市空间研究,比如齐美尔的城市社会学,我们会发现,那是仍陷于康德主义的空间范畴,未受马克思主义思想的洗礼,所以,就将货币关系对城市个人的捕捉和摆布,仅仅描述为个人在情感和精神上的起伏,是人的精神响应现代街道对个人的心理刺激,使现代城市个人的心灵状态像股票价格那样,主动被现金流摆布,整个事儿只被看作如何重新获得精神自由的问题。他因而将城市里人人之间的货币关系,看作主动将自己当成别人的手段,以便将人人也都能被当成他们自己的手段的那一手段。城市在

---

① 朗西埃通过石匠和地板工戈内(Gaunny,他没有姓)的口,说出了创造着城市的民工的对物质产品和个人创造中形成的数学和建筑知识的双重流失。戈内感叹的不是不能拿这两者去卖钱,而是惋惜本来可以将它们献给其余的人类这一点。"我失去了我的智性产品。包含于它们之中的所有的自觉的定理,我是那么渴望着想交流给人类听,却都已风干,而被风吹走,像腊月里地上的树叶。在我自己的黑暗和废墟中,我的思绪碎裂了。……这真是一种需要重新开始的生存(Jacques Ranciere, *The Nights of Labour*, tran. by John Drury, Temple University Press,1989,p. 422)。"

他看来是一个普遍的货币装置，人的情感只能被动地去适应它。我们只好学会老练地经受波动和焦虑，像那种消极的韦伯主义所建议的那样。

可是，不论怎样，我们仍必须从目前这种普遍的货币关系里，走向城市社会以及全球城市社会。比较着看，文化研究向我们提供的方案，也仍太康德主义了：激活公共空间，使其中的公民性成为影响城市生活的主角。我们必须认识到，公民社会中公共空间里的理性交往这一哈贝马斯的康德主义论调，是要去对冲现实中城市里普遍的货币关系，但我们看到这已是一条走不通的路。城市研究者们至今仍在给这一僵尸理论做人工呼吸，最后却借魂于城市社会学，把城市当田野，估计到最后仍一定会撞墙。就如戈达尔的《活她的活》里，女主人公想要逃离家庭主妇的生活，就决定去站街。一站街，她发现自己进入的是一个社会学家的处境，发现了体面家庭主妇与站街女背后共同的卖淫逻辑，终于知道她自己是在同时演这两个角色。她发现，妓女面对的，正是体面社会真正的卖淫逻辑的全部，家庭主妇身在其中，但并没有看清它的全部。家庭主妇只是自欺地认识了一半真相，就在那里摆体面生活的谱了。我们进入设计空间时，也落进了这样的处境。但不用怕，因为这最终仍依赖于我们怎么来演。可悲的是，如今只有站街女才是认识到了城市真相后在过认真的生活，只有她们才成了真正的社会学家。停留在对城市空间的社会学式理解，是远远不够的。社会学家最后也必须走向城市斗争。

列斐伏尔在1968年走向了城市斗争的现场，其《对城市的权利》也可算是1968年革命的宣言书。戈达尔的《中国姑娘》里，有一个长镜头，静拍列斐伏尔站在南特的拆迁现场，背对着观众在思考。而后者闯入电影的原因，是因为戈达尔当时的女朋友，也就是电影主角，正在南特读哲学，是列斐伏尔的学生。这电影也是在他跑到大学,去与女朋友约会期间顺便拍的。而这又一次说明了城市空间与电影的关系:电影用它的机器逻辑和图像之蒙太奇,帮助我们去用自己的身体生产出城市空间。戈达尔向我们示范的是,借了电影这样的手段,我们就能生活在用自己的身体生产出来的城市空间之中,而这空间是要靠我们自己的一次次排练后,才会活的。已经在的空间,是僵尸空间,还不好算是我们的,我们必须从自己的身体出发,去用自己的创造性活动,重新生产出新空间。我们必须用自己的身体,去创造出我们生活其中的空间:演了,才能活,才有地方活。建筑师和城规师也同样必须创造他们自己所需、所向往的空间。他们并不能够通过几何和代数与他们自己的活过的经验,替其他人创造出这一空间。

而在由支付宝张罗的当代电子货币社会(人类世城市社会还得依存于它)里,与以前一样,每一个女人的每次身体行动,也都在对商品广告里的真实内容,也就是画面上隐含的 sex,来添油加醋,如其化妆行为。我们知道,sex 是一个各阶级共享的行为,是广告和消费背后的那一共同推动力,是那一张所有的买卖广告所需的真正底牌。但落实到单个女性身上,sex 又是最私密,最深入个人内里,最需要与"之外"不断兑换后之才能保留住的。男人却想要将女人的 sex 当作可标价购买的商品,所有的广告都基于这一逻辑。正如游牧者没看上农耕者地里的屋和庄稼,却看上了他们地底下的铁矿,仿佛这铁矿已与他们有了千年的交情一样,老板们也是这样地看上了女明星们的 sex,当作占有对象。同时,由于货币社会砍断了人的游牧性,消费社会中的女人,与被关在笼子里卖的小动物,就没啥区别了。这使女人的身体可被割成一个个符号,来被分别估价,各各销售。而这就是资本对于女人的身体所做的事。而且,普遍的货币状态甚至把低层妇女和良家妇女同时拉下了水。这是齐美尔以来社会学的普遍认识,是今天的城市尤其是所有广告画面上的真正内容,也是关于城市的文化研究对于城市内在性的基本认识:城市社会学和关于城市的文化研究,都将个人的消费生活当成了城市的真正内存。城市哲学必须在这一点上严肃批判城市社会学和关于城市的种种研究。

如果男人要将所有的女人都放在货架上来挑,这表明,正如齐美尔在《货币哲学》中所说,女人身上最吸引他们的,是女裁缝和公主共享的那些品质,与化妆美学和文化素养其实无关。而男人对这个货币社会现有的排列女人时所遵守的价格和地位的系统,却总是不满,总是私自要照货币原则,不断来重新摆放她们,通过一次次的现金购买,来改变这种摆放规则。所以,那个秩序是每一次买卖后都会变的。

而时装系统要一次次地来进一步确定统治女人的那一象征秩序,使城市女人更迫不及待地对号入座,方便男人对她们的分类。所以,如果让民国的人来看今天的上海女生穿衣,她们就会骂后者穿得像妓女,越穿 Prada,就越是将自己的价格标得超高、标得清晰。价越高的女人,其价格构成就越必须清晰。越处于优越地位的女人,也就越处在一种严格的货币关系的统治之下,像城市的别墅区里那样地被清晰标价,互相严格区分。巴特在《时装系统》里说,香奈尔女人甚至都事先知道自己的卖淫标价的,因为其香奈尔外套上衣的价格,几乎就是她们身体的价格。时装就是包扎她们身体的糖果纸,是要让有钱男人享受剥开这张香奈尔糖果纸时的额外的快感。[1]

列斐伏尔用他的城市中心化理论,来描述城市空间生产中的价值生成,来分析我们的商品空间的切分原则中的男性主导逻辑。在

① Roland Barthes, *Oeuvres completes*, t. 2, op. cit., p. 1008.

他看来,正是中心化使城市空间彻底男根化:将男根纪念碑化,①使之成为国家的统治、监控工具,抹掉了空间的女性特征,并又将女性空间符号化,使之成为卖淫式的幽灵现场,来烘托氛围,像在广告平面上那样。一般而言,城市中心对于空间价值的生产起到下面几个作用:

1) 纪念碑和象征机构具有抵押功能;

2) 它是对财富的献祭场地;

3) 但在展现货币的卖淫功能时,也展示共同生活的共产主义化的可能。

列斐伏尔的城市中心化理论强调的是城市中心对于城市抽象空间定价过程的专制。郊区别墅与市中心之间的这根价格弹簧里,女人就被推入卖淫者的角色,最受这一逻辑的迫害:身体也成为商品空间本身的价格的化身。民工也进入这一市中心与郊外之间的卖淫关系之中,但其角色稍为暗晦。他们只是群众演员。

而照现有的城市中心化格局,只有市中心才提供淫荡之所。夜店是所有乌托邦式的建筑和城市计划的最后落局。城市空间白天被商业逻辑统治,只有在晚上的黑暗中,才有那种淫荡的互通有无,但全被计价,付清才能出门,典型的就是酒吧和夜店里的情况。

卖淫过程中,钱是嫖这一方掌握的纯手段,而 sex 是卖淫这一方掌握的纯手段。年青的民工们给手机充钱,都是十块钱、十块钱地

---

① 城市空间里时装模特的纪念碑性(monumentality):模特的身体成为时尚共同体中的纪念碑。模特的身体确认我们观众是其中的一员,但它作为一面集体的镜子,比我们自己那一面更忠实,更显赫地展示了大家一般承认的权力和那一类智慧,形成强大的共识,并使这一共识实用和生效,由此压倒性地逼观众退回到自己原来认定的那一位置上,不要想三想四,甘于接受目前的地位,然后开始赞叹,也因惊叹而生出狂喜。"纪念碑使其观众由感到被压迫,转而惊叹,而由衷地赞叹到喜狂。"(Henri Lefebvre, *The Production of Space*, op. cit., p. 220.)这就是看时装表演时的"让人倾倒"感,属康德说的崇高领域。女性模特的身材对于女性观众尤其能达到这种镇压效果。

充,更懂得这个货币社会的铁则的计算步骤;卖性者的计价,则是倒过来,但其中有同一种逻辑在指引。嫖妓或卖淫是一种类行为,说它是 generic(通用)的,是因为,它是同一物种里的任何一个成员的行动中都潜在地带着的行为倾向,而且嫖的一方只要求这个行为,只要求实现这一个撤掉了其他所有枝节的感性行为。它由一种想要不断隔离对象的欲望驱使。嫖之所以与给手机充电,是同一个类别的行为。嫖妓者或卖淫者是想要在经济地处理了性的问题之后,去成为临时主权者。也就是说,在资本专制下的城市空间里,个人被逼得只能卖淫式地存在于被设计的空间之中,只有在付费和被付费后,有那么一刻,才能成为主权者。在巴尔扎克、小仲马、郁达夫和茅盾的小说里,这是身体与城市之间关系的深层语法。我们今天在用支付宝或微信付清之后身上感到的利索感,也属于此。个人的身体不能通过节奏和潜能来为自己生产出空间了,所以,在抽象空间里,个人的身体只能被动地处于卖淫状态。

我们是已不可避免地生活在一个百分百(电子或数码)的货币社会里了。平时,钱是隐身的,有亲情和社会关系罩着。嫖妓或卖淫时,才展露出我们所处的社会中的那一最真实的货币关系,和处于这一关系中的我们的性。付掉钱这一行为,是人从一个使个人欲望被满足的关系中能够脱身的前提。为什么人要这么急着离开日常生活中的货币加亲情的统治呢?因为,自始至终,在城市空间里的日常生活中,人与人的关系都被货币化也就是说卖淫化了,只要付钱,只有付掉,才能脱身,而我们正急着想从中脱身。[1]

---

[1] 哲学家斯宾诺莎非常深刻地描述了我们这种被现金统治的状况:它根本地扭曲我们的欲力,甚至扭曲我们渴望的方向,将梦想都搞错方向。法国哲学家洛尔东将我们在城市中的日常生活描述为一种流放:"任由这世界的各种力量摆布,我们的灵魂开始流浪"。并不来自我们自己的欲力和愿力的互相矛盾的激情在统治我们,哪里有我们的耶路撒冷(Frédéric Lordon, *La Condition anarchique*, Seuil,2018,p. 187)?

这正说明了商品空间是如何一丝不漏地来控制人的身体的：一面是货币亲情，另一面是工资劳动；钱像可乐，在您渴时，它一瞬间就能让您的欲望满足到顶。而钱一给，就不用再产生任何社会关系了，点击支付宝后，就能够像船儿解缆那样，开始自漂，而只有这样，资本才能流通得更顺畅。快感在于不是欲望，而是钱，总可在手上的，随时听用，对方一定不会拒绝。给钱，而不是给物品，这样，就可与自己的个性和人性无关，不用背道德重担了。花钱后的瞬间快乐，不留下任何痕迹，是与付出钱得到商品时的快感一致的，加上冒险因素，就有了额外刺激，这时就与有钱人花钱请向导登珠峰，一大帮人在后面给他跑腿无异。而电子支付让人平等地得到了这种瞬间挥霍而解脱的豪华错觉。但是，这真的只是错觉吗？穷人难道不是比富人更能够史诗般地挥霍的？

而这正是我们用了支付宝和微信支付后再也不愿去用纸币的原因。因为电子支付更带给我们这种瞬间的幻影般的解脱感。那是对一种闪电般到来的令人晕眩的刹那的自由的直接享用。支付是对一种伟大的自由的表达。所以，作为一种议价特权和象征特权，高级交际花都拒绝现金，尤其不要纸币，她们要别墅、豪车和首饰，不要能够流通到人人手里的钱，不要一次一次地去拿到现金。这样主动选择了支付手段后，她们就认为自己的肉体摆脱了现金的无微不至的统治。但是，千万要知道，支付宝和微信支付决不会留给我们这一余地，它们正在将我们从城市领地中拖走，推入更深的电子卖淫状态，花呗则忙着给我们拉皮条，将我们的工资与透支缝合。货币技术是人统治人的终极的生物权力，这一统治技术会越来越掌握在少数平台公司的手上。正是这种人类的自我统治技术正在造就人类世城市社会。不摆脱它的统治，我们如何走出人类世？

现代主义先锋派的城市主义遗产

　　现代城市主义是与现代主义艺术先锋派眼中的城市主义高度关联的。柯布西埃和超现实主义之间的关系,至今仍延续在比如说库哈斯身上,或者说,他也就是柯布西埃在今天的影子,出现在了威尼斯双年展和纽约古根海姆美术馆(比如 2020 的全球乡村展览)。再还有,扎哈与至上主义者马列维奇的精神上的联系,也流进了今天的参数主义设计的血液之中。

　　柯布西埃在其《宣言》中说,住房问题,是时代的问题。他强调,社会发展的均衡,依赖于这个"住房"问题的解决。在任何一个复兴的时代,建筑的首要义务,都是修改流行价值观,而这可以通过修改房子的构成要素来做到。他的"房子是用来住的机器"这一句,摘自《未来主义宣言》,而他自己则是超现实主义团体的一员。列斐伏尔指责柯布西埃是太方便地挪用了立体派打开的无差别的灾难性资本主义空间,是把新绘画原则,用到了建筑之中。他也同时谴责包豪斯是将康定斯基的抽象主义方式,直接用到了建筑设计之中,为之后的资本主义商品空间开发,进一步打开了大门,或者说引进了资本的洪水。① 列斐伏尔同时也否定了柯布西埃所代表的建筑先锋派的进步性。他认为,哲学这架来自古希腊的闪光灯,曾在这世界

---

① 　Henri Lefebvre, *The Production of Space*, op. cit., pp.124 - 127.

上成为灯塔,如今是再也不起作用了。海森堡之后,理性倒塌了。我们必须破坏美术馆、图书馆、各类学校,并与道德主义、女权主义和各种唯物主义式自圆其说的怯懦斗争到底。但这之后,柯布西埃却要将我们圈到一个新的牢笼里。"房子是一架供我们住的机器"这句话,被哲学这架闪光灯一照,在这个量子物理学时代,是不能成立的。海森堡已告诉我们:测量结果是由波和粒子状态来决定的。测量行为本身,也是被架空的。也就是说,柯布西埃的那些几何原则,只是浅层的。我们的批判式理论、马克思的辩证唯物主义,才是真正的实验工具。①

今天,当然,我们仍被这个"住房"问题困扰,任由这一问题去掩盖那些更大、更严重的问题:城市问题,或城市的全球化问题,或全球城市化问题。说城市是一架疯狂地排除我们的"住"的机器,也许更合适,因为它正挟裹我们,席卷全球,不知道最后会将我们带到哪里,甩向何方。建筑师去关心住房问题,只是想要找到更好的镇痛剂,并没有对准问题的核心。

库哈斯1978年《曼哈顿宣言》又还魂了勒柯布西埃的上面这一句:"城市是造瘾的机器,我们难逃它的魔爪"。下面这个库哈斯名句,也有一半摘自波德里亚:"曼哈顿是堆得山高的证据,但它还缺宣言"。② 而波德里亚的原句是:曼哈顿已是堆得山高的证据,但我们还缺关于它的理论。宣言里,库哈斯曾雄心勃勃地说,"一旦我们

---

① Henri Lefebvre, *The Production of Space*, op. cit., pp. 360 - 369.
② "如何在某一种城市主义的形式下去为二十世纪剩下的时间写出一份宣言?宣言的致命的弱点是它们的缺乏证据。曼哈顿的问题是相反:它有山高的证据,但就是没有宣言。这本书《癫狂的纽约》就是在这两种眼光的交叉点上来被构思的:它是为曼哈顿写的逆动的宣言(Rem Koolhaas, *The Delirious New York*, Monacelli Press, 1994, p.9)。"这种宣言精神是从现代主义艺术那里搬过来的。

与过去对着干,我们的方法中就会有革命,就会走向建业的宏大。"
但您去看看库哈斯最近的玩世不恭好了,比如,他在一个最近的访
谈里竟然将自己的理想,关于这个世界的未来的理想,完全寄托于
今天中国式的城市化的明天了。他将如何为此自辩?他说这是因
为,在欧洲和在美国是更令人绝望的。也就是说,他只能将赌注押
在中国的城市化过程中,是没有别的选择了。① 那么,他一路上的那
些引得我们伸长脖子期待的具体的、抽象的乌托邦,难道都被他一
一掐灭了吗?我们还在等他的下文呢。

　　马里内蒂(Marinetti)在《未来主义宣言》(1909年)中说:"不再
有美,从此只有斗争了!我们已生活于绝对域,因为我们已创造出
了无限和无处不在的速度。时间和空间已在昨天死去。欣赏一张
古老的画作,就像将我们最纯的情感,封装到了骨灰盒,而不是将这
样的情感,投入广大之域,倾注到创造和行动的狂烈的爆发之中。
艺术院校的学生的梦想,是早被钉在了十字架上,但他们还假装自
己是将要去征服一切的骑士。让人惊叹的过去,对于艺术生来说,
只是创口贴了,因为对于他们,未来已是一本合上的书。对于年轻
的未来主义者来说,我们想要与过去脱尽一切干系"。② 这一姿态比
柯布西埃反而进步一些。"拿起你的锤子和斧头,还有榔头,无情地
去拉倒一切被人敬仰的城市吧!把运河改道,让它轻而易举地冲掉
所有的美术馆!艺术如果不暴力、残酷和不义,它就什么都不是。"③
未来主义要销毁那个线性的未来,另外创造一个,过去留下的城市,
必须为它让道。

---

① 　Rem Koolhaas, "How China Plans to Inhabit Its Future",参见 https://on-
linelibrary.wiley.com/doi/10.1111/npqu.12229。

② 　参见 www.douban.com/group/topic/87894775/。

③ 　Ibid.

那么,今天的新未来主义应该是啥样子的?在 2018 年的中国美术学院讨论班上,斯蒂格勒这样问我们。谁是这种新未来主义的代表?难道是依龙·马斯克?① 如果不是,那我们的新未来主义姿态是什么?库哈斯自己都仍是一头雾水,等待我们去帮他。马斯克想要蛮干,我们其实也是拦不住他的。我们只能继续问:什么是立足于中国的城市化的新未来主义姿态?

马列维奇在《至上主义宣言》中说,只有无趣又无能的艺术家,才用真诚来说事。艺术要的是真理,而不是真诚。创造本身就是目标。而马列维奇的创造,是一种自我逼空,使自己只能进入发明状态,要将减法做到底。这一姿态也比勒柯布西埃要更自我否定一些。后者只是依附于这些艺术先锋派的姿态而已。马勒维奇在《宣言》中还说,"没有一个艺术学院的酷刑室,能挺得过未来的那些日子。艺术学院教我们将当前鲜活的现实塞进那些从过去流传下来的形式之中。但是,过去会被我们的当前撑破的"。② 马勒维奇还说,只有懦夫才会认为,文艺复兴和古希腊的审美经验中出现的理想形式,会比十九世纪的现实主义更伟大。因为,只有在创造中,我们才活着。必须创造一切,包括创造自己的出生和死亡。

对于马列维奇而言,新创造的形式将与自然毫无关系。相反,我们必须与自然斩断一切联系,形式才出现。③ 想要重复和模仿自然,那只是窥淫。艺术及其新目标,只是一口痰盂。不被吐痰的新展览,只是一口棺材。只有在你看得想要向它吐痰的东西里,才能

---

① 参见 https://book.douban.com/review/7828653。

② Ibid.

③ 扎哈"发现传统的建筑系统的绘制太局限,……于是就开始研究马列维奇,使我发展出了抽象原则,当作研究原则"。这一做法导致她发出一种"倒转考古的形式",使她做出了诸如德国的 Vitra 消防站这样的建筑。参见 https://www.archdaily.com/530641/zaha-hadid-on-russian-artist-kazimir-malevich。

找到新的美和新的真理。为了让你的知识不出问题,你将动物都关进了动物园。为此,艺术家必须搓掉他们身上的几个世纪的死皮。绘画必须抛弃它的题材和对象了。超现实主义者布列东(Anton Breton)、利维埃拉(Diego Rivera)和特洛斯基(Leon Trotsky)在《宣言:走向一种自由的革命艺术》(1938年)中指出,真正的艺术无法不革命。艺术应不应该走向政治或应不应该走向革命,都是伪命题;不革命,它还是艺术吗? 艺术独立,是为了革命;革命,才是对艺术的彻底解放。[①] 无法用艺术去解放艺术,或用艺术去解放艺术家。艺术家也无法解放艺术家,更解放不了民工。照这个《宣言》中的逻辑,使建筑成为建筑,并不政治,使建筑打开自己,成为新时代的政治场地才是。今天的库哈斯也仍陷于这一困境:在西方,什么都不能做,只有当代中国能将什么都执行出来,西方建筑师也只有在这里才能有所作为,也就是说,只有当代中国的现实,才能使建筑更建筑,而不是使建筑更政治。这一姿态是连现代主义先锋派的觉悟都没达到。库哈斯与现代主义艺术先锋派比,也是严重落后,甚至反动的。

罗德琴科(Aleksander Rodchenko)在《构成主义小组宣言》中指出,对象昨天已死,我们活于抽象的精神病式创造之中了,成了非—对象性(非客观性)的创造者。我们因此必须歌颂革命,它是生活的唯一引擎。现代生活中已没有艺术。个人必须与艺术战斗,像与鸦片战斗那样地与艺术战斗。这顺推着说,也应包括与建筑和城规战斗。[②]

在苏联和中国的社会主义现实主义传统里,每一个社会主义主体从头就被设定为先锋派的一员,理论上说是事先就被这样选定。

---

① 参见 www.cqvip.com/QK/82416X/19914/1005266586.html。

② 参见 https://book.douban.com/review/7828664。

与这些先锋队员相比，今天的后社会主义主体成了日常生活的奴隶。社会主义主体在革命年代曾得到的那种精神自由，正是现代主义先锋艺术家们想要给出的，但人民无法忍受的这种自由。在 1990 年后，这些后一社会主义在东欧得到个人自由、身份和独特性的同时，也成了全球资本主义经济系统安排下的日常生活的奴隶。人类世城市平台是这种奴役的继续。

在未来，我们是否仍需要先锋派来引领我们的城市斗争？内格里回答：不。他在"反思加速主义政治"一文中说，只有以阶级作为基础来重建经济，并重新在政治上组织工人，重建（无产阶级的）霸权，才是可能的，未来也才能被交到无产阶级手中。① 我们需要学的，其实是颠覆性知识。我们必须加速。而库哈斯彻底逃避了这样一种空间斗争和城市革命，躲避在他对于全球的诗性想象之中。他是我们的空间阶级斗争中的敌人。

相比之下，居依·德波通过反对现代主义艺术先锋派的每一路，而最干净利落地站在了一种与建筑和城规的反动倾向斗争的高地上，最终对现代主义先锋派做了全面升级。德波将城市革命与反对全球景观装置联系起来。他是先锋派中的先锋派，认为生活和革命必须一块儿被发明，否则一切都无从谈起。② 超大都市里，时间和空间被工程化，都被用来孤立、耗尽和抽象我们；大都市将我们逼得走投无路，迫使我们去建构新的乌托邦意识。如果人是由情境促成，那么这些情境就必须由人来构筑，马克思主义者必须坚持这一原则。如果城市是我们的坐标，那么，重点就在我们如何掌握其内在的限制条件，革命地去使用城市了。

---

① 参见 www.ailab.cn/html/328980.html。
② 居依·德波，"现代艺术的革命和革命的现代艺术"，参见 http://libcom.org/book/export/html/1843。

在这种使用中，人必须去创造出那将要来创造他们的那一情境。所以，要点在于必须创造出我们自己的直接经验。衡量一个城市是否能成为人的活过的经验之场地的标准，是它是否能为人的一切可能的经验提供入口。德波想要将城市当一个先锋艺术作品来衡量，这一点与列斐伏尔的城市是个人的作品这一说法吻合。在德波看来，城市必须使全体居民形成一个鲜活的互相联系和不断进化的整体。我们因此需要游戏—城市。从这一意义上说，傅里叶的名言"各激情之间的平衡依赖各对立项之间的持续对峙"，应当被看作建筑和城规的首要原则。套用建筑师们爱用的句型，由德波看，城市必须是制造游戏和快乐的机器，而这可以从每一个新制造的"情境"之中，在其中的每一个小气泡开始。而情境只是每一个人在某时某地的姿态的改变，只是某一个个人的游戏的开端。为此，我们必须颠覆过去的一切文化，而这最容易在城市之中实现。这就是乌托邦在今天的意思了：在城市中创造出真正的时间和空间，到其中去实现我们所有的欲望。同时，在此情境中，也使围绕我们的所有现实，又都为我们所欲望。乌托邦其实就是我们将要去创造出的那一个总体艺术作品。相比今天我们所说的艺术作品，就只是具有形式一致性的完全免费和无害的产品，只不过是向我们提供了用来沉思的对象，本身可能就是强烈的意识形态。就这一点说，艺术作品在乌托邦被实现时将是模范商品。在今天，我们是因为过着一种除了能对自己被悬置于虚空中这一点做出沉思之外再也没有别的有意义的生活了，才只好到艺术作品这样的小玩意儿上去找慰藉。这在德波看来是没有出息的。

德波将当代建筑师和城规师看成是抗议队伍里的卧底艺术家（cop artists）。他们积极地来组织参与，以便使我们的参与最终变得根本不可能。景观社会里，知识界的极大部分，也都已卖身投靠，极少部分以藐视和不恭为姿态，也是将自己往流氓无产阶级那里靠。

但是,最无耻的知识分子应该也会对自己虚假的光环和心理上的想要出名之间的矛盾深有感触,是潜在的反抗者。所以,在德波看来,我们的第一任务,是要在这两路知识分子之间去投毒,催发他们之间潜在的致命敌意,使他们互相仇杀。

《景观社会》第 169 条说,城市主义(城规)是资本主义吞并自然和人类环境的模式,依它自身的逻辑,一定会走向绝对的主导,会将空间的总体转化为对它自身的装饰。也就是说,城市社会也将是全球景观装置的一部分,一定会吞没这个世界,将人类排除在外。第 170 条说,城市规划要我们并排坐好,来被绝对地主导,不让我们"在时间的行进中去不安地成为"(l'inquiet devenir dans la succession du temps)。可是,城市又是天然会促成革命的。城市规划只是为了隔离群众,不让他们聚集,所以也必然是反革命的。城市规划因此是反城市的。城市在德波眼里于是只是一个分离装置。他在第 174 条中说,我们生活的城市环境是正在自我毁灭的时代。城市自我消费,并且自我榨干。城市是一架榨汁机。第 176 条说,城市是历史的处所,因为它聚集社会权力,也聚集着历史意识。第 177 条强调了当前城市规划的疯狂:城市规划是有组织的错乱,以便使它本身堂皇地成为新的景观。第 179 条说,最革命的城市规划观念,不会来自城市主义(城规)、技术,也不会来自美学。它将来自于无产阶级反对全球景观国家专制装置的需要。①

德波因此建议我们用游戏,去发动对城市的总体革命。他要求我们去创造经验,去享乐和实验地获得快乐,因为只有这样,才能进入游戏。我们的反抗里必须带上游戏的成分,因为,我们的敌人是只关心侥幸存活和景观红利的,对付他们的一致的被动,最好还是

---

① 以上引用均见 https://www.marxists.org/reference/archive/debord/society.htm。

用游戏,在游戏中击败他们最省力。对德波而言,游戏实际上同时是总体革命的手段和目的。

德波的拥趸阿甘本在《奥斯维辛残留》中将家而不是将城邦和共同体,当作了真正的政治之地。他指出,家,这一令我们最感到自由的东西、我们的存在中的最内在的东西,也可能已成了我们的致命陷阱,而我们今天就生活在这一陷阱里。①我们因此应该拒绝孤独和隔离。要知道,我们虽然在城市中,其实却是一个人被关押在自己的二室一厅中。只要是一个人呆在屋里,哪怕我们称它为家,也就是死亡。抵抗,发明,然后组织,才能够找到生,然后才有活的机会。我们必须冲出家,冲出城市,分别冲出这两个全球景观国家给我们制造的、由意识形态和广告当铁丝网,由电视连续剧来充当现实的景观集中营。

而当前的城市正是我们的政治失败之见证:它永久地拖延着最后的解决,三天两头地调整和改革,永远在维修和弥补,零打碎敲,气喘吁吁,忙不迭地适应着永远都是新的环境,来展示那些越来越优美的起跑动作。就此,格罗伊斯说,目前只剩下一群群游客的浪漫主义眼光,在给今天的城市树立纪念碑了。但是,游客的眼光永远是美杜莎式的凝视,所到之处,都将留下沙漠或景观。游客以为香港的真正纪念碑,是它黑社会的街头追砍,纽约的真正纪念碑,必须是黑人毒贩之街头狭路相逢,上海的真正纪念碑呢,必须是生煎包子终于配上了咖喱牛肉汤,但得花了地铁票的钱,从郊外赶来,才能目击。这就是打在今天城市身上的其实是来自游客的走神而亵渎的目光、返照而成的那一世界大都市的新的灵韵(aura):游客眼中

---

① Giorgio Agamben, *Remnants of Auschwitz*: *The Witness and the Archive*, trans. by Daniel Heller-Roazen, Zone Books, 2002, pp. 139 – 141.

期待的城市形象。①

　　游客的到来打消了城市原有的乌托邦冲动,让人误以为乌托邦就是浦东金茂大厦之笔挺,和金融区的熙熙攘攘了,而建筑师们和城规师们正是照着这样去想,这样去设计的。照了游客的眼光,城市的石碑必须被打破,被重树,再被打破,再被重树。用图像才能打破图像,用新景观,才能置换旧景观。今天被游客的目光不断包装的城市,只是一个景观水晶球,我们在里面跟着它而变。

　　在大城市,人们的活着,就是奔突;这四处流窜,是要去做出他们自己的那一份全球再生产,是要到全球各地去播散,在向全球资本主义系统交上租金后,既要收成,也要发光。住民与游客难分了,全球化青苔般地以品牌专卖店为格式,严格地照统一标准蔓延到了全世界(列斐伏尔说的城市的全球化或全球的城市化),本地是需要我们重新加以发明的了。我们接着想要知道的只是:从全球游客的眼光看,上海是什么样的,或从外星人眼里,上海是什么样的和应该是什么样的。一个城市将是这一层层眼光的叠加。游客在各个城市都看到了库哈斯的建筑,这究竟是在看个什么? 就像看一级方程赛车一样,看她们自己不论落入何种处境,都如何能千回百转,遇上他们自己的乌托邦想象中的那一大裤衩建筑? 看他们在全球化的多重格局里,如何想方设法,最终得逞,像库哈斯那样做出自己的一贯风格,像麦当娜那样地在自己的音乐中达到全球一个味儿?

　　那么,在他在《景观社会加评》中所说的整合后的全球主义装置中,德波到底要把艺术包括建筑和城规怎么样? 他是要将各门艺术和各路艺术先锋派超越、克服掉,将它们的能量保存到一场更大的全球文化革命的行动之中。艺术的传统要素仍然存在的,但须被改造、整合和修改。之前的所有先锋运动都宣布了自己在方法和原则

---

① Boris Groys, *Art Power*, op. cit., pp. 101–110.

上的卓越,想用作品来讨彩。情境主义者们则认为,作品的意义只有在其时代的革命实践之中,才能被评判。艺术家设计的革命游戏,必须与我们所记得的以往的所有游戏对着干。给工人三个星期的假期是不够的,这是将他们关到了地中海俱乐部的度假村,搞的是波利尼西亚式意识形态。对日常生活的革命,不应从过去,而必须从未来,去获得它的诗意。这场全球无产阶级文化革命意味着对个人生活的整个时空的自由建构。这种思想与他曾经的忘年交列斐伏尔重合,但德波后来主动与后者划清了界线。但是,列斐伏尔在八十三岁生日那天接受采访时,仍对德波抱很高敬意,肯定了上面的立场。

德波认为,现代主义艺术先锋派们嘴里的革命和文化大革命,都只是模仿:是对布尔什维克、对革命斗士的行径的拙劣模仿。对日常生活的彻底建构,才是真正的永久革命。资本和景观都是无产阶级的死劳动的堆积,却成了统治者盘剥无产阶级的工具(今天所说的作为固定资本的我们,人人的手机贡献的大数据,和云计算平台本身,也都是),革命首先就是要改变这一秩序。死劳动像蚊子一样来盯活劳动的血,这就是资本对我们的活生命的捕捉。资本家用无产阶级的死劳动,去剥削他们的身体的活劳动(Uber 将开车者自己的车也当成了它的固定资本,去剥削开车者,这简直是对城市大数据经济的最恰当的定义)。

是的,当前社会再也不会来叫停和迫害一个先锋艺术家的行动了。它反而给他名望,使他成为某一领域和方向上的专家式天才,来让他就范。在"先锋派不可取"(1961 年)一文中,德波指出,欧洲文化已是一个怀孕的半老徐娘,病危了;救孩子,还是救妈?先锋派的做法必须是,为了让孩子活下来,必须想办法使病妈妈快点断气。德波自己的态度更加决绝:他不认可十七世纪之后的所有的城规,努力以巴洛克精神来安排他的日常时空,与朋友开讨论会时不用电灯,写作现场在人走开后,是摊开的展览。

德波、列斐伏尔和波德里亚都明白,城市时间和被城市过滤的时间,将脱离自然循环,不再服从理性绵延的线性分割,将成为一种为无法被预料或期待的东西做所备的时间。那不是一个没有地点的时间,而是一种能主导地点的时间,是关于这地点的、通过这地点而到来的时间。它将是欲望的时间和地点。因此,城市时间才具有改造能力。① 文化革命这个概念,马克思已隐含了它,列宁和特洛斯基挑明了它。列斐伏尔说,我们(法国的)的文化大革命不应基于审美,不应基于文化,后者不再是目标和动因。我们的文化大革命是要去创立一种不再是机构而是一种生活方式的新文化。其最基本的精神,就是要让哲学在哲学的精神中被实现。

走向文化大革命的第一步是理论革命。列斐伏尔认为,它必须基于这种哲学而不是那些哲学之上。艺术的复兴和艺术的意义只有实际的意义,而没有文化的目的。文化革命是要将文化带入经验,用文化去改造日常生活。文化大革命是要“让日常生活成为艺术作品。这是要让所有的技术手段都被用来改造日常生活”。② 创造将不再局限于艺术作品,它也指任何自我觉悟的活动,自我孕育,照自己的方式再生,调整这些方式与它自身(身体、欲望、时间、空间)之间的关系以及自我创造。文化革命是:集体承担自己的社会功能和命运—自我管理。以这一文化大革命为背景,联合式城市主义首先是要利用艺术和技术的整体,当作手段,人人合作着,来整体地合成新环境。③ 这一整体必须比建筑影响传统艺术,或当前作为生态学考虑的专业化的技术或科学研究,更无限地宽阔。联合式城

---

① Henri Lefebvre, *La vie quotifdienne dans le monde modern*, op. cit., p. 190.
② Henri Lefebvre, *State*, *Space*, *World*. op. cit., p. 293 – 294.
③ Ibid.

市主义必须控制比方说各种类型的饮料和食品的分布以及音响环境等等。它必须承担对新形式的创造,负责对旧有的诗歌和电影的异轨(detournement)。德波认为,现代主义先锋派既已发明了这么多的方法,那我们就应该拼凑着先用起来,不用再等更好的手段的到来。

总体艺术虽然已被说得很多了,但只有在城市主义的平面上,它才能被实现。但它不再与传统上对于审美的定义相关。早在上世纪五、六十年代,德波的城市革命计划已超前地向我们展示了克服城市空间商品化的策略:每一个实验城市里,联合式城市主义将会通过一定数量的力场来起作用,这些重力作用场我们可临时称作"地区"(这是现在的标准用语)。每一地区都会导向某一种准确的和谐,与周围地区的那些和谐分离,或者玩弄与内在的和谐的最大程度的分离。[①]

---

① Guy Debord,参见 http://libcom.org/book/export/html/1843。

从建筑批评走向建筑—小说

　　如果要讨论建筑学和建筑术在人类世城市平台上的出路，要认识走进全球城市社会过程中的建筑的未来，我们从头就必须假设：目前的建筑只担当了三分之一的本职，另外三分之二的工作内容，仍有待开发，甚至发明。因此，在当前，不是建筑终结了，而是它必须主动去完成一直潜伏在那里的另外的三分之二的、被它自身压抑的功能。对建筑的批评，是为了更好地去利用这另外的三分之二内存，是要挖掘甚至扩展这一内存。

　　因此，为了对准目标，我们必须先强调，对建筑的批评，其实是对建筑批评的批评，是相互批评，不只是对建筑本身的批评，因为建筑本身还有三分之二以上的内容连它自己都还没能涵盖：对建筑真正的批评和批判，其实是为了更好地去揭开和描述这另外的三分之二的"建筑"。本书在这一节的讨论，将走向这样一个结论：这一有待揭露甚至发明的建筑学或建筑术的另外三分之二的任务，是建筑师也是其余的每一个人自己的那一本建筑—小说（architecture-fiction）。

　　为什么建筑批评应该是"对建筑批评的批评"？因为，那是对于流行于业界的那种建筑批评和关于建筑的批判理论本身的批评，是元批评，不只是对具体的建筑的一次评价行动，不只是在批评建筑本身。我们可以举朱涛的"在一个贫乏的时代，批评何为？"这一讲座为例,来说明上面的意思。这讲座就没有讲如何在建筑研究和实践中去做出具体的批评行动,却从一开始就落入哪种理论方向是对的,哪种实践方向是对的,哪座建筑是做得好的这些无谓的批评方向。① 当今的建筑批评最终都没能绕开这样的做法,所以,本书要来问:建筑批评到底是要干吗? 只是评改已建成的空间,还是要将它续写进批评者自己的建筑—小说之中? 本书选后面这一看法。

朱涛显然认为,塔夫里的理论批判方向是正确的,柯布西埃的实践方向和做出的建筑作品是进步的,可作为建筑批判评判某一具体项目的标准。因此,跟着他们两个走,建筑实践和建筑批评就是对的、合理的。一个建筑师能做的,无非就是选一种正确的批判理论,拿一个进步设计师当榜样,建筑批评甚至建筑就能走上康庄大道了。这只是用进步的建筑思想去反对不够进步的建筑设计吗? 上面这一疑问也体现在列斐伏尔晚年与塔夫里的争执上。列斐伏尔认为,塔夫里的批判目标是反对当代建筑实践,要找到另一种正确的建筑实践,要去做真正的建筑;但这会是一个陷阱:误以为照着选定的进步的建筑思想走就够了。实际上,列斐伏尔认为,建筑必须走第三条道路,去成为对快乐空间的生产,而不是仍执迷于自己的那一条千呼万唤出不来、用柯布西埃和现代主义艺术先锋派来指引的正确道路。其实没有正确道路,我们臆想的用来批判反动道路的那一条正确道路,也是一样成问题、出不来的。

建筑批评就是对建筑批评的进一步批评。批评也不是用理论去批评建筑,而是照康德到黑格尔到尼采到阿多诺到哈贝马斯等思想家的意思来理解的批判:个人将自己的关于建筑的写—读尽量公

① 朱涛:"在一个贫乏的时代,批评何为",2017 年 12 月 18 日建筑评论工作坊——公开讲座,2017 深港城市\建筑双城双年展"深双学堂"。

开地放到尽量多的公众眼前,使私人话语尽量公开、公共化。建筑批判或对建筑的批评话语的批评是:学者、公共知识分子或任何一个公民将他或她的关于某种建筑的写—读,尽量公共地展示到尽量多的公众眼前。朱涛在讨论关于建筑的批判理论的一开始,就引用康德的下面这段话,来解释什么叫批判。但他对这段话理解得很局限,漏掉了康德主义式"批判"的精髓。康德的原话是:

> 如果我们把一个观念放在另一个观念客体之下,而让后一个观念客体形成一个理解原则,并决定前一个观念与此原则相符,那我们就是在教条式地处理这个观念。当我们仅仅把一个观念理解为与我们的认知能力相关,因而也与我们思考该观念的主观状况相关,而不是轻易承诺对这个观念客体做任何裁决,那我们就是在批判性地处理这个观念。①

康德说,将观念 a 树立为原则,去评判观念 b,这是走向了教条主义,是对个人身上的理性的思辨式(投机式)使用。为了不落入用观念批评观念这一教条主义陷阱,建筑师或建筑批判家于是就去各地看很多优秀建筑,或看很多图,或研读很多批判话语,或如朱涛所说,去细看房子,这时,其建筑批判就找到了批判的标准吗? 朱涛引用的康德的这段话,反而在对我们说:不! 细看名家的著名设计是不够的。同理,用柯布西埃的设计风格,来评判别人的建筑实践,照康德看,也是一种教条主义。但又有哪一个建筑师能避开上面说的这一教条主义陷阱呢? 这就是今天的建筑批评积重难返的原因。

---

① 转引自朱涛,前揭讲座。

康德在三大批判中一再强调,比如在朱涛引用的《判断力批判》的第 74 节中就说,我们对于自然中的某物的概念,尽管也来自我们自己的经验,但这种概念一定只有在我们对该物先作出判断所依据的那一理性原则之下,才可能被确立(这概念并不是客观标准)。所以,我们不可以从这些概念出发,"教条地去建立我们的研究对象"。做建筑批评时,我们所批评的观念和建筑本身,是无法被我们不教条地当作客观对象放到我们眼前的。也就是说,我们用来证明我们的建筑批评是正确的那些塔夫里原则,那些柯布西埃创作方式,是预先被我们自己的理性原则批准,被我们自己所预先设计,我们甚至预先就被它们所污染,因为它们是在我们作判断前,就已浸泡在我们的主观想象之中的。我们的批判于是就会找不到客观的对象。而主观地去做出批判本来是没有关系的,问题总在于,我们仍想用塔夫里的理论原则,和柯布西埃的作品标准,来装出我们是客观的,以为找到了可靠的批判标准,这却是不对的。这仿佛是将后两者当作了我们的事先担保,这一点,康德认为就是我们在教条中的昏睡,必须打破。在建筑批评里,这一情况十分严重。

也就是说,被您认为正确的塔夫里的某条理论原则,和被您看作先进典型的柯布西埃的某个作品或设计,都不能成为您批判或批评另一条理论原则或作品或实践的"客观"标准。可是,您可能总已在拿它们当令箭,还以为自己这是在客观地批评。康德的三大批判,是要引导和鼓励我们去直面自己的完整的理性,让理性本身、那个纯粹理性转而发力,来作出判断:这就是批判;批判是将一个经验性的判断最终交给个人的全整理性来作出裁决。当然,这个理性是需要被启蒙和被训练的,但是,我们只能在具体的理性使用中启蒙和训练它;比如,康德会要我们用自己的意志(用他的术语)主动去对抗军事式使用手机的社交平台,但理性的这种"批判"能力,只有在这种会使我们中毒的手机社交平台的使用过程中,被启蒙、被使用。①

　　要批判或批评得客观,几乎是不可能的,能做的,只是从批判者身上另外的一个点上开始,去达到相对的客观。这另外的一个点,另外一种眼光,康德认为,就是"理性批判":用出于批判者或批评者个人自己的理性来批判,也就是用他或她的个人的写—读能力,来批评或批判建筑观念、话语和实践,用批评或批判者自身的先验综合,来综合其批判行动,为其负全责。而批判者的理性也就是他们个人的写—读能力,首先必须跟得上这个时代的技术—媒介要求。今天的建筑批判理论本身需要天天被升级。而在朱涛这里,这仿佛仍只是如何去找到一种更好的批判理论这样一件事。须知,批判理论只是每一个人自己当前手里的那一种,也需要被不断地在技术上升级,不光被写,也必须能转而坚决地写回去,能在尽量公共的空间里去成为理性批判。我们只有将它打磨好,升级到当前,才能用它去做出锐利的批判。

　　那么,当代的这种建筑新理性、建筑的新媒体写—读在哪里?这种激烈的写—读活动,这种建筑批评发生在这个行业或学科的哪里?

----

① 在《实践理性批判》中,康德回溯了《纯粹理性批判》中的立场,认为回到纯粹理性,就用不着批判了。也就是说,我们的批判是为了到达纯粹理性,等到实现了对自己的理性的全整的、公共的使用,就是启蒙了自己。批判是为了让我们自己到达那一纯粹理性,让它来真正对一切作主,平时我们是做不到的。平时,我们的理性是被教条主义(用一种正确的做法或理论立场来"批判"另一种)和思辨(投机式地使用理性)蒙蔽了。"对纯粹理性的使用,如果你愿意让我用'纯粹理性'这个词的话,是唯一地内在(通贯一切)的;而被经验地限定的对理性的使用,将之当作唯一尺度,相反,就先验了,成了要求和命令,完全超出了理性的领域。对纯粹理性的思辨(投机)式使用,是理性使用的那一不好的阴面 (Immanuel Kant, *Critique of Practical Reason*, trans. by Werner S. Pluhar, Hackett Publishing Company, Inc., 2002, p. 24.)。"

如何来建立这种建筑批评的客观的标准体系？或者说,建筑批判是否像艺术批评是艺术实践本身一样,本身应该成为一种建筑实践？

但开始还是让我们来进一步澄清什么叫批判？如何将建筑批判推进到社会公共领域之中？康德认为,批判就是要将我自己的理性运用,尽量公开地示范到尽量多的公众面前,尽量公共化,努力面对每一个社会成员、负责地去公开示范我自己的理性使用,给尽量多的人看到。这是通过我认真来做,省得其他人再来做,像放自己唱的歌的唱片给大家听,也给自己听,希望大家听完,就可以当作是自己的歌来学着唱,唱出自己真正想唱的歌,最后甩掉我的歌,同时也帮助我进一步提高。我个人的"理性",就是那一放唱片的装置,我放给别人听,自己也在其中听,然后就各人去唱各人的,每一个人都努力去唱好,各去出各的名,不分你、我、他,这样才能集体地达到某种公共性。将我自己的理性尽量公共、公开地使用出来,撇开自己的小我,将它用得很大气,这就是在批判,是在用理性去批判,而到达我自己身上的纯粹理性,让它来做大、做主。这种公共使用理性的过程,如果瘀积和生锈了,实际上这总是在发生,那么,批判就成了形而上学,就会走向教条主义,走向僵化、暴力和愚蠢,成为我们用来互相搪塞的意识形态。今天的建筑批评与艺术批评,我们看到,常常走进这种瘀积的愚蠢之中,离我们各自的纯粹理性越来越远。

那么,互联网上和社交媒体中,这种批判和批评的公共性难道仍然不够大？是的。在社交媒体里,我们反而是在一种更小、更封闭、更狭窄、更不公共、也更不公开的场地上使用理性。这是将理性用小了。社交媒体会将我们变成未成年人。启蒙,康德说,就是要将我们从未成年人的地位上拖出来,因为我们总是像睡懒觉那样,想要将自己当未成年人,懒在那里不动,要别人来关照自己。而其实,哪怕在社交媒体里,我们也能公共地使用理性的,只是花的力气可能要更多一些。而且,我们总只是先从某种"社交媒体"中开始我们的理性批判,再走向更好的理性批判的。

说到底,理性批判中的理性,只是我们的写—读能力,在今天,这个理性,就是我们迎着社交媒体和谷歌、百度等搜索引擎,与手机屏幕斗争中不断升级的写—读能力(用康德的话说,就是通过使用我们身的理性最后到达自己的纯粹理性《纯粹理性批判》就是他示范着像剥笋那样,一直通过自己的理性,"剥"到那个纯粹理性;"批判"中的"批"和"判"都有这个"剥"的意思))。数码时代里,社交界面上,我们的纯粹理性批判因此是,我们从翻阅微信朋友圈,斗争着写回屏幕、写回网络之中,用我们的写,去回收、编目谷歌和百度的搜索内容(这些大数据像吸血鬼那样叮着我们,捕捉着我们)的能力。像刀需要被磨,我们的理性能力也是天天需要被技术升级,才能走回我们自己的"纯粹理性"的。也就是说,从康德到阿多诺说的那种批判理论,像一面大刀一样,落在我们手里后,我们不光应该挥得动它,还得天天在数码平台上磨它、耍它,给它升级,才能对我们有用;这是要在新的理性批判中升华我们的批判能力。没有一种现成的批判理论。任何一种批判理论都需要我们当场重新训练,游击战的工具次次都需要因地制宜,像对付新病毒的疫苗。

而这种理性,就是朱涛说的数码时代对建筑的理性批判,或者说算法状态下的关于建筑的批判理论背后的推动力量,也是其最终归宿:用我们的纯粹理性来照亮我们想看清的东西。我不能拿现成的理论和成功个案去批判,而必须在批判本身之中,去磨炼我们的批判能力。而这种批判能力最终是每一个人身上的写—读能力,而建筑批判是今天的某一个个人对于流行的建筑话语和实践的锋利的个人写—读。批判建筑是要用最新的批判技术,来写出自己的建筑。由于这种作为写—读能力的理性批判本身必须天天被升级,对于建筑的当代批判因此就应该是:个人拿出今天刚被升级过的写—

读能力,去主动批判,也就是吸纳和编目各种当代建筑话语和实践,使之变成个人的函数化的数据库,去丰富批判者自己的那一建筑—小说。

如果真的以建筑之名来看关于建筑的批判理论,则不光如内格里所说,建筑本身必须被看成是今天支撑互联网本身的构架术(tectonics),而且,建筑也应该成为建立今天最锋利的批判理论的宏观构架术。建筑必须促进我们每一个人的建筑批判理论的升级。建筑批评是像工地上工程师们对掘进机钻头的现场集体会诊,是用建筑行动,来批评建筑行动背后的意识形态,用一种建筑之写,来"批判"另一种建筑之写,克服建筑和建筑批评中的教条主义。

而要批评建筑,将建筑变成一个客观对象来批判,却是极难的。除非我们在批判它也就是在用我们身上最新被升级的写—读能力,来解析建筑实践时,是用建筑来批判,用新式的建筑之写—读,来批判我们的老的建筑之写—读,用写来写,去写写之写,才对。我们得先问:建筑师的行动"写"了没有? 建筑批评要问:建筑师写了建筑的写,写了他们自己应该写的写了吗? 这个建筑师的写已有点过时了,那么,我们如何用我们自己的升级过的建筑写—读,来给他的过时的写—读升级呢? 而这种连续的升级才是数码时代建筑批评的目标。

这样看来,建筑师、建筑理论家、评论家和公众,都是在"写"建筑,问题只在如何写,从哪种角度来写。今天最新的写是数码之写。如何做建筑批评因此是一个如何对当代和建筑之写做最及时的升级,将它升级到我们时代的数码之"写"的那种锐利水平的问题。

总之,康德所说的批判,就是要将我们自己身上的先验想像(或先验图式 transcendental schema,像电脑中有设计的模板,人脑中也有这样的先天模板)最大气地用出来,每次都公开地用得对公众有示范意义,用得像放自己灌录的唱片,引得很多人跟唱,很公共,越来越公共,使听众里的很多人唱得比原唱者还好,像在"中国好声音"里一样。使我自己的个人理性放大,主动去成为人人都可以顺道而行的公共大道,成为人人可走的公共大道,才是批判,才是将我自己的理性在最大的公共空间里尽可能公共地使用了出来。

云计算平台上的建筑因此应该是一次次合唱。也许由建筑师开始,越来越多的人跟进来。每一次建筑行动都是在发动一次最终面向那一全球城市社会的一次建筑合唱。否则,建筑之名下发生的,总只是产品设计。

批判因此有三种。第一种是从一种观念出发去批判另一种。第二种是目前流行的,朱涛的讲座所属的这一种:用正确的理论去批判错误的理论,和用正确的实践,也就是广受好评的建筑实践,来批判不好的建筑实践或不好的建筑理论。建筑批评或批判大多滑入这第二种。康德向我们指出的是第三种,叫"理性批判的科学",是用"理性"去批判,用批判者个人的理性,用他们在实践中被不断升级的个人写—读能力,总体地去批判被他们自己的理性所把握的对象,也就是建筑及其话语实践(被描述的那部分建筑)。尼采后来认为,这样的将批判和批评分开,就证明康德的批判还不够大气。所以,尼采认为,艺术批评和建筑批评必须是艺术批判和建筑批判,必须将自己的理性用得更大气、更公共。从康德、黑格尔到尼采到阿多诺到哈贝马斯的批判理论传统里,所谓批判或批评,所指的就是上面这一层意思。

建筑批判或建筑批评因此是:努力使批评者对于建筑话语和实践的理性批判,也能成为人人愿意借道的建筑批判的公共话语通道。这时,如何做建筑批评这一问题成为:如何使我个人对于某种建筑话语和实践的批判也就是写—读,也能够成为其他人能接着使用的公共话语行为和方式? 如何使我的批判话语更好地成为建筑批评的公共和共同的通道?

因此,每一个批判者胸前都应该挂着这样一块模板,上面写着:你们看,我是这样来努力公开地、公共地、共同地编目当代建筑的,完全从我个人出发,只在这个平台上工作,欢迎您也来这上面工作。这一平台就是每一个人的建筑—小说。每一个建筑批评者都在编自己的这样一本建筑—小说。建筑师是在他们自己的建筑—小说的平滑面上,来做出他们的设计和社会关怀的。建筑批评的目标,就像艺术批评的目标,去建立批评者个人自己的这样一本建筑—小说。它将社会现实、建筑设计及其话语,都当厨房里洗干净的菜那样,放入后面的故事里。它们都是系列地、谱系式地被摆放,为下一次建筑行动备用的,像一个道具间,也像一个剧本素材库。

建筑的批判理论(the critical theory of architecture)所以说,是个人自己定制的,是专属个人自建的那一个叫做"建筑—小说"的个人平台的。对建筑的细读,也只是个人行为,不论读得怎么细,都不增加其个人观察和描述的客观性,都无法完成对这种客观性的论证。建筑批判,究底说,也是个人发动的一场小社会运动,是要像开始一门新的教派那样,去公共地使用个人自己的理性,去与全社会对证、对质:

· 到底什么样的建筑在今天这个时代里才是合理或美的?

· 评判这个建筑好、那个不好的原则到底是什么?

· 我的这种批判标准为什么可以在全社会通用?

· 如果不能,我还应该如何进一步敲定、敲实我的这些批判原则?

总之,拿着塔夫里的某条原则,用了柯布西埃的某种设计理念,去评判某个设计作品或某种建筑理论,是有问题的,是康德说的教条主义习惯。今天的建筑批评囿于这种"教条式昏睡"(康德所说的理性批判的反面),不光无法对当前的建筑实践作批判式介入,而且也表现在什么都回到塔夫里,一说起柯布西埃腿就发软,批判了半天,就抬出柯布西埃来压轴这种很不"批判"的姿态上。

拿实物、行动、作品、信念、情怀来证明自己或别人的设计观念和原则是对的,那是真正教条主义的。像建筑工地上的民工,将总设计师的方案讲成他们自己的故事,像欲望—机器那样去搅拌设计方案,讲成他们自己的欲望—机器,反而才是有力的建筑批评,才是在进一步构思他们每一个人自己的建筑—小说。建筑师自己的建筑—小说并不能够直接用来批判别人的建筑—小说。这里就触及建筑的批判理论或建筑批判本身的生态性了。我们知道,批判理论本身也是技术进化的一部分,是一次次升级的结果。建筑理论和关于建筑的批判理论,也只是这个时代的建筑术的一部分,有待进一步升级的。批判,是要拔高它,用它的眼光,来批判当代的建筑实践,从而也拔高批判本身的版本。

在当前这本我自己的建筑—小说里,别人的建筑话语和实践,也只是我的建筑—小说中的大数据,将都被语义化、字母化、参数化,成为我的个人平台的一部分。我对于自己的城市现实的苦难之讲述,我的建筑和城规的苦难之歌,是没有任何一种社会学的实地调查,能够来证实它,没有一种批判理论,可来居高临下地指手划脚地指引的。我自己也是通过进一步书写自己的建筑—小说、城市—小说,来加固它的。而且,这个加固过程是永远不会完成的。

建筑或建筑批评最终须是一个内在的行动。我们因此必须将建筑美学和建筑批评叠加,将建筑理论与建筑术叠加。最终应该让理论结合实际的建筑行动,来做出批判,在建筑行动中去内生出建筑批判。建筑—小说是在每一个人的建筑行动中内生出的每一个人的建筑批判平滑面。人人都是从这一个人平滑面出发,来做自己的建筑,去批判自己的、别人的建筑的。

因此,我们也许应该咬咬牙说:再也没有建筑美学,再也不用作出对建筑的技术上的或美学上的价值评判,只有在每一个人的个人的内在平滑面,也就是他们自己的那一本建筑—小说内,才能编目既成的建筑和建筑批评活动,而且,后者也仍在新的编目中被不断升级。建筑—小说位于建筑本身的自我虚构之内,是建筑和美学、建筑和批判理论之间的叠加。

建筑—小说也是建筑和关于建筑的批判理论之间的聚变。在我们每一个人的建筑—小说平台上,建筑将更加走向内在,与建筑批判理论叠加。我们因而必须非批判、非美学地走向建筑—小说。而一进入批判理论,一进入建筑美学,我们就会如泥牛入海,再也回不来。而且,建筑美学和关于建筑的批判理论本身在今天也都需要升级。如何来升级?在我们自己的建筑—小说中来给它们不断升级。建筑将和建筑批判理论一体。

建筑师埃森曼(Peter Eisenman)在 2018 年同济大学的演讲中说到建筑理论的终结时,作出了这样的回应:

> 理论的终结?这不是一种中立的说法。作为一个 50 年来一直面临这一问题的人(观众笑),它并非新课题,但此刻又很不一样。我想我应该在这里说,理论没有终结。然后召开一个论坛说,理论结束了吗?这很奇怪。(It's quite exhausting.)(观众笑)
>
> 我想读一句话,我要放弃准备好的文字,因为这个桌子上已经没有空间让我摆开文本了,这显然是在暗示你不要说太多。(观众笑)所以,我要发一条朋友圈(Twitter),我想是关于理论的境况的,来自于乔纳森·卡勒(Johnathan Culler)1997 年一本关于文学理论的著作,在美国非常重要的一本书(*Literary Theory：A Very Short Introduction*)。第一章是"什么是理论?"。①

---

① 参见：https://site.douban.com/246052/widget/note/680313604.

是的,永远需要问:什么是关于我正在做的这件事的理论?什么是这个正在动手的建筑师自己的理论?建筑批判就开始于此,而不是用另外的标准,去批判另外的与自己无关的建筑及其话语。建筑—小说或艾森曼所说的理论,在建筑中的位置是:建成的建筑必须被搭上一本小说。先做那一座建筑,再用一本建筑—小说去架空、叠加它。而这就是做建筑批判的终极意义。

未来的建筑批评将要帮助每一个人都去建立自己的那一本建筑—小说,做出自己的编目。类似地,艺术家的工作也是要建立自己的艺术—小说和每一个人的艺术—小说。正如没有艺术批评家,也将没有建筑批评家。只有艺术—小说和建筑—小说。小说,是发明的工具,是要让每一个人都讲出自己的故事,因自己的讲述而被卷入,被搅拌到当前的实践之中,以此还给每一个人讲述自己的降临、居住和行动的权利。建筑批评最终是要捍卫每一个人的这种通过自己的建筑—小说来批判社会、完成自己的本地栖居的权利。

如何建立自己的建筑—小说?必须先自拍后,从场地上走出来,像宇航员到太空行走,去修理航天飞机的外部器件那样,将拍下的东西加以编目,使现实变得可编排、可重组、可批判,也使我们的社会变得可批判。建筑—小说是,在拍下的城市现实的底片里,再不断加上一个个新的 X,每加一个新的元素,都使总体彻底改变,走向更大的复杂性。

建筑—小说首先是一个理论装置,本身就是一个作品。这不是用一种批判理论来批判建筑,而是人人都从建筑出发,来做出一个自己的叫做建筑—小说的作品:建筑,再加上一本作者自己的建筑—小说。在算法时代,建筑师自身也在时时被无产阶级化,也需要不断回缩到自己的建筑—小说中来防守。建筑师唯一的藏身之处,就是自己的这一部建筑—小说。在智慧城市和自动社会中,建筑工地上的民工和建筑师,是一样可悲的。但正是民工的建造本身才使他们与建筑师之间产生了更深的知识脱节，这是悲剧。为此，他们两路人马必须一起努力离开建筑现场，最后，建筑工地上的民工和建筑师都应走向各自的建筑—小说，并没有谁来启蒙谁的问题。建筑工地上的民工写下了他们自己的那一本建筑—小说，基于他们的一次次的建筑行动，或从这一本自己的建筑—小说出发，来批判建筑师的建筑—小说。建筑批判和对建筑理论的批判，不论来自民工的还是来自建筑师的，最后都落脚在对各自的建筑—小说的不断的重新编目上。

建筑及其研究者只能在自己的建筑—小说内来叙述自己的建筑思想和对于自己和他人的建筑的批判，能做的只是帮助其他的非专业者，去建立自己的建筑—小说，从那里出发去做出批判。建筑已无法触及其现代主义式乌托邦关怀，正变成一种为建造式生产服务的具体项目，成为资本主义式商品空间开发的枪手。但是，这并不意味着建筑—小说这个体裁死了，或者说建筑这个行当死了，而是尽管建筑设计已被资本主义全球机器捕捉，但是，人人仍都在做建筑，人人都在写建筑—小说了。从建筑—小说的眼光看，当前的新闻比小说还精彩，人人的手里都有比职业建筑师手上的项目更复杂的项目。正因为小说成了新闻，成了后真相，建筑也成了定制式创作，这时，我们原来以为的建筑，就更不应该退缩。我们就更需要用每一个人的"建筑—小说"的格式，来自我编目，来打捞我们自己手里进行着的那一项真正的建筑实践。

这一人人都应该有的建筑—小说，正是建筑师应奋力投入的建筑的另外的三分之二。

在家园和国家之外

　　时间对于空间的优先,要求我们在城市中必须用新的社会实践,来重新生产和据有那一被设计出来的城市生活空间,使成为我们自己的时间、时代。高度哲学化或专业化的对空间和城市问题的讨论,往往不小心就堕落为关于智性空间、心理空间和精神空间的设计,然后将它们错当成对时代精神、心理空间的思考了。今天城市研究的套路,基本都是当前的现状 A 不好,必须用作者提出的 B 方案来替换这样的论证套路。城市研究者的专业知识这时反而变成了非知识和反知识,走入虚无主义。①

　　所以,我们不应将从心理空间中发展出来的空间想象客观化,即使这一空间在认识论上讲是理性的。相反,我们也不能真的去承诺某种城市方案的兑现,也就是说,不能真的就相信只要嘴上喊喊计划和实践,就真的能够实现了,以为就不用从情感和心理空间出发,不用考虑心理精神空间的抽象位置,不用再进到社会实践的空间,投身到空间中的社会实践之中了。

　　因此,海德格尔在《筑居思》中讲的全是哲学构想,里面的空间哲学及其空间策略,自然也是不能成功的,尽管他也像黑格尔那样,要坚持时间对于空间的优先性。而正是后者阻碍他解决他所发现

---

① Henri Lefebvre, *State*, *Space*, *World*, op. cit., p.198.

的那一栖居和迷失之间的冲突。① 不流动,光诗意地栖居就够? 终于不做异乡人,呆在家园之中就够? 对海德格尔对荷尔德林"人诗性地居住……"那一句,列斐伏尔认为,我们应该加以这样的阐释:人只有两样东西,家和语言;在城市中,城市空间和城市话语互补。人不能够做别的,只能像诗人那样地去居住。哪怕不能给我们提供诗性的居住,我们也会通过发明和做诗,尽其所能地去创造自己的住地。而且,我们也能通过水泥和砖头来作诗的,只是滑稽和苦难因此多一点而已。② 所以,问题远远不只是将城市空间设计得像家园。人搬进去;也不只是通过栖居,就能诗意地,也就是创造性地将苦难之地住成自己的家园,而是必须通过个人的身体和生命时间,去主动使用抽象空间,从而重新用自己的身体,在被设计的空间里,去生产出自己的心理、情感或社会空间。

由列斐伏尔看,城市系统最终必须成为语言系统,我们使用它时,并不需要意识到其规则,而且这个人的用它,将不会影响到另一个人的也使用它。③ 这就是说,居住者并不是诗性地将自己装进某一个抽象的被设计的空间之中,而是用自己的身体和生命时间,将抽象空间变成了诗:成为他们重新表达出来的情感—心理—社会空间。所以,在列斐伏尔看来,海德格尔对于时间对空间的优先性的理解,仍是幼稚的,因为没有考虑到情感空间、心理空间、精神空间和社会空间背后的那一捕捉一切的国家空间对我们的必然的压迫和逼空。正是这个国家空间将所有家园都抽象为资本—权力式剥削和压迫的空间。

---

① Henri Lefebvre, *State*, *Space*, *World*, *op*. cit., p. 199.

② Henri Lefebvre, *The Urban Revolution*, trans. by Robert Bononno, The University of Minnesota Press, 2003. p. 51.

③ Ibid.

列斐伏尔认为,就算是空间研究者和城市研究者提出的每一种政治方案,也都仍可被分成两个方向:要么在国家框架内提出某种行动方案,接受那个国家框架,因而配合现存国家,使目前的空间秩序更稳固,海德格尔仍属这一路。要么就提出改变现有国家框架的方案,甚至提供彻底改变它的方案,基于对机构和国家机器本身的理解,基于对法律和法律的技术,也就是政治技术的理解去这样做。① 而实际上,根据欧洲社会科学三教父,也就是马克思、韦伯和涂尔干示范给我们的社会科学基础原则,各门社会科学本来也只是对国家既定总体的统治法则的描述和分析,本来就属于议会政治的一部分。根据马克思、韦伯和涂尔干,是我们每一个人在日常生活中活出了这个国家,在我们每一个人身上具体地去体现出了它。我们所经历的国家,与我们全部的社会关系背后的那个国家及其统治和管理,在今天已太复杂,氤氲在各种花言巧语的意识形态疑云之后,连职业政治家也难得其要领,必须由社会科学来描述和分析,向议会和人民也就是那个被统治的"我们"提供实证。我们的家园和个人的时空背后,是这一被各种意识形态遥控的"国家空间"。在这一"国家空间"内,想从这一"国家空间"得利的人,就是马克思说的国家之人:教师、医生、法官、公务员,也就是所有想把自己的孩子往名校送,继续去过他们目前正在过的那种生活的人。这是马克思主义空间思想带给我们的最大的启迪。

因而,由上面的关于国家空间的眼光看,我们遭遇的只有两种关于城市空间的社会学家、历史学家、城市规划专家。一种是接受现存国家秩序的合理性,将它当作中心性的现实既定,当作道德科学的现实既定。他们将自己的思考看作这一现存国家的功能(康德

---

① Henri Lefebvre, *The Urban Revolution*, trans. by Robert Bononno, The University of Minnesota Press, 2003. p. 51.

和黑格尔都是这样主动去追求的),他们是非马克思主义的空间理论家或实践家。另一种是直接或间接地质疑现存机构,离开对现实、生命和实践的科学式研究,质疑现存国家,批判现存的这一类型的国家。后者是马克思主义者、社会主义者和进步知识分子的空间理论立场。① 所以,城市社会的研究者应该站在哪一边,对于一个马克思主义者而言,是很清楚的。

国家之人和马克思主义者或社会主义者,是两种很不同的人。很多人在现存国家体制里游刃有余,很适应,认为现存国家的社会框架很适合他们,认为像他们现在这样地进入体制,反而会更有利于他们去改变当前的这个国家。他们是实操者、政客,有时是极端的现实主义者,同时也很机会主义,很温和,很批判,但也很接受资产阶级国家和社会(基督教)民主式的主张,愿意忍受这一接受所带来的后果,将它当成必要的恶。这类人与马克思主义者和社会主义

---

① 列斐伏尔认为,关于国家的理论是马克思主义思想的顶点。马克思是从批判黑格尔的《法哲学》中的关于国家的理论,来开始他的思考的。他认为,黑格尔的政治人这一说法,不能代表人的本质,经济才是人的本质:人生产了自己和关于它的一切,如宗教,如国家。正如我们应该批判宗教,同样我们也应该批判国家;国家不是无产阶级的奋斗目标。

马克思认为,国家是社会中压倒了其他的所有碎片的那一个碎片。它通过行使权力,而加到了一个时代中社会的不可或缺的那些功能之上的一些职责以外的(supererogatory)功能。当权者夺到了隐含在既存实践中的那些理性,利用了其不完整性,来导向他们自己的目的,以便对抗整体社会(Henri Lefebvre, *The Sociology of Marx*, trans. by Nobert Guterman, Columbia University Press, 1968, p. 124)。将自己凌驾到社会之上后,国家就有了自己的利益和自己的社会支持力量,也就是国家的雇员,也就是要将自己的子女送到名校来得到国家的工作、来与他们自己过一样生活的中产阶级,也就是官僚集团,也就是意识形态工作者、教师、医生、律师和法官等等;他们是国家的真正代表。国家掌握多重的权力机器、意识形态、制约手段和政治决策权,但它仍基于阶级和阶级斗争,基于既存的社会关系。它是政治的战场,是胜利者的猎物。

者是势不两立的。那些打着好看的旗号的政客,即使知道如何去处理社会力量,知道了国家框架内的社会力量的动力机制,也仍会想用这些社会力量,去改变国家统治框架,站在人民一边。

做政治家,而努力不做国家之人的典型,是列宁。他是真正的马克思主义者和社会主义者。马克思主义者、社会主义者是与国家之人不兼容的。所以,对于本书而言,列斐伏尔下面的问题很是棘手:如何去做一个城市研究中的列宁呢? 如何在空间研究中坚持社会科学的那些最根本的原则,坚持做马克思主义者和社会主义者呢? 在城市空间斗争中,我们作为设计者、规划者和理论研究者,必须用我们的脚来作出选择。

那些选择了列宁的道路的进步的城市研究者和斗争者,必须认识到,国家空间与草根空间民主运动,是对冲的。根据朗西埃,民主是为民主而展开的斗争,也就是说,它是诸多社会力量的运动本身,是斗中之斗。这是一种永久的斗争,而且只有在这种斗争中,民主才会出现。① 但是,在全球各地,今天的垄断资本主义用消费社会这一幌子来忽悠我们。但不管怎么忽悠,总不能够真的去用社会主义思想,来为现存秩序作出辩护的。我们的批判性分析,也就是对于表象的谴责,是要去揭露那一隐藏的现实,也就是资本主义式的对城市空间的垄断操控。显然,今天担任消费社会的经理这一职务的城市官僚机器,应该是我们的批判对象。而这一由你我构成的消费社会,也是被大资本挟持和设计的,我们当然就像要批判一个坏作品那样地来批判它。②

所以,作为马克思主义者,我们必须反对现存社会思想中的对于国家的默认。这一对于国家的默认起于拉萨尔(Ferdinand Las-

① Jacques Ranciere, *La haine de la democratie*, La fabrigue, 2005, p.64.
② Ibid., p.64.

salle）。他认为，我们必须承认国家的存在，并将自己安插其中，以便在国家这一框架中去行动，转而改造它。马克思坚决反对这位好友的这一绥靖主张。拉萨尔关于国家思想的最好的代表，是斯大林。后者是国家主义者，将自己打扮成国家本身，要大家来崇拜他。国家社会主义者不择手段地要树立国家本身的神圣权威。无产阶级也需要国家，所有的社会沙文主义者和考斯基分子也都这么说。他们认为这是马克思说的。但据列斐伏尔，马克思说的是，无产阶级要的只是一种正走向消亡的国家。无产阶级会自己将自己当作统治阶级组织起来，最终来形成国家的，无产阶级自己将就是国家。①所以，从马克思到列宁到建立"人民公社"的毛泽东，都在强调，只有推动国家消亡，马克思主义才是有说服力的。如果国家不消亡，则马克思主义应该消亡，国家就将继续压着全社会，不是这样就是那样地压着。

在 1843 年的"对黑格尔的法哲学的批判"一文中，马克思明确地指出，人不是在国家的层面上解放自己，也不在国家之中去解放自己，也不在依赖于国家的事务上去解放自己，而是要促使国家本身的消亡之后，才能解放自己。②解放首先是指将他们从被国家统治的情况下解放出来。正如我们常常看到的，在号称自由的国家里，人民却不自由。在公民社会里，人变作手段，成为各种异形力量的玩物。在国家中，人是虚数，在市民社会，人是虚幻的现象，其权

---

① Jacques Ranciere，op. cit.，p. 71.

② 参见：http：//www. cssn. cn/zt/zt ＿ xkzt/12746/2015mksdzqzzjqsx/zqjdzz/201505/t20150528_2014537.shtml？COLLCC＝2513863901&. 马克思认为，在生产力发展过程中，国家是与引导着工人阶级的革命运动之间对冲的，会有三个结果：民主的发展、无产阶级专政和国家的消亡（Henri Lefebvre，*The Sociology of Marx*，op. cit.，p. 125）。

利也只是占有者对私产的权利。①

反讽的是,在民主和自由的国度里,人对自由的权利并不是基于人与人的关系之上的权利,而是分离的权利,是被切割出来的权利,是退回到个人之中的人的权利。而对于自由的权利的实际运用,是人对财产的权利的一部分。这样说,人对财产的权利是"对享受他的占有,不考虑其他人与社会无关地任意支配之的权利"(1793年《人权宣言》第16条)。而在马克思看来:

> 这只是对于自私的权利。这一个人自由和后来的被应用形成了公民社会的基础。它引导每一个人在其他人身上都只看到对于他自己的自由的限制。…这样看,所有的这些权利都走不出那很自我中心的人,像一个在公民社会中的人那样的权利。②

因而,按照马克思,只有当一个真实的人征服了自己,只依赖自己,结束了他自己的政治异化,求之于己,恢复他们身上那些被隔离的力量,只有当他们将那个抽象的公民装回自己身上,当他们成为一个单独的人,处于其经验的生活之中,处于其个人的工作之中,处于其个人关系之中,当他们成为类人,也就是人之人,也就是人类时,人才停止异化。只有这样,他们才承认和组织了自己的力量,将之当作社会力量,不再将它看作与他们隔离的政治力量,也就是"再也不认为在他之外之远之上还有任何具人政治形式和力量的东西:不再有国家。这时,他们才在自己的政治和政治生活中恢复了那些

---

① Henri Lefebvre, *Space*, *State*, *the World*, op. cit., p. 75.

② 参见:https://www.jinchuto.com/p-43454854.html.

被异化的力量"。①

　　征服国家的过程,也是征服个人的过程。列宁在《国家与革命》中一再强调,个人也是一个被制服的国家。所以,真正的民主是民主政治本身的消失。② 消除了异化的个人这时就不再以平等地获得其权利为目标,而是各显其能、各尽所能地集体地关心社会事务。这时,才能像空想社会主义者圣西门说的那样,人人都平等地来关心国家事务。正因此,如果你抽掉十个国家官员,十个将军和十个皇公贵族,国家还能运行。但如果你抽掉十个主要的知识分子,十个主要的技术专家,十个主要的工业界人物,国家就不再能正常运转,因为他们是从平等地关心国家事务中成长起来的。

　　因此,家园和国家空间都不是我们的城市设计、规划和理论的目标。列斐伏尔关于城市是每一个人的住民自己的作品,每一个住民都单独据有他们自己的一座城市这一立场,至今仍是马克思主义城市空间理论在这方面的最可靠的立场。

---

① 　Henri Lefebvre, *State*, *Space*, *World*, op. cit., p.78.

② 　参见:http://www.szhgh.com/Article/cdjc/jingdian/2016 – 09 – 27/121842.html.

城市的知识与工作

　　那么,既然城市的设计者、规划者和理论家们也是城市中其他人的"工作"的设计师,他们自己在城市中做的工作,也是他们自己设计和规划出来的吗? 他们的"工作"是要设计和规划别人的工作,而常忘了自己的工作也需要被设计和规划。如果这设计和规划的事不全由设计师和规划师来做,那么,城市社会应该如何去生产出新知识,以便用这种新知识为下一代人生产出新的工作? 因为,个人是先生产出自己的活的知识,而进一步得到做的知识,因而也得到构想、创作和反思的知识,也就是由此去创造和发明,这才有了自己的工作的。个人是由自己独特的个人知识的引领,而走向只属于他们自己的那一工作的。

　　而我们知道,设计是对设计的设计,不及物的,是用设计去影响进一步的设计,因此,设计的目标是为设计而去设计出有助于进一步设计的那些设计辅助品。设计不只是为我们的消费服务的,而首先是为我们每一个人追求自己的知识和发明自己的工作服务的。设计是用来推动我们人人的学习和进一步的发明的助剂。

　　设计帮助我们人人去做出自己的作品。是设计师用他的设计辅助品帮助我们的工作本身做出了只属于我们自己的作品,而仅仅用身体去劳动就只能制造出产品,是设计帮我们去做出作品,它自己却不是作品。但是,工业革命后的现代劳动只是要从我们的身体上骗走产品,使我们创造出了自己的作品,但不能留给自己,只能从劳动中空手而归。将作品留下来这件事,从此成了艺术家的特权。设计完全滑到了生产关系的控方手中。

设计师位于生产者和消费者之间。他们的设计作品是对设计的设计,是要设计出设计物,来将它当作进一步设计的助剂。我这样设计,是为了别人更好地去设计。我的设计是陷于之后的一系列进一步的设计之中的,也许会被接力,也许只作为档案被放在美术馆等等。以上是从欧洲现代主义到我们今天为止的对设计本身的一条探问线路。然而,在我们时代,在人类世,这样的探问还是不够的。设计工作还必须同时面对这个社会的生态困境,必须为我们走出人类世做出贡献。这个要求成了衡量今天的设计成就的第一原则。只有在这一贡献中,才谈得上设计和作品的有无。

在人类世,由于人类命运与这个星球的地质命运捆绑在一起了,我们每一个人的工作,一不小心,就会落在这样一种处境里:我们的生态行动既可能在改造,也可能在破坏生态。为此,斯蒂格勒要我们注意那一对我们的工作和作品的主要衡量原则:熵增还是逆熵。[1] 对建筑和城规的设计活动的终极衡量标准,就位于其中。今天,原有的城市建筑师和规划师的既有的职业伦理已不够周到,必须加上这个人类世中的逆熵要求,才说得过去。而且,在这上面我们还得追加一条:他们的设计工作如何才能促进其他人在城市中的工作也都能走向逆熵呢?

全球城市社会将要生产出来的新工作,仍有待在每一个人自己的知识生产中真正成形:一个厨师在与食客的关于生态农业的交流中,找到了未来的工作目标,他由此而在生态农场中生产出了自己的新知识,后者才帮他得到真正的工作,而不会陷入每天重复劳动

---

① Bernard Stiegler, *Nanjing Lectures*, op. cit., pp. 36 – 40.

的感性苦难之中。建筑师和规划师自己的设计工作，也是被这样生产出来的。他们对城市中的工作和对他们自己的工作的进一步设计，因此必须努力去满足这一城市全球化、世界化和全行星化中的逆熵要求，在这条绝对律令下，他们的工作才会有意义，达标了，才算是向他们自己证明是在做一项好工作，才自觉到自己是在做属于自己的真正的工作。

对设计师和规划师而言，这是困境，也是希望。

而在今天，社会学家戈兹（Andre Gorz）指出，精英职业人士却霸占了社会中的大多数具有创造性、能关怀社会和世界的、达到工作自治的岗位，害得社会中的大多数人，只能去做一些鸡零狗碎或半官僚主义式的死板工作，去为这些精英们的工作做一些菲佣式的间接服务，来成全后者的"原创"或"奉献"。然后，国家就将那些找不到像样工作的穷人养着，如在美国那样。这就破坏了工作本身的生态：为了少数精英体面地、创造性地和自我实现地工作，大多数人都得像蝼蚁那样地去做第三产业和第四产业，靠被动地为他人的工作而工作来活着，也就是说，继续等待应召。而高薪的IT人士成为资本家维持这种使大多数人只能呆在第三、四产业内的现状的借口：谁叫你们没有像他们那样有文凭、被训练和爱创新？

这种情形下，职业精英们其实也是在其中受罪，虽然他们仍口口声声要去改造社会之外的生态。而他们既然号称要改造生态，也许首先应该做的，就是从阻止他们自己为了守住手上这份所谓的创造性的、精神性的工作，而先去破坏了社会的整个工作的生态，不要因为他们自己需要那份精英工作，而使别人得不到创造性的工作。您想想，如果我们每一个人手头的工作都不能够成为自治的行动（像斯宾诺莎说的那样，通过工作而增强我们行动的能力，通过劳动而得到快乐），不能使我们自己通过劳动，而融入自己的社会和文化场景之中，那么，外面的生态又怎能被改造好？城市生活又有何意义？所有人心灵的生态都搞好了，去搞外面的生态，才有意义。① 建筑师和城市规划师尤其处在上面这种困境中，因为他们号称要给整个城市带来好生态，他们的工作伦理也要求他们这样声称，但在人类世，这不光做不到，也显然是不合情、又不合理，甚至反动的。

人类学家贝特森（Gregory Bateson）说，做生态工作，实际上应该从改善我们自己脑中的观念之间的生态来开始。② 我们也应该从改善我们自己的工作与别人的工作之间的关系，改善每一个人的劳动与他人的劳动之间的关系，来开始我们的生态工作，甚至先要从设计我们自己的工作与他人的工作之间的关系来开始。不光应该设计我们各自的工作之间的生态，设计师更必须同时设计自己的工作，先完成自我设计。

自我设计（self-design）是先锋派艺术家马列维奇所倡导的个人的总体生态工作。他是建筑师扎哈的精神偶像。建筑师和规划师如今更需要在人类世中开始这种新型的马列维奇式的对从自己的出生到葬礼的人生过程的自我设计。人人的设计工作都应包括对于自己的职业活动的重新设计，从脑中到河中、田里和山上的，都应囊括在内。在这件事上，没有一本教科书，没有一种职业、行业规定，可以来提点我们。我们必须自己去写出一本像每个人的圣经那样的自我设计—小说，建筑—小说或城规—小说或城市—小说，在自己的平台上不断地自我设计，这是每一个当代设计师的真正的工作了。

今天，设计也像越来越多门类的社会劳动那样，带上了非物质

---

① Felix Guattari, *The Three Ecologies*, tans. by Ian Pindar and Paul Sutton, The Anthlone Press, 2000, p. 27-35.

② Gregory Bateson, *Steps to Ecology of Mind*, Jason Aronson Inc., 1987, pp.494-498.

性。而今天的其他劳动者，也经常像设计师那样，首先是一个开发自我的企业家，付出的是一份自治的劳动，得到的却是一种含有集体价值的社会性收入，也就是作品和产品的交换价值的很大一部分，是被社会共享的，无法单单归劳动者本人了。于是，其设计劳动的成果，最后往往就成了社会的共同物，为一切人所用。但同时，设计师个人的生活世界、精神世界和观念世界，也都正在被当作固定资本，投资在其设计工作之中。也就是说，资本家不光从设计师的劳动中，而且也从设计师对自己的"主体性"的生产中，来抽取利润。今天的非物质劳动者的主体性，也正在被这样开发和剥削。设计在为当代计算式资本主义剥削服务（减少成本，提高绩效，熊比特（Joseph Schumpeter），为资本主义系统的创造性自我破坏服务，也就是通过设计来创造性地自我破坏的同时，自身也被不断升级的算法工具所剥削。尤其是，设计师最后也会落进被计算式资本主义装置剥削、被不断无产阶级化这一可悲结局。他们自己也通过设计而被设计了。这是他们自己的工作的悲剧。这种设计师集体地被无产阶级化的过程，表现在他们的设计工作被各种软件、程序更新、设计模块化要求、参数模型的横向竞争等等所架空、所剥削和压迫。同时，他们自己的设计能力也因此被掏空，这种被掏空、异化或设计师自身的无产阶级化，与十八世纪开始的工人在机器前的被无产阶级化和非人化，并没有两样。

　　而实际上，设计师和其他非物质劳动者的被剥削，在今天的后—福特主义劳动场所中，是比纯体力劳动者的被剥削，还更多一层的。根据拉扎莱托（Maurizio Lazzarato），非物质劳动除了生产出产品，还同时生产出了其中的商品信息和文化内容。① 非物质劳动特别明显地体现在数码技术应用、性别角色介入的社会劳动和家

---

① 　参见：http://www.generation-online.org/c/fcimmateriallabour3.htm.

庭、学校的劳动组织之中。这些劳动具有情感性和认知内容,是典型的生物政治式劳动,内含劳动者个人的主观价值,有点像妓女的劳动。情感劳动和身体劳动正是设计师的卖点,如瑜伽或健身教练,其劳动的价值很难被独立估算的,常常而且最后一定承受了某种感性(affective)剥削。

但是,应该注意到,今天,我们在网上和屏幕上所从事的数码劳动,也基于对共同物的协同生产和针对用户的内容生产,后者包括了开源、自由软件、众筹和灵活的执照协议下的内容挪用,也包括在普遍的分享下的版权瓦解后的内容共享和进一步的对集体内容的开发。因此,这种非物质生产本身带上了很强的社会性,大概率是要被免费共享的,贡献者因此有权利要求社会给他们一份基本收入。

我们的劳动在具有了更大的社会性后,劳动成果也更被全社会分享,实际劳动成果的大部分,也被归入社会的集体财富之中,尽管后者正被淘宝和脸书们侵吞。在未来,不出预料,数码看护、全球自助教育等中的群组劳动,和在数码和知识经济中由其他的社会介入所生产出的对社会的关注和关怀,也仍将被大网站和资本巨头当作"活劳动"来剥削。我们得想想办法了,不可以让非物质劳动者一直这样被剥削下去。过去,工业化是通过城市化而培养出后续劳动力,今天,互联网替换了城市,来为全球资本主义系统组织作出劳动力的再生产。在人类世城市社会中,如何利用共享劳动来培养出初级的贡献式经济,使人人都得到最低的社会收入,已成为今天城市社会中的一个无法回避的任务。

在全球云计算平台上,不仅仅是在原来的城市空间中,非物质劳动正在成为被寄生和剥削的对象,而它本来也应该是今天的诸众自我创造的动力源。如何夺回这种劳动的价值成果,不被平台资本主义搜括走? 对此,建筑设计和城市规划完全抱暧昧态度,顾左右而言它。建筑师和规划师从事着非物质劳动,以公共事业的名义,来利用大数据和存于网上的开源项目上的各种非物质劳动成果。这时,如果他们仍以标榜自己的个人原创,来抬高自己的身价,那就太无耻了。这种在互联网上共同实现的非物质劳动,正在架空设计师的工作。而且,这种设计工作对于互联网上的非物质劳动成果的利用,也必然使工作更加隐没在网上到场的诸众的集体劳动之中,更难宣示其作者权。

在这同时,在今天,普遍和随时随地的人和物之间的分离,也使艺术家和设计师自己越来越难确认其作者追溯权。由此创造出的留在各种网络平台上集体参与形成的大数据,是典型的共同物,目前却全落入阿里云平台、美团等之手。个人作品在今天很难独立出来,去与大公司的产品竞争。这是一种很难堪的局面:我们本该欢迎共享时代的到来的,但这种共享总是先落入大资本和平台的手中,使我们每一个人的个人作品也无法被保住。

从另一方面说,基于非物质劳动来估算、设计劳动和生态建设中的劳动之间,也就被打通了。对于自己的设计工作所处的环境的敏感,会迫使设计师努力使自己的设计成为一种负责、保护和守护遗产、关怀他人和为达到个人自我实现的劳动,而后者通向每一个人的自治的劳动。这种自治的劳动涉及劳动者在系统内的对自己工作的控制论式调节。横向,是在同事和同行之间进行联合;纵向,是在管理和社会交往上下功夫,来造成新的团结。在这种情势下,尤其在人工智能时代里社会被更多地自动化的今天,设计师应该成为各种新劳动的社会开发方面的楷模,而不应被束缚在传统的设计师角色上。

这时,在互联网诸众的矩阵和人类世的双重格局下,我们也许应该做出如下转向:设计工作须更显示出它在定义和确立社会系统的衡量文化鲜度、艺术创意、时尚、趣味、消费方面的新准则,而且更主要的,也应通过设计师的个性和风格,去更强势地把控公众舆论和社会风尚。实际上,设计劳动从根本上讲就是在定夺这些标准、趣味和准则时所付出的感性(affective)劳动。做小吃的老板的劳动,是在熬大骨汤时的品尝,是在为我们食客定夺口味。这种预先品尝是在为用户服务,与设计劳动那样,都算是非物质劳动,无法获得社会酬报,但通向个人自己的活着的知识:由于追求这种知识而使他们自己活得更好,是他们得到的真正的报酬。

建筑设计和城市规划将越来越会成为这种为诸众打头阵的工作:很像上面说的面条店老板清早的熬骨汤过程,其感性劳动是其真正的贡献式劳动,像蜜蜂采花蜜那样的贡献式劳动。这也许就是城市建筑师和规划师工作的真正的最后归宿。

这样,我们还是应该乐观地来看这种设计工作与互联网上所体现的非物质劳动之间的关系吗?是的。在这种广泛参与的非物质劳动中正形成一种群众智性(mass intellectuality,大规模智性)。[1]它是被资本主义生产及其对个体生产中的个人自我价值化的要求强迫出来的。但客观上,它顺势也造就了一个集体智性的共同平台,来与那个大数据平台对立。这种群众智性,在内格里和哈特看来,是引领我们的未来的新君王:我们不能靠一个领袖来指出我们未来的政治道路,这种群众智性才能够真正引领我们。[2] 这也就可以推算,设计师也应该将自己的设计劳动看作存在于诸众的矩阵之集体力量之内,是流动于这种群众智性中的。他们的键盘背后实际上有两股力量:开源精英指引下的软件程序和诸众身后的集体智性或普遍智性。

---

① Toni Negri and Michael Hardt, *Assembly*, Harvard University Press, 2017, p. 231ff.

② Ibid., p, 237.

可以说，在以互联网为平台的诸众的数码劳动中，每一个非物质劳动者也都是在某个界面上，由集体智性支持着来工作。与过去的工厂、公司和发行渠道网架不同的是，这个网上界面打通了各个不同的功能部门、工作团队和不同等级层面。他们的每一个都形成了自己的平面。

那么，设计劳动从来都处于这样一个界面上吗？只是在原互联网生态中，这些方面才被突显出来吗？是的。从拉斯金（John Ruskin）和莫里斯（William Morris）的社会主义设计理想，到包豪斯的现代主义设计的社会运动化，实际上一直在被强调的是，设计既是艺术，也是教育，更是一种道德示范，在今天也应该是对生态教学法和人类关怀的一种现身说法。而在今天的互联网界面上，设计师的这种"教学法式"社会功能，更突现了，问题只是设计师们自己能否勇敢地去担当它。也许还应该从下面这一角度，去理解设计师的传统角色在今天受到的挑战：必须从自封的艺术的角色，更多地转换到教学法式、使动式、表演式的功能上。所以，我们常见的设计师对于自己的手工劳动力的原创性的辩护，都是自恋，最后都是自我挫败的。

非物质劳动成为主流，迫使我们重新思考我们过去对工作和劳动的古典定义，因为它是很多种技术的社会协同的结果，是智性技巧、体力技巧和开发技巧的有机结合。它通过网络和算法，也将设计和管理纳入自身之中了。网上设计或开源设计中，非物质劳动立刻以集体形式来构成，总是立刻以网络和流动作为存在的集体形式：是人力、知识和行动的交叉产物。这其中，设计作为意识形态产品生产出了现实的新的层级，为产品和品牌附加地生产出了新的意识形态内容。

非物质劳动在今天具有了更大的社会性，而全球资本主义装置正通过大数据经济，抽取由这种非物质劳动生产出的共同的社会财富,从本来就是人类共同拥有的自然资源中抽取更多利润。今天数码状态下的非物质劳动的社会价值所创造的财富,具有高度的社会性和共同性。反对私有财产本身,反对亚马逊和谷歌这样的大公司对这种人类共同财富的占有,是我们未来的新政治目标。①

在这种大形势下,我们必须问:

· 人工智能的介入,对于我们在这种非物质劳动条件下保卫自己的劳动成果和作品的斗争,会有什么影响?

· 人工智能加入社会生产后,工作的稀少将给社会生态带来压力后,我们应该拿出怎样的对策?

· 我们应该如何来迎接工作将越来越少这一局面?

· 如何通过设计社会内的工作本身,在新的技术条件下,来分离工作和收入?

被急迫地推到我们眼前的,是美团的程序员和快递员的劳动处境问题。表面上,是美团这样的平台公司给了他们工作机会,但是,我们要问:在未来的城市中,人们真的能够依赖这样的工作去谋生一辈子?这是城市个人能够守卫的最终的工作位置,在平台化、程序化、快递化、美团化之后?这些工作哪怕能够守住,不也就与我们上文所说的每一个人的工作都必须有利于自身的生态环境的改善这一点越来越遥远了?

就这一点,戈兹在《经济理性批判》中指出,与今天大家普遍担心的不同,如果我们从改造社会生态这一角度看,人工智能的普遍使用,工作岗位的日趋稀少,反而会给我们打开通向另外一种社会的视野。为经济目的而做的工作正在走向终结,反而使个人的自治活动在社会中压倒生产性劳动。这时,由于自由时间会多过劳动时

---

① Toni Negri and Michael Hardt, op. cit., pp. 94 - 95.

间,前者就将激励大家创造更多的共同价值。① 这时,如果创造性、凑趣实践、美学探索和游戏性劳动中的快乐压倒了工作中涉及的效率和利润率,那么,我们的社会就能够大变样。② 所以,我们必须批判目前流行的经济理性,用另一种经济理性来看待这种新局面,帮助一个新社会早日到来。但这相当于要逼我们自己去发明出一种新的关于活着的艺术,去更新社会自我创造的诸种形式。

实际上,在目前的现状下,如果我们不对收入和工作进行分享,那么,新技术的加速发展,只会给社会带来进一步的隔离、贫穷和大规模失业。另一方面,那也只会加剧"所有人对所有人之间的战争(霍布斯说的那种)。而反观今天,通过娱乐工业、休闲工业、社交媒体来剥削大众,是今天添加到人民头上的又一苦难品种。相反,如果在工作之外多出来的这些时间里,我们能让每一个人都为自己和社区做自己想要去做的工作,如建房、园艺、关怀周边的环境和社会地介入互助活动等,那就不光会创造新的社会价值,而且更重要的是,还会激发出贡献者自己的个人能力和渴望,而工资劳动却只会使这两者同时枯萎。

但是,这会不会走向另一种经济乌托邦主义呢:各显其能,各取所需,真的反而会激发一个人的劳动创造激情? 其实,在今天,我们也许应该倒过来先这样来考虑上面这一点:在我们的社会中,一旦人们有了自由的时间来做公共事业,那些维护公共物品或遗产的工作,不论是个人的,还是集体的,都会带上新的价值。很多临时的军事式(战时或灾难期的民兵式)帮助,都可由这一部分劳动来完成。艺术和文化生产最终也可以依赖拿着社会基本收入的业余爱好者来做。而且,这还能推动和倡导各种微型文化,后者将更利于为社

---

① Andre Gorz, *Critique of Economic Reason*, Verso, 2011, p. 183.
② Ibid., p. 184.

会生产出新的感性、意义和价值,比目前这些由大众媒体弄出来的标准化的精神—心理—娱乐材料,对社会将有更积极的作用。

反之,如果最近的技术发展节省下来的劳动时间不能为每一个人的工作省下时间,不能帮我们每天从中解放出几个小时,去做创造性的工作;如果这一被解放出来的时间也不能为个人的自我实现服务,那么,由人工智能帮我们省下来很多的时间,也就没有任何意义了。劳动生产率的提高必须为社会中的每一个人带来福祉,后者可能并不表现为更多的财富,而更可能是让每一个人得到更多的自由时间,有更大的余地去做自己的更自治的劳动,像一个活得很优美的厨师那样,通过生产出自己的知识来贡献给集体,同时使自己活得更好。

那么,在人类世中,在一个未来已不明朗的社会进程中,工作在我们的生活中、在城市中到底还起着什么作用? 应该如何重新创造它? 改变目前这种工作的被垄断,首先就要求我们拿出一种职业觉悟:必须审视技术、经济和商业决策对社会和这个文明造成的后果,认真考虑进退之间所涉及的赌注。但不管怎么样,我们必须认真地掂量下面两个问题了:为什么我们得坚持目前的这种工作伦理? 这样的坚持会有什么消极后果?

对此,戈兹也提醒我们必须小心,别先就中了下面这种工作伦理的毒:为努力工作而努力工作,使努力工作成为目的本身;为生产而生产。因为这样做的结果就一定会导向布莱希特的《大胆妈妈》里的场景:大胆妈妈很愿意让独裁者发动战争,让大儿子阵亡,小儿子残废,这样自己的小生意就会红火,女儿在兵工厂里也能每天干十小时,多挣半份工资。

同时,我们也必须考虑到,资本主义经济系统在未来将不再能给每一个人担保工作的机会了。一个没有工作的城市,是无法设想其未来的,最好的城规,也没有意义。所以,只有重新安排能养活每一个人的工作时间，人人工作的权利真正得到保障，城市社会和全球城市社会才是可被设想的。城市规划应该包含对于城市住民工作时间的规划。

而且，在一个属于每一个人自己的城市里，还须给每一个人到经济之外去干自己喜欢的工作的权利。社会也必须将这样的系统外的工作看作正常的。那些能够发展个人兴趣的工作和自治活动，由此发动的社会化，也就是说工作者的深入社会、关心社会，会使他们更对自己的文化共同体有归属感，所以，这些也应该被算作工作成就。我们也应该在城市中创造一些场地和空间，使人们能在其中发展他们为自己的生命负责的能力，能对他们的社会关系作自我管理：业余大学、社区学校、社区中心、服务合作中心、互助组、合作修理和自我生产车间、讨论组、技术转让中介、艺术和手工艺组等，都可算作是工作，尽管它们看上去都不是能够从目前这种经济体系里领酬的工作。

这样，假如大规模失业真的到来了，我们也将不用担心，因为吸纳失业人口的到来，也将不是像当前的各资本主义国家所担心的那种灾难，而是改造社会生态的良机了。也就是说，人类世和生态危机反而在逼迫我们作出集体决断，来思考这个我们必然会进入的城市社会的前途，为新的决断作准备，而同时也使我们对于城市的逆熵未来的向往，终于有了实现的机会。在戈兹看来，这种由工作的平等分享开始的社会改造，出乎意料地将左派的传统目标也就是人的解放，与对生态的捍卫结合了起来。在这个残酷的资本主义生境里，反抗我们的生命被全球资本的职业化、技术化和货币化，其实本来也应该成为改造我们的环境的努力的一部分。生态工作须以人人被从劳动分工和阶级压迫中解放出来这一点为前提了。两个事情终于可以一起做了。

现实地看，如果每周的工作时间缩短到 25 或 30 小时，我们的很多活动就不用与经济效率挂钩。这会使个人和群体的生活更丰富。我们的文化和审美活动就会帮助我们创造出更多的快乐,并且提高和培育出新环境。社会的帮助、关怀和互助活动,也会在邻里之间和本地生产出各种新的社会关系网络和团结形式。每一个人也都会更注重对友谊和感性关系的培养,更重视教育和艺术活动。诸如对物品的修理和生产,自足的食物生产和供应,与获得自己耕作这一快乐,保存自己喜欢的东西,并将与它们给下一代带来的快乐联系起来。这种服务—交换式的合作组织,都会根本地改变我们劳动的性质。①

总之,戈兹的核心关注是,工作时间的减少,必须使我们自己有更多的活动,能摆脱经济理性的专制,增加我们的创造性、互助和自娱的活动。而每一个人都会因此而将实现自己的工作目标,将干得满意,当作劳动目标本身。

框算下来,一年一千小时的工作,可被划到每星期二十小时,可在每周的两天半内完成,或每月工作十天,或一年工作二十五星期,或两年里工作十个月。这样,每一个人一生只要工作两万到三万个小时就够了。我们甚至可以从每一个人在五十年的生命活跃期里挑出一些时段来工作,可以在任何时段,不论有没有在这期间上班,都能得到目前每年 1600 个小时下的工资待遇。②

在戈兹的以上分析中,我们可以看到,今天工作的稀少,不是因为人们缺乏才能,不能够找到工作,而是因为创造性的、负重要责任的、有技能的工作都被少数职业精英垄断了,后者总是拼命捍卫其公司或机构中的职位和阶级的特权位置,大学也为此而将职业培训搞得像是军训,增加了大量的不必要的竞争。正是这些认为自己做

---

① Andre Gorz, op. cit., p. 234.

② Ibid., p. 236.

着重要工作的精英,在逼社会中的其他人去做那些无关紧要的工作,使后者在社会中感到自己是废物。在全社会范围内分享工作,就意味着不让职业精英霸占那些工作,这些重要的工作必须纵向地被分享。一个外科大夫或大学系主任的工作,也必须与一个普通人分享,因为这是国家的工作,不是他们的私人特权。

中产阶级和资产阶级总是希望他们的子女去成为教师、医生、律师和银行家,所以总要国家去捍卫这些职业的稳固性,来为他们的子女开路和提供保障。今天,父母从幼儿园开始就打破头往前挤,就是为了争夺这种特权。人工智能普及,工作效率进一步提高后,工作和收入的全民分享,必然以打破这种中产阶级及其子女对工作享有的天然特权为第一目标,必须倡导真正的工作机会上的社会平等,鼓励人人成为负责的公民,使所有人都愿意为所有无工作的人兜底,让人人都有自主的活动,来服务社会,因奉献式地付出,而实现某种满足感。

全球城市社会的到来必以这样的普遍最低社会收入的落实为前提。

巴黎圣母院的"哥特性"

　　城市社会将是诸众的哥特性作品,是个人和作品,不是软件加程序堆叠而成的平台,不是城规的设计物和乌托邦,这是本书对城市的未来理出的一个重要头绪。

　　照拉斯金的定位,巴黎圣母院在大翻修之前,属于"北方哥特式"建筑的典型。那么,什么叫做哥特式建筑? 它的第一个特征就是未完成,后面的民工们将继续在前人的劳作上劳作,一遍遍抹掉前人的作品后来重建,仿佛构成了一个教学现场,几代人在一起做出伟大的创造。而且,这种劳作必须被配方到同时代人的集体的日常欢乐之中,体现到一个时代的人的身体劳动的成果之中,因为正如拉斯金所说:带上劳作的欢乐,才不低俗。根据拉斯金,威尼斯建筑是拜占庭和哥特式建筑之间的摆渡,其风格中,哥特成份占优,这也是集体和个人的作品,是诸众自我教育的现场。①

　　哥特建筑有六个特性:野蛮或粗野、多变、自然化、怪诞地打乱想象、僵硬到固执、慷慨与累赘。建筑是这样,其建造者的情性,也大抵如此。② 来自欧洲北方旷野的农民的劳作的粗朴,表现在了这

---

① John Ruskin, *The Stones of Venice*, Volume Ⅰ, Cosimo Classics, 2013, pp. 154 - 167.

② Ibid., p. 162.

一大教堂建造和作为建造者的山区兄弟之间的情谊的坚韧之中。这一坚毅的力量的非同寻常,只有遇到南欧工匠精致的手指在触及北欧霜冻中的寒风的激灵,其水灵灵的眼睛被沼泽地的大风蒙灰,或被冰雹砸得暂盲时,才能最好地表现出来。哥特精神是中世纪欧洲人民对于基督教的集体身体实践的自然产物。这一精神成为大教堂建造的真正图纸,而不是潘诺夫斯基说的经院哲学为大教堂提供了精神图纸(见上文)。

在中世纪,哥特式大教堂首先为一个无名民工提供了一种正当的用身体劳作来向上帝奉献的途径,建造教堂反倒不是第一目标。像兄弟般地一起劳作,来度完余生,并将这看作一种修来的福气,这是中世纪每一个粗朴的"事实之人"的向往。拉斯金为哥特精神辩护的立脚点就在这里:这些粗人的灵魂,需要这样的劳作来提升,因为这是他们该得到的恩典,先就不应去评判他们劳作的设计感如何了。①

哥特式建筑因此可以说是中世纪欧洲普通工匠可靠的献身装置;大教堂是他们的个人十字架。建造的民工同时将它当成了自己的墓地(如科隆大教堂的著名一幕:尸体就被扔在地下室,不坑埋,在底下停尸成了工匠一生劳作的目标),无数的民工尸体就烂在了它的地下室。哥特式建筑是反纪念碑的。它的作者是诸众。一代代的人将自己的劳动奉献其中,但建筑本身永未完成,甚至不是为了被完成。而它依赖的这种北方哥特精神,正是我们今天的"建筑性"的反面。它是负建筑、逆建筑。拉斯金批判建筑的工业化风气时的第一步,就是拾起这一建筑的核心精神。今天的建筑师都忘记了这种哥特性。从拉斯金到包豪斯,这种哥特性的失去,是主要的

---

① John Ruskin, *The Stones of Venice*, Volume Ⅰ, Cosimo Classics, 2013, p. 214.

问题,尽管关于拉斯金的哥特精神到莫里斯的手工艺运动到包豪斯之间的承接,学术界的看法其实很分歧。

我们在今天的日常生活中已被压抑掉了这种要拼命为自己寻找到献身装置的哥特式冲动。而且,实际上,在今天,我们连动手建造都被彻底禁止,甚至有明确的法律条文禁止我们那样去做。而我们的手却能够造出一切,也包括在今天依然能建造出哥特式大教堂。最新的芯片或全球云计算平台,都是我们集体地造出,而不是像大量从媒体报道的那样,被风投资本和码农们操纵,因为后者也无法将我们的集体智性引导下的集体劳动导流到平台上,来浇灌出种种哥特式巨构。那么,我们的手在今天干什么去了?消费去了。开私家车去了吧。

即便在消费社会,我们也必须给自己找到一个像建造哥特式大教堂那样的献身机会。但是,我们却必须优先去买开发商贩卖的由建筑师设计的空间商品,因此在创造和居住这两方面,我们的哥特式冲动完全被压抑,只作为症状在我们的身上偶尔爆发出来。烧掉或弄坏一个塑料家具,我们的第一反应,就是为失去而惋惜,却根本忘了,我们自己就能亲手制造出一个更优美的来,一遍遍地可做出来,次次不同地做出来。今天,哥特式建筑风格终于成了哈利波特式少年神话中的装饰图样,看上去仿佛来自仙界,其实我们人人的双手都是有能力建造出这一仙界的,我们也仍在这样继续建造,但我们已不会珍惜这个。

总之,我们手上、身上的无法被压抑的哥特性倾向是:将自己的产品或别人的作品变成自己的作品,通过献出自己的劳动,而将我们手上的东西变成自己的作品。我们愿意让别人先成为作者,然后自己再来成为作者。普鲁斯特就是这样的人。他的写,就是在建他个人的哥特式大教堂。1899年,普鲁斯特在一本比利时杂志上读到了拉斯金的《建筑七灯》的一小部分翻译,后来就将他阅读时的强烈感受投射到了《去斯旺家的路上》。后来,他还翻译了一部分拉斯金的著作,他之后很得意地说,《建筑七灯》他已烂熟于心了。

那么,让我们来看看普鲁斯特小说中体现的这种哥特性。阿多诺和本雅明都这样讨论到《追忆》中的火车站:"火车站是以这样的方式成为我自己的作品,甚至成为我个人的美术馆的:我一次次去那里,一次次重新走进它,每次不同地认领它,而使它成了'我的'作品,成了'我的'美术馆。"我们正是这样作为业余爱好者,来使火车站成为我们自己的作品的。我们也是这样去使艺术史上的那些作品一次次、一件件地成为我们自己的作品的。为什么我们仅仅一次次去火车站,就能使它一次次地成为我们自己的更好的作品?这是因为,我们身上带着哥特性,一种使我们的亲身劳作成为作品的神奇能力。我们也是人人都带着这种哥特性地使用一个城市的能力的。

一个普通民工通过建哥特式大教堂,使教堂成了他们自己的作品和共同的作品,而且就死在自己的这个作品之中:通过每天的劳作来献身,总体地献身,然后被埋葬其中。正如,是我的一次次去候车,才使火车站成了"我的",成了"我的"作品,哪怕本来是别人设计的。我一次次将自己叠加到了火车站之上。这就是哥特式建造中最后体现出的作品性和无作者性的惊人之处。外婆的小蛋糕也是这样成为我的作品的:人人都在说只有自己的外婆小蛋糕才好吃,但正是我们自己在少年时代一次次地品尝它,而使它成了我们自己的作品,你我都这样,但我们两个说的外婆的小蛋糕,其实是完全不同的两种。我将外婆的小蛋糕做成我自己的作品。我献身于自己漫长记忆中的这一小蛋糕之中了,是我后来的一次次演出,甚至是记忆中的演出,对关于小蛋糕的某种记忆的演出,才使它成为我的作品,一次次继续成为我的作品,那与具体的某一次的外婆做的小蛋糕,真的是没有任何关系。是我身上带有的哥特性,使它成为这样子的。

建筑和建造中的哥特性,正是这样使物成为作品,转而反作用于人的:巴黎圣母院使建造它的中世纪民工成为真正的人,而不是工具。因为建造前,他们还是不完整的人;反过来,这些想要成为完整的人的民工,也间接成全了巴黎圣母院。今天,替建筑师完成一张图纸要求的建筑工地上的民工,会因此将自己变成一个工具。建筑师和工地民工应该如何逆转,才能由做建筑,而更好地做了人?

这就需要建造过程中的"哥特性"在建筑师和民工身上同时体现出某种神性:建造才使人成为人,更成为人。而为了使我们去购买空间商品,空间商品的开发者就必须先打残我们身上的这种哥特性,否则我们就会自己出手去造自己要住的空间。因此,我们必须一再强调,不是人为建筑而生,而是建筑必须成为人的表达工具,成为使人成为人、成为更好的人的工具。建筑是人的自我锤炼的工具,像单杠,像哑铃。

总之,只有哥特式建造才能够满足拉斯金的"七灯"之要求,才能在下面这七个方面考验建造者:牺牲、真(理)、力量、美、来自自然的装饰、建造者的生命力、记忆、服从。建造是为了培养人身上的这优美的七样品质,造出房子还是第二位的。

中国在过去三十年的大建设中,尽管也学会了标准化和工业化式的空间生产,但建造过程中,广大的民工还是以某种方式献出了身体劳动,悲壮但莫名地献身其中,但建的并不是大教堂式的诸众建筑,被建造物最后并没有庇护他们,也没有算作是他们的作品。但民工们身上带有这种"哥特性",也一定已经以某种方式,在这三十年的史无前例的建设中,在每一天的劳作中,隐秘地发扬到了所造的空间中,只是没被命名和署名。我们在哪里可以见到它?朗西埃在《无产阶级之夜》中写道:地板工戈内(Gauny)擦干净最后一道工序留下末屑的地板表面,起身在主人的窗前深情地外望,心想:

"只有我这样亲手制作出这个房间的人,才有资格站在这窗前,也才
最懂得如何最好地使用这个房间和窗前。主人一旦搬进来,将一定
把生活过得鸡飞狗跳,闹离婚,把房间当财产来抢。"①过去的三十年
里,中国的广大民工们离开他们盖好的房子之前,一定也都做过类
似的告别仪式的吧,因为,他们身上有哥特性,而我们住户身上的这
种哥特性,往往被堵塞了。这两者之间形成了一道鸿沟。住户往往
是不配住在这种民工创造出来的空间里的。所以说,哥特式建造是
我们人人的救途,是民工、建筑师也是我们住户的自我拯救的机会,
如果不能玩诗、玩画、玩建筑的话。而不带哥特性的诗、画、建筑,当
然就是不值得玩的。

我们只有在身上保持了这种哥特性,才能去生产出自己的空
间,也才能认真地去栖居,才能安然进入即将到来的全球城市社会。
而当代的哥特性在中国典型地体现在比如说微信用户的大规模并
联和集体使用之中。不是微信的程序伟大,而是我们广大使用者自
己的朋友圈的矩阵之哥特性实在太伟大。它先将我们汇集在一起,
重新形成诸众身后的那一不可阻挡的 matrix。微信是借用了我们
人人之间形成的这个朋友圈,才能如此强大。是我们身上的这种哥
特性才使微信变得如此强大的。

在对库哈斯的《癫狂的纽约》的评论中,内格里虽然没有明确点
出库哈斯的建筑的缺乏哥特性,但实际上向我们指出,贫民窟里的
无产阶级的哥特精神压倒一切,建筑师在大都市中的设计其实反而
是碍事的。曼哈顿贫民窟里诸众身上的哥特性,甚至也是我们的未
来的酵素,将会压倒建筑师的那些自以为是的设计。只有这些无名
的穷人身上才潜藏着未来。而建筑总会滑到对外壳的装饰性设计,
完全忽视其本应具有的设计者和建造者身上的哥特性的自我锤炼,

① Jacques Ranciere, *The Nights of Labour*, op. cit., pp. 37 - 45, p. 422ff.

这是建筑在今天变得如此不堪的重要原因。库哈斯害怕曼哈顿贫民窟里的诸众，是很好理解的，因为他害怕他们身上的哥特性，所以就用一条彩虹桥，用一个"全球空间"，绕开下层的诸众，像他的大裤衩绕开了北京的四合院。库哈斯给自己打了一剂青霉素，来自我消毒，主动自绝于全球民工们身上的哥特性。但是，又有哪个著名建筑师是不这样干的呢？①

但无名的民工身上至少有与建筑师身上一样多的哥特性。他们在当代越来越不可见的劳动中更多地实现了这种哥特性。而建筑师们的几何和纸笔，也许反而隔绝了他们自己身上的那种哥特性。

为圣母院被烧痛不欲生，我们就是要与想要烧掉它的伊斯兰极端分子抱了同样一种建筑观、历史观、保护观、修复观。我们和他们身上一样地丢失了这种"哥特性"，才如此害怕失去，因为我们不再相信我们身上的哥特性，不再认为我们是因为要去成为更好的人，才去创造和建造的，而我们创造和建造是没有刹车，是拦不住的，是要慷慨地献出的。

那么，为什么我们那么害怕这一人民的建筑被恐怖分子烧了？很多人一口咬定，法国政府是知道谁烧的，但它故意不让媒体来报道。后真相时代里，真相是像华为的手机照片那样欢快地自我生成的：自我定制的后真相源源不断地免运费外卖般地被搬到了我们的手机屏幕上。为什么我们都会这样笃定？社会精英，也就是知识分

① 他和他认为他的偶像柯布西埃眼中的诗意，只是表面上的，与城市中的诸众的创造性物质生活没有关系："在他的盲目的愤怒中，柯布西埃剥掉了曼哈顿的高塔，想找出真正的机器时代的理性核。而达利只看到了表面，而对这表面作了检查后，他突然发现了贪欲，发现了曼哈顿的实用的落寞、庸俗模仿和对效率的暧昧追求后面的单薄。"（Rem Koolhaas, *The Delerious New York*, op. cit., p. 263.）

子,由于会玩观念,就会由于很滑头地玩着观念,反而被观念玩。根据他们脑中早就存在的那些观念之间的摆渡,他们已预先严密地推理出:圣母院一定是某些人烧的。而摆出这样的立场,是一个启蒙时代以来的知识分子的经典派头:这世界是恶的,或者说,在这世界里,只有我能摆脱恶,或者说,我是能摆脱恶的,别人却不能够。这就是黑格尔说的那些"美丽的灵魂"的行径:感到自己格外纯洁和清白,因而格外宗教地虔诚,认为是别人搞坏了这个世界。哥特精神在他们身上已彻底丧失。

知识分子在人类世里去关心生态时,表露出来的傲慢,也几乎都是像那些美丽的灵魂摆出来的那样的作派:生态是别人搞坏的,我现在要来关心它了,但是,由于别人不听我的,仍一意行恶,还继续在破坏生态,所以,我可以用一切手段,迫使他们从此也像我那样来真心关心生态。而在人类世,这恐怕将成为你死我活的新的大地政治,比霍布斯和施米特想象的一切人对一切人的战争,可能还要激烈。德里达和列维纳斯也曾解剖那些感到自己特别清白、指责这个世界是被别人弄坏的人,自己心里端着的这一美丽灵魂中所含有的绝对的恶:把远处的某物看作恶本身,但认为它与自己无关。基地组织将美国看作绝对的恶本身,美国也这样看基地组织。他们因此将恶看作由我们的那一种将恶看作与我无关的凝视带来的。是这样的看才带来了恶,这看也正是恶本身。是我们的这种看,暴力地造成了恶,而本身也成了恶。

是美国天体物理学家萨根(Carl Sagan)发明了从太阳系边缘看地球的那一"淡蓝色的点"。那是地球被微缩到一个像素,成了一个小点。观看这个小点的人,就被放到了比上帝还远的位置上。这样的看,不止是一种裁判,而且也是对地球的残酷的摆置。这一凝视本身就会成为恶,但我们都方便地来借用它——当我们想要宏观地来讨论这个世界时。我们一不小心就会这样来看比如说别的宗教或边缘性别群体的,把他们放到恶的位置上,看成绝对的恶,而且是学了白人的那种凝视去这样看,都忘了自己作为第三世界主体,也曾是被白人这样残酷地看的,而且也忘了这种看不论怎么说,本身就是恶。我们这样被看着后也去这样看,不折不扣地也成了绝对的恶。

哲学上,上面的这种讨论属于"关于他者的伦理学"。他者仿佛在出题考我们,而他者本身是怎样的,恶不恶,反而成了次要的事。那是一种在他者考验下需要我们一次次重新斟酌和考核的伦理学,需要被反复磨炼,一再重置。

阿伦特的"恶之平庸"是指普通人作恶后,就推给领导人、时代和文化,决不认为恶也出自自己身上,而总认为是别的邪恶力量借用了他们的身体来作恶,自己和自己的身体只是被利用的工具。阿伦特顺着就开始指责每一个人:人人都在作恶,而人人都又能够将恶置之身外和事外。这话听上去是对的,只不过,这样说,这个说话的人就被放到了哪个位置上? 她自己难道真的能如此置身事外,能这样起身来指责其余的人? 朗西埃就盯牢阿伦特的这一点。同时,阿多诺也说,奥斯维辛之后,写诗是残酷的,等于也指责了所有人,不相信其他人的清白了,除了他自己的,或者说,只有他这个说话者的位置,可以是清白的;朗西埃也很不喜欢听阿多诺的这一点,认为民工才有资格来说这句话,但民工不会来说这一句,因为,他们忙着负责真正的诗性的创造,至于奥斯维辛之前和之后的诗,反正本来也轮不到他们感兴趣和评述,他们是打开头就自己给自己创造着诗的,尽管阿多诺对让不让他们写,或对于他们到底写不写和如何写,也是压根儿不感兴趣的。[1]

---

① 朗西埃、陆兴华:《自我解放:将生活当一首诗来写——雅克·朗西埃访谈录》,《文艺研究》,2013 年 9 月号,第 71—79 页。

总之,阿伦特和阿多诺上面的指责和要挟,仍是很"知识分子"的:他们在推理中都不承认:大多数人轻易就犯而总有理由给自己解脱的恶,也是被他们这样的清醒的知识分子一点不少地分享的。而且,照德里达和列维纳斯的他者伦理学,希特勒和今天的恐怖分子的恶,也一点不少地存在于这些知识分子身上,也存在于我们其余的人身上。

朗西埃这样批判了阿伦特的仍然很形而上学的庸恶观:恐怖凶手和我们是共享着那一恶的,知识分子却误以为自己是站在正义一边,是干净和清白的,只会谴责别人的恐怖之恶。这实际上是在动用与恐怖分子一样的逻辑:恶是与我无关的、远处的、应该清除的东西,为了清除它,我可以像恐怖分子那样残酷地出手,因为我已处在正义位置。所以,知识分子与恐怖主义者之间,实在是争不出一个结果来的,因为他们身上运转着同一种恐怖逻辑:炸圣母院的人和认为某些人一定会去炸圣母院的人身上,是同一种逻辑发条在起作用。只有在一次次重新到场的无名民工身上,这一"恶"的恶性循环才能被摆脱。我们是等这样的民工到来,还是我们自己就主动去成为这样的民工?

斯蒂格勒则将恐怖分子的这种恶,直接转诊为一种愚蠢和疯狂之下迫不及待的出手。他说,恐怖分子也像知识分子,在很义正辞严地说,这个世界快要完了,都是被一点没有精神觉悟、只热衷于消费和享受的大多数人搞坏的。[1] 恐怖分子们听上去居然比我们其余的人还更想要力挽狂澜,还嫌我们不去配合他们,就要给我们一点颜色看看,对我们施暴,企图以此要挟我们就范。他们很有点像具有美丽灵魂的知识分子。

然后,这次,让这些美丽灵魂们很不方便的是:那些建造圣母院

---

[1]　Bernard Stiegler, *Dans la disruption*, op. cit., pp. 65 - 70.

的中世纪民工，真是太有远见，政治上也太成熟了。他们居然先知先觉地将能烧起来的木尖顶，和教堂的砾石主结构，预先妥妥地分隔开了。能烧着的，只是那个尖顶，反正过去也被烧毁过好几次了，教堂本身居然怎么也烧不起来。仿佛中世纪的民工们预先就知道我们这些二十一世纪的人会很幼稚，会玩纵火和被烧、恐怖和被恐怖的那些把戏，楞是不让圣母院本身真正烧起来，去称那些美丽的灵魂们的心。

　　而正如上文所述，这著名的哥特式建筑本身是中世纪民工们自己的献身装置，被主导阶级篡夺后，才成为宗教圣殿的。对于民工而言，这样的建筑是可以烧毁了再造的，反正本来也是要不断重造，让后来的民工有练手的机会的。根据拉斯金在《威尼斯之石》的"哥特建筑的特性"中分析，圣母院实际上都不是教会自己想要造的那种建筑。它是只懂事实、不肯懂设计的民工们的集体创造之自我奉献，也是教会留给他们来表达自己的虔诚和创造的像工会展示工人阶级成就的陈列室一样的东西，是无数个民工的劳作叠加在一起的总成果，只是后来才被主导阶级挪用为统治人民的精神工具的。[①]当时的教皇和主教们是经常要对哥特式教堂皱眉头的，因为他们自己很有文化，品味很高，肯定想要库哈斯、扎哈、盖里们设计的那种装腔作势的建筑的，而哥特式大教堂绝对很像我们在浙江农村见到的那些由农民自说自话地建了拆、拆了建的那些庸俗的山寨建筑，不能入他们法眼的。而没料想，今天的知识分子却跟着统治阶级及其文化精英们认为，圣母院居然代表着正宗的宗教文化和文化遗产了。可怕的是，恐怖分子也像这些没有批判眼光的资本家的"走狗"那样，以为圣母院是基督教文化的圣地代表，要拿它大做文章，将它当被押物了。所以说，促使他们去烧圣母院的那种逻辑，与知识分

---

① 　John Ruskin, *The Stones of Venice*, op. cit., p. 157.

子把圣母院当圣殿的那种，是同一种。他们去烧之前怎么不张开眼睛看一看：圣母院早就成了成人玩具，落在人类世的游客们手中了，还值得这么对它当真？去烧，去炸，这是犯了多大的傻。当我们的身体上的哥特性无处使用时，就会进入这种疯狂和恐怖。

逃脱建筑的囚禁

建立在普遍经济学眼光之上的巴塔耶的反建筑思想,对于我们理解建筑在城市社会中的负面作用,很有帮助。普遍经济眼光基于对人类学关于原始人类的炫富宴实践的探讨,强调了献祭对于人类生活与宇宙之间的深刻的交换关系。[①] 在这一眼光下,建筑自然就是一种保守的、阻碍人类交换的障碍。它是社会主导阶级企图维持他们的局限经济中长久的剥削关系的手段,是障碍和高压。

首先,他认为,建筑具体地反映了一个受限经济之下社会的真正面相:

> 建筑表达了社会存在的本身,就如人的面相表达了个人的存在。尤其,我们总认为,官方人物,如教宗、法官和将军的面

[①] 什么是普遍经济? 根据巴塔耶,普遍经济与受限经济相对,是脱出资产阶级意识形态下的功利主义经济的一种想要摆脱资本逻辑的经济,要以人类为中心的逻辑去替代积累和再生产中的资本逻辑,让人们进入更大的消费行为,也就是耗费:真正的消费之中。那种在宇宙式消费里使人类重建自身的整体生态的活动,属于普遍经济(Georges Bataille, *Vision of Excess*, trans. by Carl R. Lovitt and Donald M. Leslie, Jr., The University of Minnesota Press, 1985,pp.116 - 123)。这一普遍经济的思想在今天可被当作人类世的总体的经济观的基础,一种斯蒂格勒说的"逆熵经济"和"贡献式经济"后面的宇宙式交换的基础。

相表达了社会的存在。实际上,只有社会的理想存在者才能带着权威地来规定和禁止,建筑构成他们的(规定和禁止之)表达。

纪念碑式建筑因此是稳定统治秩序的手段,是墙壁,甚至是使人民闭嘴的封条。任何一座纪念碑式建筑都在声张某种主权,所以,个人必须藐视之,才能在城市中守住自己对于城市的权利和作者地位。[①] 在纪念碑下,个人的作品就不可能自立了,因为这时,共同体也不可能了:

> 教会和国家用大教堂和宫殿的形式来使人民闭嘴。纪念碑既激发社会的智慧,常常也带来恐惧。

因而,

> 人民对纪念碑总抱有敌意,因为后者是他们的真正的主人。

而反过来说,

[①] 列斐伏尔也反对这种纪念碑性。他认为,"几千年以来,纪念碑性夺取了空间性的各个方面:被感知的、被幻想的和被活过的;对空间的再现和再现式空间;适于每一种官能的空间,从味觉到言语的空间;姿势和象征空间。纪念碑空间向社会的每一个成员提供一种成员资格的形象,提供每一个人的社会面容的图像。因此,纪念碑构成一面集体镜子,比个人的镜子还要忠实。这样一种承认效应比心理分析说的"镜像效应"还更有份量(Henri Lefebvre, The production of Space, op. cit., p. 220)"。也就是纪念碑帮助阶级更好地来统治人民。

建筑的形式会不断变得静止和主导。人类的秩序依赖建筑的坚硬。

原先，

人强加在石头上的数学式规定，只是地表形式之进化的完成，其意义也是在生物秩序中，通过从猿的形式到人类形式的过渡而给出，这一过渡中已展现了建筑的所有元素。显然，在此构型过程中，人本身只展现为猿和宏伟建筑之间的那一中间阶段。这些（以建筑来主导人的）形式越来越静止，越来越主导。于是，人类秩序从一开始就由建筑秩序来加固，只是建筑秩序的发展罢了。建筑生产了纪念碑，并使之成为大地上的真正主人，将听话的大众汇集在它的阴影之下，逼人们钦佩和震惊，并加以排序和钳制，而人们也多少是这样来对待他们的同类的。全部的地表活动，无疑还有理智秩序中最出色的活动，都倾向于这样的强加，这揭露出人类主导之不充分：因此，这看起来很是奇怪，像人类这样优雅的造物，就有了这样一条向着野兽般的怪物性敞开的道路（由画家暗示出来）；就好像为逃脱建筑对我们的囚禁（chiourme），我们甚至不择手段了。①

巴塔耶将绘画当作了建筑的反面，认为我们都是从建筑中逃离，立刻躲进绘画之中的：为了逃脱建筑对我们的死牢一样的囚禁，我们就不顾一切地逃向绘画之怪兽性之中，也在所不惜。也许，只有在绘画的怪兽性中，我们才能疗养好建筑苦囚我们之后留下的伤

---

① Georges Battaille, *Courts ecrits sur l'art*, ed. by Georges Didi-Huberman, lignes, 2017, pp.65-66.

痛。因为建筑,因为在城市里的居住,我们就更需要绘画了。正是因为建筑这种大棒下的对人的囚笼般的关押,最后,我们逃离它时,也就不顾一切,死活不管地要冲进绘画之中。

建筑在勉为其难地要逼我们成为人,而绘画帮我们回到动物。在"从动物到人的过渡和艺术的诞生"一文中,巴塔耶写道:"人在画前抹除了自己的人性,认同到了画中(的动物性之中)。但是,人也正是与动物之间划清界限后,才能艺术地去观看绘画。"①巴塔耶认为,在画前,人同时成为动物和成为人,完成了一次迂回;人在画前成了半人、半动物。这样看,不论是中国的马,还是西方的马,在画里,它们都很狂野,也同时都很有人性,也就好理解。我们在画前同时更成为人和动物了。因此,马在画家笔下就成了很学术的动物:马像教师一样,既教我们成为动物,也教我们重新成为人。

在最近的德斯科拉(Phileppe Descola)的比较人类学中,原始人的画被看成是他们打猎的前戏的一部分:猎人将被杀动物当作女婿或连襟,为了诱骗和考验猎物,会带上所猎动物形象之头套,与它套近乎,几乎是在完成一种扮人又扮动物的仪式。现代人看画时,也是在执行这同一个仪式。② 拉斯科洞穴石壁上画的动物,实际上是人,是戴了动物头套的人。我们参观者看他们时,是像相隔几万年的好友之间的面面相觑那样,我们站在三万年前原始人类的位置,像他们那样,在动物面前去体会今天的人类与那时的人类之间的那些共感、共情之处。我们宁愿站在绘画前,回到动物,而不愿呆在建筑中,也不愿从远处被纪念碑统治。

巴塔耶认为,人是我们作为动物与动物划清界线后才出现的东

① Georges Battaille, *Courts ecrits sur l'art*, ed. by Georges Didi-Huberman, lignes, 2017, pp. 223 - 227.
② Philippe Descola, *Par-delà nature et culture*, Gallimard, 2005, pp. 47 - 56.

西,是使我们自己也感到很难办的一个对象。性高潮令我们体验到自己是动物。性高潮一过,我们人作为主权者又巍然矗立在我们自己作为动物的身体面前,藐视作为动物的自己了。这样划清界线之后,人才重新出现。人是一次次在动物面前来确立自己作为人的位置的。而纪念碑是来压制人的这一位置的。

　　建筑使人更人,绘画使人成为动物后重新成为人,而成为主权者,但纪念碑和建筑要来压制人的这一主权者位置。这是巴塔耶的反建筑思想后面的真正逻辑。

商品空间抽象着我们

我们只有通过政治行动才能走出商品空间对我们的抽象和捕捉，才能走向城市社会。那么，在城市的商品空间内，如何做出政治行动，来改造自己的住（dwell）、有（have）和是（be）？列斐伏尔说，一个政治行动是由它所要实现的那一类国家的形式来定义的。这样一种行动必须以它所要培育的潜能的角度，来被构想，而不是通过现存的分析，来被认识，因为这种分析经常也是被意识形态污染，总有为某种教条主义张目的危险。[①] 城市空间内，只有我们创造性的政治行动，作品式的创造，才能产生真正的影响。在关于空间的政治思想和政治理论式讨论中，现实不应被用来遮蔽空间的可能性，因为正是空间里隐含着现实的全部心理、情感和社会的可能性，需要一个政治性行动来实现这些可能性。

也就是说，我们已经进入的那一现实空间，在我们的理论话语所探讨的空间潜能面前，是没有说服力的。实际上，可能性才应该被用来探究实存，也就是，我们应该用空间的可能的状态，来批判实存的空间，也就是批判当前的国家式商品空间的状态，这是列斐伏尔发展了马克思主义空间理论后得出的一个经典立场，也是本书的城市哲学所要坚持的首要原则。

---

① Henri Lefebvre, *State*, *Space*, *World*, op. cit., p. 147.

　　实存的就已经是国家的,我们看到的商品空间总已是国家式空间(比如,房子在数量上的尺寸,就是由国家法律规定的公摊面积来说了算的),我们马克思主义者必须坚持这一眼光。马克思主义式批判行动,是一个政治行动,因为它要打破和走出这一国家式商品空间的统治,使人民对城市和空间拥有自己的作品权和作者权。而弄一张更好的图纸,弄一些花花草草来装点它,用一些身体活动来活跃这一必然会抽象、盘剥和绞杀我们的国家式空间,怎么可以是我们的设计、规划和改善的目标?而今天的城市设计和规划却都冲进这一陷阱之中。

　　今天的商品空间批判的最大问题,因此就是这一对实存空间的态度问题。而实存背后,黑格尔说,就是国家,就是国家式空间。马克思不认黑格尔这个账,认为无产阶级是国家的敌人,进步的和优美的,都在无产阶级身上并由他们带来,而不在国家身上。所以,列斐伏尔要我们一定要搞清楚,在去做关于城市空间或乡村现实的田野调查时,我们直接就面对了今天的国家对于空间的操纵,这与我们去调查一家血汗工厂对工人的剥削状况没有两样。我们不可能在实存的国家式空间里另搞出一种我们精心设计、梦想的另行空间的。这是列斐伏尔在马克思主义式空间批判里立下的一个非常重要的界碑。如果模糊了这个,那就什么都乱了,我们也就保不住自己的马克思主义立场的根本了。

　　而资产阶级经济学家和空间理论家们对机构和国家的批判,总流于俗套,总不断用新自由主义的那一套,来批判现存的国家暴力和机构腐败、官僚主义、行政不作为等等。他们对空间的批判也自欺欺人。的确,对空间现象,他们也批判得没错,但是他们仍要求国家、政策、经济学家或民众的素质来替他们解决问题。他们搞了那么多的项目,就只是为了呼吁国家和它的各路人马来替他们管一管。他们还许诺给我们带来空间正义和城市未来呢。

但我们也不应该只借用左派的那些老套路，比如，借用他们的非一政治主义和非一经济主义，幻想能够很纯洁地绕开现行政治，小心地否认无产阶级政治，走向虚无主义以及和各种名目的超批判。西方虽然处在一种发达资本主义国家的民主状态，但是，它对于斯大林主义式国家的批判，也必须先以重估它自己所在的所谓民主国家和它将要去建立的那种民主国家为先决条件，并且不占有居高临下的角度。我们需要对全球国家的商品空间作出一种总体批判的姿态，再回头来透视本地的商品空间里的现实。

西方对于商品空间的批判，总基于公民社会这一观念，认为斯大林主义削弱和消灭了公民社会。这是新自由主义者们最爱抛出的一个说法。而他们的"公民社会"这一概念，实际上掩盖了我们的政治行动背后的那个被假设的国家：新自由主义者们总认为国家只是一个几何位置，可通过一系列的去中心化，使国家退隐，由公民社会里的公共政治来指导全部的社会事务。他们认为，要做的只是启蒙，去增加社会性，培育公民社会中的个人权利和责任意识，赋权于群体、城市自身和本地行政，搞大民间、小政府、小国家或元国家。在他们看来，建立公民社会就已经是他们批判的目标。但是，在人类世中，公民社会仍会是我们的底线和目标吗？我们应该用本书所说的城市社会这一概念，去回应公民社会这一说法，来响应人民对于城市的政治未来的关切。

"公民社会"这一概念由黑格尔最早提出，是指当时兴起的那个会读报纸、在星期天早上会参加公民聚会的新兴资产阶级社会。它是马克思主义意义上的资产阶级社会，用以区分宗教社会、神权的宗教社会王朝和封建军事性的权力王朝。黑格尔认为，公民社会是法国大革命的产物。在其中，法律代替了国王，人民以法的名义来管理国家，民法和罗马法被颁布到了全社会。后来，阿伦特和哈贝马斯进一步强调了公民社会作为为公共空间背书的政治力量的重要性。但列斐伏尔警告我们，一个由强力构成的国家，是轻易不会放弃其多种权力的，而它所协调和主导的权力机构，也一定会来确保这一点。[①] 也就是说，公民社会背后真正起作用的，仍是国家，后者仍是在主导阶级手里的，后者借用的是本应该交到人民手里的国家权力。

根据列斐伏尔，当前的全球国家体系里，国家主导的生产模式主体表现在国家是否必须为经济负责这一点上。在这种国家体系里，人们甚至将经济上的失败，也归咎于国家。国家也至少占有了社会剩余价值的大部分。在《哥达纲领批判》中，马克思批判了拉萨尔的让国家来重新分配社会剩余的所谓哥达纲领，认为这种再分配方案并没有触动这个表面的公民社会底下的财产关系，是缘木求鱼。既然如此，国家最终还是会凌驾到社会之上，深入到日常生活和每一个人的行为之中。国家于是成为由管理和行政、确保安全和动用杀戮的权力构成的三重装置。[②] 在这样的国家装置下，政治劳动的分工，是在技术官僚、军队和职业政客之间展开的。与人们期望的相反，公民社会其实最后总是被晾在一边。国家总是要造成同质化和身份化，击毁抵制它的一切，将差异抹掉。渐渐地，国家的走卒们就发明出各种新的政治工具，比如说发明出空间这样一种同质化的、可量化和可被控制的、也可被击碎和打破的、可用来标记一个人的社会地位，阶层和等级的政治工具。

作为公民社会主角的中产阶级同时代表着国家和社会的基础，而其本身也是这样的国家的产物。国家创造了中产阶级，正如国家也是中产阶级的产物。具体说来，中产阶级希望自己的子女也能通过这一国家装置，而成为中产阶级，来继续主导社会，所以必须进精

---

①   Henri Lefebvre, *State*, *Space*, *World*, op. cit., p. 79.

②   Ibid., p. 96.

英大学,因为那是成为国家之人进而成为中产阶级的捷径,因而需要儿女在学校之外补课,因而需要教育部来搞各种评估,分出重点学校,也需要有人来组织各种竞赛,来让他们的孩子能得各种奖状,有利于他们进入重点学校时能够加分。他们作弊着要让精英大学、现存国家存在,尽管他们也是这一现存国家的受害者;他们要国家继续这样存在,也就只是为了让他们的子女能够继续进入精英大学、成为"国家之人",在被压迫中也能够压迫人。这只是一个恶性循环。

社会学家布迪厄(Pierre Bourdieu)因此说,国家就是这样的现代社会中产阶级的自我册封工具。一个出身农村底层的孩子也考进了精英大学,陪中产阶级子女玩得像模像样,就也能成为这样的中产阶级。现存国家正是由这些国家积极分子们所维持,因为大学文凭就是国家盖章后的执照,是国家权力被租用给了这样的机构,来供中产阶级家长们分抢的。他们一定会要让国家这样存在下去,于是也要将其他阶级都带进这种循环之中。商品空间里维持的就是这样的一种国家权力空间内的再生产和再分配。这是布迪厄在《论国家》中作出的马克思主义式分析。

列斐伏尔说,在我们生活的这个国家空间内,在每一个政治行动中,我们都能看到这个行动者到底想要一个什么样的国家,或者说,他们都深知什么样的国家是对他们自己最有利的。因此,必须由这一个政治行动者最后想要去建立一个什么样的国家这一点,来定义其政治行动的性质。马克思主义者不应该看不清这一点,如果犹豫了,就应该读一下《哥达纲领批判》。空间政治行动里应该含有什么政治方向,所以在空间的每一个点、线、面上,都是很清楚的。

中产阶级及其子女要的是公民社会,根本听不进上面这一马克思主义的教导的。他们要精英大学招生公正,并为这种公正而展开斗争,为学区房到重点学校的名额分配,到为招生加分而斗争,只是要维护目前这种国家执照下的文凭生产模式,要它更完善,也就是要它持续存在,因为这在他们眼里很是合理。他们看不出自己行动中的矛盾,是因为这些中产阶级作为文化阶层和政治阶层,也正是目前这种国家逻辑本身的产物,尽管也是其受害者,但要他们成为马克思主义者,等于是要拔掉他们的氧气插管了。人们在空间斗争中往往会遭遇如此尖锐的矛盾,只是这矛盾经常被事先掩盖了。

根据列斐伏尔,城市空间在全球范围内都是上面说的这种现存国家生产模式的产物了。那么,建筑师、城市规划师、空间社会运动人士和空间社会学家应该如何来面对这种空间生产中隐含的国家逻辑?是帮它规划得更好?用更好的设计来维持它?往往,设计师和规划师的个人的原创或批判性眼光,也是被用来维持现存的空间政治秩序,帮助国家权力更好地来统治个人的?我们的城市空间的批判理论到底应该以什么作为基座?避开了马克思主义的空间批判,对上面这些问题的越来越周到的考虑,对我们还会有意义吗?

今天,国家自身正在被世界化,也就是说,全球资本主义系统经由跨国公司集团,而演变成全球帝国主义国家,后者正在渗透到每一个民族国家之中。每一个民族国家都会被两面夹击:顺应了跨国公司集团的要求,就会出卖人民的利益;而代表社会主导阶级去与跨国公司抗争,就又会被全球资本主义系统惩罚。一经受经济风浪,它就会受到来自人民的压力。本来,它必须接受全体人民的积极支持,才能顶住全球资本主义系统对其的施压,但是现在,贸易战、工业生产的全球成本转移、能源和资源依赖、全球金融危机,又会使一个国家的经济单靠国内的发展远远不够。所以,现存国家在当前是两面受敌,几面不讨好。它们已不是黑格尔在《法哲学》中说的资产阶级身体意义上的自我保护装置了,而是马克思说的那一正在消亡的过程本身。它本身正处在衰落和挣扎的过程之中,也正走向某种新的"无产阶级的专政"下的命运之中。

而我们今天的政治行动往往是在算法平台上作出的,不光是横向的,而且还是垂直的:我们的政治行动必须穿刺全球云计算平台后面的堆栈的六个层面,不光应该去改变空间生产关系,还必须去改造后面的程序和软件才行。不过,按照列斐伏尔,今天的国家如能捏住能源、信息技术和与世界范围的连接这三个主导部门,还是能向地区、城市和经营领域放一点权力的。国家、民族国家和公民社会(country, nation, civil society)这三个政治下属单位,将是国家放权后各自形成的三个政治场。今天的公民运动、社会运动、城市权利捍卫运动等等,就是在这个国家的下属部门内搞起来的。而他主张,只有去搞全球文化大革命和南斯拉夫曾经搞过的底层自治运动(autogestion),才能逃脱被控制的命运。[①]它不能由党派和领袖来发动,而必须是群体或个人出发,由基层开始。只有群体或个人尤其是生产工作者拒绝被动地接受当前的生存条件、生活条件或幸存条件,不光看懂了自己的生存条件,而且也起身主动去掌握这一自身的生存条件,这时,底层自治才能开始。这种底层自治当然是高度地多样化的,也须包括学习领土(历史学家汤因比从寻找文明的新的可能性的角度说的那种)单位的自治、城市和地区的自治,也包括公民社会内的这种底层自治。这是一种实践斗争,是在失败和回流中不断被重新组织的。这种底层自治运动中也含有各个国家自身之中包含的矛盾,而且它还会使原来各个国家内存在的矛盾公开化和激烈化。国家工业化后的被城市化,国家管理系统的越来越被官僚化,都使得这种以文化大革命为原型的反对官僚集体和既得利益集团的政治斗争,也将成为今天的马克思主义者们在未来必须闯过的一场场过关考试。

而要用理论来预先描述这样一场全球底层的城市自治运动,是

---

① Henri Lefebvre, op. cit., pp. 150 - 151.

不可能的。我们必须在全球城市斗争中来重写它的脚本。当代艺术内外的那些以公民社会作为前提而展开的乡村改造、城市空间争夺、为弱势群体被隔离而展开的底层自治运动，就先当是广播操吧。像本书这种关于城市哲学的理论写作，也将在未来的空间斗争或空间革命中被打破、被升华，因为它只是这种斗争前景的草图，是远远不够的，需要不断被升级。写它，继续写它，只是为了使我们自己的斗争进入更好的操练。全球城市内的空间斗争让我们活血，让我们自由，也将使我们逆熵。

总之，在空间政治行动中，国家之人与斗争之人之间，是有根本的政治区别的。不以国家消亡和无产阶级专政为最远眼光的空间斗争，是自欺欺人，是反马克思主义的。为一种新的国家而与目前存在的消极苟活的国家权力斗争，照列斐伏尔说，是在为我们自己的作品和对自己的作品（城市）的权利（对于城市的作者权）而斗争。这是要争取到我们对自己的作品和与他人一起完成的共同作品的权利。在政治、艺术、爱、学术上，我们都想要追求这种作品，都想要确保自己对于自己正在完成的这一作品的权利。只有城市中的空间斗争，才能保证我们得到这一对自己的作品的权利。作为知识分子，写出自己作为军事式城市哲学的城市理论，是我们每一个人走向自己和作品、保卫对自己作品的权利的第一步。不这样做，他们作为建筑师、规划师、学者和专家和空间运动的推动者，也就不称职，也迟早会成为旧的国家秩序内的一群白蚁。

全球城市社会的到来，须以每一种新城市主义都得到一次被策展的机会为前提。德波向我们要求的新城市主义是：让我们去城市汇集，去起义、革命、推翻和欢庆。但我们却拼着老命在其中买了二室一厅，准备在里面养老，为此而连坟地都买好了。城市现象全都是矛盾的。它既是总体社会现象，又不是。每一个城市现象都同时是历史的、人口学的、地理的、经济的、心理学的、社会学的和符号学的，等等。① 城市哲学与各种城市理论的不同之处，在于它想要成为城市的这种自我演出的舞台。城市哲学必须成为每一种新冒出的城市主义的苗圃。

当前对于"城市社会"的理解的最大误区，就是继续原地踏步地理解城市和农村的关系，把全球城市化过程仅仅理解成"城镇化"过程。城市研究，urban studies，也就是我们说的 urbanology，城市学，politology，城邦政治学，城市现象如同语言现象，无法被任何一种学科把握，哪怕所谓的跨学科，也不能。② 城市系统最终必须像语言系统那样在运用中被保存。我们使用它，但并不需要明了其规则，不知也不要紧。这个人的用它，并不会影响另一个人也用它。城市最终不是由研究、计划和规划来规定，后者只是一种观察辅助。城市是一种活的语言，是活体，没有其他的什么能够使它活生生。城市哲学在其中必须是一种活的媒介，像发生于雅典的广场上的对话那样，要在每一刻里都重写城市。

城市研究本来应该是一种被单独定制的批判理论。但在今天，大学已被全球云计算平台扫描，人文科学和社会科学被大数据经济捕捉，几乎要断气。如何去缔造一种马克思主义式的新的批判理论，来做城市研究的指导？从城市哲学开始不正是一条新的路？哲学对于城市研究能提供什么？提供一种激进的批判？批判什么？不是批判城市或城市建筑或城规本身，而是激烈地批判城市研究中所动用的那些破碎的"科学"或方法论。哲学应该帮助我们反对所有的学科式的总体、整体、清晰和客观。③ 它必须用其综合，来反对社会学和各其他学科对于城市现象的各种分析。要知道，哲学是用

① Henri Lefebvre, *The Production of Space*, op. cit., p. 171.
② Ibid. pp. 88 - 89.
③ Ibid., p. 66.

来反对我们的规规矩矩的城市研究的。它应该帮助我们摧毁所有的终结论。在城市研究中，没有原初和最终的目标，也没有任何一种目标可成为我们的追求对象。这也就意味着，研究中，与既定目标关联的预先存在，是不可能的。城市现象无法被我们放到显微镜下。它并不"存在"。

但是，城市现象却又是普遍的，甚至值得为它单独搞一所大学来研究，去设立这样一些学科：集合论、统计学、信息论、控制论、历史学、语言学、心理学和社会学等等。[①] 当前的大学及其人文、社会科学已不适合来搞城市研究了。而全球城市化过程将来重新定夺大学和城市研究的格式。

城市现实事关全部的社会实践。城市现实的这种总体性是无法一下子被理解的。城市生活中的那些累赘因素，都在街道混杂，流向中心。[②] 城市社会是指整个社会都被城市化后的状态。它是虚拟的对象，也是可能的对象。城市性只是我们的虚拟、倾向和定位。这一关于城市的虚拟性的眼光，有助于我们对当代城市性作批判式检测。[③] 它像是一个舞台，像一个天天被重新策展的美术馆。城市革命是一场连续剧。城市革命中的"革命"一说，也指城市对于社会的革命性改造。最偏远农村的超市，也受城市纤维主导，也是城市对于整个社会的主导的一部分，也是被城市的血管所维持，这就是中国的城市化之后，"城市社会"已成为我们社会的深层结构的意思。

而城市社会是在"被操控的消费下的官僚统治社会"中孕育而

---

① Henri Lefebvre, *The Production of Space*, op. cit., p. 54.

② Henri Lefebvre, *The Urban Revolution*, op. cit., p.18.

③ Ibid., p.2.

成。① 城市革命首先是对我们思考城市的僵化套路的革命,是要勇敢斩断我们的思想锁链。城市革命的目标是要建立:政治城市。②为什么巴黎公社不能算是一场城市革命,而只被看作一场工业无产阶级的革命? 因为城市革命是要将我们带回当代。城市社会就是我们的当代。任何"当代"性,都由两种以上的时间和两种以上的地点构成;当代不是我们时代的板结,而是好多个不同时间和地点的矛盾汇合。在城市的全球化或全球城市化过程中,风景今后也是只在人身上了:风景将只是人的变形;城市的风景在其住民身上。什么叫做"在住民身上"? 这是说,风景不光是在人的皮肤上和脑中,还在他们的分裂、变形、变异和消失之中,也在他们自己不断地向宇宙的自我敞开中。

因此,我们也必须用城市哲学来反对一切关于"差异化空间实践"的讨论,反对只搞一些城市更新的小花招,来粉刷现实,因为那是转移视听。③ 差异、欲望不是城市空间给的。城市中心不是像巴特(Roland Barthes)说的那样是欲望的中枢,而是政治的中心,是拆迁的中心;也是反拆迁的中心,也首先是一种拆迁,一种对于空间资本化和金融化现实的积极拆迁。城市中心不该淫荡,而该激烈。

世界从来没有像在今天这样虚假过。当我们谈论艺术和文化时,我们是在谈论钱、交换、市场和权力。讨论美时,我们指的是大品牌。讨论交往时,我们指的其实是孤单。当我们讨论城市规划时,其实我们什么都没指,那只是空谈。④ 我们是在空谈中过着城市生活。当前的城市中并没有生活。城市哲学是要来播下讨论城市

---

① Henri Lefebvre, *The Urban Revolution*, op. cit., p. 4.
② Ibid. pp. 6 - 8.
③ Ibid., p. 397.
④ Ibid., p. 389.

的那些话语的种子。

城市空间里的消费者终究会渐渐明白过来,加在他们身上的空间的套套和圈圈已经过多和过密。未来,他们只要稍稍挪身,那些建筑师和城市规划者加诸他们头上的空间假设,就会立地瓦解。[1]山岗、树木和鸟儿,都不会骗人,虽然对我们冷漠和残酷,但不会唬弄我们。只有当它们成为"社会现实",进入社会空间,它们才有两重性、三重性和多重性,才能具有装饰性,有象征意义,才能骗我们。[2] 一个马克思主义者总应知道:社会现实,已不是现实,她看到的东西,只是"社会现实"。城市哲学是让我们走出这一社会现实,用新的话语生产出社会空间的多样性平台。

而在当前,建筑和城规非但没有增加社会空间的多样性,反而大大削减了它们。建筑师对作品的恋物,将历史与当前的经济活动隔开,反而加重了这种倾向。[3] 建筑后面还有建筑,大的应该先弄。政治的争夺最后是空间争夺,就像拆迁现场之白热化斗争代表了当前真正的阶级斗争一样。同时也要知道,威尼斯的全部荣耀,是建立在石匠和木匠重复的姿势上,建立在贡多拉船夫的颇具审美价值的重复动作上。[4] 城市像作品,但它却是由后面的人的剩余价值生产来支撑的。

空间斗争和城市革命的最终方向,与全球城市化这一方向重合。我们的城市斗争方向,不管采用什么策略,都必须逆熵。而这要求我们必须发展出新的力比多经济,在走向全球城市化的过程中的每一步上,都以关照我们这个赖以生存的生物圈,也就是关心目

---

[1] Henri Lefebvre, op. cit., p.389.
[2] Ibid., p. 81.
[3] Ibid., p. 75.
[4] Ibid., p. 77.

前这个技术圈或体外化圈本身的减熵，为首要原则。也许，只有逆熵经济，才能救被城市化的全球了。这就要求我们拿出一种配套的城市哲学，来为我们的行动服务。

由国家强加的生产关系下的空间危机，从马克思时代就有了，性质也从未改变，与金融危机和经济危机一样。于是国家就在用生产关系来统治的同时，也用商品空间来统治人民了。也正是这一生产关系造成了目前的空间问题。生产力的发展只会加剧这一空间生产的自逼困境：经济越发展，我们越会将自己置入空间内的国家几何之中，被压榨和绞杀，①这是列斐伏尔对马克思主义、列宁主义和毛泽东主义式空间思想和日常生活批判的一个重大贡献，在二十一世纪的新现实中看，就更清晰，更显珍贵。要做空间批判和城市研究，不以这一条原则来划清界线，路径和目标就一定会乱。

根据列斐伏尔，毛泽东主义和列宁主义的理论基础，是马克思和恩格斯的思想，后者通过 1848 年革命来加深，又受到 1871 年巴黎公社经验的洗礼（《共产党宣言》在巴黎公社之后被修改过），曾经历了三十年以上的辩证过程和革命实践的锤炼。根据列宁的这种理论，工人阶级的创造，再有不断升级、扩展和较真的民主斗争中的政治同盟的加入，无产阶级专政就会与不断加深和扩展的民主重合，最终国家的消亡也将与无产阶级专政重合。无产阶级专政就是为了使国家消亡，国家是命定要消亡的，是不能不消亡的。毛泽东的"文化大革命"、列宁的十月革命都是对马克思和恩格斯这一伟大思想的创造性推进。今天城市空间里的苦难，正是因为官僚国家通过受控制的消费社会对每一个人的统治，剥夺了他们的日常生活，使他们在抽象空间里的权力压迫下走投无路而造成。

所以，如果不从无产阶级专政将与国家的消亡的重合这一点出

---

① Henri Lefebvre, *State*, *Space*, *World*, op. cit., p. 91.

发,来讨论社会主义国家的空间生产,我们的讨论最后一定会混乱。读一下当前的萨森(Saskia Sassen)、戴斯蒙德(Matthew Desmond)和萨内德(Richard Sennett)这样的空间社会学,你马上就会泄气。你发现,他们最终都要仰赖一个更好的经济学家或更"公正"的社会政策的制订,实际上仍是要国家这个大爸爸,来管管他们说的这些问题。所以,这些作者才使我们越读越绝望。因为,他们自己就是"国家之人",最终是要留着国家的,自己就想呆在国家里,他们听见列宁和毛泽东的思想后会吓坏。中国当前的社会科学式的城市空间研究,因此也大都口水化了,而城市化和空间矛盾,是当代中国最重大的问题。城市哲学必须反对种种以田野考察为名的琐碎、离题的城市观察、分析和怀旧式抒情,提供那种关于城市的综合性知识,提供关于城市空间的那些上游知识,不要被这些城市空间研究的鸡毛蒜皮搞乱了方向。这是对城市哲学在今天的中国城市研究中的最大的战略性要求。

列斐伏尔指出,只有阶级冲突才能阻止抽象空间覆盖全球,才能限制和消灭对空间的私人占有。[1] 马克思和恩格斯在 1848 年时就已懂得:对空间的私人占有,对土地的私人占有,对自然和资源的私人占有,是像人对人的占有那样荒唐、让人反胃和可笑的。今天,在堆栈或平台,在城市层,我们除了必须反对对空间的私人占有,而且还必须压制对财产、空间、地下空间、地上空间、航空空间、行星空间和星际空间的私人占有,因为这种空间占有对我们是灭绝性的,尽管我们在科幻片中已见多了这种被挤出的状态。

另外,今天人们的生态关怀也经常给我们错觉:似乎国家通过空间而造成的社会压迫,是因为外部自然环境恶化而造成。其实,最大的环境污染,恰恰是通过抽象和泡沫式的空间生产,来造成我

---

[1]　Henri Lefebvre, *State*, *Space*, *World*, op. cit., pp. 86 - 87.

们对于空间的私人占有的幻像,造成人与人之间的空间挤压,由此造成那种城市内的空间内战,具有像白蚁那样的破坏力。对空间的私人占有的后果,就像家家都买了小汽车后,彻底毁灭了我们的街道,对比之下,环境污染反而是第二位的危害了。

当前的生态讨论中,我们几乎都走向自然主义,生物主义式的要将人类空间当作动物空间,仿佛我们在讨论的是如何给人找到一个更好的笼子,或通过生态策略或环境改造,就能给人找到一个更好的笼子,或使人的笼子外面的环境少被污染一些。实际上,是人创造了自己的空间,是人像蛇长出自己的鳞片那样地自己给自己生产出了空间;国家不能代替个人来生产出他们自己需要的空间。这正是我们为什么需要编舞的原因:编舞是在生产出新空间。正如海德格尔所说,雕塑仿佛是要训练人的姿势,使人重新能通过自己的全新姿势来生产出他们自己需要的此在空间。[①] 这也是马克思和恩格斯在《德意志意识形态批判》中反复分析的那一"生产"[斯蒂格勒在 2018 年的中国美术学院的几个讲座中,也反复地从人的体外化进化的角度分析了"生产"这个概念,强调了人体外化式地通过环境(第三存留)来生产出它自己这一点]。

是人的身体生产出了空间;人要通过自己的空间的生产,才能生活到一种过去、当前和未来交织的此刻之中。是"国家空间"将我们捕捉其中,用广告和意识形态和消费(文化工业)替换了我们的日常生活。而我们还哀叹自己的空间苦难,忘了我们必须生活在自己下一刻创造出来的空间之中。在 1970 年代初,列斐伏尔已非常明确地点出了我们的未来城市空间内的斗争的最大赌注:对社会的改造,首先要求我们集体占有、管理空间。必须克服空间作为(独特的)作品,和空间作为(重复式产品的)商品这两者之间的分离和切

---

① Henri Lefebvre, *State*, *Space*, *World*, op. cit., pp. 229 - 235.

割。空间革命必须发展和放大革命这一概念：革命时，只有同时进行空间革命，才能真正改变对生产手段的占有。[1] 马克思并没有明确指出，尽管在著作里隐含了这一点；列斐伏尔则明确地发展了马克思主义的这一方向。对生产手段的社会化，必然造成空间的社会化。高速发展的经济，一定会激化空间矛盾，我们在最近三十年的中国城市化过程中看得再清楚不过：空间像手风琴的风箱那样，鼓吸着每一个人，人人都感到在空间上时时、处处都被控制、抽象和盘剥。

与今天我们生活其中的灾难性的资本主义空间对比之下，"社会主义空间"不是一个自然空间，不是一个存活于特权空间内的一个公社，或傅里叶和今天的关系美学式当代艺术所想象的凑趣的群体的共居（将爱吃老母鸡的本鸡控 8 个或 16 个地安排在同一桌，互相写"美团"式评论）。那是将目的和手段，目标和过程都混淆了。这是走进抽象的乌托邦主义了。列斐伏尔给我们未来的空间革命立出了新的标杆：对空间的革命，将是人类每一次重大的政治革命的第一步，想象之乌托邦是激进的设计的第一步；空间革命带动了后续的其他革命。

对社会主义空间的生产，意味着终结私有财产和国家对空间的政治主导，而这也将意味着从主导过渡到居有，用使用来压倒交换。资本主义空间和当代中国的这种新商品空间（史无前例的社会主义式的私人空间的替国家代持），是量化和不断同质化的，是一个商品化的空间，里面的所有元素都是可交换的。这也是一个被高度监控的空间，在其中，无论在全球哪个角落，国家都不会容忍来自草根的抵抗和阻挡。经济空间和政治空间在其中汇合，消灭了一切来自人的身体的差异，而我们人人都认为这是天经地义的。

---

[1]　Henri Lefebvre, *State*, *Space*, *World*, op. cit., pp. 290 - 305.

　　无论在哪里,在未来,空间革命必以打破空间内的公私之分为前提。空间生产必须基于使用价值的首要性,而不是基于以空间为交换手段这一点。这是我们讨论空间问题和城市问题时追求的最终标的。尽管来自草根的抵抗会断续、多重,很快就会滑向前资本主义式空间,但它们会形成一个"反空间",至少能够推动国家官僚理性地安排和组织的空间走向爆炸。内格里和哈特定位的陷于曼哈顿空间苦难中诸众的反抗和发明,是空间斗争中的唯一的正面力量。专家、学者、建筑师和城规师都是改革主义者,都是来虚晃一枪的。他们都是"国家之人",只想要在现存秩序里精彩地亮相,决不会对空间和城市改造有决定性的贡献。

　　同样,今天的城市理论研究者最后全用一种"改革主义"来欺骗自己,仿佛他们自己真知道城市空间的改革和改良的方向似的。在列斐伏尔看来,这一自欺是源于这样一个尖锐的分歧:革命还是改革? 有全球革命情怀的学者,如内格里和哈特,在比如《共同财富》里,向我们强调:没有革命的劳动阶级的干预,就不会有真正的革命运动。[1] 城市贫民窟里的诸众,才代表全球城市的未来。而改革派像化妆师一样,企图通过梳妆城市空间内的政治、意识形态、文化和美学,来改良城市本身。即使在有革命倾向的研究城市的学者中,在政治上也分成三种倾向:无政府主义者的即兴式、那些害怕改革的人的老练和聪明的实用主义和革命者的意志。在第三种人之中,也仍有分歧。马克思与巴枯宁这样的无政府主义者之间,其实没有根本的冲突。只是巴枯宁们想要一步到位,直接将现有的资产阶级民主搞到底,然后在国家的消亡中,去实现共产主义。而马克思、恩格斯、列宁和毛泽东提出了无产阶级专政这一过渡策略,认为国家的消亡正是无产阶级专政的开始。今天,绝大多数讨论城市问题的

---

[1]　Toni Negri and Michael Hardt, *Commnwealth*, op. cit., pp. 24 - 25.

学者都害怕这种无产阶级专政和国家消亡的重合，总是变着法子要用民主、草根民主、社会运动、NGO、公民自组织等等五花八门的花头经，来替代这一无产阶级专政和国家消亡，因为他们甚至没有胆量来讨论它，因为，他们认为还有更潇洒的选择。他们还因此认为，这样做会显得他们自己很温和、很理性。

要不要坚持无产阶级专政和国家消亡的重合这一点，改良派与革命派之间的冲突，在马克思时代就已开始：马克思与他的好友，也就是《哥达纲领批判》(1875 年)所批判的对象拉萨尔之间，就有这种革命派和改革派之间的斗争。马克思不要国家，黑格尔和拉萨尔都想要国家，因为他们不要无产阶级专政，不要让人民来当家作主，只要理性的法治国家来为人民办事，国家于是成为了人民的墓地。正如上述，这一冲突也发生在今天的全球城市研究和城市运动之中。拉萨尔们要国家社会主义，要在国家的框架内来搞渐进的改良。一百六十年后，拉萨尔终于战胜了马克思。今天全球种种改革派的义正辞严，全都是拉萨尔主义的泛滥。

作为城市和空间的研究者，我们可能都是拉萨尔主义者，都像黑格尔那样相信，国家像上帝那样地统治着大地，隐含在每寸空间内，永恒的正义和真理因国家的担保才被实现，个人财富的每一毫，都是这个国家来赋值。因而，按照黑格尔，我们就必须迷信地敬仰国家和所有与国家有关的东西，才能感到自己有价值。我们从出生起就只好想象：所有的共同利益和事务，早就有国家在给我们打理和保障了，除了用国家来压倒社会来统治一切，我们不可能有另外的更好办法了。[1] 马克思主义式城市理论和城市必须克服这一迷信。

---

[1]　Henri Lefebvre, *De l'etat*, 2, Union Générale d'editions, 1976, pp. 430 - 432.

列斐伏尔、阿尔都塞和布迪厄都痛切地指出,就是在全球社会研究者中间,您也完全可以这样来分类他们:那些国家之人越研究,就越想用国家来继续统治;那些革命式研究者的研究,则是为了冲破现有的国家统治框架,推动无产阶级专政。那些假马克思主义者拿着皮鞭,时时可以来抽真想要坚持马克思主义的人的背骨。列斐伏尔说,有国家就没有我们的自由。列宁说,即使最好的民主国家,自由也是一种限制的力量。[①]

① Henri Lefebvre, *State*, *Space*, *World*, op. cit., p.88.

被世界化的当代城市

在全球各地的城市发展中,国家通过复杂和变化的生产关系,将自己绑入城市空间的进化过程之中。它诞生于空间,并且用空间来孕育自己,因而也将随着空间而消亡。马克思主义对于这一消亡的前因作了解释,但对于城市的明天的理解,却仍模糊。它会消亡于本书说的人类世城市平台上吗?

历史上,空间的生产,领土的生产,一直在被国家之中形成的网络、回路和流动所改造。道路、运河、铁路、商业和金融回路、公路和民航,同时也都在改造国家。这一空间契约是物质性的、自然的,一代代的人、各阶级、各种政治势力,都在其中留下了印记。历史上,城市和农村的关系也不断被这些关系所改造,因为国家就是前来改变这一关系的第三者。这一关系一直都处于混乱状态,尽管国家不断用行政命令和在空间物流上来掌控它。

根据马克思的国家理论,国家内的社会空间是通过有等级秩序的机构、民族语言所交流和播散的那些价值观所支持的法律、规范而构成。空间内的这一社会性建筑,这一政治纪念碑,正是国家本身,是金字塔,最顶上的,是历代帝王或政治领袖。这是一种具体的抽象,充满象征物,是所有的信息和消息、精神交流、代表性、意识形态、与权力绑定的知识的急速流动的来源。因此,每一国家都有其特有的空间逻辑。空间一开始是属于自然的,后来就被国家夺到手中。而每一国家也都是一个社会空间,由金字塔和螺旋中的螺旋(黑格尔)来象征,形成一种特殊的空间统治逻辑。

当前,在全行星范围的云计算平台上,世界性对于每一个国家和民族国家都构成压力,正在将原来的生产主义转变为一种绝对的意识形态,由此而进一步推动以中国为代表的全球城市化,造成了巨大的生态和政治风险。从历史和各时代中派生出的那些空间爆炸、边界相对性、政党体制衰落等等,如脱欧中的英国所表现出来的那种样子,都是与此相关的症状。世界性或世界化的各个瞬间,最终会汇合成一个整体,在过去五百年中,一直像一桶冰淇淋那样,被反复搅拌,不断被加入新的成分,我们越来越难辨认其原貌。我们当前的这一世界已怀上了一个怪胎。但同时,我们的空间理论和空间实践上的资产,也在不断地积累,会更有效地帮我们打开思路和道路。根据这一眼光,我们的城市哲学也是这一空间的全球化和城市的全球化过程的一部分。

当前这一城市的平台化和堆栈化时代,对我们形成真正的挑战。它挑战了我们对历史的后续的生产和创造,因为我们对世界的改造所造成的新的世界性,也将带给我们危险和恐怖(如福岛核泄漏、如 Covid - 19 病毒在全球的大流行对于全球经济系统的冲击)。我们脚下的这一行星,由于过去 500 年里我们对它的搭建,正进入一种全球一体的存在和生命,已处于一种总体的风险之中,我们人人都像住在福岛附近的居民,感到一切都将不妙,但也无能为力。

历史上的一次次革命都是这种世界性运动中的阶段性结果,一次次给这世界带来多重改造,而那时的未来总是由农民问题、民族问题、国家问题和政治问题来主导。马克思颠倒黑格尔后,也将世界颠倒,也颠倒了这一主导。他认为,只有这样,我们才能为世界性的劳动阶级的联合行动和达到具体的普遍的理论,留出一些空间。在全球城市社会到来之前的城市堆栈化过程中,城市哲学应该帮助我们去认识这一方向，成为这一全球联合行动的一个助跑器。

城市哲学所要探索的是未来城市的可能性和不可能性。这一要求不是来自伦理上的律令，而是来自理论上的律令：这世界已没有未来了，我们必须要求去实现不可能，这样才能实现可能。我们要的是不可能接近的那种可能，不是远于可能的可能。斯蒂格勒说，如此才能造成分枝，使我们走出人类世，成为逆熵式人类。所以，在人类世，乌托邦也带着紧急性了。只有那些紧急乌托邦才能来定义我们在当前朝向各个领域的可能性。这就是我们今天的思考、哲学、读写本身所带的军事性：我们在其中行动，就像是被游击队派去执行任务，次次都需重新定夺我们自己的策略、任务和远期的斗争目标。"这一思考方式不是将哪个国家定义为共产主义或社会主义，而是将一种国家性和政治性的思想风格，定义为社会主义的或共产主义的，或将一种对空间的生产、居有和管理定义为社会主义或共产主义的。如果没有一种在生产后又被居有的空间，个人和群体将都不能存在。"①列斐伏尔要我们相信，因为马克思主义者都应该坚信，将商品空间居有为集体生活的共同空间，仍将是可能的，因为这将是由全球的集体城市实践来重新定夺的，不是由商业资本来定夺的。

作为概念性思想的城市哲学，是来给我们的集体行动探索道路的，要来帮我们勇敢地择路前行。而城市空间本来就是供我们来共同地思考，帮我们集体地去策展的，城市哲学必须向这种策展提供理论手册。城市哲学先于城市实践，但无法与城市实践分离。它必须成为我们未来的全球城市行动的图纸。只有摆脱了政治上的执迷和国家的压迫的城市实践，才能实现马克思主义关于对概念和想象（乌托邦）的同时使用这一向往。我们须坚持的是，用城市哲学来

---

① Henri Lefebvre, *State*, *Space*, *World*, op. cit., p. 288.

打开道路,再清理它,然后由一代代人的城市实践,来走出这一道路,提前为下一代人生产出行动线路和运作空间。

人类世加上全球资本主义空间的不断自爆,是远比全球城市革命更加失控的场面。过去的革命有三种,农民运动、工人运动和城市革命。工人运动要推翻对生产手段的私人占有,对工业社会做出一种不同于资本主义的组织。列宁和毛泽东的革命天才,就表现在他们利用农民运动来反对权贵封建主义,也要抹除那些残余的原始共同体(农民起义)的痕迹,并让农民与城市无产阶级联合起来,去反对资本主义和帝国主义。第三种是由城市政治的缺席,城市化的无法无天和唯利是图,以及城市和它们周围的贫困化而引发的城市革命,最典型的就是巴黎公社。

今天的全球城市革命情境已是全新、特殊和汇合的,但是,它缺乏新的革命理论。人类世和全球城市化倒逼着我们拿出一种人类世城市哲学,当作我们的集体思考平台。许多人不知道,理论也是能改造世界的,而且是为了改造世界先得用实践来改造理论本身的。城市哲学所以也首先是未来城市革命或人类世里城市的彻底变革所需要的草图上的探索。我们将要写出的城市哲学,也将与未来的全球文化革命相关。在十八世纪就发生过文化革命,那是从上层建筑开始的。当时的右派认为,左派的传统主题如理性主义、人文主义和普遍主义的式微,突现了他们自己的价值观和执迷。而左派要依赖他们的改造,来给他们的理论带来可信度。[1] 也就是说,左派搞革命也同时是为了证明他们在理论上的正确,并不是要用一种正确的理论来指导实践这么简单的事情。今天的城市实践却已是全球实践,它需要一种全球眼光的城市哲学来帮它画草图。在今天的城市斗争中,城市知识实践必须对抗专家和技术政客,后者对我

① Henri Lefebvre, *State*, *Space*, *World*, op. cit., p. 293.

们形成更高的城市理性是有害的,所以我们必须手中有城市哲学,去对抗他们的专家知识。[1]

今天,历史是在全球范围内涌现的,因而也是在全球空间内生产出本地空间的。世界市场的形成,国家及其被国际化和被一般化的社会与空间之间的新关系,都促进了世界范围内新空间的生产。就连我们这一时代,也是在世界空间内被创造出来的。[2] 在这一世界空间内,随着新矛盾抹除旧矛盾,世界范围内的空间矛盾,也会越来越加剧。

资本主义空间的主要矛盾历来是:它通过私有财产制度,要求有可交换的空间碎片供它零售,以便在更广大的规模上,去进一步开发商品空间,于是使空间越来越粉末化。这时,城市的总体和部分之间的矛盾,就导致了中心和边缘之间的矛盾。全球城市社会里,这一矛盾将在全球各地都激烈化。这是因为,为了走向对空间生产所需的社会关系的再生产,空间生产一定会实施同质化逻辑和重复性策略到全球各地,达到全球标准一体化。这样生产出来的将是官僚主义式地被管理的空间,而这会与空间本身的条件和空间生产的结果相冲突。当空间被这样占有、控制、定位后,一切就都要为生产关系的再生产而服务。这时,空间也就很快会被那些非再生产的力量包围:场地、本地性、地区性、民族性甚至世界性,都会来占领和阻遏这一官僚主义式的计划空间的再生产过程。中国城市化的后半程,会进入这一全球空间再生产过程,被全球资本重新规范和组装。

这时,来自底层民众的、断裂的、多重的活动,不久就会将这一空间推回到前资本主义状态之中,有时甚至使之成为一个反—空

---

[1] Henri Lefebvre, *The Urban Revolution*, op. cit., p. 142.

[2] Henri Lefebvre, *State*, *Space*, *World*, op. cit., p. 189.

间,由此而推动由国家官僚理性来构造的所有空间,也都走向自爆。这将加剧那一否定了所有差异、所有来自自然和历史的差异,所有来自身体、年龄、性别、族裔的差异的形式的可量化的抽象空间,与由底层人民发动的那一反一空间之间的冲突。这一冲突将引发资本主义系统的自爆。那些储藏着财富和权力的主导空间,最终将不得不向被主导的空间和那些边缘空间学样,才能存活。这正如宫廷菜必然也只能向农家菜学习,才能活下去,否则就是自绝后路。在新自由主义式资本主义空间里,政治不能主导经济,霸权国家实际上也不是这世界上一切的主人了。

全球资本主义系统和各个国家都想要维持这个它们自己生产出来的混乱的、矛盾的空间,后者却会在各个层面都走向自爆:走向直接的和活过的层面上、生活空间内、个人空间内、学术空间内、监狱空间内、军队空间内等的自爆。意识到空间就是社会关系后,全球人民就会将矛头对准现存的空间关系后面的统治结构。

当前,在城市层面上,我们不光见证了历史性城市的爆炸,而且也看到了企图囊括城市现象来治理的那些巨大的城市行政框架的爆炸。从上世纪以来,全球各地区和城市边缘都在为自治而斗争,想要独立,要挑战国家和城市对它们的制服。国际上,超国家的大公司与大国的另搞一套,一定也会造成空间上的爆炸。比如,地中海沿岸是经过了很多个时代的资本积累后才造成了它的多因素的策略空间,本来有世界上最古老的商业网络,形成了一些伟大的海港和城市。到1960年代,这一被历史学家布罗代尔(Fernand Braudel)描述为全球资本主义起源地的地区,成了欧洲的工业空间所需要的休闲空间,而后又成了欧洲所需的能源和材料的吞吐地,后来就成了复杂的高新工业园区,现在又成了文创基地,于是就挤爆了这个传统的优美的城市区,终于失去了它在历史书中的优美定位。

但是,空间不只是经济的,并不只是要在里面使各部分之间互相交换,使它们各各为交换价值作贡献。空间也不只是一个政治工具,不只是要使社会各部分同质化。而且,空间也是使用价值的一个模型,一个永久原型,可用来抵抗交换和交换价值的一般化。在一个同质化国家权威下的资本主义经济之中,它也可以成为我们最后的抵抗之地。空间有使用价值,而与空间紧密相连的时间,则更有使用价值。因为时间就是我们的生命,是我们终极的使用价值。空间就是生命政治,是我们的生命形式要在空间里像花朵那样地开放出来。

在现代社会,时间消失于社会空间之中了。活过的时间失去了形式和社会利益关联,而只有工作时间才对资本有价值。经济空间又压服了时间,政治空间则消除了时间,因为时间是会威胁到现存的权力秩序的。经济第一和政治第一,都使空间压倒了时间。① 本来,城市空间也是对我们每一个人的生命时间的空间化,我们必须用我们的说、唱、舞、演、梦来将空间重新时间化,使之与我们的个人生命时间交织,成为我们自己的时间、自己的时代。我们每一个人的城市斗争和空间斗争不光是为了共同事业,首先也是为了捍卫我们自己的生命形式,使之走向优美,成为作品。这是我们的城市斗争和空间斗争的最后底线。

所以,当前的左派政治必须支持城市内的各种反消费主义运动。左派的政治角色历来是在空间中主动去利用阶级斗争,打开剥削空间和压迫空间。社会主义实践最后是为了帮助每一个人生产出自己的空间,但也应充分意识到这些空间概念也会带来问题。② 社会空间内需要我们的永久斗争,而正是阶级斗争才保持了它的流动和开放,因此,光有城市哲学还是不够的。

---

① Henri Lefebvre, *State*, *Space*, *World*, op. cit., p. 191.
② Ibid.

　　我们由此而应当将空间社会化吗？当然不。它在现存的社会和生产关系中已被社会化得够多的了。从马克思主义空间生产的角度看，中国当前的城市化，是一个正在将自己改造为社会主义社会的社会的城市化，不应当接受被资本主义生产关系所生产出来的空间，要不就是接受了既存的政治和社会结构，这只会使我们的社会主义实践走进死胡同。当前，我们必须清晰地认识到，中国城市化的前途是：主动不带包袱地走向全球城市社会，在人类世中以自己所发明的的新的生活方式，去闯出一条具有中国特色的、有全球示范性的新的文明之路。

　　为了全球城市社会的到来，我们首先需要在各地发明、创造、生产出新的空间形式。但今天的财产关系和生产关系阻挡了我们的这一发明、创造或生产。要在全球城市社会中生产出社会主义空间，就必须终止私有财产和国家对于空间的政治主导，这意味着从主导走向居有，以使用压倒交换。列斐伏尔指出，我们必须依赖革命，来创造世界和世界性（le monde et la mondialité）。而这就是世界性的革命和全球城市社会的打开。[①] 我们必须意识到，世界和世界性具有危险的、不可预知的特征，必须使之向更大的东西敞开，才对我们是安全的。全球城市社会是人类最后集结的的共同体，所形成的那个新世界，必须向宇宙打开。

　　什么是革命？什么是世界性？什么是使全球城市社会向更大的东西敞开？这些东西的背后，都带有革命运动的巨大的复杂性：它含于世界市场、国家权力的一般化、一般化和被处理的信息（全球云计算平台）、脱缰的人口情况（城市老龄化）、数码技术和空间的联动，第三世界和少数族裔的崛起、族群、妇女、农民、青年等都正在进

---

① Henri Lefebvre, *State*, *Space*, *World*, op. cit., p. 192.

入的那一种全球性的运动之中。^① 这种城市空间中的世界性是辩证地被显示的，由当前的各种力量来支持，会引起生产、又掩盖、禁止和挫败今天主导我们的那些力量。我们应该从全球各地的本地实践出发，来与它里应外合。

我们已知道，所有的国家正在变得具有世界性（se mondialise），但同时也都在抗拒这种世界性。^② 今天的民族国家紧紧抓住领土不放，几乎都像过去的那些旧政权那样，像那些显赫的贵族那样，以自己的权力凌驾于农民与民工之上，将弱者的权利视作他们自己的特权。这是在抗拒这种世界化，但也必然因此而将他们自己关在这种世界化之外。海德格尔说，世界正在世界化，Die Welt weltet。世界自己孕育自己，通过自己生出自己，不通过历史、精神工作和科学，世界就已成了世界，成了它本来只是虚拟的那种样子。它通过世界化，而改造了自己。在这一世界化过程中，我们对世界的发现，与对世界的创造就汇合了。^③ 世界在创造它的新样子之前，本来是不存在的：我们是在世界里创造世界，而使世界从此不同。通过权力、知识、技术和艺术，世界才宣称了它自己、它的可能和不可能。至今的所有历史中都还未包含那一核心的秘密：未来无产阶级的创造。新创造出来的东西不是被设计在根源中的。在列斐伏尔看来，世界中的新东西，是像癌细胞那样地增生着到来的。^④ 这种新的世界性会整体改变全球的空间再生产。

因此，全球城市社会所带的这种世界性，是在宇宙式绵延中诞生的，是作为新的世界性被生产出来的。世界是存在的发出者。在

---

① Henri Lefebvre, *State*, *Space*, *World*, op. cit., p. 274.

② Ibid., p. 286 - 288.

③ Jean-Luc Nancy, *The Creation of the World or Globalization*, SUNY Press, 2007, p.74.

④ Henri Lefebvre, *State*, *Space*, *World*, op. cit., p. 81.

赫拉克利特的那一句之上,海德格尔又加上:发出对存在的——是
那个游戏的孩子。后来,大人介入这一游戏,使世界动了起来。所
以,游戏是不带为什么的,它被玩,只能被玩。① 马克思激动地想要
玩进去的那一世界市场,是这一世界游戏的一部分。他对于这个世
界市场有一点过分乐观了,未能预见到美国的军事霸权和美元的全
球统治。② 在全球性市场的基础上产生了世界性之后,国家既打开
也关闭了通向世界性的通道。马克思于是召唤我们去最终终结国
家。在《政治经济学大纲》中,马克思更是很乐观地看到:国家是跟
不住我们走向世界市场的步伐的。③ 世界是全行星的世界,因而它
将同时是产品和作品:一个很多很多地方的集合,一种有意识、无意
识的创造性的因而是艺术性的成果。世界性并不通过自然来定义
自己,因为自然仍需向世界性打开。④ 但是,在此同时,地球在它今
天正被人类谋杀的当前,已成为某种可怕的游戏的标的,被当作是
那一生产性、创造性活动的开始和终结。在银河系的剧场之前,我

① Henri Lefebvre, *State*, *Space*, *World*, op. cit., p. 276.
② 美国可以开空头支票,永远不用兑现。在人类学家对货币的研究中,我们可发
现,是军队占领外国,将纸币强加给了外国,才可以从经济上剥削外国。美国
表面是帮我们维持全球秩序,其实也同时是要实现这种世界货币式统治,不用
抓生产就能占有财富。但美国玩军事霸权,就需要很多军费,国债总大致等于
它的军事开支,必须由各国来出。于是,马克思所设想的世界市场前景成了现
在的这个样子(David Graeber, "Occupy Movement and Debt", see: http://
www.doc88.com/p - 9982383928279.html.)。
③ Cited from ibid. p. 285
④ 资本主义系统要在全球的整个空间内实现和分配剩余价值,从对产品的生产
走向对全行星的空间的生产。其全球策略是既具有经济性,又具有文化性,又
具有军事性和政治性。全球的资本家和资产阶级也用马克思主义来思想和
行动,来促进工业生产和对商品空间的生产,来保持增长。全球统治阶级总会
将空间当统治的工具:驱散工人阶级,将他们安排到预先规定好的地方,控制
空间,技术地去动员社会。(Henri Lefebvre, *Espace et politique*, pp. 154 -
155)

们这个行星空间曾将自己当作了剧场和剧本，当作可能性、某种未被预见的东西的突然现身的场地，来献给人类。[①] 但是，今天，这个人类的悲剧剧场被我们发现原来只不过是盖娅，一个像患老年痴呆症的妈妈那样的地球神。而本来也是人类这个宇宙中的危害物将它弄成这样的。这就是人类世城市社会的症状性现实。那些希腊悲剧也须被重写了。

从经典马克思主义立场看，是什么将会和正在将国家带向不归路？是新的世界性。国家已与实在尤其是空间性失去了联系。在马克思主义空间生产理论看来，它很有可能会成为跨国公司的工具甚至炮灰，在它们的打击和操纵下，最终走向崩溃。国家尽管也会加固、丰富、压迫、压抑，但那都是于济于事了。它正在自己使自己流失，任由像谷歌这样的大平台公司来宰割。但它是不肯让自己枯萎，不经抵抗就屈服的。也许只有在巨大的全球危机之后，新的世界性才会成形？但是，我们同时也正在走向全球城市社会，一种更大、更高层面上的人类联合。

城市哲学必须为这一人类的更高联合提供理论脚手架。它因此也必须是一种面向未来革命的理论。这样的理论革命必须与政治变革同步。在将要到来的全球城市社会中，人类将真正实现自身，也将成为一个哲学的作品。[②] 而城市哲学自身也必须平行地成为我们这一代人的一个作品。正因为我们在日常生活中无法造成政治、经济、道德、法律上的变形，所以才需要技术、艺术和城市哲学来补缺帮忙。

在此同时，我们也应该将空间推入世界游戏。我们游戏，而给

---

① Henri Lefebvre, *State*, *Space*, *World*, op. cit., p. 278.

② Henri Lefebvre, *Writings on Cities*, op.cit., p. 176.

了正在成为中的世界去成为的机会。^① 正如在海德格尔欣赏的切里达(Edoudo Chillida)的《风梳》所隐喻给我们的那样,我们游戏,给自然梳发,帮世界去成为,不落痕迹,不做作,无目的,或者说,让我们的目的化入宇宙。这个行星本来是碎着来到我们面前的,那么让我们玩它起来,将它玩成整体。^② 让我们从国家游戏,玩到空间游戏,再冲进世界游戏。而在游戏中,我们应当主动让牌,因为赌的是我们自己,是我们在跟世界周旋,想获得先机,然后不顾一切地出手。能够将一切都推入游戏的,是孩子。游戏中是没有为什么的,它只能用游戏去表达游戏。^③ 能对付阿尔法狗的,也是这种游戏,因为宇宙与人玩的游戏。

在这样的世界游戏中,要回应宇宙,我们要么得照着棋局规则,要么就尽可能地将手中的游戏玩得更大。目前是人陷害了地球,而地球也将陷害人类。人赌人,赌的是人本身,人必须将自己一次次赌回来。我们必须像孩子那样,把自己赌得胆敢向无限押上一切筹码。中国的城市化已冲到全球城市化前方,这意味着什么?这正意味着我们被动地被推进了这种世界游戏。我们已没有退路。那么,就让我们打开它!让我们将它玩得尽量大,将新产生的混沌做进我们自己的作品之中。

---

① Henri Lefebvre, *State*, *Space*, *World*. op. cit., p. 260.

② Ibid., p. 257.

③ Ibid., p. 264.

城市斗争的最终方向

空间具有政治性。任何一个阶级，任何一个个人，只要不能在新的现实、新的社会里生产出自己的空间，那么，他们的"社会存在"就沦落为民间文化、传说、民俗、迷信。欧洲中世纪和中国唐朝的各个阶级和个人，当时显然也生产出了他们自己的空间，但他们的什么空间最后被留了下来？又是什么人的空间最后被留了下来？谁的就被吞掉了？所以，连唐朝长安的王公贵戚的十二时辰，也须由2019年的装潢设计手段和我们手里的手机屏幕，才能去复原了。我们只能在今天的时空里去体会唐朝的十二时辰，用我们今天的生命时间去演出它了。

而现代资本主义用银行、商业中心和生产实体加上公路、铁路和地铁，去彻底瓦解传统城镇及其时空。这一西方用了二百多年走完的历程，在中国，却在过去的三十年里，一下子被完成，达到6到8倍的快放速度。近三十年中国的这一如此威武的城市化，将留下什么空间给我们的后代呢？什么人有空间并将被传递下去？

工业革命后，乡村也同时被城市化。今天中国的广大乡村正在发生的城市化，以及这一城市化的全球化、行星化，也是二百多年工业革命的继续。它正在将全行星带向一种哲学家南希说的世界的怪胎（immonde）之中。① 也正是这一工业革命的逻辑，在中国导致了城市空间内的革命性变化：中国的城市空间正在吞没所有的社会空间；这一高速膨胀的城市空间会最终吞没全球、全行星，像一阵风那样地刮走一切，将它带入宇宙的风洞或虫洞。每一个城市都在被行星化，而自身也早已向那宇宙的广大彻底打开。实际上，我们就像是在建高速公路、机场和公共设施那样，天天在建我们自己的社会空间。② 对于马克思而言，自然是唯一的真正财富。最高的善，是那时所能想象的时间—空间。但是，在今天，自然也被空间化吞没，人工化，进入一种控制论式闭环。同时，空间进一步成为商品，被抽象、被交换，但并没有因此成为财富，使自然更加蒸发了，而时间也被贬为只为消费式生产服务的日常生活，一种人工智能引领下的人工生活。这一自然已被吞入全球社会的进程之中，成为人类被动地卷入的这个星球地质历史的一部分。连我们书写的人类历史，关于人文和工业的自然的记忆，也将成为地质历史的材料。这一作为工业化更高阶段的城市化，已将人类拖进了人类世。

当前的城市正被行星化，我们正走进人类世的状态里。我们因此有必要重新来问：什么是人类世中的城市？什么是城市的人类世状态？城市意指人类集体地用契约代替习惯，去重新居有人类条件，以居住区域为单位，去对生产和企业加以自我管理。③ 这一论断是列斐伏尔对马克思的《资本论》的直接发展：城市是工业革命的结果，尽管今天的城市表面上是被商业资本滋养。但实际上，城市仍只是被今天的数码超工业生产和再生产，城市是这种全球资本主义大生产的结果。城市继后仍须生产出它所需要的劳动力，甚至为它

---

① Jean-Luc Nancy, *The Creation of the World or Globalization*, op. cit., p.35.

② Ibid., p.75.

③ Henri Lefebvre, *The Production of Space*, op. cit., p. 179.

自己生产出需求,来消费其经济,尽管做得过度和过剩了,但这一逻辑仍在将城市化往这一方向上拖。就此,斯蒂格勒在列斐伏尔的基础上进一步强调:人类世里的城市是一种集体体外化单位,是一种生物圈、技术圈、体外化圈里的集体幸存单位。[①] 这一城市再生产也将决定我们将生产出什么样的未来。而且,我们只能在目前的这一有严重问题的城市存留(斯蒂格勒将城市是看作数码化的大数据那样的第三存留)分枝出我们的未来,被它决定,但从中延异。

顺着这一眼光,我们须继续问:人类世中,城市化的下一步将怎样走? 扩大内需,至少是扩大对空间的内需? 这意味着,哪怕只是想要这样应付着维持当前的局面,我们也需要通过新的城市生活,来组织出我们的新的需求,用意识形态和广告,去替换日常生活,引导我们通过城市生活,在自己身上生产出那种社会的"内需",这与通过房地产来推动内需,是同一个做法了。这样就能走向城市社会? 就能走向全球城市社会? 但是,我们当前已滞留在人类世全球城市社会之中,需要有另外的办法,来走出这一状态。这是本书给出的基本分析导向。

城市是一种历史的存在,刻刻不同。但一个城市的形象及其再现,在之后很多年,仍能顽固地滞留(像堆场,或者就是废墟,如果照斯蒂格勒的第三存留理论来说),成为我们的刻板印象,像艺术家杨福东为 Prada 拍的广告中四十年代的老上海那样,不断地"回来"。但这一"回来",是非常具有毁灭性的。它是为了文化产业才回来的,是来为文化工业打掩护的,只表明我们没能够建立新的力比多经济,来适应新的城市境况。人类世城市平台将不会再给我们这个回旋余地。我们如何在它上面自我超越?

事实上,许多城市自己就想发动意识形态计划和城规项目,强

---

①   Bernard Stiegler, *The Neganthropocene*, op, cit., p. 121 ff.

加到其住民头上。城市常常成了广告营销的产品,或者说它的自销品。因此,对于城市到底应该是什么,住民与有户口的公民之间,就会有下面这样的作者权之争:城市到底是哪些人的共同作品?如何保证每一个人对于城市的个人权利,也就是说,如何才能让个人将城市做成他们自己的作品?城市的自我包装与其住民的个人和集体创造之间,常常会产生这样的尖锐冲突。

如果以社会学眼光去认真看一个城市,我们看到的这个那个城市,也就只是某种形象或某种意识形态。[①] 不妨说,城市的"存在",是我们的幻觉。它有待每一个城市住民的重新策展,没有户口,不是登记用户,也可以来策展他们自己的城市,将他们手里当前的这一个策展为另一个。列斐伏尔说,城市是虚拟的对象物,是需要我们一次次去实现的各种可能性的汇集。在今天,它是真真正正地成了云计算平台的一部分,研究它,就是在研究它的各种另外的可能性。城市只是我们居住者的起点,不是终点。我们为什么要居住在城市中?难道只是为了悲壮地老死其中吗?黑泽明的《七武士》里,武士们对于下一仗为什么要打这一点开始了生猛得让人晕眩的讨论。这种不断将更重要的关怀带进来的哲学讨论,将使得下一步很难迈出。我们也应该像这七个武士那样思考我们今天在城市中的处境,走心地思考一下我们在城市中集体生存的下一步、我们走入人类世之后的下一步。

这种从当前城市的存留中延异,其实已是我们在人类世的幸存政治。对于社会学而言,"城市"是一个伪概念,实际就是我们当前的那个算数的社会系统,我们必须从这一有问题的社会系统出发去面对人类世的挑战。城市没有起源,也没有终结,仍在不断成为。它也无法成为我们讨论的对象。它本身是小河里淌着的水,我们只

---

① Henri Lefebvre, *The Production of Space*, op. cit., p. 55.

能感叹它的逝者如斯。正如电影是一种时间,是供我们观众从中找出自己的时间,城市也是一种时间,是供我们在从中分支出我们每一个人自己的生命时间的,很多邪恶的软件或 app 却总是硬要插进来,占用我们的生命时间。如果城市是一本书,那它永无结尾,中间不断有缺页和空白页。① 我们在城市中的生活,照德赛托在《日常生活的实践》中说,那是一种读写。从它之中读出什么来,我们就会有什么样的城市,是我们自己读写出了那一城市;是我通过我自己的脚步的读写,而构成了"我的城市"。② 我由这种读,而成为一种样子。是在这么基本的意义上,城市才是我的作品,我也是城市的作品。正是从城市是人人的作品这一角度上,从人人可以在城市中展开其贡献式经济、逆熵经济活动这一角度说,全球城市社会才可以被看成人类共同的幸存平台。

所以,城市是事关全人类的未来的。我们正在面临一个城市性宇宙。这是列斐伏尔晚年思想的一个重大转向:城市将被世界化、行星化;城市的最后命运是走向宇宙。而整个星球也都将被城市化。这一全球城市化将夹裹整个人类的未来命程。从马克思主义思想中关于人生产自己因而将自然也生产成人的这一理论来看,今天的人类世,也是这一宇宙性生产的结果:一切都将被夹裹、席卷到这一对商品的工业生产之中,连自然和所谓的环境,连人本身,也都被卷入资本主义式商品生产,成为生产要素,就连今天的大数据工业,也是这一过程的加速。但是,列斐伏尔仍是辩证的从这一城市全球化中看出了希望:这一全球城市化过程会冲破现有的统治结构,使个人对于城市权利的认领演变成:对一种革命性的城市公民

---

① Henri Lefebvre, op. cit., p. 121.

② Miche de Certeau, *The Practice of Everyday Life*, op. cit., pp. 165 - 176.

权的认领。①

　　列斐伏尔的"城市社会"这一概念能帮我们甩掉过去关于工业社会和农业社会的各种神话和意识形态，帮我们走出今天的城市研究和研究规划仍致命地在讲那些可怕的城市故事，走出那种像和尚念经那样的城市规划的算计式思想。他彻底打开了他的城市思想：城市社会将是全球性的。他使我们认识到，走向全球城市社会的第一个目标，将是重新创造"自然"，也就是，重新创造人生产出自己的那些手段，而"城市"是这众多的手段之一。斯蒂格勒将列斐伏尔这一关于全球城市社会的思想，拉进了人类世。他认为，必须重新创造人生产出人的那些手段的意思，就是我们未来的生活中，必须使我们生活其中的、与其他有机物分享的生物圈走向逆熵，必须以贡献式经济下新的人类生活方式为前提，找出人类城市式生存的新途径。斯蒂格勒"集体的体外化有机物"这一关于人类世城市平台的眼光，让我们看到，在未来的城市中，我们必须互相忍受体外化残留，也必须忍受作为集体体外化有机物的城市本身的体外化残留，因为后者会成为生物—信息—精神—情感死物质层的一部分，又成为我们的体外圈，我们会被它毒倒，也将不得不靠它、从它之中醒来。② 在我们这个人类世末端，这个对我们既毒又药的体外圈，是我们所处的这样一个自作自受的控制论式闭环式的处境：我们知道这个世界照现在这样下去，是一定无法再居住的了，不去想我们自己怎么活下去的话，也要想想如何给下一代找到另外的可能性。我们也知道，目前的城市化本身是不可持续的，智慧城市这样的新方向，也都是死胡同。住在大城市里，我们不光在等死，而且也在等待大灾难的随时到来。另外，我们作为体外化的技术式生命形式，本身

---

① Henri Lefebver, *Le doit a la ville*, op. cit., pp. 19 - 20.
② Ibid.

也必须从它的第三存留式环境中分支，否则，我们将会疯狂。这是全球城市化过程中，我们当前的生命外化过程所处的双重矛盾，是悬在我们的城市化讨论上方的达摩克利里斯之剑。

建筑与未来

　　只有随着一个新型社会的开始，一种真正同时在建造和装饰两方面充满艺术意志的建筑，才能重新开始，马克思主义哲学家布洛赫(Ernst Bloch)这样说。[1] 就连柯布西埃都知道，那抽象的工程师风格，是决不会有品质的，尽管建筑界和文人们仍在百般地为这种勾当捧场，尽管后者也都带着现代性的欺人的新鲜，也由此而的确将死亡表现成了清晨的辉煌。而这个新型社会本应是本书所说的将在到来的全球城市社会，但在目前，它已成为一个人类世城市平台。

　　布洛赫的这一乌托邦建筑和城市设计的思路，对我们重新定义什么是城市、什么是建筑、什么是城规会有什么意义呢？ 为了搞出好的城市规划，建成理想城市，再度恢复真实的城市，那我们就需要好的建筑师和城规师，而后者需要群体、广场和城市来做他们的画布和操场。而城市又需要长期的规划，才能名正言顺。

　　布洛赫向我们指出，那一明天的城市，是我们的希望之一，在那里，明天业已破晓，早已属于今天。[2] 那一希望是与建筑本身那样古

---

① Ernst Bloch, *The Utopian Function of Art and Literature*, trans. by Jack Zipes and FrankMecklenburg, MIT Press, 1996, p. 189.

② Ibid.

老的,仍在被铭写,但又太显而易见,所以,对我们反而不可见。那一明天的城市的语法早已执行于我们的历史性的建筑和城市实践之中,但我们仍不知道它是什么,只能在接下来的实践中,去不断体认它。

城市规划并不只限于现代。十九世纪之前就有城市规划。但今天的城市规划已是对全球工业化的后果的消化,不是对于人类集体生存的积极设计和展望了。我们必须强调,现存的城市设计和规划决不可能带我们走出人类世。那么,在人类世城市社会中,在气候危机的威胁之下,城市设计和城市规划应该成为一种什么样的事业?

布洛赫说,看到柯莱乔(Antonio Correggio)、汀托莱托(Tintoretto,Jacopo Robusti)和格里柯(El Greco)的作品中的最大胆的人物造型,我们还是情不自禁地要问自己:人类的丰满和蓬勃,如何能够像在文艺复兴和巴洛克时代那样,被重新创造出来? 如何用真正的生命之树,用人类装饰,去穿刺建筑水晶体规定的秩序? 埃及的建筑乌托邦和哥特建筑风格之间,难道真的不可能再被综合? 这种综合将很愚蠢?[①] 但是,布洛赫说,还会有第三种可能,它还未出现,那将高于前两种的僵硬和蓬勃,在建筑和在住宅方面也都将如此。这就是马克思主义的力量所带来的那一种可能。它将会把某些秩序当作终结,确定下来,让人类的丰满和蓬勃终于找到发挥的空间。在马克思主义之中,和在以前的抽象社会乌托邦之中曾以另外的方式涌现的那些内容,也就是主体自由或被构造的秩序(Tommas Campanella),将不是被综合,而是在未来成为生产性中介,上升到第三种秩序,也就是自由本身的领域之中。[②] 但是,这种自由领域，一旦遭遇生态危机、气候危机，一旦进入人类世，我们将如何来料理呢？

同样，就自然秩序而言，马克思主义也是与无主体的——非辩证的描述相远离的，也就是与爱因斯坦式的"收听到的宇宙"远离的。各种学科中的具体的研究倾向，也反而会将自然人类化。在众多的人类建构行为中，我们只能指望建筑去做出人类的集体创造，给我们的未来打桩，给我们找到从未来回照今天的探照灯。这样说，无阶级社会的建筑就不再是抽象的水晶体，来与经济的无政府状态对立。① 它也将是人的综合的创造。建筑必须是从泥、石、灰到学、思、灵的一体的创造，在今天，还必须成为云计算平台上的集体创造，基于人类普遍智性，在软件、程序和构架上同时作出发明。

古代建筑唯一剩下来的重要东西，是文艺复兴包括巴洛克以来一直主导所有城市规划的那一水晶体。布洛赫认为，这一水晶体寻求宇宙式连接，但也寻求器官外的大胆的远隔。正如在技术中，我们尽管努力卷入宇宙，最后却并没有在特质上接触到它。而与此相反，无阶级社会中的建筑，将彻底抛弃抽象的水晶体形式，或那些无法让人民居住、存在的抽象水晶体形式。一种非—形式主义的玻璃建筑，将进入建造的未知形式，进入空间的通用形式。它们将由好玩的曲线和参数化立体感构成，作出看上去很逼真的宇宙式表达。这似乎是预言了扎哈的参数式建筑设计，但后者却认为自己在继承马列维奇的现代主义先锋派精神。

但实际上，我们看到，水晶体这一表达，仍是很人性的，有点太人文主义，只是目前它已被用坏了。要知道，人类对未来的期待开始于水晶体的中心，也许就被它中介，但肯定不是仅仅通过它来被中介的。还有那一起自远古的对于未来的期待，一直在引领我们走

---

① Ernst Bloch, op. cit., p. 198.

向宇宙。不过,在往回扭的过程中,就回到了家的轮廓之中:走向宇宙,但同时也向往着家园。这样的同时到达人类家园和走向宇宙的建筑,是且仍应是人类的努力目标。这是先给予栖居以某种目的,再让一个更加美好的、有尺度和装饰的世界从中出现。[①] 布洛赫的这一看法,是符合人类世城市中的幸存主义眼光的:我们不是要想尽办法,继续在世界之中存在,继续栖居,而是要将目前这个行星当成飞船,走向宇宙的,哲学、图纸、材料和构架全在其中,无法外求的。我们是在一个人工地球上幸存,是在这一艘地球号航天飞机上幸存。

根据黑格尔那一真理性的、不只是观念论式的定义,建筑是以塑造非有机的自然为目的,是要使它成为一个艺术性的外部世界,以此来亲近精神。[②] 而精神就是人类主体。人类主体总是正在寻找宇宙中所有与它有关的东西。在不同的社会,这一主体总是在建造用来庇护人类的大地的不同的角、弧、顶、塔。所以说,建筑乌托邦是地理乌托邦本身的开端,也是其终结。[③] 人类建筑所做的一切,就是要搜寻大地表面的宝石,地上的天堂之梦。伟大的人类建筑就是想要将自己呈现为一个被建造的世外田园世界,甚至还想做得更多的。如果它带着某种悼念,带着一些悲剧式神秘,如在哥特风格中,那也只是为了苦苦地在这一大地上造成一些和谐,将自己的生命时间铭写到这个星球上。仅仅借自几个元素的财富,就能形成巨力,但是一条保护性的圆弧,就足以成为人类家园的原型:实现于建筑之中的那个更好的世界该有的样子。这时,美学具形也将是呈包围状出现的,也同时能使所有其他的艺术形式,在其中都有了位置和

① Ernst Bloch, op. cit., p. 191.
② Ibid., p. 193.
③ Ibid., pp. 141-145, p. 195.

地位:墙上的画、龛中的雕塑等,都因此而有了被安放的处所。

正是这一弧形的包围向我们提供了家,或让我们与家有了接触:所有伟大的构造都自成一类地被这样当乌托邦来建构,来充分配合人类对空间的期待,然后被转移到广大的空间形式之中,也同时将有机的人类,嫁接到那个水晶体之中。这里,布洛赫强调了建筑的传统与人类的精神发展过程平行。当然,他没法考虑到,在人类世,人类两千年多年的乌托邦建造计划,正在被拆解为一些大数据,碎化为建造材料,由新的建造语法和材料来另构。他虽知道现实的冷酷,仍乐观地告诉我们:"当自由秩序的条件不再碎裂,那么,通往物理建造、有机装饰、来自装饰的馈赠的通道,将又会被打开。这一通道被打开后,将用不着再一次次轮替、混合或孤立,用不着再命名为埃及式或哥特式、水晶体或生命之树。水晶体只是一个笼统的框架。它的确是和平的视野。但是,我们知道,对人类的生命之树的装饰,必须是总体的、平和的和清澈的。由伟大的建筑期待式地形成和描述的那一更好的世界,必须由活的石头来构成。"①布洛赫的这一描述当然仍陷于对大地和世界的乌托邦想象,仍在要求我们更好地、更诗性地去建造和居住,并没有考虑到人在太空时代、人类世的重新降临:人类必须一次次在新的大地上接管,然后发明。

接受了布洛赫这一建筑乌托邦遗产的塔夫里,在其《建筑乌托邦》中这样写道:

> 柯布西埃的"邻里规划(1925 年)的改造"和包豪斯(1923 年)的改造,都内含这样一个矛盾:从某一个建造的生产部门开始,建筑就发现,之前设立的目标,只有与城市的重组相连,才

---

① Manfredo Tafuri, *Architecture and Utopia*: *Design and Capitalist*, *Development*, trans. by Barbara Luigia La Penta, MIT Press, 1979, pp. 197-199.

能实现。……这涉及对生产和消费的重构,也就是说涉及对生产的规划中的协调。在这个意义上说,从其自身开始,建筑需要中介现实主义和乌托邦。说乌托邦,是指建筑须顽固地隐藏下面这一点:必须指明真正的规划只有超越建造的现实,它的真正形式才能实现,规划的意识形态也才能实现。而建筑师没有意识到的是,建筑和城规一进入一般的生产重组,也就不得不成为那一规划的对象而不是主体了。[1]

塔夫里要求今天的城市设计和规划者仍以布洛赫的这一建造和规划的乌托邦作为引导,甚至成为工具本身。但如何走向? 在人类世,我们到底应该走向乌托邦,还是走向智慧城市? 到底先城规,还是先建筑? 过去二百年里,对城市机器的规划,压倒了对单个建筑的设计。但大家总仍相信,建筑的乌托邦总能走到"那一规划"之外。后来,"那一规划"就吞下了建筑,建筑不得不协调现实和其自身的乌托邦之间的冲突。而到最后,建筑本身也"被规划"了。柯布西埃是最后一个企图全面改造城市机器的人:建筑师两头都要管,既要做单个房间的改造,也要对整个城市做机械般的重新装配。今天,没有一个建筑师还敢抱这样的梦想,所以,他们的创造中要么是缺了手臂,要么就缺了一条腿。建筑被砍掉了一半的功能。

被砍去的那一半,就是建筑的乌托邦:用大城市人群去改造城市,或用大城市来救当代城市群众。那另一半落到了城市规划上。这方面,塔夫里是悲观的。但是,令我们乐观的是,内格里(塔夫里也是从内格里这个传统来写的)说,库哈斯式的建筑师只是一个弱现代主义的代表,是在执行"社会民主的老旧的既寒碜又无能的图式"。在库哈斯这样的建筑师看来,只有增加大都市的社会安全阀,

---

[1] Manfredo Tafuri, op. cit., p. 100.

"将设计的戏剧性的后果转换成现金",大都市才能继续再生产,那么,只要让腐败的政客、工会和民间团体来谈判出建立这种社会安全阀的条件,就行了。不过,我们应该与库哈斯这样的癫狂计划对着干,反而将大都市看作一种特别好的、过度的资源,哪怕目前的城市仍是由城中村、街垒和混沌构成。大都市至今仍是自由的。大都市的自由来自其中天天在进行的建和重建,在后者中包含着"大罢工"。而"大罢工是对大都市生活的一种激烈的出土:是要挖掘其中的生产结构和共同性"。① 库哈斯的城规做得最好,也只是一个消防员,是来维持目前这个剥削秩序的。大都市的真正的解救者,是从全球各地涌入的难民。"他们将给城市带来色彩,给团结带来意义。"②

① Toni Negri,"Metropolis and Multitude",参见 http://www. generation-online.org/t/metropolis.htm。
② Ibid.

结语：城市哲学何为？

因为建筑和城市规划总先已在动用一种未经反思的、狭隘的哲学，所以，城市哲学必须像鱼雷那样地加以回击。而在此同时，哲学也并不需要我们为它另拉山头，也决不应该去另立一种关于城市的哲学的学科，而只须将一种已在我们自己手里的城市哲学当成军事手段，加以发展，用在具体的遭遇战中，之后也应该像翻模那样击碎即可。①

过去两千年上下，哲学家的确是想要去理解自然人、社会人和城市人在这个宇宙之中、在他们所处的环境中的"理论性"地位的，想搞清楚人到底是要走向宇宙，还是要走向城市。而本书认为，我们是在走向全球城市社会，至少已走进这个云计算平台支持的人类世城市。对此，哲学过去也曾向我们提供过一些看法，但是，工业化的出现彻底改变了哲学和哲学家在"自然"中的地位，对于城市的哲学眼光，也漂移了，今天的城市研究对这一城市的平台化的认识是

---

① 哲学本身是不能够去克服城市造成的分割和隔离的，后者也是哲学本身的特性，因为，哲学天然就是思辨式、沉思式和系统性的，与社会实践隔膜。西方哲学背叛了身体。但是，活的身体既是主体也是客体，它所居有的空间既是构想的，也是活过的；哲学显然较多地体现在前者之中。因此，我们的空间斗争不是为了更好的空间设计，而是为了有助于每一个城市个人去更好地用自己的身体去居有自己的活过的空间。

不够的。

工业革命后,哲学的创造性能力从此被贬低为一些思辨式、沉思式的思考,被贬低为建一些哲学体系,在大学里供人研习,正如德勒兹所说,哲学从此不再游牧。以前哲学家的任务是揭示和形成一些关系和现象,为它们找到意义,以《论语》和《大学》这样的方式来传播,现在,只有工业或今天的超物质工业,才能给出事物的新的意义:如城里的塑料椅和杰夫·昆斯(Jeff Koons)放在纽约破败街区缝隙中的彩色气球狗的那种"意义"。

在十九世纪,马克思看到,对物质现实的掌握、关于现象和法则与世隔离的知识的生产,从此都不是哲学应该干的事了:哲学解释世界得已经够多,真的是够了,现在必须去改变世界了,必须将黑格尔倒转过来。这条思路,就是马克思的空间生产思想的主骨,被列斐伏尔借用了过来,必须在我们手里加以发展。

哲学于是在马克思之后有了新的方向,变成一种关于如何转形、变形的知识(马勒布在《海德格尔变变变!》中说,哲学与冶金术、全球股票市场指数浮动、细胞自我克隆搭上了①)。它甚至卷入了城市与乡村之间的冲突。卢梭要从城市回到乡村,本雅明要在城市里找人类的未来。进入现代城市的哲学,于是开始其新的生命:不断将哲学家的图像、概念和他们对于人类的理想,与现实和经验作对比,哲学由此而想让自己重新成为城市的逻各斯,像在古希腊时一样。芒福德(Lewis Munford)、萨森(Saskia Sassen)和中国的当代城市研究者们,至今都仍在这样期待。列斐伏尔这样攻击后者:他们仍在自己的斗争中期待他们心目中的新雅典,在那里,5%的有投票

---

① Catherine Malabou, *Le changer Heidegger*, Léo Scheer, 2004, pp. 245 - 257.

权的人，才是有资格在公共空间动用公共政治手段的公民，剩下的95％的没有户口的民工，其使命是去干所有剩下的脏活、累活和黑活。仿佛在他们看来这个新雅典还未到来似的。

托马斯·莫尔（Thomas Moore）的乌托邦曾是一个完美城市的标本。哲学从城市中来，也就转而被做进城市之中。城市哲学也一直被认为应该这样地成为未来城市的一部分，既然它是城市本身的乌托邦创造的一部分。而研究城市哲学，在人类世，也可以说，就是在这个我们无法出离的城市之中，去发明那个未来城市：对于人类世城市平台上的研究者，这件事相当于是边研究，边发明，边像中世纪民工一样，将自己的身体、劳动和创造全部奉献给了一座哥特式大教堂。这是不坏的命运。这就需要将整个哲学知识域当作软件和语义域，当作发明的材料和场地。这么说，这个"哲学"就又大了。我们必须将过往所有哲学家关于不同的哲学历史情状和条件、以及它们之间的冲突和一般倾向的知识谱系，当作发明未来城市的描图本、格子簿。历代的新的革命教义的最高目标，也都是对解释宇宙的那些哲学家们的再解释，革命者总是向哲学家学习改造世界的"理论"手段，并通过这些手段来搞理论革命，从列宁到毛泽东，也都仍这么做。哲学在人类世城市社会里仍在担当这一任务。

如今，哲学却成了元语言，在大学里被当成语法来教，为各种阶级策略和趣味服务。主导阶级的传声筒，也就是知识分子，总要掩盖哲学中隐藏的那些阶级策略和美学政治，或暗暗为它们辩护，不肯将它们展示为可一般化的计划或政治意图，而要人们将后者当作必要的恶来接受。空间哲学或空间诗学往往是这样的东西。这就对比出像列斐伏尔这样的马克思主义式的关于空间生产之思想的真诚和健康。

今天，说实话，搞空间哲学很有可能就是在搞空间诡辩论。从有限性和终极性的哲学,转到彻底接受现存事物和现实生活的哲学,那真是太容易了。在空间哲学的研究中尤其如此。① 而本书主张,我们应该将关于欲望的哲学与关于有限性的哲学对立起来。我们必须认清,城市规划本身就已是某种特殊的空间哲学,是某种关于有限性的哲学,但总被我们做得太小、太狭窄、太偷偷摸摸。要知道,只在欲望与有限性的对立中,城市哲学才能显出其清新,才能复活其哲学的力量,才能避开下面两个当代陷阱:不是声称古典哲学已残废,就是强调古典哲学仍在今天继续。我们必须与这两个态度彻底划清界线。我们必须强调:哲学只有在我们的当代发明中才被需要,只有被我们今天的斗争和献身所激活的那部分哲学,对我们才有意义。两千五百年的哲学传统中,也只有被我们的期待和斗争激活的那部分,对我们才是存在的:作为实践式理论或理论式实践而存在。

当然,在今天的大学,哲学学科至今仍保留着它的教育、对年青人的诱导任务。但这种哲学的教育性首先是与城市性联系在一起的,而哲学本来也幸存于城市中,在广场上,在纪念碑边上和节日之中,被对话和讨论所创造和维持。《理想国》和《会饮篇》和《克里提

① 我们必须反对这种借比如说海德格尔来做的种种装修或园艺般的空间哲学或空间诗学。比如,我们必须将海德格尔的"大地与世界的斗争"翻译成:我们的存在经验流失、失重,人类身份正从硬件变成软件,人的世界里,"生命中不能承受之轻"可被刻、转录到光盘,可倒带和重播。而大地则正以生态灾难的形式向我们报复。它以不可承受之重之复杂、之地球本身的可怕惯性,压向我们,地球变暖、新病毒大流行随时可毁灭我们的生存基础。这一斗争将是人类世中的我们在自己的体外圈里如何去从一块毒大地(生物、数码、精神死物质层)上分枝出来的过程。

亚斯(Critias)》①,都在向我们演示如何用这种教育法,去聚合整个城邦;通过将城市当教室。柏拉图真是像一个21世纪的纪录片导演那样,在安排苏格拉底到各种场地上,去面对镜头说话,向整个城市提供像今天的MOOC和Zoom上那样的教程。今天的哲学教师或知识分子,在建筑、规划和城市研究领域,其实也仍扮演着这样的角色。城市哲学也应该在人类世城市平台上成为这种集体学习中的领航者。

不光是各个历史时代的标志,哲学传统还是各个时代之间的时空关系的标志。启蒙哲学就是标识今天的我们的一个重要标签,仍对哈贝马斯这样的主张公共空间里的公共政治的"公开性"的哲学家有重大意义,尽管关于后—启蒙的声音也越来越大。笛卡尔、莱布尼茨、黑格尔、马克思和尼采的哲学中的空间思想,构成了列斐伏尔城市哲学的五个坐标。在他的城市哲学写作中,各哲学传统本身就成了一个个被置于时间之中的空间,并被这一个个具体的时代所标记。哲学本身就成了不断被时间铭写的一个教学法空间。在当代中国,中国式园林或古建筑,也是被这样单独列出,被某一种中国

---

① 在《克里提亚斯》这一柏拉图对话中,哲学家克里提亚斯对城市作了历史上最早的叙述。根据他的讲述,在有雅典之前,人类已有九千年的城市准备期:因为土地在有雅典之前的九千年之前就已被分配给诸神,但人们只记得当初的那些名字了,忘记了背后所需支持的那些美德。只有在农业发展有了盈余,人民重又回忆起那些美德,所以,克里提亚斯在对话开始就说要感谢记忆女神。老城(Acropolis)在扩展过程中,人民取了一种"在节俭和炫耀之间的中间道路",为自己的后代建房,但也传给自己种姓之外的人们,尤其,也用雅典的名字,去命名各种外国人,没有将他们当成外人。海神波塞冬(Poseidon)帮雅典开了水路和海路,促进了对外贸易。在说到财产关系时,克里提亚斯反复强调神对于人的训导。后来,占有的欲望确有抬头,但人们最后总是懂得,城市的巨大财富是来自美德和友爱。这一对话一般被认为是人类对于城市的源头、实践和理想的第一次正式的叙述。

哲学立场所保护,被当代中国的某种空间哲学或空间理论所保护。所以,我们都说,这样的古典园林和古建筑也是好不容易被从1960年代的文化大革命中救出来的。但我们现在仿佛以为自己已有了某一种哲学能专门捍卫它们似的,其实终究还是没有的。而真正负责的态度,是将它们放进我们今天的城市哲学教学法式空间中,被三代人激烈地辩护,然后来回争夺,定夺我们当代人对于它们的集体态度。

城市哲学必须最终汇合到全球城市革命和文化革命之中,接受人类世中真正的全球文化大革命的考验。它本身不应该是我们追求的目标,因为它的主要目标之一,对于每一个人自己的那一座城市而言,是要不带偏见地重申:城市作为作品和艺术作品,对于每一个人的生命,都是一样重要的,都是要将时间修复为对生命的最高馈赠(生命时间),使每一个人在城市空间这一舞台上,为自己给出时间。每一个住民都像德勒兹眼里的电影观众,是要通过在电影中找到自己的那一帧时间图像,去向自己给出时间,把电影变成自己的电影。反过来,像是在一场演出中一样,城市住民也是要向自己给出时间,使自己的生命时间成为宇宙绵延的一部分,转而使城市成为他们自己的作品。这一过程中,哲学反而会成为阻碍。但哲学本身却无法被从城市中排除,在文化大革命或人类世的新文化中,它会被给予一种新的意义,它的经验价值也会被重新修复。但是,只有"被升级到我们时代的哲学,才能成为今天的城市社会的新实验之试剂。"①而本书就是这样的一种升级过程:用今天的生猛的中国城市化过程,来激活这种城市哲学,来帮助我们直面自己在人类世城市平台上的命运。

---

① Henri Lefebvre, *Writing on the Cities*, trans. by Eleonore Kofman and Elzabeth Lebas, Blackwell, 1996, p.202.

中国的城市化是压倒性地到来了。城市空间爆炸式蔓延开来。这一爆炸式膨胀中,填充城市空间的日常生活,却越来越难被找到,日常生活的内容正变得越来越稀薄。而哲学家似乎从来都是日常生活的审查者。哲学似乎也一直要排斥日常生活。哲学家眼中的人似乎无法与日常之人并存。哲学一放到日常生活中,据说就会连连败退。但是,须知,当哲学声称自己独立于日常生活,可以自足时,它也就又变得自我矛盾,走向自我毁灭(日常生活中,群众颠覆了精英,日常性打败了精英哲学,超市经理的打折计划总被前来采购的家庭主妇们挫败)。日常生活的局限总是反制着哲学。最终,哲学家哪怕想要居住于思辩之地,也不能得逞。日常之人则困于其需求,也不断哀叹其局限。而城市哲学不是要来解决,而是要来激化这一固有的矛盾,重新打开城市广场上的公共话语空间,使说压倒写。

当前的城市是日常生活之失败的活见证,就像一对热恋男女结婚后,面对了油盐酱醋而无以为继那样。而由城市规划所暗中推动的各种关于当代城市生活的另选的乌托邦,也只是现存的城市哲学面对日常生活无计可施后抛出的各种因循的借口。而这个被日常生活废弃的城市现场,却正是城市哲学应该接管的地面:去发明出当前存在的那种城市日常生活的反面,在各种不可能的未来之中,发明出一种未来。这就要求我们必须人人手里有自己的城市哲学,握有一份对自己的城市的策展计划。

为什么必须写城市哲学,如果说哲学总已是统治阶级手里的工具,成了建筑师和城规师手里的工具? 我们必须看到,那些叫我们不要去搞城市哲学的城市问题专家,总想要将子系统精致化,用特定的符码去组织社会。这些空间理论家和空间策略家表面说自己要避开哲学式教条,但转而就企图用像环境、栖居、装饰、占星术、旅游、烹饪、时尚这样的与哲学概念相近的范畴,来组织社会现实。他们认为,在他们替我们设计出的抽象空间里,一旦用了这样一些词语,一切也就搪塞过去了。今天的城市规划和设计,常常就是这样来偷偷用某种拿不出手的哲学,去应付现实问题,设计者和规划者却死不承认自己也是在玩哲学。今天的城市规划正是一种上不了台面的哲学的后果。这些用自己口袋里从来不升级的哲学版本来指导自己的实践的专家和规划者,其实都是不诚实的理论家或哲学家,正在将他们自己的局限性强加到自己的设计上,拒绝质疑那些看不见的空间实践及其背后的指导方针,不顾目前广义的所指、符码、象征的缺席,去搞出自己的某种城市哲学,以便居高临下地去吓唬国家管理者、官僚机器、客户和公众。

对于目前的城市现实,社会学、文化研究式的观察和描述,本来就是无法穷尽的:城市本身虽然并不创造,却让所有的创造都发生于其中,总是未完成和正在到来的。城市是纯形式;它是偶遇、集合和同时性之地。[①] 在城市里,场景才是现实。城市如果是神话,是梦,那就只有更好。在城市中,我们每一个人都像一张明星照片那样地存在,被拍于我们自己的美的顶点,并用别针被固定在那儿。城市像一个由我们自己参加的一场场连续演出的舞台。而城市研究一不小心就成了某种当晚的戏剧评论,而忽略了城市是天天和时时在变化的百科全书或活数据库这一点。

对城市研究的科学主义式和经验主义式研究,虽也都想提供各种讨论主题,提出对现存社会实践的完美的替代方案,但它们之间最后也就是玩玩互相对立,玩玩神仙打架:而一方是实用主义、功能主义、操作主义,另一方总是默默地成为被派了任务的专家、经济学家、国家政策解释者和公众人物。批评、抗议、反对或任何寻求另外方案的努力,都被这些意识形态分子看作乌托邦,看成太理论,太哲学,仿佛他们自己是不理论、不哲学似的。他们甚至也这样去批评

---

① Henri Lefebvre, *The Production of Space*, op. cit., p. 118.

马克思、恩格斯、傅里叶和圣西门太过乌托邦主义了。可是，要知道，我们的任何反思都不可避免地会涉及某种乌托邦形式，因为正是一开始不满足于某些冲动，不想被动地去接受权威，不想委屈于现状，我们才去反思的。而那总意味着去干预现存条件，找到与正在被执行的政策不同的另外的政策，推出它，实践它。① 因此，我们必须使本书所指的这种城市哲学，真的成为讨论城市问题时必然会带出的种种过去和当前的乌托邦计划的展示舞台：让每一种乌托邦都得到平等亮相的机会，能在公众面前一览无余。

面对冰冷现实，一旦想要与原来不同的东西，不再唯唯诺诺，我们马克思主义者就成了乌托邦主义者。身背乌托邦计划后，我们就应该有意保持一点教条主义和绝对主义才对，因为，如果我们不这样，所有的希望就都会流失于具体的困境，所有的问题都会被封闭在种种现实的不可能之中。要乌托邦，我们就更应该坚持方法的严格性。就此，列斐伏尔这样要求我们：必须像反对在科学与行动、抽象与具体、直接和中介、积极和消极、主张和批评、事实和看法、客体与主体之间的隔离那样，也必须去反对学问和诗歌之间的被隔离。② 既作为理论探究，又作为诗性创造的城市哲学，必须成为一种关于城市研究的联合理论。它必须成为对人类世城市社会这一虚拟对象的研究手段，成为对全球城市社会的召唤。

欧洲社会科学曾是代议制民主社会的产物，城市哲学必须跳出它，超越它，主动去成为人民手里的斗争工具。当今，城市正在成为特权阶级的最珍贵、最有价值的占有，也正在成为他们手里的最大

---

① Henri Lefebvre, *La vie quotidienne dans le monde modern*, op. cit., pp, 77 - 90.这一节中的关于苏联和中国的社会主义空间生产经验和革命中和革命后的日常生活的讨论特别有意思，因为，对比之下，中国当代的空间生产，对比 1958 年后中国的人民公社实践，几乎可以说是一种倒退。

② Ibid., p. 75.

的消费资产。为什么有钱的统治阶级一开始就夺走和垄断了作为古物的城市中心？为什么人们纷纷赶到意大利、比利时、西班牙、希腊的古镇去？那些城市系统于是就都成了对人们的休闲和好奇的消费和剥削的对象，这是不能用旅游机构和国家投资的插手这样简单的理由来解释的。一定还有另外的原因：怀旧、日常生活的碎裂和现代人对于自己展示自己这件事上的谦恭和张扬程度，或只是过去对于今天的吸引力。① 最重要的原因，还可能是今天人人的日常生活的失败，和我们由此生出的挫败感下的自暴自弃。日常生活既是所有的革命失败的原因，也是这些失败后的必然结果。统治阶级为了让我们待在这失败的日常生活之中，总是用科学来吓唬我们，来给他们自己壮胆，而用文化工业来使我们迷醉，忘记自己活着的目标，只天天重复消费来度日。我们必须反过来用我们的科学，去反对他们的科学。② 城市哲学应该成为这样的一种人民科学。

只有这样，城市哲学才能成为人民改造城市的手段，本身也才能成为被改造后的城市的一部分。黑格尔说，哲学通过使世界成为哲学，而使自己也成了世界，世界也通过哲学，而成就了自己。哲学一旦被实现，世界也被生产出来（科耶夫）。而被实现的哲学也就成了世界。哲学既已解释了世界，从此世界就被改变：坏的城规也是一种乌托邦，是我们不准备要的乌托邦啊。得到了坏的乌托邦之后，就不应该哲学地去改变世界了吗？ 不可以，因为改变世界也就是去实现实存哲学声称要去实现的那些东西：自由、幸福、知识和欢乐。我们要新城市，是要将它们带进那个之前的失败的乌托邦里啊。

谁、什么能够通过克服哲学来实现哲学，通过使哲学成为世界，而实现哲学本身？ 似乎只有城市。城市才是城市哲学的作者。城

---

① Henri Lefebvre, op. cit., p. 76.
② Ibid., p.77.

市在其广场培育了哲学；哲学因城市而生。德勒兹和瓜塔里在《什么是哲学？》中说，哲学是希腊人铺设于波斯、土耳其到埃及之间的一个国际平滑面：哲学是那个虚拟的雅典的草图，是全球资本主义的平滑面，后者有时是城市，有时是哲学，有时是基督教。后来，总是以外国移民身份出现的哲学家将它编织成全球资本主义市场[①]，但也成了全球资本主义市场的一部分。未来的全球城市社会仍将以这一平滑面做它的基础。

全球资本主义市场是我们哲学研究者在当前所处的一个巨大困境。这个市场用全主义代替了那种原本很国际的哲学和很普遍主义的基督教，哲学于是没有它的老城可归宿了。但是，我们决不应由此走向恢复老城的传统状态这一步，决不能不顾一切地冲向巨大而无形的城市综合体，也就是智慧城市这一当代的局促方案。列斐伏尔警告我们，研究城市时不应该分开城市的过去、现在和它的可能状态；应该将城市当作一个虚拟物来研究，[②]我们必须用新的思想方式来研究它。本书所说的"城市哲学"就必须是这样一种新的思想：它起自今天城市研究的死局，力图担当城市研究的新平台，而且本身将成为新城市的一部分。这是因为全球资本主义市场和哲学空间，在今天都被卷到人类世城市平台上了，我们手里必须有一本这样的战斗手册。

城市哲学研究首先要克服的，就是那种在城规史、建筑史、艺术史中被广泛套用的旧人文主义。这种人文主义早就死了，但在城规和建筑中仍被当尸体不断抬出来。这种人文主义以人性为幌子，占据了各种公共空间内的讨论议程，成了今天的城市文化堆尸场上的

---

①　Gilles Deleuze and Felix Gattari, *What Is Philosophy*? Trans. by Hugh Tomlinson, and Graham Burchell, Columbia University Press, 1994, p.106.

②　Henri Lefebvre, *Writings on Cities*, op. cit., p. 148.

调味剂:博物馆、大学、各种出版机构和出版物,更不要说新的城镇改造和城规方案,都被这种人文主义毒害。鸡毛蒜皮和庸庸碌碌,也都被设计师包装成人文精神和山水修养,用到具体的设计方案中。面对着人类世里的气候危机和大数据经济里的心理—集体个人化的走向疯狂和愚蠢,他们却仍能笃悠悠地念着人文精神的经,对于宇宙范围的熵过程的恶化,全体生物圈的灭顶之灾,他们也仍能用这种人文主义来掩耳盗铃。

其次要克服的是将当前的生产关系当成现成乌托邦这种教条主义的懒惰习惯。建筑师、规划师、社会学家、经济学家、哲学家是不能无中生有地来创造新的生产形式和生产关系的。建筑师也并不比社会学家更懂得如何去创造奇迹。[①] 因此,在概念框架和经验观察之间不断来回的互相反馈过程中,城市哲学必须去到城市中维护理性的秩序。它必须给规划师、建筑师、社会学家、政客和哲学家的即兴的精神和心理操作带来形式上的定形,在他们的发明中引入一些严格性,推动其乌托邦生产,顺便帮全社会形成新知识。

而从人类世城市平台的角度看,当前的建筑和城市规划可以说都只是一些胡乱推出的应急乌托邦,不曾对过去留下来的规范和限制作批判式审查,专业人员只在那里懒洋洋地造出各种具体的乌托邦(在当前根据现实去开出处方,想要克服现存的所有对立;中国的人民公社就是一个典型的具体的乌托邦),然后就在那里忙着建各种巴西利亚、迪拜和智慧城市了。他们嘴上说是建筑或城规的计划,其实本身也只不过是一些乌托邦方案,一些三心二意的乌托邦计划,是掩耳盗铃式的乌托邦,还不承认自己在搞的也是乌托邦,硬要说这是实证后的产物。大量的实际工程都以解决实际问题的名义,而走向了各种不负责任的烂尾乌托邦。

---

① Henri Lefebvre, *Writings on Cities*, op. cit,, p. 150.

第三个要达到的目标,是城市哲学必须将理论标准和论证的严格性带进这种具体的乌托邦生产之中。我们必须问:

· 这样的设计成功与否的标准在哪里?

· 是找了哪一条标准后,才开始动手的?

· 它将被铭写进什么样的日常生活节奏之中,同时在规定什么样的新日常生活秩序?

· 它在向人民开出什么样的幸福的处方?

· 这种处方在人类世能被辩护吗?

那一可以被合法地称作城市设计和城市规划的理论,必须接近于那一关于居住的科学,是要在观察到的局部的事实之上,再加上一种关于城市时间—空间的理论探索,然后拿出了图纸,我们要知道,图像后面是押了某种乌托邦的赌注的。但正如上文指出,设计师和规划师实际上总已偷偷假设了某一种城市哲学,虽然嘴上不肯承认,还左右掩盖,此地无银三百两。只有进入真实的城市哲学式探讨和探索之中,他们才能走出当前的这种割裂和隔离,尤其是走出科学和哲学、局部和总体之间的割裂,才能形成关于城市和城市性的综合理论及其应用。因此,我们的城市哲学必须对建筑师和城规师已在动用的这种默认的城市哲学再三审查,不让他们躲在其中。同时也必须对城规中的意识形态和政策、策略用意作毫不留情的批判。可以说,本书所要倡导的这种城市哲学,本来也就是被建筑师和城规师总已在偷偷动用的某种哲学反向地激发出来的。

我们所要研究的对象,也就是城市性,永远不会就直接来到我们面前。它具有一种复杂的总体品质,只有在行动中潜在的,才能被逐步地把握为研究的对象。[①] 如直接将它当作研究对象,那我们

---

① 在列斐伏尔看来,城市是由我们每一个人,照着自己的身体节奏,来应和城市本身的节奏,再响应着自然的节奏,而作出的无数个行动叠加而成。Henri Lefebvre, *Le droit à la ville*, Economica/Anthroposp. 2009, p. 80.

就是将它当作了那种能够将一切都神秘化的意识形态了。我们必须用各种方式来把握它，不能只用一种方针、一种方法论。千万不能把对城市性的描述、分析和综合意图，看作已经透彻、穷尽和决定性的。我们这里说的城市是一种 logos，德赛托将它看成是由街上行走者的言语行为（speech acts）构成，不仅仅是指一种行政建制或城市空间。①

城市哲学之外的城市科学式研究，也只是将形式、结构、功能、层面、水平、独立与依赖性的变量和不变量、相关性、总体、整体、系统等等概念带入游戏和实验而已。每一对象都只是被批判性地审视，在可能性之中被实验地论证之后，就被放在一边，无法形成对于城市的综合看法。关于城市的科学总需要某个历史阶段（如中国改革开放后的三十年）作它自己的研究落脚点，并在这一历史时期中去描述其社会实践的基本模式，立足于这样一个时期，来对它的其他时期加以批判。它们的研究方法论和研究对象因此都是历史性的。即使是成熟的城市规划式研究项目，也将是由对模型、空间形式和城市时间的分别的研究来构成，并不应该只考虑其当前的可行性或它们的乌托邦设计背景。本书认为，仅是对现存的城市和既有城市类型的研究，是不足以形成这样的规划项目的。这种项目里提出的空间和时间形式，仍须被我们每一个城市个人去重新发明，必须当作创造性的建议提供给每一个人的社会实践来做参考。而这就需要我们的城市哲学的思辨的过滤。城市哲学可以是这样的一个观察和描述新城市实践的平台。

只有在关于城市哲学的激烈探讨中，关于城市改革的纲领，才不会被现行的社会的理解框架和实现可能性之大小所局限，才能保

---

① Michel de Certeau, *The Practice of Everyday Life*, trans. by Steven Rendallm, 2011, pp. 97 - 99.

证我们城市改造的提案和纲领的实验性和总体性。有了这种城市哲学式的探讨，我们才用不着去迎合那些改革的口号，才能保持我们的城市思想的独特性，并保留其悖谬性，向愿意代表劳动阶级的左派政党和社会运动提议，在不受制于其政策纲领和运动方向的前提下，全面强调各现存政治力量对于城市改造的政治责任。[①] 城市哲学是这样的一个临时的思想平台，在人类世，它甚至有可能只是一个临时帐篷，一条救生筏。

只有在长期的政治经验中，我们才能不断重新发现自己的社会力量，才能真正有能力从事有关城市社会的项目。而城市哲学能给这一姿态带来理论性和批判性的基础话语平台：当代中国还没有这样讨论城市未来的平台。我们也必须用被辩证理性反思过的乌托邦，那一被我们重建的当代马克思主义空间思想，去分辨那些被当作科学的虚构和那些已经走入歧路的视野，那种种对智慧城市式的技术主义式展望。而城市哲学自己也必须主动去综合以上所说的理论和实践，才能走向更高的综合。它将在斗争中找到自己的批判边界。

最后，让我们以大卫·哈维列出的城市斗争和城市研究中必须破除下面的九大神话，来给我们的城市哲学研究敲警钟，来结束本卷吧：

一、以为城市化是更深的社会过程的结果，独立于地理场景或空间—时间秩序。

二、以为问题只是找到正确的技术，只是帮助正在增加的人口，到现有的框架中适应下来的问题。

---

① Henri Lefebvre, *Espace et Politiquie*, Anthropos, 2000, pp. 161 - 174.列斐伏尔强调了工人阶级的整体的自我意识和自我觉悟，达到了自治和自我决定之后，政党和国家就不得不向工人阶级靠拢。

三、以为要得到解决城市问题的资源,须依赖于经济发展和对人口增长问题的解决。

四、以为城市化地区的社会问题只有在充分发挥市场的功能的情况下才能被解决。

五、以为社区的团结就能提供控制、管理、减轻城市问题所需的稳定性和权力,以为社区就能够替代公共政治。

六、以为在城市化的区域里,社会关系的激烈改变,必须先等待某种社会主义的、共产主义的革命发生,必须用后者将城市放入一个足够好的秩序,以便让新的社会关系发扬广大。

七、以为必须把强大的秩序、权威、中心化的控制,不论是道德上的、政治上的、社群式的、宗教的、身体的或军事的控制,施加到我们的正在瓦解的和充满争斗的城市之中,而在这过程中不应该干预市场的根本自由。

八、以为多样性、差异、价值的异质、生活方式的对立和混乱的移民过程,都是让人害怕的,是动乱的根源,其他人都应该被排除,这样才能保持本地的纯净。

九、以为城市必然是反—生态的。①

---

① David Harvey, "Cities or Urbanization?", in *Implosion/Explosion*, op. cit., 2014, pp. 64-66.

后记一
一个人类世城市奔突者的哲学告白

　　2018 年 11 月,我在编辑《新美术》的列斐伏尔研究专辑(2019年第 2 期)时,恰逢斯蒂格勒来同济大学做"城市新智能"的演讲,就与他讨论到列斐伏尔的思想对于今天的重要性。他认为,最重要的,是列斐伏尔的关于"作品"的思想,至今也不过时。关于"对城市的权利"这一点,他认为也很有价值,但这个"权利"需要细究一下它的当代上下文了。他认为,列斐伏尔当时没有考虑到,城市是一个集体体外化器官,而城市个人也都是体外化有机物,个人和城市都会排放,使自己中毒,也互相使对方中毒,但又都必须从这些排放物中生产出自己活、做、思的新知识,从中毒状态中分枝出来;对城市的"权利"我们因此应该考虑得更复杂性一些了。城市本身是这样的一个个人和集体交互体外化的对冲过程,像一艘大浪中的木筏,本身也是生存于这个星球的生物圈之中的,却决定着我们的集体命运。对城市的权利之中因此包含着重大的责任。而气候危机、生物多样性危机、全行星计算平台等,已将这个世界拖入人类世。这个对城市的权利因而也将我们拖进一种无限的责任之中。作为集体体外化有机物的城市,在今天已汇入一个人类世全球城市平台之上。他当时建议我写一本城市哲学,来讨论中国城市化的未来,并更远地去讨论当前这个人类文明的种种可疑的未来。

　　这是本书的写作起点。也将是我个人写作的一个新方向。也是我的哲学研究的新方向。正如斯蒂格勒反复与我们说,把自己手头那点儿小哲学搞好,又能怎么样? 我们必须比谁关心这世界都更多。将这世界、这时代关心得更大、更好,这样,去做哲学,才有意义。写哲学,所以也只是为了帮我们把这个世界关心得更好;哲学应该成为关心学。由此,本书强调,人类世城市平台,由阿里云和美团的程序所撑起的城市平台后面的那一堆栈,是我们已经落进的既毒又药的新技术状态,是我们关心的对象,但也是支撑着我们的集体命运的最大框架,后者大于美国、大于中国,大于谷歌和华为的算法构筑,但又基于本地,关联我们每一个人的日常的宇宙式本地逆熵实践。如果有存在学、生存论,那他们就应该去研究这一人类世城市平台。

在研究话语之外,人类世城市平台目前还只能当作一个虚拟的对象来讨论。本书想用这个概念,来帮大家设想中国的几乎要挖空地球的那一轰轰烈烈的城市化的后果,推演这一史无前例的城市化正在将其余的世界带向何方。这种造城运动,加上全行星云计算平台的到来,同时也使城市中的日常生活更不可能,我们只能通过科幻来想象未来,不可不说是巨大的悲剧。阿西莫夫的小说《基础》和电影《流浪地球》,都默认了这个人类世城市建成之时,也将是我们必须为生命而赶快离开这个盖娅之球之时。只不过,在人类世,我们并没有哪怕半点离开的可能了。到处都是这个人类世城市平台了,像如来的掌心那样难以跳出。

1922年,苏联生物学家韦尔纳茨基(Vladimir Vernadsky)就已向我们指出,生命在其地质历史中总倾向于吞下整个它所曾使用的空间。这是生命的内在动能的发展结果,也是其复杂的化学工作的必然后果。生命的这种扩散,犹如气体的扩散,会卷入整个宇宙。这意味着,除却工业污染,生命本身也会吞噬其生物环境,正如我们可以看到,海底贝壳层这一死生物层的主要部分,既是生命留下的废墟,也一直是生命向前进化的母基。[1] 这让我们同时想到,今天我们所处的这一个人类世城市平台,将同时是我们的生物圈、技术圈、体外化圈和终极地理政治版图,在它构成了我们的信息死物质层的同时,我们已与我们脚下的这个球处于某种控制论式关系之中。不出所料,我们将最终被抛入那一超过三十亿年寿命的生物圈留下的死生物层,那一喇叭型的地球向太空的发射台上。人类亡去之后,在所有的生物随人类灭绝于这个行星的熵过程之后,这一人类兴于其中也没于其中的死物质层,仍将像螺旋的敞口那样,空空地面朝宇宙地等待在那里。列维-斯特劳斯在《忧郁的热带》的结尾,就无比忧郁地慨叹了这一让人唏嘘的结局。

从这样一个远处的结局再回头看,斯蒂格勒向我们指出,鸦片战争后,中国人也是上了西方技术的瘾,就像上了鸦片的瘾,也在自己生命的技术进化过程中主动去认领了西方人的原罪,忘记了自己的真理的历史,义无反顾地投入了西方的技术命运之中。[2] 从电报到高铁,就是这命运的中国版。而真正的原罪,其实是我们人人的体外化进化(exsomatic evolution),不是这一西方技术命运。这一点,连尼采也没看出来,海德格尔更没看出来,德里达也没看出来。而这一点,在今天的计算资本主义的算法专政中,完全暴露在了我们面前:为我们自己的技术生命进化而生产出的技术假肢,正控制论式地转而操纵我们,机器学习和深度学习是这一操纵的新阶段,越来越难以看出我们能否从这一堆技术假肢中找到自己的未来了。

太阳已死。我们正走向另一个星系。后面几百年里,仍将有一代代的人类,去送出他们的太空飞船,带上他们的逆熵领土,也就是

---

[1] Quote from Bernard Stiegler, *Qu'appelle-t-on panser?*, op. cit., pp. 264 – 265.

[2] Ibid., p. 361.

那一地球死生物层、语言甚至机器语言。[①] 但是，当前网架化的固定资本已成了人类的命运极限，剥削并摧毁着人类的普遍智性。而药罐(技术)也总是通过它自己的仪式，来帮我们掩耳盗铃，也就是通过祭杀牺牲品，也就是找替代，也就是找某个基督来杀，也就是通过后一真相，来找到怨恨和祭杀的对象，来当借口，当替罪羊。[②] 美国对于中国的贸易和技术封杀，就是这种怨恨和找替罪羊的当代表现。所以，我们的超批判就不应当也去找替罪羊，像前面的所有批判理论所做的那样。这种超批判必须悲剧式地去思考我们当前的处境，去写出我们此刻的当代学。[③]城市哲学是对这种超批判的示范。

这种超批判是生产出真理，说清真理的当前意义(aletheia)，去明确集体新知所需的技术条件。它要引领我们在今天的技术条件下，通过三代人集体的重新学习，为自己生产出新的共知，是要在新的知识体(episteme)上生产出新的知识。海德格尔说的对真理的遗忘，是指我们不能用最新的技术媒体信息，替我们自己生产出集体新知。假新闻是我们活该的，因为我们不能给自己生产出当前需要的新知识了，才会这样。[④] 假新闻不可怕，假哲学、假艺术才可怕，因为那是真正的自我欺骗，是此地无银三百两，是对我们的人类世处境的掩耳盗铃。假新闻是计算式短记忆第三存留在我们身上造成的症状，将我们引向疯狂。各种网红装置已是我们这个文明将要走向自杀的标志。历史学家汤因比在 1970 年代就向我们指出，我们是可以在这一片网红中走向文明的自杀的。

---

① Bernard Stiegler, *Qu'appelle-t-on panser?*, op. cit., p. 253.

② Ibid., p.327.

③ Ibid., p. 322.

④ Ibid., p. 347.

　　而面对这些无法躲避的问题,我们所要继承的以前时代的哲学家们,几乎没有任何责问,他们只是向我们传达了他们自己没有能力形成的问题。面对后—真相,生产出自己当前首先需要的个人新知识的前提,恰恰是从我们的个人习语出发的本地逆熵之思、之行。[①] 我们的本地局限,也是我们每一个人与本地习语的关联,我的口音,我的生活习性,我的口味,是我的奇语(shibboleth),那也是我的源—踪迹,我的源—写(archi-writing)。那正是我的本地性之源。只有从那里出发,我才能逆熵。能与人工智能与算法专政对抗的,是这种起于我个人本地性中的个人习语式起点。它才是薛定谔说的本地逆熵性。它才是我们身在人类世城市平台之上而与它搏斗的基地。

　　我们必须在人类世城市平台上找到这种"本地",也许还应该努力生产出它。

　　我们必须在城市中生产出这种本地性,也许首先应该来策展它。

　　根据列斐伏尔,城市必须由下面三者占据:生产性劳动、作品和节日。但是今天,就连大学和公司里的这帮二流精英,也都被安排住在了科技园区、校区、新村这样的知识分子贫民窟里,后者还以为得到了奥林匹斯神的荣耀,却不知自己先已落进那个新雅典,并不知道,他们的存在,只是来装成自由公民的样子,好让主人们公然去继续蓄奴。[②] 他们不知道,一旦没有了本地、平台资本主义托起的智慧城市这样的新雅典,就将长驱直入。人人有自己的城市,人人策展自己的城市,人人在自己的本地与人类世城市平台周旋,将自己的城市生活做成作品,这是本书倡导的人类城市斗争策略。

---

① Bernard Stiegler, op. cit., p.429.

② Ibid. pp.161 - 162.

早在上世纪六、七十年代,列斐伏尔就在号召我们:新城市人必须培育自己身上的三个要素:将城市变成自己的作品,居有自己的经济和文化创造,和创造出新使用价值。[①] 而对比之下,今天的城市却是:正如布拉顿所说,在平台资本主义导向的堆栈的城市层,城市规划也将成为一种皮肤技术,成为领土化妆技术的一部分,我们的日常生活也相当于成了城市的可穿戴设备(比如我们的外卖是在为美团无偿提供数据)。我们今天所住的,是里外翻穿的城市洞穴,而不是什么智慧城市,而说穿了,这才是今天城市的真实存在。城市把我们人的活动当它的衣服穿了。[②] 也就是说,我们成了城市的嫁衣裳,成为它的可穿戴设备,为它而辛勤奔波,还要自己出路费。我们活着的目标,只是为了有利于我们能够来回地被堆栈支撑的城市平台所剥削。城市中的一切都正在成为平台的元素:形成了人类世城市平台。真理的历史因此已成为假新闻和找借口的历史。面对可怕的当前,知识分子仍头头是道,以为能在后真相里沉淀出真理,不知我们早已在技术的轮盘上打转,我们用来判断假新闻的标准,先就是有问题的。大众媒体的报道往往会成为后真相,不是因为它不够辩证,而是因为它缺乏内因。再多的事实对证(fact checking)也没有用。后真相是人类世城市平台的基本症状,城市哲学必须以带领我们走向自己的本地,将城市当成自己的作品来策展,来与平台上的后真相作斗争。

海德格尔误以为,存在的真理在本体论(ontological)面上,不在日常生活(onto)面上。今天,科学事实也需要我们在斗争中时时验证,只有在我们的斗争中自己生产出来的新知识,才能带我们的行动逆熵了。斯蒂格勒说,大数据里才有我们作为时间的存在的真

---

① Henri Lefebvre, *Le droit à la ville*, op. cit., p. 180.

② Benjamin Bratton, op. cit., pp.168 - 169.

理,后者也并不是只由诗人从神秘的深处带来。就比如,电影向我们提供日常(onto),观众必须自己去将它变成本体论上(ontological)的东西。我们必须将导演提供的运动—图像变成我们自己的时间—图像。这是身处平台城市中的我们时刻必须做的。虽然陷在大数据中了,但也只有通过它,才能找到我们存在的历史和当代存在的新真理,就如在看电影时所做的那样。城市哲学要帮助我们找到自己的城市时间,去夺回自己的生命时间,使我们能够雕刻它,使之成为某一种命运、某一种时代。

黑格尔早就看出,我们作为精神是处在外化过程中的,处于通过技术假肢或人工器官来作出体外化的过程之中。一回头,我们就能看到前一刻的现实已变成灰色的废墟,必须勇敢地往前走,在灰色之上涂灰色,像安提戈涅那样,怀疑所有的先前道德,但仍勇敢地扛住,这才能看清现实。而且,仅仅一个人是做不到这些的,我们必须为此而加入各个层级的集体跨个人化循环之中。在这个人类世城市平台上,我们需要在新的力比多经济、新的商业之下,去过另外一种生活。我们必须在人类世城市平台上跳出民族国家局限,作出一种超主权的想象。人类世里的诸多冲突,比如中美贸易战的出路,将是以互联国为框架,基于地缘政治和地缘经济大法,去促进从本地出发的贡献式逆熵经济的形成。[1] 我们需要走出具体化为纯计算式、逃跑主义式的超工业式资本主义时代的技术圈,去寻找新的人类命运。必须与生物学家洛特卡(Alfred Lotka)一起去思考人类世,加入马克思和斯宾诺莎,再借道弗洛伊德,再加上尼采:在比闪电还快两倍的信息传输过程中,永恒回归就是我们的药术,也是我们的体外化的一部分了,是熵的延异式分差。[2] 根据德勒兹,尼采所

---

① Benjamin Bratton, op. cit., pp. 264 - 265.

② Ibid., pp. 25 - 251.

说的音乐,是好的重复,是好的永恒回返:听到不完整的音符,后者一旦回返,我们身上就被发动了全部的能动性。我们基于逆熵或逆熵术的新批判,也将这样地被得到。[1]

尼采说,音乐训练我们重复到很老练,教我们如何去对付由电报和机器所代表的现代大众媒体和当代社交媒体以及文化工业带来的流动性。今天,哪里有这种伟大的音乐? 需要我们自己给自己制作? 大数据(数码第三存留)既打劫掏空我们,但也最终构成了新的我们。它是我们重新寻找未来时必须遵守的真正谱系。我们必须在这过程中成为超人。而超人是主动使肉体向可能性的过度开放的人,在今天,就是那些能够将数码垃圾当自己的心智延异的土壤的人。[2] 作为技术式生命,我们是像需要土豆那样需要手机的,也正如这样需要烟草和鸦片,如果不能从更复杂的体外化有机物那里移植,我们就必须发明。[3] 在这个人类世城市平台上,只有一个神能救我们了,但我们还说不出它的名字。它也许就叫作:一种在整个技术圈内实施的逆熵经济。[4] 只有走出这个人类世城市平台,我们才能又一次如列斐伏尔所说:"我想被洛杉矶迷,被佛罗伦萨乐,但在巴黎住。"[5]在人类世,哪里是我的、你的"巴黎"? 还会有吗?

[1]　Benjamin Bratton, op. cit., pp. 251 – 252.

[2]　Ibid., p. 245.

[3]　Ibid., p.110.

[4]　Ibid., p.114.

[5]　Henri Lefebvre,*Writings on Cities*, op. cit., p. 208.

后记二
用城市的说压倒它的写

写导致了城市。城市又在其广场上孕育了哲学。哲学既作为城市空间里的说、唱、演、舞和梦，又作为好友之间的争执性对话，来消解它自己的写，也就是城市（邦）的写，也就是法律、技术、历史叙述的毒性；像今天的广场舞，哲学来到城市广场，来压倒城市设计和城市规划对我们人人的写，使城市成为人人的作品、人人的哲学作品。哲学史是西方的历史，也是城市的历史。雅典是写出来的哲学。1800 年后的巴黎是写出来的文学。1930 年代的鲁迅、巴金、叶灵凤们的上海，也是写出来的文学。今天的小区生活也是我们用自己的生活去续写的文学，是电视剧在模仿我们的这种勇敢的活。

对记忆的写，就是技术。但写带来了技术的毒性。一个健康的城市中，住民的说必须压倒城市对他们的技术之写；街头的说、演、舞、唱，必须压倒城市设计、城市规划和城市建筑对我们人人的写。城市哲学应该去为这种城市内的"说"撑腰。

我们从柏拉图的《斐德罗篇》中读到，埃及的书写技术传入雅典后，写与说之间，就产生了巨大的矛盾，也在苏格拉底和柏拉图之间引起了冲突。柏拉图认为，有了写，灵魂可与身体脱开，通过档案和纪念碑，将灵魂放到永恒时间里这一件事，就算是彻底解决了，远古、传统和荷马代表的那一神话共同体（笼统讲就是六千年以前的全部的人类生活），也就不重要了。苏格拉底不同意，认为写是危险的,必须用他的那种说、那种与城邦内的无论哪一个人的对话,去克服诡辩论者们的写。他认为,我们必须同时通过回忆或长记忆,通过睡眠和梦境,不断地一次次回到过去的神话、冥界之中,使我们的灵魂像春天般一次次重新从太古折返,这才不会被新技术的短记忆也就是大数据毒坏。① 在《斐德罗篇》中,苏格拉底向我们指出,写,是短记忆,hypomnesis,产生了我们今天所说的大数据,比如个人的

---

① Bernard Stiegler, *Nanjing Lectures*, op. cit., p. 169, p. 171. 对话里,苏格拉底在问和说,柏拉图在写和记,苏格拉底用说、用问,去挑战柏拉图的写和记。正如布朗肖后来说,苏格拉底的“那什么是 x”这一问题,能将一切连根拔起。实际上,布朗肖不知道的是,这是要将大数据从冥界连根拔起:通过帕索弗涅(Persephone)神话和普罗米修斯与爱毗米修斯神话,我们知道,今天能发明的,其实早就在那里,像河床、像大浪下的岩石,支撑着今天的一切。只有与它们相连,我们才能在今天发明(Ibid., pp. 140 - 141.)。我们今天的处境与苏格拉底那时没有两样:后真相经验中的大苦难,正是来自写、记和谷歌式大数据心智死组织层或数码地狱。我们与旧雅典的唯一不同,在于苏格拉底经历的那种后真相,在今天是全球性的了。海德格尔说的我们被新技术的恶轮反复摆布,具体表现在,在众多的 app 的护卫下,我们反而无法形成自己的标准学,无法形成一个可归属自己的时代。而且,由于算法技术速度的加快,我们也许再也不可能形成一个属于自己的时代,我们和我们的下一代必将成为孤儿。我们正在经历一个集体的脱个人化。苏格拉底的置问术,就是我们战胜大数据地狱的武器:用勾魂一样的提问、艺术、诗歌去发明,从地狱里勾出深冬里的第一片绿。而帕索弗涅在冥界接应我们,每年任劳任怨地向我们送来春天的新道具,让我们欢庆和迎接。那一能够推翻一切技术标准,打碎旧伦理(我们的道德说辞后面的书面理由)的苏格拉底式提问,将帮助我们用对话替换辩证,架空大数据平台,走向我们春天般的新时代。而柏拉图的辩证却玩两面派,既用书写,也用问答。而这正是我们大家在手机平台上的德行。苏格拉底是在用对话挫败柏拉图的写,不让写和记最后算数。根据斯蒂格勒,苏格拉底在《斐德罗篇》里并不反对写,而是认为:既然用了写、记、录音、复制与粘贴,我们就应该同比例地用说、用提问、用对话来压倒我们对手机屏幕的使用,否则,我们就将被拖进冥河,成为手机活尸。柏拉图给苏格拉底做了录音,而苏格拉底总是有更多的话要说,更多的问题要提,使柏拉图的录音不能最终算数。最终反而是苏格拉底两面通吃。雅典当局根据录音记录而要杀他,他却很淡定地说:还有什么能比死了就去与俄菲斯和荷马一起逍遥更合算的事儿!(接下页)

手机踪迹，以及我们上网搜索产生的cookies，还有唱片、录音、照片、档案等等；通过对话、诗、戏剧、仪式、梦所实现的，是回忆或长记忆，anamnesis，也就是苏格拉底在对话中所实践的这些，是要绕到尽量远，通过比如女诗人品达和女祭司提奥替玛（Diotima）的帮助，再从冥界回来，这才实现了灵魂的重生。尼采称之为永恒回归（尼采骂苏格拉底，因此是没有看到上面这一点）。我们今天在手机上，也是通过云计算平台上的对于信息接近光速的四分之三的传输速度，来进行这种灵魂的重生和永恒回归，去达到说和写之间的平衡的，这很不容易。手机成了我们的城市，它后面的大数据平台，成了我们的冥界或地狱，在摆布我们，我们一进去，就必须努力像俄菲欧那样地歌唱着，才能绕得出来。

今天的城市正在成为一个大数据平台，成为被人人手里的手机所指挥和排练的一组道具。城市里的街道网格已被彻底淘宝化和美团化。如何治理今天的城市平台？个人如何在城市云计算平台上走向逆熵？本书认为，我们还得用苏格拉底式的"说"，去对付云计算平台的"写"。城市必须在说与写之间达到新的平衡。从这一大方向看，当讨论比如说如何来做城市的公共艺术时，我们就会看到，我们是要用公共艺术这种"说"去对付城市设计和城市规划对我们人人的"写"。当讨论城市中需要什么样的公共艺术作品，讨论到为什么既需要雕塑，也需要舞蹈，也需要戏剧时，我们就应该盯住这一城市中的说和写之间的抗衡，来展开思考。在城市公共空间中，本书所主张的城市哲学和我们人人手里的那种城市哲学，必须有助

（接上页）苏格拉底对我们今天的启发是：我们总能用社交媒体讲出比社交媒体上的后真相多得多的故事，讲到谷歌的搜索不够用。苏格拉底知道书写的毒性，就用提问和对话去治疗它的后果。有了矫正式第三存留（orthothetic tertiary retention），比如支付宝、美团和《长安十二时辰》的当代电视剧叙述格式，人们的生活方式和语言甚至信仰才被统一。这才有了城市。

于回答这样的具体问题。

城市是一种哲学，哲学也是城市。如何写哲学，与如何搞城市，是一回事。哲学就写在城市之中了。在雅典，在"长安"，哲学的文本不已写在其城墙和纪念碑上了？

城市是哲学的作者。写了，才有城市，在城市广场上的公共讨论中，才产生了哲学。城市哲学是城市用来讨论如何搞它自己的手段。哲学是城市，城市是哲学。哲学和城市有共同的起源，城市须一次次回到其起源：在城市中，写和说必须一次次重复来保持平衡。

要继续说出、写出未来的城市，我们每一个人就必须去讲出自己的《从雅典—长安到支付宝—美团》这样一个关于城市或哲学的故事或历史，从这样一种当前的地质历史出发，一次次从人类世绕回到雅典和长安，来重新投射我们的未来城市的样子。这需要您的重讲，只能由您自己来重讲，您的每一次点开一次手机屏幕，就是在重讲。

有了写，于是城市就成了一部不断用新语法来写和重写我们的机器。城市是其自我延异，是我们人人在后面对于它的一次次的增补。苏格拉底认为，灵魂须悲剧式地不断回到地下，九年更新一次。我们灵魂的另一半是在冥界的。睡眠和梦里，我们身上的这半个灵魂才能与另一半合在一起。灵魂回到冥间，在当代，也是在用百度、谷歌搜互联网全域。互联网背后就是那一冥界。所以，不奇怪的，我们每次搜索都得到了想要得到的结果之外的另外的东西。每一次，我们仿佛都为法庭辩护找到了新的证据：我们总是在搜索中发明。

我们也这样发明了本地。因为，我们也在本地发起的搜索中找到了搜索的新标准，找到了关于我们自己的生活方式的新标准。这是从旧城中分枝和发明。苏格拉底的灵魂绕到奥林匹斯山和冥界，就像我们在做百度—谷歌式搜索，我们学他的样子，是从分析走到了综合(康德);但康德未能看到,梦是我们的第四综合(斯蒂格勒)。我们天天晚上通过做梦而搜索冥间,又像春天般醒来。我们人人是这样来一次次重新从当前这个像旧道具间那样的城市里醒来,分枝,再回头重新去策展自己的那一个城市的。城市是我个人的城市,是我的作品。被我天天策划着重展的。

城市处于这样被人人一次次重新讲述、重新书写和重新策展的状态。它是我们所写的下文,其上文是不算数的;城市没有过去,只有未来。每人每天都有一个自己的城市。城市是每一个人的作品,个人的系列作品,因此只有未来,没有过去。它是一帧帧的,是一部未完的电影,是次次需要我们自己去重拍的电影。

因此,真正智慧的城市应该成为实验室,去生产出具有真正社会性的自动社会。因此,城市应该是三代人共同学习的领地。我们人人在其中都必须三代人一起重新学习,边学边教,成为共同操作者,完成自己和集体的审慎式反思式体外化,不断升级自己的新智能。①

今天城市中的人类集体体外化已到了超物质阶段,而我们理解物质时还在用牛顿物理:微电子体外化,纳米—电子体外化实际就已是量子(很快将要是生物—电子)体外化,将造成信息和计算式体外化。建筑和城市化也许是对人的体外化的最宏观的理解。蜜蜂没有体外化,建筑师的体外化有药—毒性,建筑是对已建成的建筑的进一部分体外化:对人工器官的不断的重新使用。在城市,别人无意间留下的踪迹对后人产生矫正作用,影响了新的文化的形成。城市是被这种矫正式第三存留重写出来的。因此,我们应该比列斐伏尔想得更宽些:是城市在写建筑、写诗、写小说;我只是在帮它写。未来就是我们能继续从城市中挖出、阐释出来的东西。但是,电视

① Bernard Stiegler, *Neganthropocene*, op, cit., pp. 125 – 127.

剧加广告,是今天的市民们的真正日历。白天上了班,晚上还要在电视机、电脑和手机屏幕前上班。城市哲学必须成为人人手里逆转这种日常生活的一个推手。

我们的城市哲学的任务是,必须使说主导、压倒写,一切都可被文字化,可被解释,有辩论、讨论和争论,才形成城市。斯蒂格勒在2019年4月9日中国美术学院演讲中向我们指出,神庙、学校、城市和艺术为我们打开了本地。而反过来说,也正是城市这一高级复杂有机体生产出了艺术式、建筑式、立法式作品。作品通过给予时间和空间,而在人造地球上重新打开本地。①

人是一种心智式灵魂(the noetic soul),是间歇式地清醒的。因而,人是一条飞鱼,只有飞出水面时,才看到了水面和之上。人是飞鱼,水是技术;人这一技术生命就处于技术之中,但并不知道它存在,只有像飞鱼跳出水面那样时,才能看到自己所处的技术场境(technical milieu)。

我们必须成为一条心智三文鱼,拼命摇尾巴,从海中游向溪流的源头处,去产下我们自己的卵,在源头处留下我们自己的种子。我们每次游回去,都游回到不同的源头那里,都产下我们自己的卵和种子,给我们带来一个不一样的未来。我们这样地一次次回到雅典,这样地一次次回到长安,也这样一次次回到亚马逊。

但是,我们现在是一条金鱼:我们的排泄(体外化)决定着我们的生境,只能够在目前这一缸内的水中这一有限的人工条件下,来悲剧式地、药性地活下去,来发出自己的光。

---

① Bernard Stiegler, *Nanjing Lectures*, op. cit., p.169.

图书在版编目(CIP)数据

人类世与平台城市：城市哲学1 / 陆兴华著. —
1版. — 南京：南京大学出版社，2021.6
ISBN 978 - 7 - 305 - 24450 - 6

Ⅰ. ①人… Ⅱ. ①陆… Ⅲ. ①城市－哲学 Ⅳ. ①B

中国版本图书馆 CIP 数据核字(2021)第 083741 号

出版发行　南京大学出版社
社　　址　南京市汉口路 22 号　　　　邮　编 210093
出 版 人　金鑫荣
书　　名　**人类世与平台城市：城市哲学 1**
著　　者　陆兴华
责任编辑　李　博

照　　排　南京紫藤制版印务中心
印　　刷　江苏扬中印刷有限公司
开　　本　880×1230　1/32　印张 13.375　字数 321 千
版　　次　2021 年 6 月第 1 版　2021 年 6 月第 1 次印刷
IBSN 978 - 7 - 305 - 24450 - 6
定　　价　68.00 元

网　　址　http://www.njupco.com
官方微博　http://weibo.com/njupco
官方微信　njupress
销售咨询　025 - 83594756